Der Goodwill in der Bilanz

Europäische Hochschulschriften Recht

European University Studies in Law

Publications Universitaires Européennes de Droit

Band/ Volume **6284**

Tobias Reiser

Der Goodwill in der Bilanz

Behandlung und Bedeutung im Bilanz-, Steuer- und Privatrecht – Stand und Perspektiven

PETER LANG

Bibliografische Information der Deutschen Nationalbibliothek
Die Deutsche Nationalbibliothek verzeichnet diese Publikation in der Deutschen Nationalbibliografie; detaillierte bibliografische Daten sind im Internet über http://dnb.d-nb.de abrufbar.

Zugl.: Mainz, Univ., Diss., 2019

Gedruckt auf alterungsbeständigem, säurefreiem Papier.

D 77
ISSN 0531-7312
ISBN 978-3-631-79604-7 (Print)
E-ISBN 978-3-631-87585-8 (E-PDF)
E-ISBN 978-3-631-87586-5 (EPUB)
DOI 10.3726/b19535

Diese Publikation wurde begutachtet.

www.peterlang.com

Meiner Familie

Vorwort

Die vorliegende Arbeit wurde im Sommer 2018 vom Fachbereich Rechts- und Wirtschaftswissenschaften der Johannes Gutenberg-Universität in Mainz als Dissertation angenommen.

Die Arbeit entstand im Wesentlichen während meiner beruflichen Tätigkeit als Rechtsanwalt in Frankfurt am Main und hat daher einen längeren Bearbeitungszeitraum erfordert. Mein außerordentlicher Dank gilt deshalb meinem Doktorvater, Herrn Prof. Dr. Hanno Kube, LL. M. Er hat nicht nur die Bearbeitung dieses Themas gefördert, sondern mir auch jegliche Freiheit in der Ausgestaltung gewährt. Dass er mein Promotionsvorhaben auch nach seinem zwischenzeitlichen Ruf an die Universität Heidelberg weiter betreut hat, ist alles andere als selbstverständlich. Seine wohlwollende Betreuung und die von ihm gewährten Freiheiten haben mir die Fertigstellung dieser Arbeit erst ermöglicht.

Ebenso habe ich Herrn Prof. Dr. Hanno Kube, LL. M. und Herrn Prof. Dr. Christian Thiemann für die überaus schnelle Erstellung des Erst- und Zweitgutachtens zu danken. Sie haben es mir ermöglicht, dass meine Mutter den Abschluss meines Promotionsverfahrens noch miterleben konnte. Sie hat sich sehr darüber gefreut. Danken möchte ich auch Herrn Prof. Dr. Peter Gröschler für das interessante und angenehme Prüfungsgespräch.

Ein Promotionsverfahren neben dem Beruf kann nur mit dem Wohlwollen der Familie gelingen. Dafür habe ich insbesondere meiner Frau Lisa sehr zu danken, die mir den nötigen Freiraum zur Erstellung der Arbeit durch Verzicht auf gemeinsame Zeit und Unternehmungen stets klaglos zugestanden hat.

Oberursel (Taunus), August 2019

Inhaltsübersicht

Inhaltsverzeichnis

Abbildungsverzeichnis

Abkürzungsverzeichnis

A	
a.A.	anderer Ansicht
ABl. EG	Amtsblatt der Europäischen Gemeinschaften
Abs.	Absatz
a.E.	am (Absatz-/Satz-) Ende
a.F.	alte Fassung
AfP	Zeitschrift für Medien und Kommunikationsrecht (Zeitschrift)
AG	Aktiengesellschaft, Amtsgericht
AG	Die Aktiengesellschaft - Zeitschrift für das gesamte Aktienwesen, für deutsches, europäisches und internationales Kapitalmarktrecht
AktG	Aktiengesetz
AMK	Arzt- und Medizinrecht kompakt (Zeitschrift)
Anh.	Anhang
Anm.	(mit) Anmerkung
AO	Abgabenordnung
ArbR	Arbeitsrecht
Art.	Artikel
Artt.	Artikel (Plural)
ASC	Accounting Standards Codification (Rechnungslegungsstandard)
ASU	Accounting Standards Updates (Rechnungslegungsstandard)
Aufl.	Auflage
Az.	Aktenzeichen
AZR	Aktenzeichen für Revisionsverfahren am BAG

B

BAG	Bundesarbeitsgericht
BB	Betriebs-Berater (Zeitschrift)
BBK	Buchführung, Bilanz, Kostenrechnung (Zeitschrift)
BC	Zeitschrift für Bilanzierung, Rechnungswesen und Controlling
Bd.	Band
Bearb.	Bearbeitung
bearb. v.	bearbeitet von
BeckOK ArbR	Beck'scher Online-Kommentar zum Arbeitsrecht
BeckOK BGB	Beck'scher Online-Kommentar zum Bürgerlichen Gesetzbuch
BeckOK GewO	Beck'scher Online-Kommentar zur Gewerbeordnung
BeckOK GG	Beck'scher Online-Kommentar zum Grundgesetz
BeckOK GmbHG	Beck'scher Online-Kommentar zum Gesetz betreffend die Gesellschaften mit beschränkter Haftung
BeckOK ZPO	Beck'scher Online-Kommentar zur Zivilprozessordnung
BeckRS	Beck-Rechtsprechung (Entscheidungssammlung)
BFH	Bundesfinanzhof
BFHE	Sammlung der Entscheidungen des BFH (Zeitschrift)
BFH/NV	Sammlung nicht veröffentlichter Entscheidungen des Bundesfinanzhofs (Zeitschrift)
BGB	Bürgerliches Gesetzbuch
BGBl.	Bundesgesetzblatt
BGH	Bundesgerichtshof
BilanzR	Bilanzrecht

BilMoG	Gesetz zur Modernisierung des Bilanzrechts (Bilanzrechtsmodernisierungsgesetz – BilMoG) vom 25. Mai 2009 (BGBl. I 2009, S. 1102 ff.)
BilReG	Gesetz zur Einführung internationaler Rechnungslegungsstandards und zur Sicherung der Qualität der Abschlussprüfung (Bilanzrechtsreformgesetz – BilReG) vom 4. Dezember 2004 (BGBl. I 2004, S. 3166 ff.)
BilRUG	Gesetz zur Umsetzung der Richtlinie 2013/34/EU des Europäischen Parlaments und des Rates vom 26. Juni 2013 über den Jahresabschluss, den konsolidierten Abschluss und damit verbundene Berichte von Unternehmen bestimmter Rechtsformen und zur Änderung der Richtlinie 2006/43/EG des Europäischen Parlaments und des Rates und zur Aufhebung der Richtlinien 78/660/EWG und 83/349/EWG des Rates (Bilanzrichtlinie-Umsetzungsgesetz - BilRUG) vom 17. Juli 2015 (BGBl. I 2015, S. 1245 ff.)
BiRiLiG	Gesetz zur Durchführung der Vierten, Siebenten und Achten Richtlinie des Rates der Europäischen Gemeinschaften zur Koordinierung des Gesellschaftsrechts (Bilanzrichtliniengesetz - BiRiLiG) vom 19. Dezember 1985 (BGBl. I 1985, S. 2355 ff.)
BMF	Bundesministerium der Finanzen
BPatG	Bundespatentgericht
BR	Bundesrat
BR-Drucks.	Bundesrats-Drucksache
bspw.	beispielsweise
BStBl.	Bundessteuerblatt
BT	Bundestag

BT-Drucks.	Bundestags-Drucksache
bzw.	beziehungsweise

C

CAPM	Capital Asset Pricing Model
CFB	Corporate Finance (Zeitschrift)
CGU	Cash Generating Unit
CISG	(United Nations) Convention on Contracts for the International Sale of Goods
CISG-online	Datenbank für Entscheidungen zum UN-Kaufrecht, abrufbar unter www.cisg-online.ch
Corp.	Corporation

D

d.h.	das heißt
DB	Der Betrieb (Zeitschrift)
DCF	Discounted Cash-Flow
ders.	derselbe
Diss.	Dissertation
DPR	Deutsche Prüfstelle für Rechnungslegung
DRS	Deutsche Rechnungslegungsstandards
DStR	Deutsches Steuerrecht (Zeitschrift)

E

Ed.	Edition
EFG	Entscheidungen der Finanzgerichte (Zeitschrift)
EG	Europäische Gemeinschaft(en)
EGHGB	Einführungsgesetz zum Handelsgesetzbuch
Einl.	Einleitung
EK	Eigenkapital
EL	Ergänzungslieferung
engl.	englisch
ErbStG	Erbschaft- und Schenkungssteuergesetz

EStG	Einkommensteuergesetz
et. al.	et alii (und andere)
EU	Europäische Union
EuGH	Gerichtshof der Europäischen Gemeinschaften
EUR	Euro (Währung)
EuZW	Europäische Zeitschrift für Wirtschaftsrecht
e. V.	eingetragener Verein
EWG	Europäische Wirtschaftsgemeinschaft
F	
f., ff.	folgende Seite, folgende Seiten (*Plural*)
FamRZ	Zeitschrift für das gesamte Familienrecht
FASB	Financial Accounting Standards Board
FASB ASC	FASB Accounting Standards Codification (Rechnungslegungsstandard)
FASB ASU	FASB Accounting Standards Update (Rechnungslegungsstandard)
FB	Formularbuch
FK	Fremdkapital
FMStG	Gesetz zur Umsetzung eines Maßnahmenpakets zur Stabilisierung des Finanzmarktes (Finanzmarktstabilisierungsgesetz - FMStG) vom 17. Oktober 2008 (BGBl. 2008 I, S. 1982)
Fn.	Fußnote
G	
GAAP	Generally Accepted Accounting Principles
GbR	Gesellschaft bürgerlichen Rechts
gem.	gemäß
GenG	Gesetz betreffend die Erwerbs- und Wirtschaftsgenossenschaften
GewO	Gewerbeordnung
GG	Grundgesetz

GmbHG	Gesetz betreffend die Gesellschaften mit beschränkter Haftung
GmbHR	GmbH-Rundschau (Zeitschrift)
grds.	grundsätzlich
GrS	Großer Senat
GRUR	Gewerblicher Rechtsschutz und Urheberrecht (Zeitschrift)
GRUR Int.	Gewerblicher Rechtsschutz und Urheberrecht – Internationaler Teil (Zeitschrift)
GWR	Gesellschafts- und Wirtschaftsrecht (Zeitschrift)

H

Habil.	Habilitation
HGB	Handelsgesetzbuch
Hrsg.	Herausgeber
hrsg. v.	herausgegeben von

I

IAS	International Accounting Standards (Internationaler Rechnungslegungsstandard)
IASB	International Accounting Standards Board
IASC	International Accounting Standards Committee
IDW	Institut der Wirtschaftsprüfer in Deutschland e. V., Düsseldorf
IFRS	International Financial Reporting Standard(s) (Internationaler Rechnungslegungsstandard)
IFRS for SMEs	International Financial Reporting Standards for Small and Medium-sized Entities (Internationaler Rechnungslegungsstandard)
Immat.	Immateriell(e)
Inc.	Incorporated
InsO	Insolvenzordnung

Int.	International
IRZ	Zeitschrift für Internationale Rechnungslegung
i.R.d.	im Rahmen des/der
i.S.d.	im Sinne des/der
i.S.e.	im Sinne eines/einer
i.V.m.	in Verbindung mit

J

juris	Juristisches Informationssystem für die Bundesrepublik Deutschland (Entscheidungsdatenbank)
JZ	Juristen-Zeitung

K

Kap.	Kapitel
KG	Kommanditgesellschaft
KGaA	Kommanditgesellschaft auf Aktien
KommJur	Kommunaljurist (Zeitschrift)
KoR^{IFRS}	Internationale und kapitalmarktorientierte Rechnungslegung (Zeitschrift)
KStG	Körperschaftsteuergesetz

L

LAG	Landesarbeitsgericht
LG	Landgericht
lit.	Litera, Buchstabe
LMRR	Lebensmittelrecht Rechtsprechung (Zeitschrift)

M

Mat.	Materiell(e)
MAH	Münchener Anwaltshandbuch
MarkenG	Gesetz über den Schutz von Marken und sonstigen Kennzeichen

MDR	Monatsschrift für Deutsches Recht (Zeitschrift)
MedR	Medizinrecht
MittRhNotK	Mitteilungen der Rheinischen Notarkammer (Zeitschrift)
MoMiG	Gesetz zur Modernisierung des GmbH-Rechts und zur Bekämpfung von Missbräuchen vom 23. Oktober 2008 (BGBl. 2008 I, S. 2026)
MünchKomm-BGB	Münchener Kommentar zum Bürgerlichen Gesetzbuch
MünchKomm-HGB	Münchener Kommentar zum Handelsgesetzbuch
MünchKomm-ZPO	Münchener Kommentar zur Zivilprozessordnung mit Gerichtsverfassungsgesetz und Nebengesetzen
MwStSystRL	Richtlinie 2006/112/EG des Rates vom 28. November 2006 über das gemeinsame Mehrwertsteuersystem

N

Neubearb.	Neubearbeitung
n.F.	neue Fassung
NJW	Neue Juristische Wochenschrift (Zeitschrift)
NJW-RR	Neue Juristische Wochenschrift Rechtsprechungs-Report (Zeitschrift)
Nr.	Nummer(n)
NStZ-RR	Neue Zeitschrift für Strafrecht Rechtsprechungs-Report
N.V.	Naamloze vennootschap
NWB	NWB Steuer- und Wirtschaftsrecht (Zeitschrift)
NZA	Neue Zeitschrift für Arbeitsrecht
NZFam	Neue Zeitschrift für Familienrecht
NZG	Neue Zeitschrift für Gesellschaftsrecht

O

oHG	offene Handelsgesellschaft
OLG	Oberlandesgericht
o. N.	ohne Namensangabe
o. V.	ohne Angabe des Vornamens
OVG	Oberverwaltungsgericht

P

PLC	Public Limited Company

R

RAP	Rechnungsabgrenzungsposten
Rdnr.	Randnummer(n)
RefE	Referentenentwurf
RefE BilMoG	Referentenentwurf eines Gesetzes zur Modernisierung des Bilanzrechts (Bilanzrechtsmodernisierungsgesetz – BilMoG) vom 8. November 2007
RegE	Regierungsentwurf
RegE BilMoG	Gesetzentwurf der Bundesregierung zur Modernisierung des Bilanzrechts (Bilanzrechtsmodernisierungsgesetz – BilMoG), BT-Drucks. 16/10067 vom 30. Juli 2008
RegE BilRUG	Gesetzentwurf der Bundesregierung zum Bilanzrichtlinie-Umsetzungsgesetz – BilRUG, BR-Drucks. 23/15 vom 23. Januar 2015
RegE FMStG	Gesetzentwurf der Fraktionen der CDU/CSU und SPD eines Gesetzes zur Umsetzung eines Maßnahmenpakets zur Stabilisierung des Finanzmarktes (Finanzmarktstabilisierungsgesetz – FMStG), BT-Drucks. 16/10600 vom 14. Oktober 2008

RegE MarkenRRefG	Gesetzentwurf der Bundesregierung zur Reform des Markenrechts und zur Umsetzung der Ersten Richtlinie 89/104/EWG des Rates vom 21. Dezember 1988 zur Angleichung der Rechtsvorschriften der Mitgliedstaaten über die Marken (Markenrechtsreformgesetz), BT-Drucks. 12/6581 vom 14. Januar 1994
RFH	Reichsfinanzhof
RG	Reichsgericht
RGZ	Entscheidungen des Reichsgerichts in Zivilsachen
RIW	Recht der internationalen Wirtschaft
Rs.	Rechtssache
RStBl.	Reichssteuerblatt
Rz.	Randzeichen

S

S.	Satz (*im Zusammenhang mit Gesetzeszitaten*), Seite(n)
SE	Societas Europaea
SEC	Securities and Exchange Commission
SFAS	Statement of Financial Accounting Standard(s)
SG	Sozialgericht
SME	Small and Medium-sized Entities
sog.	sogenannt(e)
Sp.	Spalte(n)
str.	streitig, umstritten
StB	Der Steuerberater (Zeitschrift)
Stbg	Die Steuerberatung (Zeitschrift)
StrafR	strafrechtlich, strafrechtliche
StuB	Unternehmensteuern und Bilanzen (Zeitschrift)
StuW	Steuer und Wirtschaft (Zeitschrift)

U

u.a.	und anderen, unter anderem
UmwStG	Umwandlungssteuergesetz
UN	United Nations
UN-Kaufrecht	Wiener UN-Übereinkommen über Verträge über den internationalen Warenkauf vom 11. April 1980
UrhG	Gesetz über Urheberrecht und verwandte Schutzrechte
US, U.S.	United States (Vereinigte Staaten)
USD	US-Dollar (Währung)
US-GAAP	United States - Generally Accepted Accounting Principles (US-amerikanische Rechnungslegungsprinzipien)
UStAE	Umsatzsteuer-Anwendungserlass
UStG	Umsatzsteuergesetz
UStR	Umsatzsteuerrichtlinien (Verwaltungsvorschrift)
UWG	Gesetz gegen den unlauteren Wettbewerb

V

v.	versus, vom, von, vor
VG	Vermögensgegenstand, Vermögensgegenstände
vgl.	vergleiche
Vorb.	Vorbemerkung

W

WACC	Weighted Average Cost of Capital
WiWo	Wirtschaftswoche (Zeitschrift)
WM	Wertpapier-Mitteilungen (Zeitschrift)
WRP	Wettbewerb in Recht und Praxis (Zeitschrift)

Z

ZEV	Zeitschrift für Erbrecht und Vermögensnachfolge
ZInsO	Zeitschrift für das gesamte Insolvenzrecht
ZIP	Zeitschrift für Wirtschaftsrecht
zit.	zitiert
ZPO	Zivilprozessordnung
ZR	Aktenzeichen für Revisionsverfahren in Zivilsachen und Berufungen in Patentnichtigkeitsverfahren am BGH
zugl.	zugleich

Einführung

> *„What is Goodwill? It is a thing very easy to describe, very difficult to define. It is the benefit and advantage of the good name, reputation, and connection of a business. It is the attractive force which brings in custom. It is the one thing which distinguishes an old-established business from a new business at its first start. The Goodwill of a business must emanate from a particular centre or source. However widely extended or diffused its influence may be, Goodwill is worth nothing unless it has power of attraction sufficient to bring customers home to the source from which it emanates. Goodwill is composed of a variety of elements. It differs in its composition in different trades and in different businesses in the same trade. One element may preponderate here, and another element there."*[1]

Mehr als ein Jahrhundert ist nunmehr seit dieser oft zitierten Wendung von *Lord Macnaghten* vergangen. Das ist Anlass genug für die Frage: Was haben wir in den vergangenen 117 Jahren über den Goodwill gelernt? Wissen wir heute mehr? Dies ist Gegenstand der vorliegenden Arbeit.

§ 1 Anlass, Gegenstand und Gang der Untersuchung

I. Goodwill als Untersuchungsgegenstand

Der Begriff des Goodwill ist ebenso schillernd wie unbestimmt. Mehr noch: Je genauer man sich mit dem Begriff des Goodwill beschäftigt, desto mehr wird er zum Mysterium. Nicht ganz zu Unrecht wird der Goodwill auch als „Chamäleon aus der Welt der Jurisprudenz"[2] bezeichnet.

Die Beschäftigung mit dem Goodwill macht anfänglich vor allem eines deutlich: Der Goodwill als solcher ist kaum zu „greifen" und zu beschreiben. Im scharfen Kontrast dazu ist die wirtschaftliche Bedeutung dieser „Phantomgröße"[3]

---

1 So *Lord Macnaghten* in der Entscheidung *Commissioners of Inland Revenue* vs. *Muller, Lim* (1901, A. C. 217), zitiert nach *Dicksee/Tillyard*, Goodwill and Its Treatment in Accounts, 3. Aufl. 1906, S. 32.

2 *Mutter*, BB 1994, S. 472.

3 *Küting*, DStR 2013, S. 1802; *Hommel*, RIW 2001, S. 803 mit weiteren Nachweisen.

sehr konkret und lässt sich ausgedrückt in Zahlen leicht „begreifen". Angesichts teilweise erheblicher Zahlungen auf den Goodwill im Zuge von Unternehmensübernahmen[4] lässt sich leicht erkennen, welche signifikante Bedeutung der Wirtschaftsverkehr dem Goodwill beimisst. So entfielen beispielsweise bei der Akquisition des Nachrichtendienstes WhatsApp Inc. durch Facebook Inc. von dem Gesamtkaufpreis von USD 21,8 Milliarden etwa 70,2% auf den Goodwill: Damit hatte Facebook Inc. in der ersten Zwischenbilanz nach der Akquisition einen Kaufpreisanteil in Höhe von USD 15,3 Milliarden nur auf den Goodwill zu verbuchen[5].

Im Nachgang zu Akquisitionen und Übernahmen schlägt sich der Goodwill entsprechend in den Bilanzen der Unternehmen nieder. Diese enthalten teilweise enorme Bilanzpositionen[6] auf den Goodwill. So hat beispielsweise die SAP SE als Folge verschiedener Akquisitionen in ihrer Bilanz für das Geschäftsjahr 2015 einen Goodwill in Höhe von EUR 22,689 Milliarden ausgewiesen – wobei diesem lediglich ein bilanzielles Eigenkapital in Höhe von EUR 23,267 Milliarden gegenüberstand[7]. Diese Beispiele lassen damit rasch deutlich werden, welche wirtschaftliche, faktische und gerade auch fiskalische Bedeutung dem Goodwill beizumessen ist. Als „Unvernunftsbonus" oder „Dreingabe auf den Kaufpreis" kann der Goodwill vor diesem Hintergrund sicherlich nicht mehr abgetan werden. Die Beweggründe für solche Zahlungen müssen tiefer sitzen.

So unbestimmt der Goodwill in rechtlicher Hinsicht auch sein mag, so signifikant wirkt er sich im Wirtschaftsverkehr aus. Der Goodwill steht damit im Spannungsfeld zwischen wirtschaftlicher Bedeutung und rechtlicher Konkretisierung.

Bei dem Versuch, dem Wesen des Goodwill aus juristischer Perspektive „habhaft" zu werden, fangen die Probleme schon bei den Begrifflichkeiten an. Der Goodwill hat sich bisher noch nicht zu einem eindeutigen Rechtsbegriff entwickelt[8]. Vielmehr besteht in Literatur und Rechtsprechung eine enorme Vielfalt an

---

4 Einige signifikante Transaktionen werden nachfolgend unter § 3 III. genannt.

5 *Kerkmann*, Whatsapp - Facebooks teure Wette, HB online vom 29. Oktober 2014.

6 Bilanzkennzahlen ausgewählter Unternehmen werden nachfolgend unter § 3 III. dargestellt.

7 *Bergermann/Schürmann*, House of Wirecard, WiWo vom 10. Juni 2016; Geschäftsbericht der SAP SE, 2015, S. 148 f. Die Problematik dieser Relation ist offensichtlich: Sollte eine Wertberichtigung des Goodwill erforderlich werden, hat dies korrespondierend auch eine Wertberichtigung des bilanziellen Eigenkapitals zur Folge.

8 So auch schon vor mehr als 66 Jahren: *Becher*, NJW 1951, S. 541.

Begriffen, hinter denen sich *de facto* der Goodwill verbirgt[9]. Diese Vielfalt äußert sich zum einen in der Breite, indem zahlreiche andere Namen synonym für den Goodwill verwendet werden. Sie äußert sich aber ebenso auch in der Tiefe, wenn der Goodwill als Betrachtungsobjekt weiter konkretisiert und beschrieben wird.

Der Goodwill ist in Literatur und Rechtsprechung indes keine neue Erscheinung: Dokumentiert ist die Verwendung des Begriffs „Goodwill" im kaufmännischen Sprachgebrauch bereits seit Ende des 16. Jahrhunderts, erste Gerichtsentscheidungen sind aus dem frühen 19. Jahrhundert bekannt[10]. Den Schwerpunkt seiner Bedeutung hat der Goodwill in der Betriebswirtschaftslehre, im Steuerrecht und vor allem im Bilanzrecht[11] erlangt. In diesen Kerngebieten des Goodwill liegt eine kaum überschaubare Anzahl an Abhandlungen[12], Aufsätzen und Urteilen vor, die sich mit diesem „dubiosen Bilanzposten"[13] beschäftigen.

Über diese Kerngebiete hinaus wirkt sich der Goodwill auch in zahlreichen anderen Gebieten des Rechts aus und hat in diesen eine eigene Bedeutung erlangt: Lediglich exemplarisch sind im Bereich des Privatrechts zu nennen: das Bürgerliche Recht, das Handelsrecht, das internationale Kaufrecht und das Insolvenzrecht. Daneben wird der Goodwill in zahlreichen anderen Bereichen des Privatrechts angesprochen und thematisiert. Dennoch ist der Goodwill im Schrifttum und Rechtsprechung zum Privatrecht bisher insgesamt nur fragmentarisch behandelt worden. Soweit ersichtlich, liegen nur einige, wenige Werke vor, die über den Rahmen der Bilanzierung oder Besteuerung des Goodwill hinausgehen. Zu nennen sind beispielsweise die Monographien von *Kreutzahler*[14]

---

9 Siehe hierzu auch die Nachweise zu den Synonymen des Goodwill im Anhang dieser Bearbeitung (Anhang/ I. Synonyme für den Goodwill (Referenzen)).

10 Mit einem umfangreichen Überblick zur Geschichte des Goodwill-Begriffs und Nachweisen siehe *Schmidt*, Rechnungslegung zur Zahlungsbemessung und Informationsvermittlung, 2007, S. 50 ff.; ebenso auch *Schmidt*, Bilanzierung des Goodwills im internationalen Vergleich, 2002, S. 1. Der Begriff „Goodwill" wird beispielsweise von *Becker* schon im Jahr 1926 verwendet (*Becker*, StuW1926, Sp. 215 ff.).

11 Unter „Bilanzrecht" sollen im Folgenden grundsätzlich die Bestimmungen des Handelsbilanzrechts, des Steuerbilanzrechts und der IFRS verstanden werden.

12 Zu nennen sind hier insbesondere die Abhandlungen von *Take* (Geschäfts- oder Firmenwert, 1939), *Arnold* (Bilanzierung des Geschäfts- oder Firmenwerts, 1997), *Schmidt* (Rechnungslegung zur Zahlungsbemessung und Informationsvermittlung, 2007), *Pfauth* (Goodwillbilanzierung nach US-GAAP, 2008) und *Velte* (Intangible Assets und Goodwill, 2008).

13 *Pellens/Sellhorn*, DB 2001, S. 718.

14 *Kreutzahler*, Rechtsnatur der Chancen eines Handelsgewerbes, 1926.

und *Fabis*[15], die bereits einzelne Aspekte des Goodwill aus Sicht des Bürgerlichen Rechts, Wettbewerbsrechts und des Zwangsvollstreckungs- und Konkursrechts beleuchtet haben. Allerdings sind die Monographien von *Kreutzahler* und *Fabis* bereits in der ersten Hälfte beziehungsweise in der Mitte des vergangenen Jahrhunderts entstanden und können nicht den gegenwärtigen Stand von Literatur und Rechtsprechung repräsentieren.

Mit der vorliegenden Arbeit soll daher der aktuelle Stand der Behandlung des Goodwill im Bilanz- und Steuerrecht abgebildet und die wesentlichen Merkmale des Goodwill herausgearbeitet werden. Diese Merkmale des Goodwill werden sodann im Rahmen eines Exkurses mit den Merkmalen des Goodwill im Privatrecht abgeglichen. Damit soll der Frage nachgegangen werden, ob im Bilanz- und Steuerrecht auf der einen Seite und im Privatrecht auf der anderen Seite ein einheitliches Gesamtbild des Goodwill vorliegt, an welchen Stellen etwaige Unterschiede in der Behandlung auszumachen sind und welchen Bedeutungsgehalt der Goodwill im deutschen Privatrecht hat. Aufbauend auf dem aktuellen Stand in der Behandlung des Goodwill werden zudem Perspektiven für die Bilanzierung des Goodwill vorgeschlagen, um dessen Merkmale und „Wesen" in der Bilanz abbilden zu können.

II. Zielsetzung der Arbeit und Gang der Untersuchung

Vor dem Hintergrund der mannigfaltigen, schwer zu überblickenden und teilweise fragmentarischen Aussagen über den Goodwill setzt sich die vorliegende Arbeit zum Ziel, den aktuellen Stand in der Behandlung des Goodwill im Bilanz- und Steuerrecht abzubilden. Soweit Inkonsistenzen in der Behandlung identifiziert werden können, sollen Lösungsansätze vorgeschlagen werden, die dem „Wesen" des Goodwill gerecht werden können. Über das Bilanz- und Steuerrecht hinaus, sollen zudem Merkmale des Goodwill in verschiedenen Bereichen des Privatrechts herausgearbeitet werden, die in den betrachteten Rechtsbereichen allgemeingültig sind. Damit soll der Frage nachgegangen werden, welche Bedeutung und Behandlung der Goodwill im Privatrecht erlangt hat.

Die vorliegende Arbeit wird dabei von den folgenden Kernfragen geleitet:

(1) Was ist unter dem Goodwill zu verstehen und welche (wirtschaftliche) Bedeutung hat er? Wie wird der Goodwill ermittelt und bewertet? Kann der Goodwill übertragen werden und welche Auswirkungen hat der einmal übertragene Goodwill?

---

15 *Fabis*, Firma und good will, 1953.

(2) Wie wird der Goodwill im deutschen Privatrecht von Literatur und Rechtsprechung behandelt? Welche Aussagen werden über den und in Zusammenhang mit dem Goodwill getroffen? Welche Merkmale werden dem Goodwill dabei zugeschrieben?
(3) Wird der Goodwill als Begriff in den einzelnen Rechtsgebieten einheitlich und konsistent verwendet? Verbirgt sich hinter der Bezeichnung „Goodwill“ in den verschiedenen Rechtsgebieten auch ein und derselbe Rechtsbegriff? Sprechen alle vom gleichen Untersuchungsgegenstand?
(4) Können vor dem Hintergrund der verschiedenen Aussagen über den Goodwill Merkmale im Sinne eines „kleinsten gemeinsamen Nenners“ herausgearbeitet werden? Wie ist der Goodwill rechtlich einzuordnen?

Der Gang der Untersuchung zeichnet dabei in groben Zügen den „Lebenszyklus“ des Goodwill in einem Unternehmen nach: Beginnend mit dem Entstehen des Goodwill als Teil des Unternehmenswachstums, über die erstmalige Erfassung und Berücksichtigung des entstandenen (originären) Goodwills, hin zu seiner Übertragung zu einem neuen Unternehmen, schließt sich der Kreis mit den rechtlichen Auswirkungen des übertragenen Goodwill und seinem „Verblassen“ unter dem Dach des neuen Unternehmens.

Konkreter, und etwas weniger prosaisch ausgedrückt, gliedert sich die vorliegende Arbeit wie folgt: Ausgangspunkt der Betrachtung bildet eine Bestandsaufnahme im **ersten Teil**. Dabei werden Begriff und Definition des Goodwill dargestellt und begriffliche Abgrenzungen vorgenommen. Daneben werden verschiedene Möglichkeiten der Systematisierung des Goodwill skizziert. Weiterhin werden verschiedene Erklärungsansätze zu Ursachen, Entstehung und zur Rechtsnatur des Goodwill aufgezeigt. Der erste Teil schließt mit Überlegungen zur wirtschaftlichen und bilanzpolitischen Bedeutung des Goodwill. Ziel des ersten Teils ist es, den Goodwill begrifflich abzugrenzen und zu systematisieren, um so eine gesicherte Betrachtungsgrundlage zu schaffen.

Darauf aufbauend widmet sich der **zweite Teil** zunächst der quantitativen Erfassung des Goodwill. Hier werden mögliche Ansätze aufgezeigt, wie der Goodwill ermittelt und bewertet werden kann. Darauf folgt eine Analyse der bilanziellen Behandlung des originären Goodwills in ausgewählten Rechnungslegungskonzeptionen. Dabei werden diejenigen Rechnungslegungskonzepte herangezogen, welche die größte Relevanz für inländische Unternehmen haben. Den Abschluss des zweiten Teils bildet die Behandlung des originären Goodwill im Steuerrecht.

Die Bilanzierung und Besteuerung des Goodwill bilden auch den Schwerpunkt des **dritten Teils** der Arbeit. Betrachtet wird in diesem Teil allerdings der derivative Goodwill. Hier geht es um die bilanziellen und steuerlichen Wirkungen aufgrund der Übertragung des Goodwill. Die Bilanzierung des derivativen Goodwill selbst ist der wohl in Rechtsprechung und Literatur am ausführlichsten behandelte Aspekt des Goodwill. Entsprechend detailliert wird in der vorliegenden Arbeit die Bilanzierung beleuchtet, um so eine Vielzahl an Aussagen über den Goodwill herausfiltern zu können. An die Bilanzierung schließt sich, im Gleichlauf mit dem zweiten Teil, die Betrachtung der Besteuerung des derivativen Goodwill an.

Der **vierte Teil** widmet sich im Wege eines Exkurses dem Goodwill in verschiedenen Bereichen des Privatrechts. Ziel ist es, einen „Querschnitt" durch verschiedene Bereiche des Privatrechts vorzunehmen, um so ein möglichst umfassendes Bild vom Goodwill gewinnen zu können. Den Ausgangspunkt nimmt die Betrachtung in ausgewählten Bereichen des Privatrechts des Bürgerlichen Gesetzbuches. Sie führt über internationales Recht, Wirtschaftsrecht bis hin zum Immaterialgüterrecht. Dabei werden Aussagen aus Rechtsprechung und Literatur herausgegriffen, systematisch verortet und die wesentlichen Merkmale des Goodwill herausgefiltert. Soweit diese Aussagen zum Goodwill im Widerspruch zu den bisherigen Erkenntnissen stehen, werden sie einer kritischen Würdigung unterzogen.

Die Bearbeitung schließt in einem **fünften Teil** mit einer Querschnittsbetrachtung des Goodwill im Bilanzrecht und Steuerrecht. Dabei werden Gemeinsamkeiten, Unterschiede und Inkonsistenzen in der Behandlung identifiziert. Im Hinblick auf die Inkonsistenzen wird der Frage nachgegangen, ob ein neuer Lösungsansatz in der Behandlung des Goodwill wünschenswert und denkbar ist, der die Inkonsistenzen beseitigt und eine harmonisierende Behandlung des Goodwill ermöglicht.

1. Teil - Begriff, Bedeutung und Entstehung des Goodwill

Der erste Teil der Arbeit dient der Bestandsaufnahme zum Goodwill. Er unternimmt eine Annäherung an den Begriff des Goodwill, um eine Grundlage für die folgenden Teile zu schaffen. Mit dieser Zielsetzung wird zunächst der Begriff des Goodwill näher betrachtet und systematisch eingeordnet (§ 2). Ebenso werden verschiedene Definitionen und Erklärungsansätze für die Entstehung und die Ursachen des Goodwill dargestellt. Einen wesentlichen Bestandteil des ersten Teils bildet die Darstellung verschiedener Ansichten zur Rechtsnatur des Goodwill (§ 3). Der erste Teil schließt mit einem Überblick zur tatsächlichen wirtschaftlichen und fiskalischen Bedeutung des Goodwill.

§ 2 Goodwill – Begriff, Synonyme und Definition

Im folgenden Abschnitt werden die begrifflichen Grundlagen für die Betrachtung des Goodwill vermittelt. Beginnend mit Synonymen zum Goodwill wird dieser von weiteren, ähnlichen Rechtsbegriffen abgegrenzt. Auf Grundlage der Abgrenzungen wird zugleich der Untersuchungsgegenstand der vorliegenden Bearbeitung weiter konkretisiert. In weiteren Schritten erfolgen eine Bestandsaufnahme von verschiedenen Definitionen des Goodwill und verschiedenen begrifflichen Differenzierungen. Im Rahmen der Definitionen des Goodwill wird sich zeigen, dass der Goodwill ein Sammelbegriff für einzelne Goodwill-Werte[16] ist. Daher werden im Anschluss solche Goodwill-Werte dargestellt, über die in Literatur und Rechtsprechung weitestgehend Konsens besteht. Diese einzelnen Goodwill-Werte lassen sich in verschiedene Kategorien fassen, die, entsprechend systematisiert, zur weiteren Charakterisierung des Goodwill herangezogen werden können. Der Abschnitt schließt mit einer Übersicht zur Systematisierung der Goodwill-Werte.

---

16 Zum Begriff der Goodwill-Werte und entsprechender Erläuterungen siehe nachfolgend unter § 2 IV. Für Nachweise einzelner Goodwill-Werte siehe auch Anhang/ II. Goodwill-Werte (Referenzen).

I. Synonyme zum Goodwill und begriffliche Abgrenzungen

Für den Goodwill haben sich im deutschen Recht nicht nur verschiedene Schreibweisen etabliert[17], sondern wesentlich stärker fällt ins Gewicht, dass für diesen zahlreiche Synonyme Verwendung finden, was die Recherche ungleich schwieriger gestaltet. Um das Betrachtungsobjekt dieser Bearbeitung klar zu erfassen und konkretisieren zu können, ist der Goodwill von anderen ähnlichen Rechtsbegriffen abzugrenzen. Dies ist insbesondere auch vor dem Hintergrund erforderlich, dass in Literatur und Rechtsprechung zwar verschiedentlich vom Goodwill die Rede ist, teilweise jedoch „mit verschwommener Vorstellung seines Inhaltes"[18].

1. Begriff und allgemeiner Sprachgebrauch

Eine erste Annäherung an den Goodwill kann über dessen begriffliche Bedeutung und Verwendung im allgemeinen Sprachgebrauch erfolgen. Der Begriff „Goodwill" hat seinen Ursprung in der englischen Sprache und wird im Deutschen zumeist mit „Wohlwollen" oder „Gefallen" übersetzt[19]. Im allgemeinen deutschen Sprachgebrauch wird unter „Goodwill" zumeist „guter Ruf", „Ansehen" (um das in der Öffentlichkeit mit publizistischen Mitteln geworben wird), „Entgegenkommen", „Wohlwollen", „freundliche Gesinnung" oder auch „Gunst" verstanden[20]. Diese alternativen Begriffe oder Synonyme aus dem allgemeinen Sprachgebrauch sind ein erstes Indiz dafür, was hinter dem Begriff des Goodwill eines Unternehmens stehen könnte: Sie alle lassen sich für den Goodwill

17 Neben der vorliegend herangezogenen Schreibweise „Goodwill" finden sich, gerade auch in der älteren Literatur, die Schreibweisen „Good will" und auch „Good-will".

18 Mit diesem Befund auch schon *Becher*, NJW 1951, S. 541.

19 Für Nachweise vgl. *Brockhaus*, Enzyklopädie, 21. Aufl. 2006, Band 11, Stichwort „Goodwill"; *Meyers*, Meyers neues Lexikon, 1994, Band 4, Stichwort „Goodwill"; *Duden*, Deutsches Universalwörterbuch, 6. Aufl. 2007, Stichwort „Goodwill"; *Duden*, Wörterbuch der deutschen Sprache, 3. Aufl. 1999, Band 4, Stichwort „Goodwill"; *Brockhaus*, Enzyklopädie, 17. Aufl. 1969, Band 7, Stichwort „Goodwill".

20 Zu den vorstehenden Begriffen und zur synonymen Verwendung von Goodwill, Firmenwert und Geschäftswert im allgemeinen (wirtschaftlichen) Sprachgebrauch vgl. bspw. *Brockhaus*, Enzyklopädie, 21. Aufl. 2006, Band 11, Stichwort „Goodwill"; *Brockhaus*, Der Neue Brockhaus, 7. Aufl. 1984, Band 2, Stichworte „Firmenwert" und „Goodwill"; *Duden*, Deutsches Universalwörterbuch, 6. Aufl. 2007, Stichwort „Goodwill"; *Duden*, Wörterbuch der deutschen Sprache, 3. Aufl. 1999, Band 4, Stichwort „Goodwill"; *Meyers*, Meyers neues Lexikon, 1994, Band 4, Stichwort „Goodwill"; *Wahrig*, Deutsches Wörterbuch, 9. Aufl. 2011, Stichwort „Goodwill".

zusammenfassen zur „einer positiven Erscheinung bzw. Wahrnehmung in der Öffentlichkeit".

2. Synonyme zum Goodwill

Beschäftigt man sich eingehender mit dem Begriff des Goodwill und lenkt den Blick auf die Bedeutung in wirtschaftlichen und rechtlichen Zusammenhängen, fällt sehr rasch die begriffliche Vielfalt auf, die mit der Behandlung des Goodwill in Literatur und Rechtsprechung verbunden ist. Im nationalen und internationalen Sprachgebrauch existiert eine Vielzahl unterschiedlicher und uneinheitlicher *Termini*, die inhaltlich auf den Goodwill hindeuten[21]: So wird der Goodwill häufig als Geschäfts- oder Firmenwert[22], (ideeller oder besonderer) Geschäftswert, Firmenwert, Praxiswert, innerer Wert, Betriebsmehrwert, Geschäftsmehrwert, Kapitalisierungs(mehr-)wert, Organisations(mehr-)wert, Unternehmens(mehr-)wert, Geschäftschance, Chancen des Handelsgewerbes bzw. Unternehmens, Image, guter (Unternehmens-)Ruf, Reputation, *Façon* des Geschäfts, Façonwert, oder auch *Fonds de Commerce* bezeichnet, um nur einige der häufiger verwendeten Bezeichnungen zu nennen[23]. Diese unterschiedliche Nomenklatur führt notwendigerweise dazu, dass die Suche nach einem einheitlichen Begriff des Goodwill umso schwieriger wird.

Setzt man sich inhaltlich mit diesen verschiedenartigen Bezeichnungen auseinander, wird deutlich, dass diese Begriffe zumeist unmittelbar synonym für den Goodwill gebraucht werden oder zuweilen (wesentliche) Teilaspekte des Goodwill betonen und damit im Kern ebenfalls auf den Goodwill abheben[24].

---

21 Zahlreiche Einzelnachweise für die synonyme Verwendung der Begriffe sind im Anhang zu dieser Arbeit angeführt (siehe hierzu: Anhang/ I. Synonyme für den Goodwill (Referenzen)).

22 Die synonyme Verwendung von „Goodwill" und „Geschäfts- oder Firmenwert" ist in der Literatur nicht unumstritten. Siehe hierzu den nachfolgenden Gliederungspunkt.

23 Für weitere Einzelnachweise siehe auch *Schmidt*, Rechnungslegung zur Zahlungsbemessung und Informationsvermittlung, 2007, S. 52; *Velte*, Intangible Assets und Goodwill, 2008, S. 191, Fn. 1577. Zur synonymen Behandlung der Begriffe siehe auch *Velte*, RIW 2014, S. 112 dort insbesondere auch Fn. 1; zu weiteren „historischen" Bezeichnungen für den Goodwill und entsprechenden Einzelnachweisen siehe *Fabis*, Firma und good will, 1953, S. 29, 30.

24 Vgl. hierzu auch *Schmidt*, Rechnungslegung zur Zahlungsbemessung und Informationsvermittlung, 2007, S. 52.

Es erscheint daher unbedenklich, diese Begriffe synonym zum Goodwill zu verwenden[25].

Zur Vereinfachung und besseren Lesbarkeit wird im Folgenden der international wohl am weitesten verbreitete und gebräuchlichste *Terminus* „Goodwill“ verwendet. Dieser schließt insbesondere begrifflich den im nationalen Umfeld weit verbreiteten *Terminus* „Geschäfts- oder Firmenwert“ mit ein. Soweit aus Gesetzestexten zitiert oder darauf Bezug genommen wird, wird der Begriff „Geschäfts- oder Firmenwert“ verwendet, um einen Gleichlauf mit der gesetzlichen Nomenklatur zu gewährleisten[26]. Eine Ausnahme wird lediglich dann gemacht, wenn die entsprechende Quelle erkennbar nicht auf den Goodwill abzielt, sondern auf einen darin enthaltenen Goodwill-Wert abstellt.

3. *Deckungsgleichheit von „Goodwill“ und „Geschäfts- oder Firmenwert“?*

Auch wenn im Folgenden der Begriff Goodwill synonym zum „Geschäfts- oder Firmenwert“ gebraucht wird, sollte nicht unerwähnt bleiben, dass diese Gleichbehandlung nach einer vereinzelten Ansicht in der Literatur[27] zum Goodwill umstritten ist. So sind *Becher* und *Fabis* der Ansicht, dass „Goodwill“ und „Geschäfts- oder Firmenwert“ nicht gleichzusetzen seien. Vielmehr verhielten sich diese zueinander wie Ursache und Wirkung[28]. Nach den Autoren ist es gerade der Goodwill, der einem Handelsgeschäft einen über den Durchschnitt hinausgehenden Mehrertrag verschafft und als solcher Übergewinn den Geschäfts- oder Firmenwert darstellt[29]. Die Differenzierung beruht bei *Becher* auch auf dem Umstand, dass im Geschäftswert im Sinne des Handels- und Steuerrechts der 1950er Jahre auch Verpflichtungen zur Rentenzahlung an frühere Firmeninhaber (wenn diese sich kaufpreiserhöhend auswirkten) und Zahlungen für Kontingente und Konzessionen aufgingen[30].

---

25 So auch schon *Fabis*, Firma und good will, 1953, S. 30.

26 Mit einer ähnlichen Vorgehensweise auch *Schmidt*, Rechnungslegung zur Zahlungsbemessung und Informationsvermittlung, 2007, S. 52.

27 Vgl. hierzu bspw. *Becher*, NJW 1951, S. 540 ff.; *Fabis*, Firma und good will, 1953, S. 20 ff.; a.A. bspw. *Kreutzahler*, Rechtsnatur der Chancen eines Handelsgewerbes, 1926, S. 9, 11.

28 Siehe hierzu *Becher*, NJW 1951, S. 541; ebenso auch *Fabis*, Firma und good will, 1953, S. 21.

29 *Fabis*, Firma und good will, 1953, S. 20, 21.

30 Siehe hierzu *Becher*, NJW 1951, S. 542.

Dem steht die in dieser Bearbeitung vorgenommene synonyme Behandlung von Goodwill und Geschäfts- oder Firmenwert grundsätzlich jedoch nicht entgegen. Dass sich der Goodwill eines Unternehmens in einer Bewertungsgröße „Goodwill" oder auch „Geschäfts- oder Firmenwert" niederschlägt, ist nur konsequent. Ob der Goodwill eines Unternehmens identisch mit einer etwaigen Bewertungsgröße oder Bilanzposition „Goodwill" ist oder ob hiervon einzelne Aspekte oder Elemente auszusondern sind, wird noch zu zeigen sein[31].

Die vorliegend vorgenommene begriffliche Vereinfachung durch Gleichbehandlung von „Goodwill" und „Geschäfts- oder Firmenwert" dient gerade auch dazu, die Basis für Aussagen über den Untersuchungsgegenstand „Goodwill" in Literatur und Rechtsprechung zu verbreitern.

4. Unterscheidung von Goodwill und Geschäftswert „oder" Firmenwert?

Auch eine weitere Differenzierung in Zusammenhang von Goodwill und Geschäfts- oder Firmenwert verdient es, erwähnt zu werden. Wenngleich selten, so wird in der Literatur doch vereinzelt zwischen Goodwill, Geschäftswert und Firmenwert differenziert. Beispielsweise betont *Fabis*, dass der Goodwill nicht mit dem „Geschäfts- ODER Firmenwert" identisch sei. *Fabis* unterschiedet danach, ob ein Handelsgeschäft mit oder ohne Firma verkauft und übertragen wird. Im ersteren Fall (mit Firma) soll es sich begrifflich um einen Firmenwert handeln, im zweiten Fall (ohne Firma) um einen Geschäftswert[32]. *Fabis* sieht zudem den Firmenwert gegenüber dem Geschäftswert als größer an, da er diesen mitumfasst[33]. Genau anders herum sieht dies beispielsweise *Arnold*, der den Geschäftswert als den Oberbegriff ansieht, der den Firmenwert mit umfassen soll[34].

Die Unterscheidung zwischen Geschäftswert und Firmenwert hat für die vorliegende Bearbeitung jedoch keine Bedeutung, denn Betrachtungsgegenstand soll der unternehmerische Goodwill sein. Ob dieser im Einzelfall tendenziell stärker mit dem Handelsgeschäft oder mit der Firma verbunden ist, kann

---

31 Siehe hierzu die Behandlung im Steuerbilanzrecht unter § 8 I. 2. b) und zudem die Behandlung im Rahmen eines möglichen Lösungsansatzes nachfolgend unter § 12 I. 2. c) und d) 0 (1).

32 Siehe hierzu *Fabis*, Firma und good will, 1953, S. 22.

33 *Fabis*, Firma und good will, 1953, S. 23.

34 *Arnold*, Bilanzierung des Geschäfts- oder Firmenwerts, 1997, S. 33.

unberücksichtigt bleiben. In beiden Fällen besteht die Verknüpfung zu dem Unternehmen als Träger des Goodwill[35].

Das begriffliche Nebeneinander von Firmenwert und Goodwill wird beispielsweise auch in der Begründung zum Entwurf[36] des Finanzmarktstabilisierungsgesetzes (FMStG)[37] aufgegriffen. In Zusammenhang mit der Überschuldungsprüfung und der Erstellung einer Überschuldungsbilanz wird für den Fall, dass es dem Unternehmer nicht gelingt, „*auch unter Einbeziehung der stillen Reserven, des Firmenwertes und des „good will“ eine ausgeglichene Bilanz darzustellen*“[38], verlangt, dass dieser zwingend ein Insolvenzantrag stellt. Begrifflich steht in der Gesetzesbegründung erneut der Firmenwert neben dem Goodwill des Unternehmens. Man wird hier jedoch nicht unterstellen können, dass der Gesetzgeber in der Gesetzesbegründung sich einfach *en passant*, gleich einem *obiter dictum*, äußern wollte. Vielmehr wird man in diesem Zusammenhang annehmen dürfen, dass der Gesetzgeber schlicht die Gesamtheit aller vermögenswerten Positionen eines Unternehmens ansprechen wollte, ohne jedoch eine inhaltliche Abgrenzung vornehmen zu wollen.

5. *Abgrenzungen zu benachbarten Rechtsbegriffen – Goodwill versus ...*

Im unmittelbaren begrifflichen Umfeld zum Goodwill angesiedelt sind einige andere Rechtsbegriffe, beziehungsweise Verwendungsformen von Begriffen, zu denen es den Goodwill abzugrenzen gilt. Dies betrifft insbesondere auch den Praxiswert und die geschäftswertähnlichen oder firmenwertähnlichen Wirtschaftsgüter.

---

35 Diese Überlegung beruht gerade auch auf dem Umstand, dass, wie noch gezeigt werden wird, ein Goodwill auch dann bilanziert werden kann, wenn das Handelsgeschäft ohne Firma verkauft und übertragen wird. Das spricht für die Ansicht, dass der Goodwill als spezifischer Mehrwert in erster Linie dem Unternehmen anhaftet.

36 Entwurf eines Gesetzes zur Umsetzung eines Maßnahmenpakets zur Stabilisierung des Finanzmarktes (Finanzmarktstabilisierungsgesetz – FMStG), BT-Drucks. 16/10600 vom 14. Oktober 2008.

37 Gesetz zur Umsetzung eines Maßnahmenpakets zur Stabilisierung des Finanzmarktes (Finanzmarktstabilisierungsgesetz – FMStG) vom 17. Oktober 2008, BGBl. I 2008, S. 1982.

38 So die Begründung im Entwurf des RegE FMStG; siehe hierzu S. 13.

a) ... Geschäftswert oder Firmenwert im Sinne des Unternehmenswertes

Begrifflich zu unterscheiden ist der Goodwill vom Geschäftswert oder Firmenwert im Sinne eines Unternehmenswertes[39]. Die Begriffe Geschäftswert oder Firmenwert (jeweils für sich genommen) werden häufig synonym mit dem Begriff des Unternehmenswertes verwendet. Soll mit dem Begriff des Geschäftswertes oder Firmenwertes der Unternehmenswert adressiert werden, geht dies inhaltlich jedoch weit über den Goodwill hinaus: Der Goodwill bildet nach einhelliger Ansicht nur einen Teilaspekt des Unternehmenswertes und ist mit diesem nicht identisch[40].

b) ... Praxiswert

Vom Goodwill zu unterscheiden ist der Begriff des Praxiswertes[41]. Bezogen auf die freiberufliche Praxis[42] von natürlichen Personen, Personenzusammenschlüssen oder auch Kapitalgesellschaften[43] wird anstatt von einem Goodwill von einem Praxiswert gesprochen[44]. Kennzeichnend für den Praxiswert ist, dass dieser tendenziell auf dem persönlichen Vertrauensverhältnis zum Praxisinhaber beruht[45], wohingegen der Goodwill sich auf ein Unternehmen

39 Siehe hierzu auch *Arnold*, Bilanzierung des Geschäfts- oder Firmenwerts, 1997, S. 33.

40 *Deubner*, Aktivierung und Abschreibung des Geschäftswertes, 1971, S. 4; ähnlich auch *Schmidt*, Rechnungslegung zur Zahlungsbemessung und Informationsvermittlung, 2007, S. 52.

41 Eingehend hierzu: *Arnold*, Bilanzierung des Geschäfts- oder Firmenwerts, 1997, S. 67 ff.

42 Relevant ist die Unterscheidung bspw. für die Praxen von Ärzten, Architekten, Steuerberatern, Wirtschaftsprüfern und Rechtsanwälten (vgl. auch *Wiechers*, BBK 2011, S. 739).

43 Nach der neueren Rechtsprechung des *BFH* kann auch eine Kapitalgesellschaft einen freiberuflichen Praxiswert haben, wenn die Kapitalgesellschaft zu ihren Kunden ein auf persönlicher Arbeitsleistung beruhendes Vertrauensverhältnis aufbauen kann (vgl. hierzu auch mit weiteren Nachweisen *Maier*, in: BeckLex, 42. Ed. 2018 (Stand: 01.12.2016), Praxiswert, Rdnr. 8). Prägend für den Praxiswert ist somit die Verknüpfung zur freiberuflichen Praxis, unabhängig von dessen Rechtsträger.

44 *Wiechers*, BBK 2011, S. 735, 739; *Seer*, UR 1990, S. 299; *Arnold*, Bilanzierung des Geschäfts- oder Firmenwerts, 1997, S. 67; anders *Born*, in: *Fleischer/Hüttemann*, Unternehmensbewertung, 2015, § 23, Rdnr. 46, der auch in diesem Fall begrifflich vom Goodwill ausgeht.

45 Zur Behandlung des Praxiswertes im Steuerbilanzrecht und mit umfangreichen Nachweisen zur Rechtsprechung des *RFH* und *BFH*: *BFH*, Urteil v. 13.03.1991 – I R 83/89, unter II. 1. a), BFHE 164, S. 61 = BB 1991, S. 1156. Siehe auch *Seer*, UR 1990,

bezieht[46]. Im Kern handelt es somit um den bereits zuvor umrissenen Goodwill. Das zeigt sich gerade auch darin, dass sich, nach allgemeiner Meinung, der Praxiswert auch in einen Goodwill umwandeln kann[47], beispielsweise wenn der Praxiswert auf eine freiberuflich tätige Personengesellschaft übergeht, an der auch berufsfremde Personen beteiligt sind[48]. Ebenso wie der Goodwill ist auch der Praxiswert nicht selbständig verkehrsfähig, sondern kann nur zusammen mit dem Betrieb (bzw. der Praxis) auf den Erwerber übergehen[49].

Der Praxiswert unterschiedet sich vom Goodwill im Wesentlichen dadurch, dass dieser eine starke personenbezogene Prägung[50] aufweist und sich daher tendenziell aus anderen Goodwill-Werten[51] speist als der unternehmensbezogene Goodwill[52]. Im angelsächsischen Sprachraum finden sich für diese Abgrenzung auch die Begriffspaare „*economic goodwill*" für den (unternehmensbezogenen) Goodwill und „*professional goodwill*" für den (personenbezogenen) Praxiswert[53].

S. 299; *Waldhoff*, in: *Kirchhof/Söhn/Mellinghoff*, EStG, 202. EL Oktober 2009, § 7 EStG, Rdnr. B 168.

46 *Schubert/F. Huber*, in: Beck Bil-Komm, 11. Aufl. 2018, § 247 HGB, Rdnr. 406; siehe auch *Arnold*, Bilanzierung des Geschäfts- oder Firmenwerts, 1997, S. 72, 73; *Pupeter*, in: *Holzapfel/Pöllath*, Unternehmenskauf, 15. Aufl. 2017, Rdnr. 216.

47 *BFH*, Urteil v. 14.12.1993 – VIII R 13/93, unter II. 1. a), BFHE 174, S. 503 = DB 1994, S. 1852.

48 Statt vieler *Ehmcke*, in: *Blümich*, EStG/KStG/GewStG, 133. EL Juli 2016, § 6 EStG, Rdnr. 770. Umgekehrt gilt auch, dass der Praxiswert wieder zu einem Geschäfts- oder Firmenwert werden kann, vgl. *Wacker*, in: *Schmidt*, EStG, 37. Aufl. 2018, § 18 EStG, Rdnr. 200, 213.

49 *Pfirrmann*, in: *Kirchhof*, EStG, 17. Aufl. 2018, § 18 EStG, Rdnr. 19.

50 *Winnefeld*, in: *Winnefeld*, Bilanz-Handbuch, 5. Aufl. 2015, Kap. M, Rdnr. 495.

51 Aufgrund der stärkeren Ausrichtung auf die Person des Praxisinhabers kommen bei dem Praxiswert die personenbezogenen Goodwill-Werte tendenziell stärker zum Tragen. In der Literatur werden als Goodwill-Werte insbesondere genannt: Vertrauen der Mandanten, Auftraggeber und Patienten in die Tüchtigkeit und Leistungsfähigkeit des Praxisinhabers, dessen Kenntnisse, Erfahrungen und Beziehungen, der Ruf und die Lage der Praxis, ein qualifizierter Mitarbeiterstamm (vgl. *Waldhoff*, in: *Kirchhof/Söhn/Mellinghoff*, EStG, 202. EL Oktober 2009, § 7 EStG, Rdnr. B 169). Vgl. hierzu auch die nachfolgende Systematisierung der Goodwill-Werte § 2 IV. und V.

52 Eingehend zu den für den Praxiswert charakteristischen Goodwill-Werten: *Arnold*, Bilanzierung des Geschäfts- oder Firmenwerts, 1997, S. 74 ff.

53 Siehe hierzu beispielsweise die Abgrenzung in der Entscheidung *In re Thomas*, US District Court, E.D. Pennsylvania, March 23, 2000, 246 B.R. 500: „*Pennsylvania law distinguishes between "professional goodwill," that arises from an individual professional's*

Diese personenbezogene Prägung hat zur Folge, dass sich der Praxiswert auch verhältnismäßig rasch verflüchtigt[54].

Die (im Wesentlichen lediglich) terminologische Unterscheidung zwischen Goodwill und Praxiswert ist vornehmlich im Steuerbilanzrecht von Bedeutung[55]. Daneben spielt der Goodwill „in Gestalt" des Praxiswertes im Zivilrecht auch in Zusammenhang mit der Zugewinngemeinschaft und der Erbauseinandersetzung eine bedeutende Rolle. Daher wird in dieser Arbeit auf die Besonderheiten der Behandlung des Praxiswertes im Rahmen der Bilanzierung und Besteuerung gesondert hingewiesen. Soweit im Folgenden der Goodwill angesprochen wird, soll der Praxiswert als spezielle Erscheinungsform mitangesprochen werden. Soweit allein die Erscheinungsform „Praxiswert" zum Gegenstand der Betrachtung gemacht werden soll, wird dieser ausdrücklich als Praxiswert bezeichnet.

c) ... geschäftswertähnliche oder firmenwertähnliche Wirtschaftsgüter

Nicht nur begrifflich, sondern auch inhaltlich in der Nähe des Goodwill angesiedelt sind „firmen- oder geschäftswertähnliche Wirtschaftsgüter". Darunter sind in der steuerrechtlichen Terminologie Rechtspositionen oder faktische Verhältnisse zu verstehen, die zwar ebenso wie der Goodwill unmittelbar mit dem Unternehmen als solchem und seinen Gewinnchancen verknüpft sind, aber dennoch losgelöst vom Unternehmen oder einem Unternehmensteil als selbständige Wirtschaftsgüter übertragbar sind[56]. Kennzeichnend für geschäftswertähnliche Wirtschaftsgüter ist, dass diese eine besondere vermögenwerte Position für das Unternehmen darstellen und eine ähnliche wirtschaftliche Bedeutung für das Unternehmen haben wie der Goodwill selbst[57]. Die geschäftswertähnlichen Wirtschaftsgüter können dabei neben dem Goodwill bestehen oder aber auch

---

reputation, specialized skills and judgment, and "economic goodwill," which is wholly attributable to business itself and can be alienated from individuals in the business."

54 Vgl. *BFH*, Urteil v. 13.03.1991 – I R 83/89, unter II. 1. a), BFHE 164, S. 61 = BB 1991, S. 1156; ebenso auch *Seer*, UR 1990, S. 299; *Arnold*, Bilanzierung des Geschäfts- oder Firmenwerts, 1997, S. 68.

55 Siehe nachfolgend zum originären Praxiswert § 6 I. 3. und zum derivativen Praxiswert § 8 I. 4.

56 Vgl. *BFH*, Urteil v. 28.05.1998 – IV R 48/97, unter 1. a), BFHE 186, S. 268 = DB 1998, S. 1464; siehe auch *Krumm*, in: *Blümich*, EStG/KStG/GewStG, 129. EL August 2015, § 5 EStG, Rdnr. 631; *Waldhoff*, in: *Kirchhof/Söhn/Mellinghoff*, EStG, 202. EL Oktober 2009, § 7 EStG, Rdnr. B 168; *Winnefeld*, in: *Winnefeld*, Bilanz-Handbuch, 5. Aufl. 2015, Kap. M, Rdnr. 498.

57 *Weber-Grellet*, Bilanzsteuerrecht, 16. Aufl. 2018, Rdnr. 156.

einen Bestandteil des Goodwill bilden und erst durch ihre isolierte Veräußerung vom Goodwill abgespalten werden[58].

Der Begriff des geschäftswertähnlichen Wirtschaftsguts hat mit der Einführung der planmäßigen Abschreibung[59] des Geschäfts- oder Firmenwertes in § 7 Abs. 1 S. 3 EStG und der Streichung der Worte „Geschäfts- oder Firmenwertes" im Klammerzusatz des § 6 Abs. 1 Nr. 2 EStG im Zuge der Einführung des Bilanzrichtliniengesetzes (BiRiLiG)[60] seine ursprüngliche einkommensteuerliche Bedeutung verloren[61]: Vor der Umqualifizierung des Geschäfts- oder Firmenwertes von einem nicht abnutzbaren in ein abnutzbares Wirtschaftsgut wurden geschäftswertähnliche Wirtschaftsgüter ebenso wie der Geschäfts- oder Firmenwert als nicht abnutzbare Wirtschaftsgüter eingestuft. Das hatte zur Folge, dass diese ebenfalls nicht abgeschrieben werden konnten und allenfalls einer Teilwertabschreibung zugänglich waren. Die Begriffe „geschäftswertähnliche" oder „firmenwertähnliche" Wirtschaftsgüter dienten daher zur Abgrenzung von den übrigen abnutzbaren immateriellen Wirtschaftsgütern[62]. In der Fassung des Gesetzes nach dem BiRiLiG können geschäftswertähnliche Wirtschaftsgüter nicht mehr generell als nicht abnutzbare Wirtschaftsgüter eingestuft werden[63]. Vielmehr ist, wie bei allen anderen Wirtschaftsgütern auch, die Frage der Abnutzbarkeit nach allgemeinen Grundsätzen zu bestimmen[64] und zu entscheiden, ob sich der Wert innerhalb einer bestimmbaren Zeit erschöpft oder ein immerwährendes nicht abnutzbares Wirtschaftsgut vorliegt[65].

---

58 Bspw. wird der Kundenstamm teilweise (str.) als geschäftswertähnliches Wirtschaftsgut angesehen; vgl. *Krumm*, in: *Blümich*, EStG/KStG/GewStG, 129. EL August 2015, § 5 EStG, Rdnr. 631.

59 Siehe hierzu ausführlich unten § 8 I. 2. d) aa).

60 Gesetz zur Durchführung der Vierten, Siebenten und Achten Richtlinie des Rates der Europäischen Gemeinschaften zur Koordinierung des Gesellschaftsrechts (Bilanzrichtliniengesetz, BiRiLiG) vom 19. Dezember 1985 (BGBl. I 1985, S. 2355).

61 *Werndl*, in: *Kirchhof/Söhn/Mellinghoff*, EStG, 213. EL Oktober 2010, § 6 EStG, Rdnr. B 480; *Schubert/F. Huber*, in: Beck Bil-Komm, 11. Aufl. 2018, § 247, Rdnr. 411.

62 Vgl. *BFH*, Urteil v. 28.05.1998 – IV R 48/97, unter 1. a), BFHE 186, S. 268 = DB 1998, S. 1464.

63 Siehe hierzu auch *Krumm*, in: *Blümich*, EStG/KStG/GewStG, 129. EL August 2015, § 5 EStG, Rdnr. 632.

64 Siehe hierzu *Krumm*, in: *Blümich*, EStG/KStG/GewStG, 129. EL August 2015, § 5 EStG, Rdnr. 632; siehe auch *BFH*, Urteil v. 28.05.1998 – IV R 48/97, unter 1. b), BFHE 186, S. 268 = DB 1998, S. 1464.

65 *Schubert/F. Huber*, in: Beck Bil-Komm, 11. Aufl. 2018, § 247, Rdnr. 411.

Für die geschäftswertähnlichen Wirtschaftsgüter verbleibt damit neben „normalen" immateriellen Einzelwirtschaftsgütern kein eigener Anwendungsbereich mehr. Nach geltendem Recht wird daher nur noch zwischen Goodwill und immateriellen Einzelwirtschaftsgütern unterschieden[66]. Auf diese Abgrenzung ist nun einzugehen.

d) ... immaterielle Vermögensgegenstände und Einzelwirtschaftsgüter

Abzugrenzen ist der Goodwill von anderen immateriellen Vermögensgegenständen des Handelsbilanzrechts und den immateriellen Einzelwirtschaftsgütern des Steuerbilanzrechts[67]. Als Beispiele für immaterielle Vermögensgegenstände und Wirtschaftsgüter können Patente, Markenrechte, Warenzeichenrechte, Lizenzen, Geschmacks- und Gebrauchsmuster und geschützte Fertigungsverfahren angeführt werden[68]. Diesen und dem Goodwill ist gemein, dass sie oftmals einen beträchtlichen Wert für das Unternehmen haben[69], allerdings auch, dass es sich bei ihnen tendenziell um unsichere Werte handelt[70]. Im Gegensatz zum Goodwill zeichnen sich immaterielle Vermögensgegenstände und Einzelwirtschaftsgüter allerdings dadurch aus, dass diese losgelöst vom Unternehmen selbständig verkehrsfähig[71] und einzeln bewertbar sind[72]. Erfüllen

---

66 Vgl. auch *BFH*, Urteil v. 28.05.1998 – IV R 48/97, unter 1. b), BFHE 186, S. 268 = DB 1998, S. 1464.

67 Diese Abgrenzung trifft bereits auch *Kreutzahler*, Rechtsnatur der Chancen eines Handelsgewerbes, 1926, S. 20.

68 Vgl. hierzu *Maier*, in: BeckLex, 42. Ed. 2018 (Stand: 01.01.2018), Immaterielle Wirtschaftsgüter, Rdnr. 1, 2.

69 *Maier*, in: BeckLex, 42. Ed. 2018 (Stand: 01.01.2018), Immaterielle Wirtschaftsgüter, Rdnr. 1.

70 *Werndl*, in: *Kirchhof/Söhn/Mellinghoff*, EStG, 200. EL August 2009, § 6 EStG, Rdnr. B 492; *Schmidt*, Rechnungslegung zur Zahlungsbemessung und Informationsvermittlung, 2007, S. 46.

71 *Werndl*, in: *Kirchhof/Söhn/Mellinghoff*, EStG, 213. EL Oktober 2010, § 6 EStG, Rdnr. B 480, und 200. EL August 2009, Rdnr. 492 ff.

72 Für die im Einzelfall schwierige Abgrenzung zwischen immateriellen Einzelwirtschaftsgütern und geschäftswertbildenden Faktoren (als Bestandteile des Goodwill) kann bspw. bedeutsam sein, ob die Vertragsparteien bei der Kaufpreisfindung erkennbar eine rational nachvollziehbare Einzelbewertung bestimmter tatsächlicher oder rechtlicher Verhältnisse des Unternehmens vorgenommen haben und damit deren selbständige Bewertbarkeit indiziert haben; vgl. hierzu *Maier*, in: BeckLex, 42. Ed. 2018 (Stand: 01.01.2018), Immaterielle Wirtschaftsgüter, Rdnr. 1, 4.

sie diese Voraussetzungen nicht, gehen diese im Goodwill als Sammelposten auf[73].

6. *Abgrenzung des Goodwill zur Firma und stillen Reserven*

Neben den Abgrenzungen zu benachbarten Rechtsbegriffen sind insbesondere auch die Abgrenzungen des Goodwill zur Firma und zu den stillen Reserven relevant.

a) Abgrenzung zur Firma

Nach der Legaldefinition in § 17 Abs. 1 HGB ist die Firma der Name eines Kaufmanns, unter dem er im Handel seine Geschäfte betreibt und die Unterschrift abgibt. Darin wird deutlich, dass die Firma zwar mit dem Handelsgeschäft bzw. Unternehmen[74] unmittelbar verbunden ist, dennoch rechtlich von diesem zu trennen ist[75]. Das gilt auch im Verhältnis zwischen Firma und Goodwill. Wie sich noch zeigen wird[76], sind diese zwar unmittelbar miteinander verknüpft, dennoch ist begrifflich und inhaltlich klar zwischen diesen zu unterscheiden.

b) Abgrenzung zu stillen Reserven

Unter stillen Reserven, bzw. stillen Rücklagen[77], ist die positive Differenz zwischen dem wahren Wert des Unternehmens und dem im Jahresabschluss angesetzten Buchwert zu verstehen[78]. Konkret handelt es sich dabei um noch nicht in der Bilanz ausgewiesene, unversteuerte Gewinnanteile[79]. Stille Reserven bestehen in der Höhe, in der der bilanzielle Reinvermögensausweis hinter dem tatsächlichen Reinvermögen zurückbleibt[80]. Stille Reserven können durch den

---

73 Vgl. *Schmidt*, Rechnungslegung zur Zahlungsbemessung und Informationsvermittlung, 2007, S. 49.

74 Die Begriffe Handelsgeschäft und Unternehmen werden in der Literatur weitgehend synonym verwendet (vgl. *Hopt*, in: *Baumbach/Hopt*, HGB, 38. Aufl. 2018, Einl. v. § 1 HGB, Rdnr. 33, ebenso § 22 HGB, Rdnr. 4; ausführlich hierzu: *Flume*, Vermögenstransfer und Haftung, 2008, S. 52 ff.

75 Statt vieler hierzu *Canaris*, Handelsrecht, 24. Aufl. 2006, § 10, Rdnr. 1.

76 Siehe hierzu nachfolgend unter § 9 I. 6. d).

77 Zur synonymen Verwendung der Begriffe: *Adler/Düring/Schmaltz*, Rechnungslegung und Prüfung, 6. Aufl. 1995, Vorb. zu §§ 255-256 HGB, Rdnr. 21; *Siegel/Bareis/Rückle/Schneider/Sigloch/Streim/Wagner*, ZIP 1999, S. 2078.

78 *Merkt*, in: *Baumbach/Hopt*, HGB, 38. Aufl. 2018, § 252 HGB, Rdnr. 13.

79 *Sigloch*, Rechnungslegung, 8. Aufl. 2011, S. 347.

80 *Sigloch*, Rechnungslegung, 8. Aufl. 2011, S. 347.

Nichtansatz und/oder die Unterbewertung von Positionen der Aktivseite sowie auch durch den Ansatz fiktiver Schuldposten und/oder die Überbewertung von Positionen auf der Passivseite entstehen[81]. In ihrer Entstehung können stille Reserven insbesondere auf zwei Ursachen zurückgeführt werden: Zum einen können diese als „Zwangsrücklagen" auf einer zwingenden gesetzlichen Regelung beruhen, zum anderen können diese als „Bewertungsreserven" durch die Ausnutzung von Bewertungs- und Ansatzwahlrechten entstehen[82].

Auch wenn grundsätzlich klar zwischen dem Goodwill und stillen Reserven zu unterscheiden ist[83], lässt die vorstehende Beschreibung erahnen, dass es einen engen Zusammenhang[84] von stillen Reserven und Goodwill gibt: Sofern der Goodwill bilanziell nicht berücksichtigt werden kann, kann dieser eine stille Reserve darstellen. Falls der Goodwill demgegenüber bilanziell zu berücksichtigen und einer Absetzung für Abnutzung zugänglich ist, können durch die mögliche Unterbewertung einer solchen Aktivposition stille Reserven entstehen. Auf das Verhältnis von Goodwill und stillen Reserven wird daher noch in

81 Zum Ganzen auch: *Merkt*, in: *Baumbach/Hopt*, HGB, 38. Aufl. 2018, § 252 HGB, Rdnr. 12 ff.; *Sigloch*, Rechnungslegung, 8. Aufl. 2011, S. 347; *Siegel/Bareis/Rückle/Schneider/Sigloch/Streim/Wagner*, ZIP 1999, S. 2079.

82 Eingehend hierzu: *Adler/Düring/Schmaltz*, Rechnungslegung und Prüfung, 6. Aufl. 1995, Vorb. zu §§ 255-256 HGB, Rdnr. 21; *Merkt*, in: *Baumbach/Hopt*, HGB, 38. Aufl. 2018, § 252 HGB, Rdnr. 14; *Sigloch*, Rechnungslegung, 8. Aufl. 2011, S. 347; *Siegel/Bareis/Rückle/Schneider/Sigloch/Streim/Wagner*, ZIP 1999, S. 2079.

83 Noch deutlicher äußert sich *Take*, indem er ausführt, dass die stillen Reserven *„mit dem Geschäfts- oder Firmenwert nicht das geringste zu tun"* haben und *„zwei im Wesen grundverschiedenste Dinge"* seien (*Take*, Geschäfts- oder Firmenwert, 1939, S. 42, 43).

84 Dass der Goodwill und die stillen Reserven getrennt voneinander zu behandeln sind macht der *BGH* in seiner Rechtsprechung deutlich (bspw. *BGH*, Urteil v. 21.04.1955 – II ZR 227/53, hier Rz. 19, BGHZ 17, S. 130 = WM 1955, S. 802). Eine eher zweifelhafte Verbindung von Goodwill und stillen Reserven nimmt demgegenüber das *BVerfG* an (*BVerfG*, Beschluss v. 20.09.1999 - 1 BvR 168/93, Rz. 25). In der vorgenannten Entscheidung führt das *BVerfG* aus, dass stille Reserven als Bewertungsreserven *„ein Mittel der Unternehmenssicherung und Konkursvorsorge"* seien und das Unternehmen *„gegen allgemeine wirtschaftliche Risiken (...) [und] Wertschwankungen der bilanzierten Vermögensgegenstände"* absichern. Auf diese Weise sicherten stille Reserven *„damit auch den „good will" des Unternehmens im Markt"*. In der Literatur ist diese Rechtsprechung auf heftige Kritik gestoßen: *Siegel/Bareis/Rückle/Schneider/Sigloch/Streim/Wagner*, ZIP 1999, S. 2082 f.

Zusammenhang mit der Bilanzierung des originären und derivativen Goodwill eingegangen[85].

7. Weitere Goodwill-Begriffe, Konkretisierung des Untersuchungsobjektes

Teilweise wird in Literatur und Rechtsprechung und auch im allgemeinen Sprachgebrauch der Begriff des Goodwill angeführt, ohne dass damit tatsächlich auf den unternehmerischen Goodwill (oder auch den Praxiswert) abgestellt werden soll. Konkret wird der Goodwill teilweise als „guter Wille" oder „Wohlwollen" verstanden. In Zusammenhang mit dem gewerblichen Rechtsschutz taucht teilweise auch der Begriff des „kollektiven Goodwill" auf. Von diesem begrifflichen Verständnis gilt es den „unternehmerischen" Goodwill abzugrenzen und somit das Untersuchungsobjekt der vorliegenden Bearbeitung zu konkretisieren.

a) Goodwill als „guter Wille" oder „Wohlwollen"

Nicht wenige Urteile deutscher Gerichte thematisieren ausdrücklich den „Goodwill". Bei genauerer Lektüre dieser Urteile wird allerdings deutlich, dass damit nicht ein unternehmerischer Goodwill gemeint sein soll, sondern der Goodwill vielmehr wörtlich übersetzt als „guter Wille" oder „Wohlwollen" verstanden werden soll[86]. Der Begriff des Goodwill ist in diesen Urteilen somit an dessen Verwendung im allgemeinen Sprachgebrauch angelehnt[87], auf den unternehmerischen Goodwill wird dabei nicht abgestellt.

Für Zwecke der vorliegenden Arbeit zum unternehmerischen Goodwill sind die in den Urteilen enthalten Aussagen damit nicht relevant. Soweit in

---

85 Zum Verhältnis von originärem Goodwill und stillen Reserven siehe nachfolgend unter § 5 I. 2. c), zum Verhältnis von derivativem Goodwill und stillen Reserven siehe nachfolgend unter § 7 I. 1. f).

86 Siehe hierzu einige Beispiele aus der Rechtsprechung: *BVerfG*, Urteil v. 02.03.2010 - 1 BvR 256/08, Rz. 332; *SG Saarbrücken*, Beschluss v. 16.05.2013 – S 26 AS 67/13 ER, Rz. II. 3.; *OLG Hamm*, Urteil v. 21.05.2013 – III-3 RVs 20/13, 3 RVs 20/13, Rz. I., NStZ-RR 2013, 312; *LG München I*, Urteil v. 01.08.2012 – 37 O 19383/10, Rz. I. 1. c); *BSG*, Urteil v. 27.06.2012 – B 6 KA 37/11 R; *OLG Hamburg*, Urteil v. 18.05.2012 – 14 U 138/10 , Rz. B. II. 2. a) aa) = ZInsO 2012, S. 1781 ff.; *OVG Münster*, Beschluss v. 10.11.2011 – 6 A 231/10, Rz. II.; *OLG Hamm*, Urteil v. 27.01.2011 – I-18 U 145/09, 18 U 145/09, Rz. I. 1. a); *LAG Köln*, Urteil v. 14.01.2011 - 7 SaGa 24/09, Rz. II. 4. b. cc. Mit Kritik an dieser Auslegung des Goodwill-Begriffes bereits *Becher*, NJW 1951, S. 541.

87 Zum Begriff des Goodwill im allgemeinen Sprachgebrauch siehe auch zuvor unter § 2 I. 1.

Rechtsprechung oder Literatur[88] der Goodwill im Sinne des allgemeinen Sprachgebrauchs synonym mit „guter Wille" oder „Wohlwollen" verwendet wird, werden diese Fundstellen daher nicht weiter beachtet.

b) Kollektiver Goodwill

In Literatur und Rechtsprechung zum gewerblichen Rechtsschutz, genauer gesagt, im Bereich des Marken- und Kennzeichenrechts, wird teilweise ein sog. „kollektiver Goodwill" thematisiert. Dieser „kollektive Goodwill" hat seinen Ursprung in geographischen Herkunftsangaben des Markenrechts (vgl. § 126 Abs. 1 MarkenG)[89], mit denen Waren und Dienstleistungen einer bestimmten geographischen Herkunft geschützt werden (vgl. § 127 MarkenG). In Literatur[90] und Rechtsprechung[91] ist anerkannt, dass geographische Herkunftsangaben eine Art „kollektiven Goodwill"[92] verkörpern können, der allen berechtigten Unternehmen gemeinsam zusteht[93]. Hintergrund dafür ist, dass geographische Herkunftsangaben mangels Zuordnung zu einem bestimmten Rechtsträger nicht mit individuellen Immaterialgüterrechten verknüpft sind[94] und daher kein Ausschließlichkeitsrecht verleihen[95]. Bei den geographischen Herkunftsangaben

88 So beispielsweise auch *Riege/Heynen*, BB 2017, S. 29.

89 Nach der Legaldefinition in § 126 Abs. 1 MarkenG sind unter geographischen Herkunftsangaben die Namen von Orten, Gegenden, Gebieten oder Ländern sowie sonstige Angaben oder Zeichen zu verstehen, die im geschäftlichen Verkehr zur Kennzeichnung der geographischen Herkunft von Waren oder Dienstleistungen benutzt werden.

90 Vgl. bspw. *Lange*, in: *Lange*, Marken- und Kennzeichenrecht, 2. Aufl. 2012, § 1, Rdnr. 116 und § 7, Rdnr. 4726; *Dreyer*, in: *Harte-Bavendamm/Henning-Bodewig*, UWG, 4. Aufl. 2016, § 5 Abs. 1 S. 2 Nr. 1 UWG, Rdnr. 177.

91 Vgl. bspw. *BGH*, Urteil v. 11.05.2000, I ZR 126/98, GRUR 2001, S. 73 = NJW-RR 2000, S. 1640, 1644; *OLG Stuttgart*, Urteil v. 04.07.2013, 2 U 157/12, unter I. C. 1. a), LMRR 2013, S. 115 ff.

92 Zu denken ist hier beispielsweise an den kollektiven Goodwill „Schweizer Uhren" oder „Deutscher Automobile" oder auch an das Qualitätsmerkmal „Made in Germany" (siehe auch die Begründung im des RegE MarkenRRefG, S. 116).

93 Hierzu, auch mit weiteren Nachweisen: *Ensthaler*, Gewerblicher Rechtsschutz, 3. Aufl. 2009, S. 330; *Dreyer*, in: *Harte-Bavendamm/Henning-Bodewig*, UWG, 4. Aufl. 2016, § 5 Abs. 1 S. 2 Nr. 1 UWG, Rdnr. 177.

94 *Kaiser*, in: *Erbs/Kohlhaas*, StrafR Nebengesetze, 210. EL September 2016, Vorb. §§ 126 ff. MarkenG, Rdnr. 4.

95 Vgl. *OLG Stuttgart*, Urteil v. 04.07.2013, 2 U 157/12, unter I. C. 1. a), LMRR 2013, S. 115 ff.

ergibt sich ein Individualschutz nur reflexartig in dem Sinne, dass jedes Unternehmen, das Waren der betreffenden geographischen Herkunft herstellt oder vertreibt oder entsprechende Dienstleistungen erbringt, in gleichem Maße zur Benutzung der geographischen Herkunftsangabe berechtigt ist[96].

Der „kollektive Goodwill“ steht daher nicht einem einzelnen Unternehmen zu und teilt nicht dessen wirtschaftliches und rechtliches Schicksal. Für Zwecke der vorliegenden Bearbeitung werden Aspekte des „kollektiven Goodwill“ daher unberücksichtigt gelassen[97].

c) *Konkretisierung des Goodwill-Begriffs für die Bearbeitung*

Die vorgenannten Abgrenzungen machen deutlich, dass der Begriff des Goodwill teilweise relativ weit verstanden wird und somit aus rechtlicher Sicht „konturlos“ zu werden droht. Für Zwecke der vorliegenden Bearbeitung erscheint es erforderlich, dass der Begriff des Goodwill als Betrachtungsobjekt weiter konkretisiert und eingegrenzt wird. Die vorliegende Bearbeitung will sich daher auf den Goodwill eines individuellen Unternehmens beschränken. Als Bezugsobjekt für den Goodwill sind dabei unterschiedslos Kapitalgesellschaften wie auch Personengesellschaften von Interesse. Sofern und soweit Unterschiede zwischen diesen beiden Rechtsformen im Hinblick auf die Behandlung des Goodwill bestehen, werden diese nachfolgend aufgezeigt. Als spezielle Ausprägung des Goodwill wird auch der Praxiswert einer freiberuflichen Praxis kursorisch thematisiert.

II. Definitionen des Goodwill

Der nachfolgende Abschnitt soll als Bestandsaufnahme für genauere Definitionen des Goodwill dienen. Wie sich zeigen wird, liegen enthalten das Handelsbilanzrecht und die IFRS bereits gesetzliche Definitionen des Goodwill. Aufgrund ihres verbindlichen Charakters ist mit diesen Definitionen daher zu beginnen. Auch im Steuerbilanzrecht haben Literatur und Rechtsprechung bereits eine

---

96 *Marx*, in: *Fezer/Büscher/Obergfell*, Lauterkeitsrecht: UWG, 3. Aufl. 2016, S 10, Rdnr. 32, 36. *Kaiser*, in: *Erbs/Kohlhaas*, StrafR Nebengesetze, 210. EL September 2016, Vorb. §§ 126 ff. MarkenG, Rdnr. 4.

97 Außerhalb deren Anwendungsbereichs der geographischer Herkunftsangaben ist bspw. auch ein markt-, branchen- oder produktbezogener „kollektiver Goodwill“ denkbar. Soweit diese allerdings nicht dem MarkenG unterfallen, genießen diese keinen Rechtsschutz und werden aus diesem Grund in der vorliegenden Bearbeitung nicht weiter berücksichtigt.

Definition etabliert. Gleiches gilt für die Literatur in der Betriebswirtschaftslehre. Ob dieser Befund auch für das Privatrecht gilt, wird noch zu zeigen sein[98].

1. *Definition im Handelsbilanzrecht und den IFRS*

Die Problemstellungen und Diskussionen in Zusammenhang mit dem Goodwill sind in quantitativer Hinsicht am stärksten im Bilanzrecht angesiedelt. Der Goodwill hat daher im Bilanzrecht besonders starke Berücksichtigung erfahren. Insofern ist es auch wenig verwunderlich, dass der Goodwill im geltenden[99] handelsrechtlichen Bilanzrecht eine gesetzliche Definition erfahren hat: § 246 Abs. 1 S. 4 HGB definiert den entgeltlich erworbenen Geschäfts- oder Firmenwert als den

> *„Unterschiedsbetrag, um den die für die Übernahme eines Unternehmens bewirkte Gegenleistung den Wert der einzelnen Vermögensgegenstände des Unternehmens abzüglich der Schulden im Zeitpunkt der Übernahme übersteigt"*

und sieht in diesem zudem einen

> *„zeitlich begrenzt nutzbare[n] Vermögensgegenstand".*

Eine ausdrückliche Definition des Goodwill ist auch in den *International Financial Reporting Standards* (IFRS)[100] enthalten. Nach dem Verständnis der IFRS (vgl. IFRS 3 Appendix A; ebenso IAS 36.81) ist der derivative Goodwill

> *„an asset representing the future economic benefits arising from other assets acquired in a business combination that are not individually identified and separately recognised".*

Fast wortgleich zu den IFRS definieren auch die *United States Generally Accepted Accounting Principles* (US-GAAP)[101] den Goodwill. Nach der Definition in ASC 350-20-20 handelt es sich bei dem derivativen Goodwill um

---

98 Siehe hierzu nachfolgend unter § 10 I.

99 Zu verschiedenen Definitionen des Goodwill in der älteren Literatur zum Bilanzrecht siehe *Take*, Geschäfts- oder Firmenwert, 1939, S. 26 ff.

100 Zum Begriff, Bedeutung und Anwendungsbereich der IFRS siehe nachfolgend § 5 II. 1.

101 Zum Begriff und der Bedeutung der US-GAAP siehe nachfolgend die Einführung zum 2. Teil.

„[a]n asset representing the future economic benefits arising from other assets acquired in a business combination or an acquisition by a not-for-profit entity that are not individually identified and separately recognized."

Diesen Definitionen ist gemein, dass sie den Goodwill nicht nur als Mehrwert, sondern als Vermögensgegenstand (*asset*) betrachten, der sich im Rahmen einer Unternehmenstransaktion zeigt. Allerdings wird dadurch auch deutlich, dass die Definitionen den Goodwill außerhalb von Unternehmenstransaktionen gerade nicht erfassen. Dadurch, dass diese Definitionen den Goodwill als Unterschiedsbetrag (HGB), beziehungsweise als Ausdruck des zukünftigen wirtschaftlichen Nutzens ansehen (IFRS und US-GAAP), wird zudem deutlich, dass das diese Regelwerke im Goodwill einen unstofflichen, unkörperlichen, mithin einen immateriellen Vermögensgegenstand[102] sieht.

Die Definition im Handelsbilanzrecht rückt den Wert des Goodwill stark in den Vordergrund, indem die Bewertung des Goodwill zum Bestandteil der Definition gemacht wird. Diese Definition nimmt zudem an, dass jegliche Gegenleistung, die den Wert der Vermögensgegenstände des übernommenen Unternehmens übersteigt, auch auf den Goodwill geleistet wird[103].

Demgegenüber betonen die IFRS und die US-GAAP die Gewinnchancen und den zukünftigen wirtschaftlichen Nutzen des Goodwill und stellen klar, dass dieser Nutzen nicht in anderen *assets* einzeln identifizierbar oder separat erfassbar sein darf. Dadurch geben die IFRS und US-GAAP einerseits zu erkennen, dass sie den Goodwill als Rest-Vermögenswert ansehen. Zu einer ähnlichen Aussage, allerdings mit einer Betonung des Wertes des Goodwill, kommt auch das HGB, indem es den Goodwill als Unterschiedsbetrag, mithin einen Rest-Wert, einordnet.

Andererseits und ungleich wichtiger ist jedoch eine andere Wertung der IFRS und der US-GAAP: In dem Umstand, dass der Goodwill als nicht identifizierbar und separierbar angesehen wird, liegt die Wertung der IFRS und der US-GAAP, dass der Goodwill unmittelbar mit dem Unternehmen verbunden ist und von diesem nicht getrennt werden kann.

In diesem Umfang bleibt die Definition des Handelsbilanzrechts gegenüber den IFRS und den US-GAAP zurück. Jedoch ist es Konsens im Schrifttum zum

---

102 Zu den Charakteristika immaterieller Vermögensgegenstände siehe *Schülke*, DStR 2010, S. 992.

103 Insoweit mit Kritik an dieser Definition: *Velte*, StuW 2010, S. 95; *Broemel/Endert*, BBK 2013, S. 1107 f.

HGB, dass der Goodwill auch nach dem Verständnis des HGB als unmittelbar und untrennbar mit dem jeweiligen Unternehmen anzusehen ist[104]. Daneben ist auch anerkannt, dass nur ein „lebendes" Unternehmen einen Goodwill haben kann[105]. Aus der Feststellung, dass es sich bei dem Goodwill um eine „Restgröße" bestehend aus vermögenswerten Bestandteilen handelt, die nicht bereits in anderen Vermögensgegenständen aufgefangen werden, lässt sich schließen, dass es sich bei dem Goodwill um eine Art „Gesamtvermögenswert" handelt[106].

Aus den vorgenannten Definitionen im Handelsbilanzrecht, IFRS und US-GAAP lassen sich damit die folgenden kumulativen Merkmale des Goodwill entnehmen:

- Mehrwert gegenüber dem Substanzwert des Unternehmens
- Ausdruck einer positiven Zukunftserwartung an das Unternehmen
- immaterieller Gesamtvermögensgegenstand bestehend aus vermögenswerten „Bestandteilen"
- nicht in anderen Vermögensgegenständen verkörpert und
- unmittelbar und untrennbar mit dem Unternehmen verbunden.

2. *Definition im Steuerbilanzrecht*

Das Steuerbilanzrecht hält demgegenüber keine gesetzliche Definition für den Goodwill bereit. Lediglich in § 7 Abs. 1 S. 3 EStG findet die Absetzung für Abnutzung des Geschäfts- oder Firmenwerts Erwähnung. In der steuerrechtlichen Literatur[107] und Rechtsprechung[108] wird der Goodwill definiert als

104 Statt vieler: *Werndl*, in: *Kirchhof/Söhn/Mellinghoff*, EStG, 213. EL Oktober 2010, § 6 EStG, Rdnr. B 480; *Hennrichs*, in: MünchKomm-BilanzR/HGB, 2013, § 246 HGB, Rdnr. 26; ebenso auch *Maier*, in: BeckLex, 42. Ed. 2018 (Stand: 01.01.2017), Geschäfts- oder Firmenwert, Rdnr. 2.

105 Ebenso statt vieler: *Werndl*, in: *Kirchhof/Söhn/Mellinghoff*, EStG, 213. EL Oktober 2010, § 6 EStG, Rdnr. B 480.

106 Zu diesem Aspekt und auch statt vieler: *Adler/Düring/Schmaltz*, Rechnungslegung und Prüfung, 6. Aufl. 1995, § 255 HGB, Rdnr. 257.

107 Statt vieler: *Krumm*, in: *Blümich*, EStG/KStG/GewStG, 129. EL August 2015, § 5 EStG, Rdnr. 613 ff.; *Werndl*, in: *Kirchhof/Söhn/Mellinghoff*, EStG, 213. EL Oktober 2010, § 6 EStG, Rdnr. B 480; *Ehmcke*, in: *Blümich*, EStG/KStG/GewStG, 133. EL Juli 2016, § 6 EStG, Rdnr. 750; *Broemel/Endert*, BBK 2013, S. 1107.

108 Statt vieler: *BFH*, Urteil v. 27.03.2001 – I R 42/00, BFHE 195, S. 536 = DStR 2001, S. 1748; *BFH*, Urteil v. 27.03.1996 – I R 60/95, unter II. 2. b), BFHE 180, S. 548 = BB 1996, S. 2037.

„der Mehrwert, der einem gewerblichen Unternehmen
über den Substanzwert der einzelnen
materiellen und immateriellen Wirtschaftsgüter
abzüglich Schulden hinaus innewohnt“.[109]

Diese Definition des Steuerbilanzrechts ist der des Handelsbilanzrechts relativ ähnlich, so dass bereits einige der zuvor genannten Merkmale des Goodwill aus dem Handelsbilanzrecht, den IFRS und den US-GAAP auch im Steuerbilanzrecht gelten. Jedoch ist die Definition des Steuerbilanzrechts insgesamt etwas weiter. Denn indem keine Verbindung zu einer Unternehmenstransaktion hergestellt wird, ist diese eher genereller und abstrakter Natur. Sie kann den Goodwill in jeglichem Stadium erfassen und ist nicht limitiert auf den Goodwill im Rahmen einer Unternehmenstransaktion.

Über diese Definition hinaus besteht in Literatur und Rechtsprechung Konsens, dass der Goodwill *„durch die Gewinnaussichten bestimmt [wird], die losgelöst von der Person des Unternehmers, aufgrund besonderer, dem Unternehmen eigenen Vorteile [...] höher oder gesicherter erscheint als bei einem anderen Unternehmen mit sonst vergleichbaren Wirtschaftsgütern“*[110], bei denen jedoch diese Vorteile fehlen[111]. Darin liegt auch die Aussage, dass sich der Goodwill aus einzelnen Vorteilen zusammensetzt, die nicht bereits in anderen eigenständigen Wirtschaftsgütern verkörpert sind, und damit ein Gesamtwirtschaftsgut ist. Indem das Steuerbilanzrecht den Goodwill schlicht als einen Mehrwert des Unternehmens ansieht, wird deutlich, dass auch im Steuerbilanzrecht der Goodwill als immaterielles Wirtschaftsgut eingeordnet wird.

Die im Goodwill verkörperten Gewinnchancen müssen dabei losgelöst von der Person des Unternehmers aufgrund eigener Vorteile des Unternehmens selbst bestehen[112]. Angesichts dessen wird deutlich, dass der Goodwill unmittelbar mit dem Betrieb als solchem verwoben ist, so dass er grundsätzlich nicht isoliert und ohne den Betrieb veräußert, übertragen oder entnommen werden

---

109 Statt vieler *Werndl*, in: *Kirchhof/Söhn/Mellinghoff*, EStG, 213. EL Oktober 2010, § 6 EStG, Rdnr. B 480; *BFH*, Urteil v. 27.03.1996 - I R 60/95, unter II. 2. b), BFHE 180, S. 548 = BB 1996, S. 2037.

110 Vgl. *BFH*, Urteil v. 27.03.1996 - I R 60/95, unter II. 2. b), BFHE 180, S. 548 = BB 1996, S. 2037.

111 *Werndl*, in: *Kirchhof/Söhn/Mellinghoff*, EStG, 213. EL Oktober 2010, § 6 EStG, Rdnr. B 480.

112 Vgl. *Krumm*, in: *Blümich*, EStG/KStG/GewStG, 129. EL August 2015, § 5 EStG, Rdnr. 614, 615a.

kann[113]. Dies wird im materiellen Steuerrecht allerdings dadurch aufgelockert, dass die Übertragung des Goodwill bspw. zusammen mit einem (lebensfähigen) Teilbetrieb, bei der Realteilung oder auch im Fall der Betriebspaltung zugelassen wird[114]. Der Goodwill ist dabei auch im materiellen Steuerrecht an den Fortbestand des lebenden Unternehmens gebunden[115]. Stellt ein Unternehmen seine Geschäftstätigkeit ein, oder wird ein Unternehmen zur Stilllegung oder Zerschlagung erworben, geht damit auch der Goodwill unter[116].

Aus der Definition und der weiteren Charakterisierung im Steuerbilanzrecht lassen sich die folgenden Merkmale des Goodwill entnehmen:

- Mehrwert gegenüber dem Substanzwert des Unternehmens
- Ausdruck einer positiven Zukunftserwartung an das Unternehmen
- immaterielles Gesamtwirtschaftsgut, bestehend aus vermögenswerten „Vorteilen"
- nicht in anderen Wirtschaftsgütern verkörpert
- unmittelbar und untrennbar mit dem (lebenden) Betrieb oder auch Betriebsteil verbunden.

3. *Definition in der Betriebswirtschaftslehre*

In der Betriebswirtschaftslehre finden sich ebenfalls verschiedene Definitionen für den Goodwill. Allerdings knüpfen diese oftmals an die Definitionen des Bilanz- und Steuerrechts an und bringen für Zwecke dieser Bearbeitung insoweit keinen Mehrwert. Unabhängig davon wurden auch Definitionen entwickelt, die für sich alleine stehen können. Beispielsweise wird in der Investitionstheorie der Goodwill als

---

113 Vgl. *BFH*, Urteil v. 27.03.2001 – I R 42/00, unter II. 1. b) aa), BFHE 195, S. 536 = DStR 2001, S. 1748; ebenso *BFH*, Urteil v. 05.06.2008 – IV R 79/05, unter II. 3. a) aa), BFHE 222, S. 20; *Krumm*, in: *Blümich*, EStG/KStG/GewStG, 129. EL August 2015, § 5 EStG, Rdnr. 620.

114 Vgl. *Ehmcke*, in: *Blümich*, EStG/KStG/GewStG, 133. EL Juli 2016, § 5 EStG, Rdnr. 753, 754; *BFH*, Urteil v. 27.03.2996 – I R 60/95, BFHE 180, S. 548.

115 Vgl. *Werndl*, in: *Kirchhof/Söhn/Mellinghoff*, EStG, 213. EL Oktober 2010, § 6 EStG, Rdnr. B 480; *Krumm*, in: *Blümich*, EStG/KStG/GewStG, 129. EL August 2015, § 5 EStG, Rdnr. 614, 620; *Ehmcke*, in: *Blümich*, EStG/KStG/GewStG, 133. EL Juli 2016, § 6 EStG, Rdnr. 750.

116 Vgl. *Krumm*, in: *Blümich*, EStG/KStG/GewStG, 129. EL August 2015, § 5 EStG, Rdnr. 620, 622.

„Differenzbetrag zwischen dem Zukunftserfolgswert und dem Substanzwert, verstanden als Teilrekonstruktionswert“

verstanden[117]. Der Zukunftserfolgswert selbst kann durch verschiedene Methoden der Unternehmensbewertung[118] ermittelt werden und stellt im Ergebnis den Barwert der künftigen Erfolge im Sinne von Einzahlungsüberschüssen an die Eigner des Unternehmens dar[119]. Daher wird der Goodwill auch definiert als

„Differenz zwischen dem Gesamtunternehmenswert und der Summe der Zeitwerte aller Aktiva und Passiva“.[120]

Den vorgenannten Definitionen ist gemein, dass diese, zumindest im Hinblick auf dessen Wert, auch den originären Goodwill erfassen können. Allerdings stellen diese Definitionen im Wesentlichen auf den Goodwill als reine Bewertungsgröße ab und sind daher primär für Zwecke der Unternehmensbewertung geeignet. Im Ergebnis können diese keine zusätzlichen Hinweise auf die Rechtsnatur des Goodwill bieten.

III. Differenzierungen des Goodwill-Begriffs und Systematisierungen

Im folgenden Gliederungspunkt werden verschiedene begriffliche Differenzierungen des Goodwill vorgestellt. Diese Differenzierungen haben im weitesten Sinnen ihren Ausgangspunkt in der Entstehung und im Wert des Goodwill. An dieser Stelle werden die Begriffe als solche vorgestellt, auf die Entstehung und den Wert des Goodwill wird später noch vertieft eingegangen.

---

117 Hierzu und mit weiteren Nachweisen *Pfauth*, Goodwillbilanzierung nach US-GAAP, 2008, S. 8; kritisch zu dieser Definition und mit Nachweisen zu weiteren Definitionen: *Wöhe*, StuW 1980, S. 91; siehe hierzu auch *Wöhe/Döring/Brösel*, Allgemeine Betriebswirtschaftslehre, 26. Aufl. 2016, S. 522.

118 Zu nennen sind hier insbesondere Ertragswertverfahren und *Discounted Cash-Flow*-Verfahren, welche nachfolgend unter § 4 II. 1. und 2. näher beschrieben werden.

119 Als Diskontierungssatz kann die interne Rendite der bestmöglichen Alternativanlage verwendet werden, vgl. hierzu auch *Pfauth*, Goodwillbilanzierung nach US-GAAP, 2008, S. 8.

120 Hierzu bspw. *Küting*, DStR 2006, S. 1665; *Wolf/Kurz*, StuB 2005, S. 484; *Wiechers*, BBK 2011, S. 735.

1. *Originärer und derivativer Goodwill*

Über die bisher dargestellten Definitionen und Abgrenzungen hinaus ist vor allem die Unterscheidung zwischen originärem und derivativem Goodwill von Bedeutung. Diese Unterscheidung knüpft dabei an die Entstehung bzw. Herkunft des Goodwill an und wird daher im Zusammenhang mit der Entstehung des Goodwill detaillierter dargestellt[121]. An dieser Stelle soll zunächst die Begrifflichkeit als solche behandelt werden. Die Unterscheidung selbst ist insbesondere im Bilanzrecht von Bedeutung, denn hier haben originärer und derivativer Goodwill sehr unterschiedliche Schicksale.

Im allgemeinen Wortsinn ist „originär" gleichbedeutend mit „ursprünglich"[122] oder auch „grundlegend neu"[123]. Unter dem originären Goodwill ist somit der ursprüngliche, im Unternehmen selbst geschaffene Goodwill[124] zu verstehen. Er entsteht im Zuge des internen oder organischen Wachstums im Unternehmen selbst[125] und durch die Geschäftstätigkeit des Unternehmens[126].

Begriffliches Gegenstück zum originären Goodwill ist der derivative Goodwill. „Derivativ" meint im allgemeinen Sprachgebrauch „abgeleitet" bzw. „durch Ableitung entstanden"[127]. Der derivative Goodwill entsteht in der Regel im Zuge eines entgeltlichen Unternehmenserwerbs[128]. Als Bezugsobjekt für die „Entstehung durch Ableitung" kommen für den derivativen Goodwill zum einen der vorherige Rechtsträger des (originären) Goodwill, zum anderen aber der im Rahmen des Unternehmenserwerbs gezahlte Unternehmenskaufpreis in Betracht. Im ersten Fall wäre der derivative Goodwill als abgeleitete Rechtsposition zu verstehen, im zweiten Fall würde schlicht nur der Wert des Goodwill

121 Siehe hierzu nachfolgend unter § 3 I. 1.

122 *Wahrig*, Deutsches Wörterbuch, 9. Aufl. 2011, Stichwort „originär"; *Brockhaus*, Enzyklopädie, 17. Aufl. 1971, Band 13, Stichwort „originär".

123 *Duden*, Deutsches Universalwörterbuch, 6. Aufl. 2007, Stichwort „originär"; *Duden*, Wörterbuch der deutschen Sprache, 3. Aufl. 1999, Band 2, Stichwort „originär".

124 Statt vieler *Adler/Düring/Schmaltz*, Rechnungslegung und Prüfung, 6. Aufl. 1995, § 255 HGB, Rdnr. 257; *Krumm*, in: *Blümich*, EStG/KStG/GewStG, 129. EL August 2015, § 5 EStG, Rdnr. 617.

125 *Schmidt*, Rechnungslegung zur Zahlungsbemessung und Informationsvermittlung, 2007, S. 59.

126 Statt vieler: *Baetge/Dittmar/Klönne*, in: Festschrift für Wolfgang Ballwieser, 2014, S. 3.

127 *Duden*, Deutsches Universalwörterbuch, 6. Aufl. 2007, Stichwort „derivativ"; *Duden*, Wörterbuch der deutschen Sprache, 3. Aufl. 1999, Band 2, Stichwort „derivativ"; *Wahrig*, Deutsches Wörterbuch, 9. Aufl. 2011, Stichwort „derivativ".

128 Zur Entstehung des derivativen Goodwill siehe nachfolgend unter § 3 I. 1. b).

abgeleitet werden. In Abgrenzung zum originären, also selbstgeschaffenen Goodwill, wäre eigentlich naheliegend, dass unter dem derivativen, der „fremdgeschaffene“, von einem anderen Rechtsträger abgeleitete, Goodwill zu verstehen ist. Der Begriff des derivativen Goodwill wird allerdings in der Literatur zumeist anders gebraucht: Soweit dieser Aspekt in der Literatur überhaupt konkret[129] thematisiert wird, wird unter dem derivativen Goodwill schlicht der aus dem Unternehmenskaufpreis abgeleitete Goodwill verstanden[130]. Mit dieser Ansicht wird der derivative Goodwill erst durch die Veräußerung eines Unternehmens konkretisiert[131].

2. *Unentgeltlich erworbener Goodwill*

Eine Art Sonderstellung nimmt der unentgeltlich erworbene Goodwill ein. Für einen unentgeltlich erworbenen Goodwill ist beispielsweise eine unentgeltliche Übertragung oder eine Umwandlung eines Unternehmens als Auslöser denkbar[132]. Da der unentgeltlich erworbene Goodwill somit im Zuge einer wie auch immer gearteten Unternehmenstransaktion entsteht, passt er nicht mehr mit dem begrifflichen Verständnis eines originären Goodwill zusammen und kann nicht als dessen Unterfall verstanden werden. Andererseits wird er begrifflich auch nicht vom derivativen Goodwill aufgefangen, da dieser, nach herrschendem Verständnis, einen entgeltlichen Erwerb voraussetzt. Allerdings war der

---

129 Raum für Interpretationen lässt bspw. *Mujkanovic*, indem er den derivativen Goodwill als den „aus dem Kauf einer Unternehmung abgeleiteten“ Goodwill definiert (siehe hierzu *Mujkanovic*, BB 1994, S. 894). Ebenfalls nicht eindeutig äußert sich *Winnefeld*, in: *Winnefeld*, Bilanz-Handbuch, 5. Aufl. 2015, Kap. M, Rdnr. 462.

130 Vgl. nur *Pfauth*, der deutlich macht, dass der derivative Goodwill aus dem Wert der Gegenleistung abgeleitet wird und nicht aus dem originären Goodwill (*Pfauth*, Goodwillbilanzierung nach US-GAAP, 2008, S. 12, Fn. 19); *Schmidt* äußert sich ebenfalls sehr deutlich (*Schmidt*, Rechnungslegung zur Zahlungsbemessung und Informationsvermittlung, 2007, S. 60, Fn. 273); *Sigloch*, Rechnungslegung, 8. Aufl. 2011, S. 278; siehe bspw. auch *Haaker*, Potential der Goodwill-Bilanzierung, 2007, S. 63; *Deubner*, Aktivierung und Abschreibung des Geschäftswertes, 1971, S. 21; *Küting*, DB 2005, S. 2757; *Küting*, DStR 2008, S. 1800; *Busse von Colbe/Orgelheide/Gebhardt/Pellens*, Konzernabschlüsse, 9. Aufl. 2010, S. 236; *Pottgießer/Velte/Weber*, DStR 2005, S. 1748; im Ergebnis wohl auch *Winnefeld*, in: *Winnefeld*, Bilanz-Handbuch, 5. Aufl. 2015, Kap. M, Rdnr. 462; *Baetge/Dittmar/Klönne*, in: Festschrift für Wolfgang Ballwieser, 2014, S. 3.

131 *Küting*, DStR 2006, S. 1665.

132 Siehe hierzu auch nachfolgend unter § 3 I. 1. b) bb).

unentgeltlich erworbene Goodwill bereits in irgendeiner Form Gegenstand des Rechtsverkehrs, so dass er dem derivativen Goodwill insgesamt gedanklich etwas näher steht.

Für Zwecke der vorliegenden Arbeit wird, soweit die Differenzierung zwischen unentgeltlich und entgeltlich erworbenen (derivativen) Goodwill von Bedeutung ist, im Folgenden auf die unterschiedliche Behandlung ausdrücklich hingewiesen. Ohne ausdrückliche Differenzierung sollen entgeltlicher und unentgeltlicher Erwerb gleichsam als Fälle des derivativen Goodwill angesprochen werden.

3. *Positiver und negativer Goodwill*

Vornehmlich in Zusammenhang mit der bilanziellen Behandlung des Goodwill aus einem Unternehmenskauf wird die Unterscheidung zwischen positivem und negativem Goodwill relevant. Wie bereits dargestellt, wird in bilanzrechtlicher Hinsicht ein positiver Goodwill angenommen, wenn der Unternehmens- bzw. Übernahmewert über dem Substanzwert des Unternehmens liegt[133]. Umgekehrt wird von einem negativen Goodwill gesprochen, wenn beim Unternehmenskauf ein negativer Unterschiedsbetrag zwischen dem Unternehmens- bzw. Übernahmewert und Substanzwert des Unternehmens auftritt[134]. Dies ist dann der Fall, wenn der Unternehmenskaufpreis unter dem Buchwert des Eigenkapitals (bzw. des neubewerteten Eigenkapitals) des erworbenen Unternehmens liegt[135]. Anders - und losgelöst vom Unternehmenskauf - ausgedrückt, liegt ein negativer Goodwill vor, wenn der Gesamtwert des Unternehmens im Fortführensfall wegen ungünstiger Ertragslage oder sonstiger Gründe niedriger ist als der Substanzwert[136].

Im Gegensatz zum positiven Goodwill, der sich aus Werten zusammensetzt, mit denen überwiegend zukünftige Ertragschancen verbunden sind, liegen einem negativen Goodwill mehrheitlich solche Elemente zugrunde, die künftige

---

133 *Schmidt*, Rechnungslegung zur Zahlungsbemessung und Informationsvermittlung, 2007, S. 61; ähnlich auch *Maier*, in: BeckLex, 42. Ed. 2018 (Stand: 01.01.2017), Geschäfts- oder Firmenwert, Rdnr. 2.

134 *Sigloch/Keller/Meffert*, in: *Michalski/Heidinger/Leible/J. Schmidt*, GmbHG, 3. Aufl. 2017, Anh. §§ 41-42a GmbHG, Rdnr. 666.

135 Siehe hierzu auch *Hommel*, RIW 2001, S. 804; *Sigloch/Keller/Meffert*, in: *Michalski/Heidinger/Leible/J. Schmidt*, GmbHG, 3. Aufl. 2017, Anh. §§ 41-42a GmbHG, Rdnr. 666.

136 *Krumm*, in: *Blümich*, EStG/KStG/GewStG, 129. EL August 2015, § 5 EStG, Rdnr. 625.

Aufwendungen oder Verluste erwarten lassen[137]. Der Goodwill hat in diesem Fall schlicht ein negatives Vorzeichen[138].

Die Existenz des negativen Goodwill ist nicht unumstritten[139]. Soweit die Existenz des negativen Goodwill angenommen wird, wird dieser in der Literatur auch (eher technisch) als „negativer Unterschiedsbetrag“[140], als „Gelegenheitskauf“ bzw. „*lucky buy*“ oder „*bargain purchase*“[141] oder (eher plakativ) als „Badwill“[142] bezeichnet[143]. Diese verschiedenen Bezeichnungen sind dabei nicht willkürlich gewählt, sondern lassen Rückschlüsse auf die jeweilige Ursache und Entstehung und bilanzielle Behandlung des negativen Goodwill zu. Ursachen und Entstehung werden nachfolgend[144] noch eingehend betrachtet.

Wenn im Folgenden in dieser Arbeit ohne weitere Differenzierung vom „Goodwill“ gesprochen wird, soll damit stets der positive Goodwill angesprochen sein. Falls im Einzelfall der negative Goodwill thematisiert werden soll, wird dieser als solcher ausdrücklich benannt.

4. Originärer und derivativer negativer Goodwill

Ebenso wie bei dem positiven Goodwill kann auch bei dem negativen Goodwill zwischen einem originären und derivativen negativen Goodwill unterschieden werden[145]. Beide Varianten des negativen Goodwill werden im Zusammenhang mit Entstehung und Ursachen des negativen Goodwill näher dargestellt[146].

---

137 Siehe hierzu *Haaker*, Potential der Goodwill-Bilanzierung, 2007, S. 68; *Schmidt*, Rechnungslegung zur Zahlungsbemessung und Informationsvermittlung, 2007, S. 61.

138 *Velte*, StB 2011, S. 396.

139 Siehe hierzu auch nachfolgend unter § 3 I. 2, ebenso auch die Verweisung in Fn. 240.

140 *Pfauth*, Goodwillbilanzierung nach US-GAAP, 2008, S. 19; *Sigloch/Keller/Meffert*, in: *Michalski/Heidinger/Leible/J. Schmidt*, GmbHG, 3. Aufl. 2017, Anh. §§ 41-42a GmbHG, Rdnr. 666.

141 *Pfauth*, Goodwillbilanzierung nach US-GAAP, 2008, S. 20; *Sigloch/Keller/Meffert*, in: *Michalski/Heidinger/Leible/J. Schmidt*, GmbHG, 3. Aufl. 2017, Anh. §§ 41-42a GmbHG, Rdnr. 666.

142 *Krumm*, in: *Blümich*, EStG/KStG/GewStG, 129. EL August 2015, § 5 EStG, Rdnr. 625; *Velte*, StB 2011, S. 397.

143 Zu den vorstehenden Bezeichnungen siehe auch *Sigloch*, Rechnungslegung, 8. Aufl. 2011, S. 289 f.

144 Siehe hierzu eingehend unter § 3 I. 2.

145 Vgl. nur *Pfauth*, Goodwillbilanzierung nach US-GAAP, 2008, S. 19.

146 Zu der Differenzierung und Erklärungsansätzen siehe hierzu unter § 3 I. 2.

5. *Konsolidierungs- und Nicht-Konsolidierungs-Goodwill*

Im Falle eines Unternehmenserwerbs kann sowohl bei dem positiven als auch bei dem negativen derivativen Goodwill weiter differenziert werden: Je nachdem, welche rechtliche Struktur für die Übertragung eines Unternehmens oder eines Unternehmensteils gewählt wird[147], kann in bilanzieller Hinsicht zwischen einem sog. Konsolidierungs-Goodwill (*consolidation goodwill*) und einem Nicht-Konsolidierungs-Goodwill (*non-consolidation goodwill*) unterschieden werden[148]. Bedeutung hat diese Unterscheidung fast ausschließlich in Zusammenhang mit der bilanziellen Erfassung des Goodwill im Einzelabschluss bzw. Konzernabschluss, so dass diese ebendort angesprochen wird[149].

IV. Bestandteile des Goodwill – Goodwill-Werte

Der Goodwill ist, das hat die Bestandsaufnahme der Goodwill-Definitionen deutlich gemacht, als ein Konglomerat oder Sammelbegriff[150] anzusehen,

---

147 Konkret geht es um die Unterscheidung zwischen *share deal* und *asset deal*, die zwar im Ergebnis den gleichen Erfolg herbeiführen können (Übertragung eines Unternehmens), mit denen jedoch recht unterschiedliche bilanzielle Folgen verknüpft sind.

148 Vgl. *Schmidt*, Rechnungslegung zur Zahlungsbemessung und Informationsvermittlung, 2007, S. 62.

149 Siehe hierzu auch nachfolgend unter § 7 I. 1. und 2.

150 Siehe hierzu *Fabis*, Firma und good will, 1953, S. 29, 31, der den Goodwill als „**Oberbegriff**" betrachtet; ebenso auch *Küting*, der den Goodwill eines Unternehmens „als „**Sammelbecken** aller nicht bilanzierungsfähigen immateriellen Werte" bezeichnet, vgl. *Küting*, DStR 2008, S. 1801 mit weiterem Nachweis; ebenso auch *Arnold*, der den Goodwill als „**Auffangbecken**" für die Werte eines Unternehmens sieht, vgl. *Arnold*, Bilanzierung des Geschäfts- oder Firmenwerts, 1997, S. 36; ähnlich beschreiben den Goodwill auch *Schubert/F. Huber*, in: Beck Bil-Komm, 11. Aufl. 2018, § 247 HGB, Rdnr. 406, die im Goodwill „ein **Bündel von geschäftswertbildenden Faktoren**" sehen, „das nicht weiter zerlegt werden kann"; bspw. *Kreutzahler*, Rechtsnatur der Chancen eines Handelsgewerbes, 1926, S. 36 und *Petersen/Zwirner/Boecker*, StuB 2011, S. 399, die den Goodwill als „**Konglomerat**" verstehen wollen; *Haaker* versteht den Goodwill als völlig **heterogenes Wertkonglomerat**, vgl. *Haaker*, Potential der Goodwill-Bilanzierung, 2007, S. 78; ähnlich auch *Pellens/Sellhorn*, DB 2001, S. 1685, Goodwill als „**Restmenge**"; in der steuerrechtlichen Literatur wird der Goodwill auch als „Inbegriff einer Anzahl von im Einzelnen nicht messbaren und wenig greifbaren Vorteilen" angesehen, vgl. *Krumm*, in: *Blümich*, EStG/KStG/GewStG, 129. EL August 2015, § 5 EStG, Rdnr. 615.

der bestimmte, geschäftswertbildende[151] oder als werterhöhend festgestellte Bestandteile oder Vorteile umfasst[152], mit denen überwiegend zukünftige Ertragschancen verbunden werden[153]. In der Literatur werden diese einzelnen Bestandteile[154] und immateriellen Werte auch als Goodwill-Werte bezeichnet[155]. Als Beispiele für solche Goodwill-Werte werden in der Literatur und Rechtsprechung häufig die folgenden genannt[156]:

---

151 Vgl. *Schubert/F. Huber*, in: Beck Bil-Komm, 11. Aufl. 2018, § 247 HGB, Rdnr. 406; *Maier*, in: BeckLex, 42. Ed. 2018 (Stand: 01.01.2017), Geschäfts- oder Firmenwert, Rdnr. 3.

152 Wenn im Folgenden der Goodwill als Vermögenswert oder Wirtschaftsgut bezeichnet wird, ist damit, genau genommen, der Goodwill als „aggregierter" Vermögenswert oder Wirtschaftsgut, also die Summe seiner jeweiligen werterhöhenden Faktoren (den Goodwill-Werten) angesprochen. Zur leichteren Nachvollziehbarkeit der Argumente und besseren Lesbarkeit wird auf diese Differenzierung verzichtet und vom „Goodwill" als einzelnem Vermögenswert gesprochen. Soweit es auf die im Goodwill enthaltenen einzelnen Goodwill-Werte ankommt, werden diese ausdrücklich als solche angesprochen.

153 *Schmidt*, Rechnungslegung zur Zahlungsbemessung und Informationsvermittlung, 2007, S. 61; *Arnold*, Bilanzierung des Geschäfts- oder Firmenwerts, 1997, S. 35.

154 Die Goodwill-Werte häufig auch als „Goodwill-Faktoren" bezeichnet, vgl. *Deubner*, Aktivierung und Abschreibung des Geschäftswertes, 1971, S. 5, 15; *Pfauth*, Goodwillbilanzierung nach US-GAAP, 2008, S. 10, 11; *Schmidt*, Rechnungslegung zur Zahlungsbemessung und Informationsvermittlung, 2007, S. 53, 55. Die unterschiedliche Bezeichnung hat im Ergebnis jedoch keine Auswirkung. Im Folgenden wird daher die Bezeichnung Goodwill-Werte verwendet.

155 Siehe hierzu *Fabis*, Firma und good will, 1953, S. 31. Von „**Chancen**" eines Handelsgewerbes spricht *Kreutzahler*, meint jedoch damit auch die einzelnen Goodwill-Werte (*Kreutzahler*, Rechtsnatur der Chancen eines Handelsgewerbes, 1926, S. 2 ff.); siehe hierzu auch Fn. 1126. Von „**adjunktiven Gütern**" sprechen mit Verweis auf *Kosiol* (Bilanzreform und Einheitsbilanz, 1949, S. 146) beispielsweise *Möhrle* (*Möhrle*, DStR, 1999, S. 1415) und *Preißer/Preißer* (*Preißer/Preißer*, DStR 2011, S. 133). Auch hier sind im Ergebnis die Goodwill-Werte gemeint.

156 Die nachfolgende Aufstellung stellt einen Ausschnitt aus den im Anhang zu dieser Bearbeitung aufgeführten Goodwill-Werten (siehe hierzu Anhang/ II. Goodwill-Werte (Referenzen)). Mit ähnlichen Untergliederungen der Goodwill-Werte: *Arnold*, Bilanzierung des Geschäfts- oder Firmenwerts, 1997, S. 39 ff.; ähnlich auch *Schmidt*, Rechnungslegung zur Zahlungsbemessung und Informationsvermittlung, 2007, S. 59. Die Aufstellung lässt erkennen, dass die einzelnen Goodwill-Werte nicht ganz ohne Überschneidungen gruppenweise zusammengefasst werden können. Die Zuordnung zu bestimmten Gruppen dient der Veranschaulichung und Vereinfachung. Eine ähnliche Kategorisierung für immaterielle Werte (als nicht separat aktivierte Bestandteile

Unternehmensführung

- Qualität/Fähigkeiten des Managements
- Know-how des Managements
- Ansehen der Unternehmensleitung
- Persönlichkeiten im Aufsichtsrat einer AG
- überlegene Strategie

Personal

- Qualifikation (Fähigkeiten und Fertigkeiten) des Personals
- Stamm zuverlässiger Arbeitnehmer/Mitarbeiter
- Arbeitsverträge
- Maßnahmen zur Aus- und Weiterbildung von Mitarbeitern
- Attraktionsfähigkeit für neue Mitarbeiter
- Know-how und Motivation der Mitarbeiter
- gutes Betriebsklima
- Unternehmenskultur

Produktion und Verfahren

- Geschäfts- und Betriebsgeheimnisse
- rationelle Verfahrens- und Fertigungsverfahren
- Forschungsprojekte, Innovation
- Know How
- günstige Kostenlage

Organisation

- innere, betriebliche Organisation
- räumliche Unternehmensorganisation (Aufstellung von Maschinen, Lagerung der Warenvorräte)
- Unternehmensstruktur
- Organisation der Beschaffung von Waren und Leistungen
- Organisation von Absatz und Vertrieb
- günstige Kostenlage

---

des Goodwill) nimmt der *Arbeitskreis "Immaterielle Werte im Rechnungswesen"* der Schmalenbach-Gesellschaft für Betriebswirtschaft e. V. vor (*Arbeitskreis "Immaterielle Werte im Rechnungswesen"*, DB 2001, S. 990).

Staat und Öffentlichkeit

- vorteilhafte Steuerbedingungen
- unternehmensfreundliche Gesetzgebung und Rechtsprechung

Standort

- verkehrsgünstige Lage des Unternehmens
- Standort des Unternehmens, Standortvorteil
- günstiger Zugang zu Beschaffungsmarkt und Absatzmarkt
- Möglichkeit der territorialen Expansion am Unternehmenssitz
- Zugang zum Arbeitsmarkt
- langfristige Miet- und/oder Pachtverträge

Beschaffungsmarkt

- Beziehungen zu Lieferanten
- Zugang zu zuverlässigen und günstigen Bezugsquellen
- Attraktionsfähigkeit für neue Mitarbeiter
- Verbandszugehörigkeit (für vorteilhafte Belieferung)

Kapitalmarkt und Investoren

- Vertrauen der Gläubiger und/oder Kapitalgeber
- Ausgezeichnetes Kapitalmarktstanding
- Kreditrating, Kreditwürdigkeit bei Kreditinstituten und Lieferanten
- kreditbegünstigende Gesellschaftsform
- Investoren- und sonstige Stakeholderbeziehungen

Qualität der Produkte

- Qualität der Produkte und/oder Leistungen
- Bekanntheitsgrad der Produkte des Unternehmens
- Ruf der Produkte und Erzeugnisse
- Produktqualität

Absatzmarkt und Vertrieb

- Führende/monopolartige Marktstellung
- Ausgezeichnetes Preis-/Leistungsverhältnis
- Wettbewerbsvorteil
- Kundenbeziehungen und Kundenstamm

- Zugang zu Absatzmärkten und Absatzorganisation
- Geschäftsbeziehungen mit Unternehmen im Ausland
- Auftragsbestand
- Verbandszugehörigkeit (für vorteilhaften Absatz)
- Gewinnaussichten, Gewinnchancen, Geschäftschancen
- schlagkräftige Werbung, Werbekraft

Unternehmensruf

- Image
- gute Ruf des Unternehmens, der Firma
- Ansehen des Unternehmens, Reputation
- gesellschaftliches Ansehen durch nachhaltige und ethische Unternehmenspolitik
- Firmenname, Markenname
- Bekanntheitsgrad des Unternehmens

Die vorstehende Aufstellung lässt erkennen, dass es sich bei den einzelnen Goodwill-Werten in der Regel weder um Sachen noch um Rechte handelt. In der ganz überwiegenden Zahl der Fälle handelt sich bei diesen weder um körperliche Sachen noch besteht ein Recht an diesen oder auf diese Werte[157].

Diese Aufstellung legt allerdings auch nahe, dass einige der genannten Goodwill-Werte unmittelbar voneinander abhängen oder aufeinander einwirken können[158]: Beispielsweise besteht zwischen den Goodwill-Werten „Qualifikation der Mitarbeiter", „Unternehmenskultur" und „Kundenbeziehungen" erkennbar eine direkte Beziehung: Gut ausgebildete und geförderte Mitarbeiter, die durch eine entsprechend positive Unternehmenskultur in ihrem Arbeitsumfeld zufrieden sind, werden idealerweise auch leichter gute Kundenbeziehungen aufbauen können.

Die Verschiedenartigkeit der Unternehmen bringt es notwendigerweise mit sich, dass für jedes Unternehmen nur im Einzelfall bestimmt werden kann, ob dieses über Goodwill-Werte verfügt, welche dies sind und wie stark diese ausgeprägt sind[159]. Die einzelnen Goodwill-Werte müssen nicht in jedem

157 So auch bereits *Fabis*, Firma und good will, 1953, S. 31, 32.
158 *Pfauth*, Goodwillbilanzierung nach US-GAAP, 2008, S. 11.
159 Ähnlich bereits *Fabis*, Firma und good will, 1953, S. 31; *Pfauth*, Goodwillbilanzierung nach US-GAAP, 2008, S. 11; *Schmidt*, Rechnungslegung zur Zahlungsbemessung und Informationsvermittlung, 2007, S. 57.

Unternehmen vorhanden sein und müssen ebenso wenig auch kumulativ erfüllt werden.

Diese Goodwill-Werte müssen zudem nicht notwendigerweise positiv sein. Dies wäre beispielsweise dann der Fall, wenn die zuvor genannten Werte in ihr Gegenteil verkehrt würden[160] oder, anders ausgedrückt, wenn sie das umgekehrte Vorzeichen tragen würden[161]. Das wäre beispielsweise der Fall, wenn der Ruf des Unternehmens wegen mangelnder Produktqualität schlecht wäre oder das Personal keine ausreichende Qualifikation aufweisen würde. Ein Unternehmen wird in der Regel neben positiven Goodwill-Werten auch negative Goodwill-Werte aufweisen[162]. In der Literatur ist aus diesem Grund anerkannt, dass ein positiver Goodwill auch immer mit einem negativen Goodwill einher geht[163]. Selbst wenn insgesamt ein positiver Goodwill vorliegt, sind im Regelfall auch negative Goodwill-Werte vorhanden *et vice versa*[164]. Je nachdem, ob ein Unternehmen vermehrt positive oder vermehrt negative Goodwill-Werte aufweist, wird das Pendel in die eine oder andere Richtung ausschlagen[165]. Beispielsweise ist denkbar, dass ein Unternehmen über einen äußerst treuen Kundenstamm verfügt, das einzig zur Verfügung stehende und langfristig angemietete Geschäftslokal jedoch nicht verkehrsgünstig gelegen ist. Weil der Goodwill-Wert „Kundenstamm" überwiegt, kann der Goodwill an sich in diesem Fall immer noch ein positiver sein.

Von den Goodwill-Werten sind solche werterhöhenden Faktoren des Unternehmens zu unterscheiden, die bereits in materiellen oder immateriellen Wirtschaftsgütern verkörpert sind[166]; diese sind dann bereits hinreichend konkretisiert und es besteht kein Anlass, ihren Wert in einem Sammelposten wie dem Goodwill aufgehen zu lassen. Anders und positiv ausgedrückt umfasst der Goodwill als Sammelposten alle nicht abstrakt bilanzierungsfähigen oder nicht identifizierbaren immateriellen Werte, mit denen zukünftige Ertragschancen verbunden werden[167]. Neben immateriellen Werten werden auch rein

160 Siehe hierzu auch nachfolgend zur Entstehung des negativen Goodwill unter § 3 I. 2.

161 So beispielsweise schon *Take*, Geschäfts- oder Firmenwert, 1939, S. 30.

162 *Küting*, AG 2000, S. 98.

163 *Haaker*, Potential der Goodwill-Bilanzierung, 2008, S. 68.

164 *Haaker*, Potential der Goodwill-Bilanzierung, 2008, S. 68; *Küting*, AG 2000, S. 98.

165 Ähnlich auch *Deubner*, Aktivierung und Abschreibung des Geschäftswertes, 1971, S. 16.

166 Bspw. sind Patente, Marken und Urheberrechte als immaterielle Wirtschaftsgüter und Grundstücke und Maschinen als materielle Wirtschaftsgüter auszusondern.

167 Vgl. hierzu auch *Take*, Geschäfts- oder Firmenwert, 1939, S. 30; *Schmidt*, Rechnungslegung zur Zahlungsbemessung und Informationsvermittlung, 2007, S. 61, 64.

tatsächliche Vorteile erfasst. Rein tatsächliche Vorteile sind nicht aktivierbar und liegen vor, wenn sie sich nicht von den materiellen Wirtschaftsgütern abgrenzen lassen oder wenn sie keinen einzeln abgrenzbaren, individuellen Wert für das Unternehmen haben[168]. Sämtlichen Goodwill-Werten, gleich ob immaterieller Wert oder tatsächlicher Vorteil, ist gemein, dass diese nicht selbständig bewertet werden können. Die Abgrenzung zu immateriellen Einzelwirtschaftsgütern kann im Einzelfall problematisch sein[169].

In Literatur und Rechtsprechung wird seit langem diskutiert, ob beispielsweise auch die „Leistungsfähigkeit des Unternehmers" oder das „Vertrauen der Kunden in den Unternehmer" als subjektive, personenbezogene Goodwill-Werte zu berücksichtigen sind. Nach der ganz überwiegend vertretenen Ansicht sollen solche Elemente jedoch im unternehmensbezogenen Goodwill keine Berücksichtigung finden[170]. Dieser Ansicht folgt auch die vorliegende Bearbeitung. Im Folgenden werden solche Werte im Rahmen des unternehmerischen Goodwill nicht berücksichtigt. Diese können gegebenenfalls im Praxiswert Berücksichtigung finden.

V. Systematisierung der Goodwill-Werte

Um die Vielzahl unterschiedlicher Goodwill-Werte erfassen und strukturieren zu können, werden in der Literatur verschiedene Ansätze zu deren Systematisierung vorgeschlagen. Bei den nachfolgend skizzierten Systematisierungen werden die Goodwill-Werte teilweise im Hinblick auf ihre wirtschaftliche Auswirkung, teilweise auch im Hinblick auf unterschiedliche Bezugsobjekte unterteilt.

---

168 *Maier*, in: BeckLex, 42. Ed. 2018 (Stand: 01.01.2018), Immaterielle Wirtschaftsgüter, Rdnr. 4.

169 Bspw. geht der Kundenstamm, wird er zusammen mit dem Unternehmen erworben, in der Regel in dem Goodwill auf. Wird er dagegen separat erworben stellt er ein immaterielles Einzelwirtschaftsgut dar; *Maier*, in: BeckLex, 42. Ed. 2018 (Stand: 01.01.2018), Immaterielle Wirtschaftsgüter, Rdnr. 5.

170 Statt vieler mit Nachweisen: *Arnold*, Bilanzierung des Geschäfts- oder Firmenwerts, 1997, S. 41.

1. *Einnahmen schaffende und Ausgaben vermindernde Goodwill-Werte*

Eine erste Systematisierung der Goodwill-Werte wurde von *Kreutzahler* dahingehend vorgenommen, dass zwischen Einnahmen schaffenden und Ausgaben vermindernden Goodwill-Werten unterschieden wird[171].

Einnahmen schaffend sind demnach die Goodwill-Werte der folgenden Gruppen:

- Beschaffungsmarkt
- Absatzmarkt
- ggf. Kapitalmarkt und Investoren

Im Gegenzug sind nach diesem Verständnis Ausgaben vermindernd:

- Organisation
- Produktion und Verfahren
- Beschaffungsmarkt

Die Funktion der Einnahmen schaffenden Goodwill-Werte ist offensichtlich: Diese sollen Einnahmen ermöglichen oder diese vermehren. Demgegenüber sollen die Ausgaben vermindernden Goodwill-Werte verhindern, dass im Geschäftsbetrieb zu hohe Kosten generiert werden und Werte verloren gehen. Auf diese Weise wirken auch diese Einnahmen erhöhend[172]. Nach *Kreutzahler* sind es die Ausgaben vermindernden Goodwill-Werte, die erst die Voraussetzung und Möglichkeit dafür schaffen, dass das Unternehmen überhaupt einen Gewinn erzielt[173]. Nach Ansicht von *Kreutzahler* kommt diesen Goodwill-Werten eine ungleich höhere Bedeutung zu.

Die von *Kreutzahler* getroffene Unterscheidung betont den ökonomischen Aspekt des Goodwill. Für Zwecke der Unternehmensbewertung und Kaufpreisermittlung kann diese Differenzierung daher einen wertvollen Ansatzpunkt liefern. Jedoch kann diese nur wenig zur Klärung des Wesens und der Rechtsnatur des Goodwill beitragen. Diese Differenzierung kann gerade auch keinen unmittelbaren Aufschluss darüber geben, wie flüchtig der Goodwill eines Unternehmens ist und ob der Goodwill im Falle einer Übertragung des Unternehmens mit diesem übergehen könnte.

---

171 Siehe hierzu *Kreutzahler*, Rechtsnatur der Chancen eines Handelsgewerbes, 1926, S. 10.

172 *Kreutzahler*, Rechtsnatur der Chancen eines Handelsgewerbes, 1926, S. 10.

173 *Kreutzahler*, Rechtsnatur der Chancen eines Handelsgewerbes, 1926, S. 10.

2. *Personenbezogene und sachbezogene Goodwill-Werte*

Eine andere Möglichkeit zur Systematisierung zeigt *Fabis* auf, indem er im Hinblick auf den Anknüpfungspunkt der Goodwill-Werte differenziert[174]. *Fabis* unterscheidet dabei zwischen personenbezogenen und sachbezogenen Goodwill-Werten. Für die Zuordnung der Goodwill-Werte ist entscheidend, ob der jeweilige Goodwill-Wert von am Unternehmen beteiligten Personen abhängig ist oder durch die sachlichen Einrichtungen oder Gegebenheiten bestimmt wird. Die sachbezogenen Goodwill-Werte sind daher auch tendenziell eher statischer Natur[175].

a) Zuordnung der Goodwill-Werte

Bei einigen der vorstehend[176] genannten Goodwill-Werte bzw. Gruppen von Werten ist relativ leicht erkennbar, wie diese zuzuordnen sind: So lassen sich beispielsweise die Goodwill-Werte der Gruppen *Unternehmensführung* und *Personal* unschwer den personenbezogenen Goodwill-Werten zuordnen. Ebenso können *Organisation*, *Standort* und *Qualität der Produkte* in der Regel den sachbezogenen Goodwill-Werten zugeordnet werden. Bei anderen Gruppen fällt diese Zuordnung schon schwerer: So können die Goodwill-Werte der Gruppe *Produktion und Verfahren* sowohl eine personenbezogene als auch sachbezogene Prägung haben[177], beispielsweise indem das Know-how oder die Fertigungstechniken nur einem bestimmten Mitarbeiter bekannt sind und daher von diesem abhängen. Die Zuordnung zu den personenbezogenen oder sachbezogenen Werten kann daher nur auf der Grundlage der individuellen Umstände des Einzelfalles erfolgen[178]. Tendenziell dürften in einem Unternehmen die sachbezogenen Goodwill-Werte überwiegen[179].

---

174 Zu dieser Systematisierung siehe *Fabis*, Firma und good will, 1953, S. 32 f.

175 *Fabis*, Firma und good will, 1953, S. 33.

176 Siehe die Aufstellung der Goodwill-Werte zuvor unter § 2 IV.

177 Gleiches dürfte auch für die Gruppen *Beschaffungsmarkt*, *Absatzmarkt* und insbesondere auch *Kapitalmarkt und Investoren* gelten.

178 Ebenfalls zum Problem der Einordnung der Goodwill-Werte, wenngleich auch in Zusammenhang mit der Systematisierung nach unternehmensinternen und unternehmensexternen Goodwill-Werten: *Arnold*, Bilanzierung des Geschäfts- oder Firmenwerts, 1997, S. 39.

179 So auch bereits *Fabis*, Firma und good will, 1953, S. 33, 34.

b) Bedeutung dieser Unterscheidung

Die Unterscheidung zwischen personen- und sachbezogenen Goodwill-Werten ist dabei nicht nur in der Theorie von Interesse. Die Unterscheidung hat vielmehr erhebliche Auswirkungen auf die Flüchtigkeit des Goodwill, was sich insbesondere bei der Übertragung bzw. dem Übergang des Goodwill zeigt. Werden bei einer Unternehmenstransaktion die sachlichen Bestandteile eines Unternehmens übertragen, so gehen auch die mit diesen verknüpften, sachbezogenen Goodwill-Werte über[180]. Wird beispielsweise ein Geschäftshaus übertragen, so geht der mit der vorteilhaften Lage verbundene Goodwill automatisch auf den neuen Eigentümer des Gebäudes über. Ebenso bleibt der Goodwill-Wert *räumliche Unternehmensorganisation* auch nach einer Unternehmenstransaktion erhalten. Durch die Übertragung des Unternehmens und seiner Bestandteile gehen somit auch alle sachbezogenen Goodwill-Werte unmittelbar auf den neuen Rechtsträger über.

Anders verhält es sich mit den personenbezogenen Goodwill-Werten: Aufgrund der Verknüpfung mit einer oder mehreren Person des Unternehmens hängt es von deren individuellen Verhalten ab, ob die Goodwill-Werte übergehen und dem neuen Rechtsträger des Unternehmens erhalten bleiben[181]. Entscheiden sich beispielsweise im Zuge einer Unternehmenstransaktion diejenigen Mitarbeiter, die unmittelbar für die Lieferantenbeziehungen verantwortlich sind, nicht für den Übernehmer arbeiten zu wollen und verlassen daraufhin das übertragene Unternehmen, so geht durch ihr Verhalten der Goodwill-Wert der guten Lieferantenbeziehungen sofort unter. Noch deutlicher wird es bei einem mit der Unternehmensführung des übernommenen Unternehmens verknüpften Goodwill: Entscheidet sich die Unternehmensführung den Wechsel nicht nachzuvollziehen, geht der mit ihnen verbundene Goodwill unmittelbar unter.

Beide Gruppen von Goodwill-Werten sind also unmittelbar mit ihrem Bezugsobjekt verknüpft. Weil die personenbezogenen Goodwill-Werte vom Verhalten der jeweiligen Person abhängen, sind diese tendenziell flüchtiger und vergänglicher.

---

180 Hierzu auch *Fabis*, Firma und good will, 1953, S. 39.

181 Noch restriktiver behandelt *Fabis* die personenbezogenen Goodwill-Werte, indem er von deren Unübertragbarkeit ausgeht (*Fabis*, Firma und good will, 1953, S. 39). Dies lässt sich jedoch damit erklären, dass *Fabis* die Betrachtung auf das Handelsgeschäft eines (Einzel-)Kaufmanns lenkt und damit den Fall unberücksichtigt lässt (und lassen kann), dass eine (Fremd-)Geschäftsführung bei einem Übergang im Unternehmen bleibt und diesem weiterhin zur Verfügung steht.

c) *Konsequenzen für die Unternehmensbewertung*

Als Konsequenz dieser unterschiedlich starken Bindung an das Unternehmen gehen die sachbezogenen Goodwill-Werte im Rahmen einer Unternehmenstransaktion unmittelbar mit dem jeweiligen verknüpften Bestandteil des Unternehmens auf den Übernehmer über. Demgegenüber hängt es bei den personenbezogenen Goodwill-Werten von dem individuellen Verhalten und den subjektiven Entscheidungen der betroffenen Personen ab, ob dieser Teil des Goodwill auch dem Übernehmer erhalten bleibt[182]. Somit kann der Erwerber eines Unternehmens nur vergleichsweise sicher darauf vertrauen, dass zumindest der sachbezogene Goodwill auf ihn übergeht. Die personenbezogenen Goodwill-Werte sind aufgrund der Personengebundenheit leichter flüchtig und einer Beherrschbarkeit weitestgehend entzogen. Aus dieser Überlegung heraus wird deutlich, dass im Rahmen der Unternehmensbewertung und Kaufpreisbemessung zum überwiegenden Teil sachbezogene Goodwill-Werte einbezogen beziehungsweise personenbezogene Goodwill-Werte anders gewichtet werden müssen.

3. *Unternehmensbezogene und umweltbezogene Goodwill-Werte*

In der Literatur[183] wird von *Schmidt* und *Pfauth* eine weitere Systematisierung vorgeschlagen, indem zwischen unternehmensbezogenen und umweltbezogenen Goodwill-Werten differenziert wird. Zu den unternehmensbezogenen Goodwill-Werten werden dabei unter anderem die Werte der Gruppen *Unternehmensführung, Personal, Produktion und Verfahren* und *Organisation* gerechnet. Die Werte der Gruppen *Staat und Öffentlichkeit, Standort, Beschaffungsmarkt, Kapitalmarkt und Investoren* und *Absatzmarkt* sind demgegenüber zu den umweltbezogenen Goodwill-Werten zu rechnen.

Die Systematisierung dient dabei überwiegend der Veranschaulichung. Eine darüber hinausgehende Aussage zum Goodwill und dessen Übertragbarkeit soll dadurch jedoch nicht erleichtert oder getroffen werden.

---

182 Ähnlich auch *Fabis*, Firma und good will, 1953, S. 36, 37.

183 *Schmidt*, Rechnungslegung zur Zahlungsbemessung und Informationsvermittlung, 2007, S. 59; *Pfauth*, Goodwillbilanzierung nach US-GAAP, 2008, S. 11. Zu weiteren in der Literatur diskutierten Systematisierungen: *Deubner*, Aktivierung und Abschreibung des Geschäftswertes, 1971, S. 18 ff.

4. *Unternehmensinterne und unternehmensexterne Goodwill-Werte*

Ganz ähnlich verhält es sich mit der von *Arnold* getroffenen Differenzierung in unternehmensinterne und unternehmensexterne Goodwill-Werte[184]. Die von *Arnold* vorgenommene Systematisierung stimmt im Wesentlichen mit der von *Schmidt* und *Pfauth* überein. Demnach werden die Gruppen *Unternehmensführung, Personal* und *Organisation* den unternehmensinternen Goodwill-Werten zugerechnet. Den unternehmensexternen Goodwill-Werten werden die Gruppen *Standort, Beschaffungsmarkt, Kapitalmarkt und Investoren, Qualität der Produkte* und *Absatzmarkt und Vertrieb* zugerechnet. Ein weiterer Aussagegehalt ist auch bei dieser Differenzierung nicht enthalten.

5. *Goodwill-Werte des Praxiswertes*

Für die Sonderform des Praxiswertes kommen von den zuvor beschriebenen Goodwill-Werten insbesondere diejenigen in Betracht, die in der Tendenz einen stärker personenbezogenen Aspekt aufweisen[185] oder auch auf die Person des Praxisinhabers bezogen sind. In Literatur[186] und Rechtsprechung[187] werden an dieser Stelle häufig „das Vertrauen der Patienten oder Mandanten in die Tüchtigkeit und Leistungsfähigkeit des Praxisinhabers“, „fachliche Kompetenz des Praxisinhabers und seiner Mitarbeiter“ und „Renommee“ genannt. Daneben werden auch andere, „harte“ Goodwill-Werte wie „örtliche Lage der Praxis“, „Mitarbeiterstamm oder Mandantenstamm“ und „Ausstattung der Praxis“ als für den Praxiswert typisch angeführt.

Aufgrund der Personengebundenheit unterliegt der Praxiswert tendenziell einer raschen Verflüchtigung. Dies beruht vor allem auch auf dem Umstand, dass sich der bisherige Praxisinhaber nach dem Verkauf und der Übertragung aus der Praxis zurückziehen wird[188].

---

184 *Arnold*, Bilanzierung des Geschäfts- oder Firmenwerts, 1997, S. 39 ff.

185 Vgl. auch *LG Flensburg*, Urteil v. 05.07.2013 – 4 O 54/11, GesR 2014, S. 305 - 308.

186 Siehe hierzu bspw. *Arnold*, Bilanzierung des Geschäfts- oder Firmenwerts, 1997, S. 68; *Wiechers*, BBK 2011, S. 739; *Seer*, UR 1999, S. 298, 299.

187 Vgl. hierzu bspw. *BFH*, Urteil v. 13.03.1991 – I R 83/89, BFHE 164, S. 61 = BB 1991, S. 1156; *LG Flensburg*, Urteil v. 05.07.2013 – 4 O 54/11, GesR 2014, S. 305 - 308.

188 Hierzu auch *Wiechers*, BBK 2011, S. 739.

6. *Übersicht zur Systematisierung der Goodwill-Werte*

Die nachfolgende Übersicht zu der Systematisierung der Goodwill-Werte dient zur Veranschaulichung der soeben vorgestellten Systematisierungen.

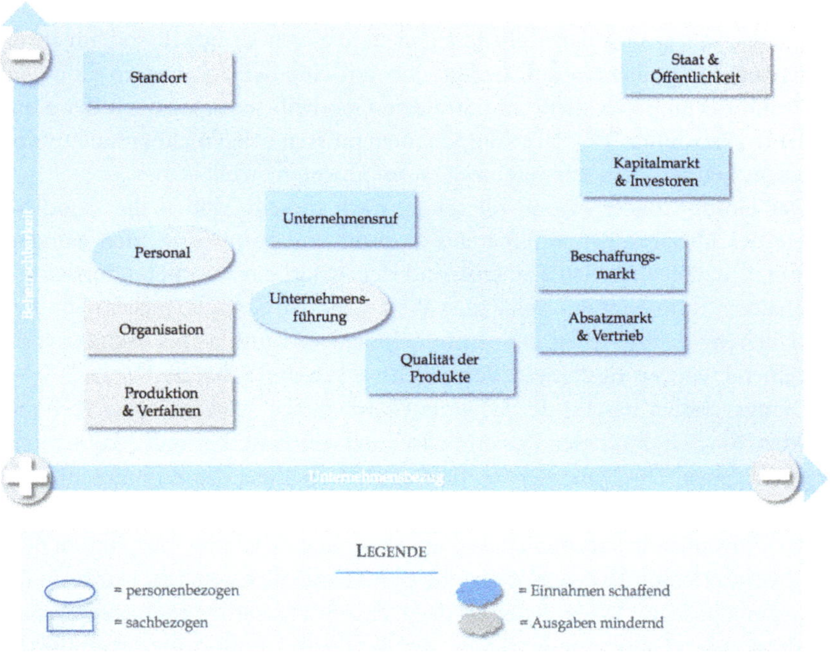

Abbildung 1: Systematisierung der Goodwill-Werte

VI. Systematisierung nach Komponenten des Goodwill

Neben den bisher dargestellten Differenzierungen wird teilweise in der Literatur und in Rechnungslegungsregeln (angelsächsischer Prägung) zusätzlich eine weitere Untergliederung nach einzelnen Komponenten des derivativen Goodwill angestrebt. Mit Hilfe der Aufteilung des derivativen Goodwill in einzelne Komponenten soll der auf den derivativen Goodwill entfallende Kaufpreisanteil aufgeschlüsselt werden, um diesen kritisch zu hinterfragen und vollständig erklären zu können. In der Literatur werden dabei verschiedene Varianten diskutiert[189],

189 Vgl. bspw. den Ansatz von *Wöhe* (*Wöhe*, StuW 1980, S. 99), der den Goodwill in drei Komponenten zerlegen will oder auch von *Johnson/Petrone* (*Johnson/Petrone*, Is

von denen nachfolgend das Modell von *Sellhorn* skizziert werden soll. *Sellhorn* versucht dabei den Goodwill, die „nebulöse, rechnungslegungstechnische Residualgröße“[190], und dessen ökonomische Substanz zu hinterfragen. Der derivative Goodwill wird nach diesem Modell errechnet als Differenzbetrag zwischen dem Kaufpreis und dem neubewerteten Eigenkapital (auf der Basis von Einzelwerten). *Sellhorn* gliedert den derivativen Goodwill sodann in die folgenden Komponenten auf: Going-Concern-Goodwill, Synergien-Goodwill, Restrukturierungs-Goodwill und Strategie-Goodwill (einschließlich der Komponente „Flexibilität“)[191]. Die Komponenten müssen dabei nicht kumulativ vorliegen, es können auch nur vereinzelte Komponenten erfüllt sein.

Der Going-Concern-Goodwill erfasst nach diesem Modell die Goodwill-Werte des übertragenen originären Goodwill und kann bspw. den Kundenstamm, Qualität des Managements und der Mitarbeiter und Standortvorteile beinhalten[192]. Im Hinblick auf seinen Wert stellt der Going-Concern-Goodwill die Differenz dar zwischen dem Unternehmenswert und dem Gesamtwert der einzelnen bilanzierungsfähigen Vermögenswerten und Schulden[193].

Demgegenüber besteht der Synergie-Goodwill aus quantifizierten Verbundeffekten, die sich durch den Zusammenschluss von Erwerber und Akquisitionsobjekt ergeben. Die Synergiepotentiale sollen dabei aus der Zusammenlegung von Aktivitäten der Unternehmen und der Übertragung von *Know-How* resultieren[194]. Damit wird deutlich, dass diese Komponente vor der Transaktion noch nicht existierte, sondern gerade erst durch diese möglich gemacht wurde[195]. Die Erwartung positiver Synergien führt dazu, dass der Erwerber des Unternehmens bereit ist, einen Grenzpreis zu zahlen, der über dem Unternehmenswert liegt[196].

Eine weitere Komponente wird in dem Restrukturierungs-Goodwill gesehen. Dieser umfasst das Potential an künftigen Einzahlungen oder ersparten

---

Goodwill an Asset? Accounting Horizons, 1998, S. 293 – 303), die den Goodwill in sechs Komponenten gliedern. Mit einem ähnlichen Ansatz und Differenzierungen *Moser*, Bewertung immaterieller Vermögenswerte, 2. Aufl. 2017, S. 518 ff.

190 *Sellhorn*, DB 2000, S. 888.

191 Vgl. hierzu und zum Folgenden: *Sellhorn*, DB 2000, S. 889 f.

192 *Sigloch*, Rechnungslegung, 8. Aufl. 2011, S. 279.

193 *Sigloch*, Rechnungslegung, 8. Aufl. 2011, S. 279.

194 Weitere Synergiepotentiale können sich auch aus Kosteneinsparungen, Umsatzsteigerungen oder Risikoverminderungen ergeben, vgl. *Moser*, Bewertung immaterieller Vermögenswerte, 2. Aufl. 2017, S. 563.

195 *Sellhorn*, DB 2000, S. 889.

196 *Moser*, Bewertung immaterieller Vermögenswerte, 2011 (Vorauflage), S. 254 f.

Auszahlungen, das der Erwerber im Akquisitionsobjekt aufgrund von Restrukturierungsmaßnahmen zu realisieren hofft[197].

Die Komponente des Strategie-Goodwill soll den Beitrag der Akquisition zur geplanten Strategieumsetzung des Erwerbers widerspiegeln. Dahinter steht der Gedanke, dass durch die Akquisition Strategien des Managements zum externen Unternehmenswachstums verfolgt werden, indem beispielsweise Eintrittsbarrieren in einen lukrativen Markt überwunden oder störende Konkurrenten ausgeschaltet werden können[198].

Damit unmittelbar verknüpft ist die letzte Goodwill-Komponente der „Flexibilität". Durch den Erwerb des Akquisitionsobjektes soll der Erwerber Handlungsalter-nativen im Sinne einer Realoption erlangen[199].

Die Aufspaltung des Goodwill in einzelne Komponenten wird in der Literatur teilweise in Frage gestellt[200]. Insbesondere wird daran kritisiert, dass die Aufteilung in der Praxis nur schwer und in seltenen Ausnahmefällen gelingen könne, da zum einen die Teilbestandteile aus dem Gesamtgoodwill nur sehr schwierig zu extrahieren seien und zum anderen der Wert der abgrenzbaren Teilkomponenten teilweise nur unter Berücksichtigung erheblicher Unsicherheiten zu schätzen sei[201]. Dass bei dieser Aufteilung auch ein erhebliches Maß an Willkür in Kauf genommen werden muss, ist offensichtlich.

Allerdings kann die Aufspaltung in Komponenten dazu beitragen, das Verständnis für den ökonomischen Gehalt des derivativen Goodwill zu verbessern[202]. Darüber hinaus können die Aufspaltung und die einzelnen Komponenten Anhaltspunkte und Erklärungsansätze für die Ursachen eines derivativen Goodwill liefern[203].

---

197 Bspw. durch Konzentration auf das Kerngeschäft, effizientere Nutzung vorhandener Ressourcen oder Abbau nicht betriebsnotwendiger Ressourcen, *Sigloch*, Rechnungslegung, 8. Aufl. 2011, S. 279.

198 *Sellhorn*, DB 2000, S. 890; *Küting*, DStR 2008, S. 1796; siehe auch *Sigloch*, Rechnungslegung, 8. Aufl. 2011, S. 280.

199 Gemeint ist damit, dass der Erwerber Handlungsalternativen erhält, das Akquisitionsobjekt sogleich oder in Zukunft wieder zu veräußern, seinen Anteil an ihm ggf. aufzustocken oder eine passive Anlagestrategie zu verfolgen. Sellhorn räumt in diesem Zusammenhang allerdings ein, dass sich gerade die „Flexibilität" einer Bewertungsmöglichkeit entzieht (vgl. *Sellhorn*, DB 2000, S. 890).

200 Statt vieler *Küting*, DStR 2008, S. 1796 mit Nachweisen in Fn. 11; *Pfauth*, Goodwillbilanzierung nach US-GAAP, 2008, S. 19.

201 *Küting*, DStR 2008, S. 1796.

202 *Pfauth*, Goodwillbilanzierung nach US-GAAP, 2008, S. 19.

203 Siehe hierzu sogleich unter § 3 I. 1. b) aa).

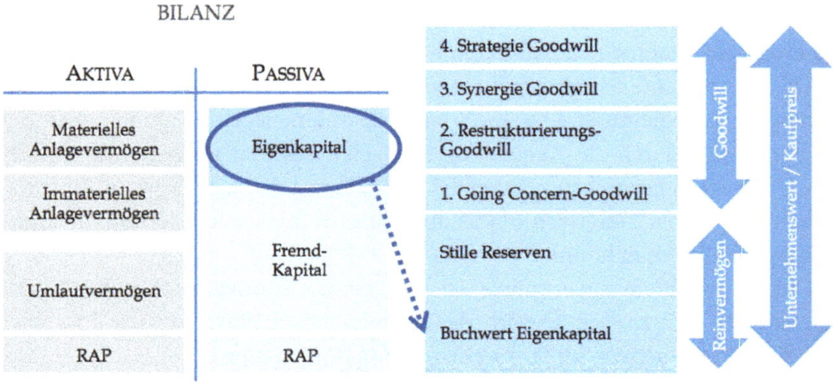

Abbildung 2: Komponenten des Goodwill[204]

§ 3 Entstehung, Rechtsnatur und Bedeutung des Goodwill

Im folgenden Abschnitt werden zunächst verschiedene Erklärungsansätze zu den Ursachen und der Entstehung des Goodwill aufgezeigt. In einem weiteren Gliederungspunkt erfolgt eine Bestandsaufnahme zur Rechtsnatur des Goodwill in Handelsbilanzrecht und Steuerbilanzrecht[205]. Der Abschnitt schließt mit einer Übersicht und Ausführungen zur wirtschaftlichen und bilanzpolitischen Bedeutung des Goodwill.

I. Ursachen und Entstehung des Goodwill

Im Hinblick auf die Ursachen und die Entstehung des Goodwill kann auf die bereits zuvor dargestellte Unterscheidung zwischen positivem und negativem Goodwill zurückgegriffen werden. Innerhalb dieser Differenzierung kann jeweils eine weitere Untergliederung nach originärem und derivativem Goodwill vorgenommen werden.

---

204 Quelle: *Sigloch*, Rechnungslegung, 8. Aufl. 2011, S. 279; eigene Überarbeitung.

205 Die Rechtsnatur des Goodwill im Privatrecht wird nachfolgend unter § 10 II. dargestellt.

1. Ursachen und Entstehung des (positiven) Goodwill

Im Hinblick auf die Ursachen und Entstehung des positiven Goodwill kann erneut zwischen den beiden Erscheinungsformen „originär (positiver) Goodwill“ und „derivativer (positiver) Goodwill“ unterschieden werden.

a) Originärer Goodwill

Wie bereits im Zusammenhang der Begriffsbildung[206] angedeutet, entsteht der originäre Goodwill im Zuge des internen oder organischen Wachstums im Unternehmen selbst[207] und durch die Geschäftstätigkeit des Unternehmens[208]. Im angelsächsischen Sprachraum der originäre Goodwill daher teilweise auch als *„inherent goodwill“* oder *„internally generated goodwill“* bezeichnet[209]. Der originäre Goodwill war noch nicht Gegenstand des Rechtsverkehrs. Wie es *Take* anschaulich beschreibt, *„ruht [dieser] noch in erster Hand bei dem Unternehmer, der ihn geschaffen hat“*[210].

Der originäre Goodwill als Sammelposition verschiedener Goodwill-Werte, entwickelt sich durch die Herausbildung einzelner Goodwill-Werte. Die Herausbildung einzelner Goodwill-Werte wird im Regelfall auf dem gezielten Einsatz bestimmter Investitionen des Unternehmens beruhen. Daneben können einzelne Goodwill-Werte auch ohne (messbare) Auszahlungen durch für die Unternehmensentwicklung günstige unternehmensinterne oder –externe Vorgänge entstehen[211]. Das wäre beispielsweise der Fall, wenn aufgrund einer durchdachten und effizienten Zusammenstellung von Produktionsmitteln und Maschinen sich die Waren des Unternehmens besonders schnell und kostengünstig fertigen ließen[212].

Ein originärer Goodwill wird sich im Regelfall bei etablierten, längerfristig bestehenden Unternehmen nachweisen lassen. Die exemplarische Darstellung

---

206 Siehe zuvor unter § 2 III.

207 *Schmidt*, Rechnungslegung zur Zahlungsbemessung und Informationsvermittlung, 2007, S. 59.

208 *Baetge/Dittmar/Klönne*, in: Festschrift für Wolfgang Ballwieser, 2014, S. 3.

209 *Schmidt*, Rechnungslegung zur Zahlungsbemessung und Informationsvermittlung, 2007, S. 91.

210 Mit dieser bildlichen Beschreibung *Take*, Geschäfts- oder Firmenwert, 1939, S. 47.

211 Siehe hierzu *Velte*, Intangible Assets und Goodwill, 2008, S. 196; *Deubner*, Aktivierung und Abschreibung des Geschäftswertes, 1971, S. 21; *Schmidt*, Rechnungslegung zur Zahlungsbemessung und Informationsvermittlung, 2007, S. 60.

212 Ähnlich auch *Arnold*, Bilanzierung des Geschäfts- oder Firmenwerts, 1997, S. 90.

der einzelnen Goodwill-Werte[213] legt nahe, dass einzelne Goodwill-Werte auch ohne nennenswerte Investitionen herausgebildet werden können[214]. Daher kann auch bereits in jungen, viel versprechenden Unternehmen ein originärer Goodwill auftreten[215].

Das Vorliegen und die Bedeutung einzelner Goodwill-Werte ist stark vom jeweiligen Unternehmen abhängig und kann nur unternehmensindividuell beurteilt werden. Dies gilt umso mehr, da der originäre Goodwill nicht lediglich die Summe der ihm zugrunde liegenden Goodwill-Werte darstellt, sondern die einzelnen Goodwill-Werte gegenseitig aufeinander einwirken können und der Goodwill somit gerade auch durch deren Zusammenwirken individualisiert und charakterisiert wird[216]. Hinzu kommt, dass die einzelnen Goodwill-Werte von unterschiedlicher Nachhaltigkeit sind und sich die Zusammensetzung und Charakteristik des Goodwill eines Unternehmens im Zeitablauf verändern kann.

Der originäre Goodwill muss sich dabei nicht zwingend ausnahmslos aus positiven Goodwill-Werten zusammensetzen[217]. Als aggregierter Vermögenswert kann der positive Goodwill auch verschiedene negative Goodwill-Werte beinhalten, solange die positiven Goodwill-Werte den Goodwill mehrheitlich prägen und diesem so ein „positives Vorzeichen“ verleihen. Auf die Bewertung des originären Goodwill wird im folgenden Kapital näher eingegangen[218].

b) Derivativer Goodwill

Im Gegensatz zum originären Goodwill war der derivative Goodwill bereits in irgendeiner Form Gegenstand des Rechtsverkehrs. Nach *Take* tritt der derivative Goodwill *„bei dem Übergang einer Unternehmung in andere Hände [...] in Erscheinung“*[219]. Diesem kann dabei ein entgeltliches oder unentgeltliches

213 Siehe hierzu die Übersicht zuvor unter § 2 IV.

214 So ist denkbar, dass sich bspw. eine positive Unternehmenskultur, gute Kundenbeziehungen oder Lieferantenbeziehungen auch ohne zusätzliche Auszahlungen herausbilden können. Vgl. hierzu auch *Winnefeld*, in: *Winnefeld*, Bilanz-Handbuch, 5. Aufl. 2015, Kap. M, Rdnr. 462.

215 Vgl. *Schmidt*, Rechnungslegung zur Zahlungsbemessung und Informationsvermittlung, 2007, S. 59.

216 Zum Vorstehenden siehe auch *Pfauth*, Goodwillbilanzierung nach US-GAAP, 2008, S. 11.

217 Siehe hierzu auch *Haaker*, Potential der Goodwill-Bilanzierung, 2007, S. 68; *Küting*, AG 2000, S. 98; ebenso auch die Ausführungen zuvor unter § 2 III. 3.

218 Zur Bewertung des Goodwill siehe nachfolgend unter § 4.

219 Mit dieser Beschreibung erneut *Take*, Geschäfts- oder Firmenwert, 1939, S. 47.

Kausalgeschäft zugrunde liegen. Im Einklang mit der zuvor[220] getroffenen Einordnung werden nachfolgend entgeltlicher und unentgeltlicher Erwerb eines Unternehmens als Unterfälle des derivativen Goodwill verstanden.

aa) Entgeltlich erworbener Goodwill

Der derivative Goodwill in seiner Ausprägung „entgeltlich erworbener Goodwill" entsteht typischerweise durch einen entgeltlichen Unternehmenserwerb und damit im Rahmen des externen Unternehmenswachstums[221]. Im angelsächsischen Sprachraum wird der derivative Goodwill daher teilweise als *„purchased goodwill"* bezeichnet[222].

Voraussetzung für die Entstehung des derivativen Goodwill ist, dass die für die Übernahme eines Unternehmens bewirkte Gegenleistung den Wert der einzelnen Vermögensgegenstände abzüglich der Schulden im Zeitpunkt der Übernahme übersteigt[223]. Rein rechnerisch ergibt sich der Wert des derivativen Goodwill aus den Anschaffungskosten abzüglich des Zeitwerts der Einzelgüter des erworbenen Unternehmens im Zeitpunkt der Akquisition. Dadurch wird deutlich, dass der derivative Goodwill in hohem Maße von den subjektiven Erwartungen des Erwerbers und dem Verhandlungsgeschick der Vertragsparteien abhängig ist[224].

Der derivative Goodwill ist, was den ihm beigemessenen Wert angeht, nicht notwendigerweise deckungsgleich mit dem originären Goodwill. So kann es beispielsweise dann zu einem Auseinanderfallen der Werte kommen, wenn der im Unternehmen vorhandene originäre Goodwill vom Erwerber nicht voll vergütet wird, weil dieser ihn niedriger einschätzt oder eine Notsituation des Verkäufers ausnutzt. Umgekehrt kann der derivative Goodwill auch größer sein, beispielsweise, wenn der Erwerber zusätzliche Goodwill-Werte erkennt und bereit ist, diese zusätzlich abzugelten[225] oder mit dem Erwerb weitere Motive verfolgt werden.

---

220 Zur Einordnung des unentgeltlich erworbenen Goodwill siehe zuvor unter § 2 III. 2.

221 *Küting*, DStR 2012, S. 1932; ebenso auch *Schmidt*, Rechnungslegung zur Zahlungsbemessung und Informationsvermittlung, 2007, S. 60.

222 *Schmidt*, Rechnungslegung zur Zahlungsbemessung und Informationsvermittlung, 2007, S. 93.

223 *Theile*, BBK 2014, S. 246, 247; *Petersen/Zwirner/Boecker*, StuB 2011, S. 399; *Großfeld/Tönnes*, NZG 2010, S. 924.

224 *Schmidt*, Rechnungslegung zur Zahlungsbemessung und Informationsvermittlung, 2007, S. 60.

225 Hierzu auch *Busse von Colbe/Orgelheide/Gebhardt/Pellens*, Konzernabschlüsse, 9. Aufl. 2010, S. 236.

Die Entstehung des entgeltlich erworbenen Goodwill kann verschiedene Ursachen haben. Als Erklärungsansatz können die zuvor dargestellten Komponenten des Goodwill[226] rekurriert werden[227]: Der Erwerber eines Unternehmens kann beispielsweise durch die Mehrzahlung gegenüber dem Substanzwert originäre Goodwill-Bestandteile abgelten wollen (i.S.d. „Going-Concern Goodwill"). In diesem Fall setzt sich der derivative Goodwill ebenfalls aus (den) einzelnen Goodwill-Werten des originären Goodwill zusammen. Daneben können die Erwartung von Synergien (i.S.d. „Synergie-Goodwill") oder Restrukturierungsmöglichkeiten (i.S.d. „Restrukturierungs-Goodwill"), strategische Erwägungen (i.S.d. „Strategie-Goodwill") oder aber die Eröffnung von Handlungsalternativen (i.S.d. Merkmals „Flexibilität") ursächlich für die Mehrzahlung des Käufers gewesen sein. Ob Zahlungen, die auf andere Komponenten als den Going-Concern Goodwill geleistet werden, tatsächlich im Kern den Goodwill des Unternehmens abgelten sollen, wird nachfolgend noch besprochen[228]. In der Regel dürften diese Zahlungen jedoch über den Wert des originären Goodwill hinausgehen.

bb) Unentgeltlich erworbener Goodwill

Demgegenüber liegt dem unentgeltlich erworbenen Goodwill begriffsnotwendig kein Erwerbsvorgang gegen Entgelt zugrunde. Der unentgeltlich erworbene Goodwill kann beispielsweise durch die Übertragung oder den Übergang eines Unternehmens im Wege einer Schenkung oder einer Erbschaft entstehen[229]. Ebenso kann der unentgeltlich erworbene Goodwill aufgrund einer verdeckten Einlage oder bei einer Umwandlung einer Personengesellschaft in eine Kapitalgesellschaft entstehen[230].

Kennzeichnend für den unentgeltlich erworbenen Goodwill ist, dass dieser keine Bewertung am Markt erfahren hat und damit kein Unternehmenskaufpreis als Referenz herangezogen werden kann. Damit lässt sich der unentgeltlich erworbene Goodwill ebenso (schwer) wie der originäre Goodwill ermitteln.

---

226 Siehe hierzu zuvor die Übersicht zu den Goodwill-Komponenten unter § 2 VI.

227 So bspw. auch *Busse von Colbe/Orgelheide/Gebhardt/Pellens*, Konzernabschlüsse, 9. Aufl. 2010, S. 236.

228 Die Behandlung im Steuerbilanzrecht wird nachfolgend unter § 8 I. 2. b) besprochen. Ebenso wird die Behandlung im Steuerbilanzrecht nachfolgend unter § 12 I. 2. c) und d) 0 (1). aufgegriffen.

229 *Schmidt*, Rechnungslegung zur Zahlungsbemessung und Informationsvermittlung, 2007, S. 60.

230 *Mutter*, BB 1994, S. 473.

2. *Ursachen und Entstehung des negativen Goodwill*

Wie bei dem positiven Goodwill kann auch bei seinem *Pendant*, dem negativen Goodwill, wieder zwischen einem originären negativen Goodwill und einem derivativen negativen Goodwill unterschieden werden[231].

a) Originärer negativer Goodwill

Wie bereits dargestellt[232], setzt sich der originäre positive Goodwill aus verschiedenen Goodwill-Werten zusammen, mit denen überwiegend eine positive Zukunftserwartung und zukünftige Ertragschancen verbunden sind. Demgegenüber liegen einem negativen Goodwill mehrheitlich solche Elemente zugrunde, die künftige Aufwendungen oder Verluste erwarten lassen[233]. Ein originärer negativer Goodwill wird daher zumeist auf die gleichen Goodwill-Werte zurückgeführt, die auch einen positiven originären Goodwill begründen, nur eben in spiegelbildlicher Weise mit negativem Vorzeichen[234].

Ebenso wie sein positives *Pendant* entsteht der originäre negative Goodwill ebenfalls im Rahmen der Geschäftstätigkeit des Unternehmens durch Herausbildung von negativen Goodwill-Werten. Ein originärer negativer Goodwill wird beispielsweise durch mangelnde Organisation, fehlendes Know-how oder schlechte Kundenbeziehungen entstehen[235]. Aber auch unabhängig von dem Herausbilden von negativen Goodwill-Werten kann es zu einem originären negativen Goodwill beispielsweise dann kommen, wenn dem Unternehmen eine Klage droht, die bilanziell noch nicht erfasst werden kann oder erfasst werden muss.

Im Hinblick auf den Wert des Unternehmens hat ein originärer negativer Goodwill zur Folge, dass der Unternehmenswert unter dem Zeitwert des Reinvermögens liegt[236]. Gerade dieser Aspekt ist es, der Stimmen in der

---

231 Vgl. auch *Pfauth*, Goodwillbilanzierung nach US-GAAP, 2008, S. 19.

232 Siehe hierzu die Übersicht zu den Goodwill-Werten zuvor unter § 2 IV.

233 *Schmidt*, Rechnungslegung zur Zahlungsbemessung und Informationsvermittlung, 2007, S. 61. Der negative Goodwill kann auch positive Goodwill-Faktoren enthalten, ebenso kann, *vice versa*, auch der positive Goodwill einzelne negative Goodwill-Werte beinhalten (vgl. *Haaker*, Potential der Goodwill-Bilanzierung, 2007, S. 67). Die Mehrzahl an positiven oder negativen Faktoren verleiht dem Goodwill dann seine Prägung.

234 *Bachem*, BB 1993, S. 967; *Pfauth*, Goodwillbilanzierung nach US-GAAP, 2008, S. 19; siehe auch *Küting*, AG 2000, S. 98.

235 Hierzu, auch mit Nachweisen, *Pfauth*, Goodwillbilanzierung nach US-GAAP, 2008, S. 19.

236 *Sigloch*, Rechnungslegung, 8. Aufl. 2011, S. 289; *Bachem*, BB 1993, S. 967.

Literatur an der Existenz des originären negativen Goodwill zweifeln lässt. Denn ist der Ertragswert eines Unternehmens geringer als der Substanzwert, wäre die Einstellung des Geschäftsbetriebs und die Liquidation die einzig rationale Handlungsalternative[237].

b) Derivativer negativer Goodwill

Der derivative negative Goodwill entsteht, wenn ein Unternehmen zu einem unter dem Substanzwert liegenden Kaufpreis veräußert wird[238]. Der Wert des derivativen negativen Goodwill entspricht dem Unterschiedsbetrag von Kaufpreis und Zeitwert des Reinvermögens, welches sich aus dem Zeitwert der Vermögensgegenstände abzüglich der Schulden ergibt[239].

Mit anderen Worten tritt der derivative negative Goodwill immer dann auf, wenn der Käufer eines Unternehmens für seinen Kaufpreis mehr erhält, als er eigentlich an Vermögensgegenständen erhalten dürfte. Daher wird die Existenz des derivativen negativen Goodwill auch teilweise angezweifelt[240]. Allerdings zeigt der Blick in die Praxis, dass der derivative negative Goodwill nicht lediglich ein theoretisches Phänomen ist[241]: Beispielsweise hatte die Deutsche Post AG im Jahr 1999 für EUR 2,66 Milliarden die Postbank vom Bund zurückgekauft. Der Kaufpreis lag, aufgrund der desolaten wirtschaftlichen Verfassung der Postbank, deutlich unter dem Eigenkapital der Postbank von EUR 4,8 Milliarden. Der Differenzbetrag von EUR 2,14 Milliarden, ein derivativer negativer Goodwill,

---

237 *Haaker*, Potential der Goodwill-Bilanzierung, 2007, S. 67.

238 *Pfauth*, Goodwillbilanzierung nach US-GAAP, 2008, S. 19; *Velte*, Intangible Assets und Goodwill, 2008, S. 222; *Velte*, StB 2011, S. 397; *Maier*, in: BeckLex, 42. Ed. 2018 (Stand: 01.01.2017), Geschäfts- oder Firmenwert, Rdnr. 21.

239 *Sigloch/Keller/Meffert*, in: *Michalski/Heidinger/Leible/J. Schmidt*, GmbHG, 3. Aufl. 2017, Anh. §§ 41-42a GmbHG, Rdnr. 666; *Pfauth*, Goodwillbilanzierung nach US-GAAP, 2008, S. 19, 20; *Adler/Düring/Schmaltz*, Rechnungslegung und Prüfung, 6. Aufl. 1995, § 255 HGB, Rdnr. 294; *Hommel*, RIW 2001, S. 804; *Krumm*, in: *Blümich*, EStG/KStG/GewStG, 129. EL August 2015, § 5 EStG, Rdnr. 625.

240 Vgl. hierzu auch *Velte*, StB 2001, S. 396, Fn. 1.

241 Ein weiteres, recht prominentes Beispiel für die Entstehung eines derivativen negativen Goodwill ist der Erwerb verschiedener Vermögensgegenstände und Verbindlichkeiten von der Sime Tyre Gruppe durch die Continental AG im Jahr 2003. Laut Geschäftsbericht der Continental AG für das Jahr 2004 entstand aus dieser Transaktion ein negativer Goodwill in Höhe von EUR 8,6 Millionen, der mit dem vorhandenen Anlagevermögen anteilig verrechnet wurde (vgl. Geschäftsbericht der Continental AG, 2004, S. 71). Siehe hierzu auch die empirischen Befunde von *Küting*, DStR 2010, S. 1861.

konnte in den Folgejahren mit zunehmender Besserung der wirtschaftlichen Verfassung der Postbank nach und nach - und somit gewinnerhöhend für die Deutsche Post AG - aufgelöst werden[242].

Die Ursache für die Entstehung eines derivativen negativen Goodwill und dessen ökonomische Begründung sind, im Gegensatz zum derivativen positiven Goodwill, nicht eindeutig und hängen vom jeweiligen Einzelfall ab[243]. Für die Entstehung eines derivativen negativen Goodwill und seine ökonomische Begründung werden verschiedene Erklärungsansätze diskutiert[244]:

aa) Unterverzinslichkeit des Vermögens, Antizipation zukünftiger Verluste

Eine mögliche Ursache für die Entstehung des negativen Goodwill kann in der „Unterverzinslichkeit“ des im Unternehmen gebundenen Vermögens liegen, so dass der Ertragswert des Netto-Vermögens bei Unternehmensfortführung dem Kaufpreis entspricht[245]. Eine einzeln übertragbare Schuldposition kann gleichwohl – infolge des fehlenden Drittverpflichtungscharakters – nicht bilanziert werden. Dies kann beispielsweise durch Restrukturierungskosten, erwartete Verluste oder Mehraufwendungen, die sich nicht in identifizierbaren Schulden niederschlagen, erklärt werden[246]. Der negative Geschäfts- oder Firmenwert hat insofern einen der Drohverlustrückstellung ähnlichen (und damit fremdkapitalähnlichen) Charakter; teilweise wird dieser auch als „Badwill“ bezeichnet[247].

---

242 Siehe hierzu auch *Heise/Böhmer/Hennersdorf/Kiani-Kress/Müller/Ruess/Schweins/Wildhagen*, Die Stunde der Wahrheit, WiWo vom 06. November 2003.

243 *Sigloch/Keller/Meffert*, in: *Michalski/Heidinger/Leible/J. Schmidt*, GmbHG, 3. Aufl. 2017, Anh. §§ 41-42a GmbHG, Rdnr. 666.

244 Eingehend zu den verschiedenen Erklärungsansätzen bspw. *Möhrle*, DStR 1999, S. 1415.

245 *Sigloch*, Rechnungslegung, 8. Aufl. 2011, S. 289; *Velte*, StB 2011, S. 397.

246 *Schmidt*, Rechnungslegung zur Zahlungsbemessung und Informationsvermittlung, 2007, S. 103; ebenso *Pfauth*, Goodwillbilanzierung nach US-GAAP, 2008, S. 20, der darauf hinweist, dass der Käufer bei Anschaffungskosten, die unter dem beizulegenden Zeitwert der Netto-Vermögenswerte liegen, einen günstigen Kaufpreis erzielt, was nicht mit einer Verlustantizipation gleichzusetzen ist.

247 Zum vorstehenden Absatz vgl. auch *Sigloch*, Rechnungslegung, 8. Aufl. 2011, S. 289, 290.

bb) Vorhandensein stiller Lasten

Eine weitere Entstehungsursache kann das Vorhandensein einer stillen Last sein, die noch nicht so weit hinreichend konkretisiert ist, um passiviert werden zu können (bspw. eine mögliche Sozialplanverpflichtung)[248]. In diesem Fall hat der derivative negative Goodwill fremdkapitalähnlichen Charakter.

*cc) Unternehmenskauf als Gelegenheitskauf (*bargain purchase*)*

Der negative Goodwill kann das ökonomische Ergebnis eines Gelegenheitskaufs sein (sog. „*bargain purchase*" oder auch „*lucky buy*"). In diesem Fall konnte der Käufer den Kaufpreis für das Unternehmen aufgrund seines Verhandlungsgeschicks (oder schlicht des Verhandlungsglücks) stark drücken und das Unternehmen mit einem Preisnachlass erwerben[249]. Dies impliziert zugleich, dass der tatsächliche Unternehmenswert nicht niedriger als der Substanzwert ist[250]. Es kann sich bei dieser Konstellation auch um einen Notverkauf handeln, wenn eine Liquidation des Unternehmens rechtlich nicht möglich ist. Der Verkäufer kann sich dann nicht anderweitig eines verlustträchtigen Unternehmens entledigen und muss unter dem Substanzwert veräußern[251]. Im Fall des Gelegenheitskaufs stellt sich der derivative negative Goodwill als eine grundsätzlich eigenkapitaläquivalente Position dar[252].

dd) Vorhandensein negativer Goodwill-Werte

Wenngleich dies in der Literatur nur vereinzelt angesprochen wird[253], lässt sich der negative Unterschiedsbetrag auch schlicht mit dem Vorhandensein negativer Goodwill-Werte erklären[254]. So ist beispielsweise denkbar, dass bestimmte Goodwill-Werte einen nachteiligen Einfluss auf die weitere Geschäftstätigkeit haben könnten (bspw. schlechter Ruf des Unternehmens, geringe Qualifikation

---

248 *Sigloch/Keller/Meffert*, in: *Michalski/Heidinger/Leible/J. Schmidt*, GmbHG, 3. Aufl. 2017, Anh. §§ 41-42a GmbHG, Rdnr. 666; ähnlich auch RegE BilRUG, BR-Drucks. 23/15 vom 23. Januar 2015, S. 88.

249 *Pfauth*, Goodwillbilanzierung nach US-GAAP, 2008, S. 20; *Küting*, DStR 2010, S. 1857.

250 *Schmidt*, Rechnungslegung zur Zahlungsbemessung und Informationsvermittlung, 2007, S. 103; ähnlich auch RegE BilRUG, BR-Drucks. 23/15 vom 23. Januar 2015, S. 88;

251 Siehe hierzu auch *Pfauth*, Goodwillbilanzierung nach US-GAAP, 2008, S. 20.

252 *Sigloch*, Rechnungslegung, 8. Aufl. 2011, S. 290; *Velte*, StB 2011, S. 397.

253 Bspw. *Möhrle*, DStR 1999, S. 1415; *Preißer/Preißer*, DStR 2011, S. 133.

254 So auch *Möhrle* für die sog. „adjunktiven Güter" (vgl. *Möhrle*, DStR 1999, S. 1415).

der Mitarbeiter, Standortnachteil etc.), so dass dieser Umstand bei der Kaufpreisbemessung negativ in Ansatz gebracht wird.

ee) Negativer Goodwill aus Kapitalkonsolidierung

Eine weitere Entstehungsursache, beziehungsweise Erscheinungsform, des derivativen negativen Goodwill stellt der negative Unterschiedsbetrag aus der Kapitalkonsolidierung dar. Ein passivischer Unterschiedsbetrag entsteht immer dann, wenn der Beteiligungswert (in der Regel ist dies der Kaufpreis) im Rahmen der Erstkonsolidierung kleiner ist als das anteilige Eigenkapital, gemessen zu Zeitwerten (*fair values*), in der Bilanz des Tochterunternehmens. Die Ursachen für den niedrigen Beteiligungswert sind im Wesentlichen identisch mit den soeben dargestellten Erklärungsansätzen[255], so dass darauf verwiesen werden kann. Auf den derivativen negativen Goodwill aus der Kapitalkonsolidierung ist noch im Rahmen des Konzernabschlusses nach dem HGB zurückzukommen[256].

3. Entstehung des Praxiswertes

Für die Entstehung des Praxiswertes kann im Wesentlichen auf die Ausführungen zur Entstehung von originären und derivativem Goodwill verwiesen werden. Der Praxiswert als spezielle Erscheinungsform des Goodwill[257] ist stark mit der Person des jeweiligen Praxisinhabers und dessen persönlichen Fähigkeiten verknüpft.

Der originäre Praxiswert entsteht vor allem durch das Vertrauensverhältnis das der jeweilige Praxisinhaber zu seinen Klienten, Mandanten oder Patienten im Laufe der Zeit aufbaut[258]. Jedoch ist anerkannt, dass der Praxiswert auch „harte" Goodwill-Werte beinhalten kann, wie beispielsweise Ausstattung der Praxis, Standort der Praxis, Wettbewerbssituation am Standort, Mandanten- oder Patientenstruktur, Kostenstruktur[259].

---

255 Siehe hierzu *Busse von Colbe/Orgelheide/Gebhardt/Pellens*, Konzernabschlüsse, 9. Aufl. 2010, S. 242, 243; *Winkeljohann/Deubert*, in: Beck Bil-Komm, 11. Aufl. 2018, § 301 HGB, Rdnr. 155.

256 Siehe hierzu nachfolgend unter § 7 I. 2. d) bb).

257 Anders wohl *Arnold*, der den Praxiswert als gleichwertig neben dem Geschäfts- oder Firmenwert stehend betrachtet, vgl. *Arnold*, Bilanzierung des Geschäfts- oder Firmenwerts, 1997, S. 80.

258 *Seer*, UR 1990, S. 298; *Wiechers*, BBK 2011, S. 739.

259 So beispielsweise *LG Flensburg*, Urteil v. 05.07.2013 - 4 O 54/11, GesR 2014, S. 305 - 308.

Der derivative Praxiswert entsteht durch die Übertragung der freiberuflichen Praxis auf einen Erwerber. Aufgrund der Personengebundenheit unterliegt der derivative Praxiswert nach der Übertragung der Praxis, das in der Regel mit dem Ausscheiden des bisherigen Praxisinhabers verbunden sein dürfte, oftmals einer raschen Verflüchtigung[260]. Diesem Umstand wird in der Praxis, wie noch gezeigt werden wird, insbesondere durch verkürzte Abschreibungsfristen Rechnung getragen.

II. Rechtsnatur des Goodwill

Die Frage nach der Rechtsnatur des Goodwill ist sowohl im Handelsbilanzrecht als auch im Steuerbilanzrecht Gegenstand einer langen und intensiven Diskussion in der Literatur (gewesen). Ob eine entsprechende Diskussion auch im Privatrecht geführt wurde, wird noch im Weiteren behandelt[261].

1. Rechtsnatur des Goodwill im Handelsbilanzrecht

Die Rechtsnatur des Goodwill war im Schrifttum zum Handelsbilanzrecht lange Zeit stark umstritten[262]. Jedoch wurden die gesetzlichen Rahmenbedingungen für diesen Diskurs in jüngerer Vergangenheit erheblich geändert: Das Inkrafttreten des Bilanzrechtsmodernisierungsgesetzes, kurz BilMoG[263], am 29. Mai 2009 stellt einen Wendepunkt in der Diskussion über die Rechtsnatur des Goodwill im Handelsbilanzrecht dar.

a) „Klarstellung" der Rechtsnatur durch das BilMoG?

Mit Inkrafttreten des BilMoG hat eine gesetzliche Regelung zur Rechtsnatur des Goodwill Eingang in das Handelsbilanzrecht gefunden. Im Zuge des BilMoG wurde § 246 Abs. 1 S. 4 HGB neu eingeführt, der im Wege einer Fiktion[264] den entgeltlich erworbenen Geschäfts- oder Firmenwert einem zeitlich begrenzt

260 *Wiechers*, BBK 2011, S. 739.

261 Siehe hierzu nachfolgend unter § 10 II.

262 Zum Spektrum der vor Inkrafttreten des BilMoG vertretenen Meinungen siehe unter § 3 II. 1. b).

263 Gesetz zur Modernisierung des Bilanzrechts (Bilanzrechtsmodernisierungsgesetz – BilMoG) vom 25. Mai 2009, BGBl. I 2009, S. 1102.

264 Vgl. hierzu RegE BilMoG vom 30. Juli 2008, S. 35, 47; *Hayn/Waldersee/Benzel*, IFRS/HGB/HGB-BilMoG im Vergleich, 7. Aufl. 2008, S. 98.

nutzbarem Vermögensgegenstand gleichstellt[265]. Nach Ansicht zahlreicher Stimmen in der Literatur ist durch die gesetzliche Neuregelung der Streit um die Rechtsnatur des Goodwill nunmehr gesetzlich entschieden[266].

Gleichwohl hat der Diskurs über die Rechtsnatur des Goodwill seit der Einführung des § 246 Abs. 1 S. 4 HGB nur auf den ersten Blick an Bedeutung verloren: Aus dem Umstand, dass für den derivativen Goodwill eine Fiktion vorgenommen wird, ergibt sich zugleich, dass auch aus Sicht des Gesetzgebers der Goodwill tatsächlich nicht alle Merkmale eines Vermögensgegenstandes erfüllt[267]. Der Goodwill ist damit nur *per* Fiktion in den Vermögensgegenstandsbegriff des HGB „eingepasst" worden.

Daher bleibt interessant, welche Rechtsnatur dem Goodwill vor Inkrafttreten des BilMoG beigemessen wurde. Ebenso bleibt relevant, welche Anforderungen an den Begriff des Vermögensgegenstandes im HGB[268] gestellt werden und welche der Goodwill hiervon nicht erfüllen kann. Auch wird durch § 246 Abs. 1 S. 4 HGB keine Aussage darüber getroffen, welche Rechtsnatur der selbst geschaffene oder auch unentgeltlich erworbene Goodwill im Handelsbilanzrecht hat, da ausdrücklich nur der entgeltlich erworbene Geschäfts- oder Firmenwert zum Vermögensgegenstand erklärt wurde.

Fraglich ist damit zunächst, was einen Vermögensgegenstand im Sinne des HGB ausmacht: Das HGB selbst definiert den Begriff des Vermögensgegenstands nicht. In der Rechtsprechung und Literatur wurden daher zahlreiche Ansätze und Kriterien für den Vermögensgegenstandsbegriff entwickelt[269]. Die wohl am häufigsten vertretenen Theorien sehen allesamt im Vermögensgegenstand einen vermögenswerten Vorteil. Sie unterscheiden sich im Kern dadurch, dass

---

265 Einzelheiten der bilanziellen Abbildung im HGB werden nachfolgend unter § 7 I. 1. a) behandelt.

266 Dieser Ansicht sind bspw. *Küting*, DStR 2010, S. 1856; *Schubert/Waubke* in: Beck Bil-Komm, 11. Aufl. 2018, § 247 HGB, Rdnr. 14; Wiechers, BBK 2010, S. 736; *Böcking/Gros*, in: *Ebenroth/Boujong/Joost/Strohn*, HGB, 3. Aufl. 2014, § 246 HGB, Rdnr. 10; im Ergebnis wohl auch *Hoffmann/Lüdenbach*, Bilanzierung, 9. Aufl. 2018, § 246 HGB, Rdnr. 380; a.A. wohl *Schülke*, DStR 2010, S. 994; a.A. wohl auch *Ballwieser*, in: MünchKomm-HGB, 3. Aufl. 2013, § 246 HGB, Rdnr. 93.

267 So bspw. auch *Schülke*, DStR 2010, S. 994; *Hennrichs*, in: *Tipke/Lang*, Steuerrecht, 23. Aufl. 2018, § 9, Rdnr. 126.

268 Eingehend zum Begriff des Vermögensgegenstandes im HGB: *Schülke*, DStR 2010, S. 993 ff.

269 Mit einem Überblick zu den verschiedenen Ansätzen: *Adler/Düring/Schmaltz*, Rechnungslegung und Prüfung, 6. Aufl. 1998, § 246, Rdnr. 15 ff.; *Schülke*, DStR 2010, S. 994.

sie zusätzlich als weiteres Merkmal Einzelverwertbarkeit, Einzelvollstreckbarkeit oder Einzelveräußerbarkeit verlangen. Wird eines dieser Merkmale erfüllt, liegt zugleich auch das für einen Vermögensgegenstand notwendige Merkmal der Einzelbewertbarkeit vor[270].

Im Einzelnen wird in etwa wie folgt argumentiert: Nach einer weit verbreiteten Ansicht[271] ist unter einem Vermögensgegenstand jedes Gut zu verstehen, das nach der Verkehrsanschauung individualisierbar ist und sich bei wirtschaftlicher Betrachtung einzeln verwerten lässt. Das Merkmal der Einzelverwertbarkeit hat dabei einen sehr breiten Anwendungsbereich und wird bereits dann angenommen, wenn das Gut bspw. durch Verbrauch, Verarbeitung oder Nutzung durch Dritte (bspw. durch Nießbrauch oder Lizenzen) möglich ist[272]. Demgegenüber will eine andere Ansicht die Einzelverwertbarkeit nicht genügen lassen und verlangt, dass das jeweilige Gut Objekt der Einzelzwangsvollstreckung wegen Geldforderungen im Sinne des § 857 ZPO sein kann[273]. Diese Ansicht knüpft damit für den Vermögensgegenstand am Inventar an, das noch stärker als die Bilanz den Gläubigerschutz bezweckt[274]. Eine weitere, vermittelnde Ansicht will einen Vermögensgegenstand erst dann annehmen, wenn das jeweilige Gut einer Einzelveräußerung zugänglich ist. Nach dieser Ansicht ist ein Vermögensgegenstand der kleinste Sachverhalt, der nach der Verkehrsauffassung als selbständig realisierbar angesehen wird[275]. Für diese Beurteilung wird auf individualisierbare Umsatzakte abgestellt[276].

Ob der Goodwill eines der Merkmale Einzelverwertbarkeit, Einzelvollstreckbarkeit oder auch Einzelveräußerbarkeit erfüllt und sich unter diese Definition subsumieren lässt, erscheint fraglich. Nach der Gesetzesbegründung zum BilMoG ist insbesondere schon das Merkmal der Einzelverwertbarkeit problematisch[277]. Der Goodwill passt somit nicht zum Verständnis eines Vermögenswertes

---

270 *Mujkanovic*, BB 1994, S. 894.

271 Statt vieler: *Adler/Düring/Schmaltz*, Rechnungslegung und Prüfung, 6. Aufl. 1998, § 246, Rdnr. 26; ähnlich auch *Schubert/Waubke* in: Beck Bil-Komm, 11. Aufl. 2018, § 247 HGB, Rdnr. 10, 13; *Wiedmann*, Bilanzrecht, 1999, § 246 HGB, Rdnr. 3

272 *Adler/Düring/Schmaltz*, Rechnungslegung und Prüfung, 6. Aufl. 1998, § 246, Rdnr. 28; siehe hierzu auch *Schülke*, DStR 2010, S. 993.

273 *Schulze-Osterloh*, in: *Baumbach/Hueck*, GmbHG, 18. Aufl. 2006 (Vorauflage), § 42 GmbHG, Rdnr. 77.

274 *Schülke*, DStR 2010, S. 993.

275 Siehe hierzu *Wichmann*, DB 1988, S. 192 mit zahlreichen Nachweisen.

276 *Adler/Düring/Schmaltz*, Rechnungslegung und Prüfung, 6. Aufl. 1998, § 246, Rdnr. 18.

277 Vgl. hierzu auch RegE BilMoG, BT-Drucks. 16/10067 vom 30. Juli 2008, S. 50, 60.

im Sinne des HGB. Insofern lohnt es sich, den Blick auf die vor Inkrafttreten des BilMoG vertretenen Meinungen zu lenken, um so Anhaltspunkte erhalten zu können zur „tatsächlichen“ Rechtsnatur des Goodwill, losgelöst von der gesetzlichen Fiktion als Vermögensgegenstand[278].

b) Meinungsspektrum zur Rechtsnatur des Goodwill vor BilMoG

Das Meinungsspektrum zur Rechtsnatur, bzw. den Charakter[279] des derivativen Goodwill war vor Inkrafttreten des BilMoG breit gefächert und reichte von der Einordnung des Goodwill als bloße Bilanzierungshilfe bis hin zur Qualifizierung als einem Wert eigener Art[280].

Im Wesentlichen wurden dabei die folgenden Theorien vertreten: Nach einer in der Literatur weit verbreiteten Ansicht[281] handelte es sich bei dem Goodwill um eine rechnerische Differenzgröße, die daher nur als Bilanzierungshilfe abgebildet werden kann. Begründet wurde diese Einordnung vorwiegend mit bilanztechnischen Argumenten: So wurden insbesondere das in § 255 Abs. 4 S. 1 HGB a.F. enthaltene Aktivierungswahlrecht und die in § 255 Abs. 4 S. 2 HGB a.F. enthaltene pauschale Abschreibungsmöglichkeit angeführt, die gerade für eine

---

278 Die rechtliche Einordnung des Goodwill kann insbesondere für die Entwicklung eines möglichen Lösungsansatzes zur bilanziellen Abbildung des Goodwill von Interesse sein.

279 Mit der Gleichsetzung von „Charakter“ und Rechtsnatur beispielsweise *Sigloch/Keller/Meffert*, in: *Michalski/Heidinger/Leible/J. Schmidt*, GmbHG, 3. Aufl. 2017, Anh. §§ 41-42a GmbHG, Rdnr. 649; *Mujkanovic*, BB 1994, S. 894.

280 *Hayn/Waldersee/Benzel*, IFRS/HGB/HGB-BilMoG im Vergleich, 7. Aufl. 2008, S. 98; so wohl auch *Küting*, AG 2000, S. 101; siehe hierzu auch *Küting*, DStR 2007, S. 2025; zum Folgenden mit zahlreichen Nachweisen *Adler/Düring/Schmaltz*, Rechnungslegung und Prüfung, 6. Aufl. 1995, § 255 HGB, Rdnr. 271 f.; einen „rechnungstechnischen Ausgleichsposten mit dem Charakter einer Bilanzierungshilfe“ sieht *Mujkanovic*, BB 1994, S. 895, 898; vereinzelt wurde auch die Ansicht vertreten, bei dem Goodwill handele es sich um einen Rechnungsabgrenzungsposten, mit Nachweisen hierzu *Mujkanovic*, BB 1994, S. 894, 895.

281 *Kessler/Suchan*, in: MünchKomm-AktG, 2. Aufl. 2004 (Vorauflage), § 266 HGB, Rdnr. 19; *Schulze-Osterloh*, in: *Baumbach/Hueck*, GmbHG, 18. Aufl. 2006 (Vorauflage), § 42 GmbHG, Rdnr. 84, 88; *Wichmann*, BB 1994, S. 1673; *Mujkanovic*, BB 1994, S. 895; einen „Grenzfall zwischen Vermögensgegenstand und Bilanzierungshilfe“ sehen *Förschle/Hoffmann*, die den Goodwill im Ergebnis als Bilanzierungshilfe einordnen: *Förschle/Hoffmann*, in: Beck Bil-Komm, 6. Aufl. 2006 (Vorauflage), § 309 HGB, Rdnr. 7; wohl auch *Ballwieser*, in: MünchKomm-HGB, 3. Aufl. 2013, § 246 HGB, Rdnr. 93.

Bilanzierungshilfe charakteristisch seien. Daneben wurde auch angeführt, dass die Kosten für die Ingangsetzung und Erweiterung des Geschäftsbetriebes einen wesentlichen Aspekt des Goodwill bilden. Diese Kosten wurden gem. § 269 a.F. HGB unstreitig als Bilanzierungshilfe qualifiziert und prägen somit auch maßgeblich die Qualifikation des Goodwill[282].

Gegen die Einordnung des Goodwill als Bilanzierungshilfe wurde insbesondere eingewandt, dass gerade die für Bilanzierungshilfen ebenso charakteristische Ausschüttungssperre fehle (vgl. bspw. § 269 HGB a.F.). Dagegen sprachen nach einer anderen Ansicht[283] vor allem die Möglichkeit zur planmäßigen Abschreibung in § 255 Abs. 4 S. 3 HGB a.F. und die Nennung im Bilanzgliederungsschema des § 266 Abs. 2 A. I. 2. HGB a.F. für die Einordnung des Goodwill als (immateriellen) Vermögensgegenstand.

Gegen die Einordnung als Vermögensgegenstand wiederum wurde ins Feld geführt, dass es dem Goodwill gerade an Einzelverkehrsfähigkeit, Einzelveräußerlichkeit bzw. Einzelverwertbarkeit mangele und der Grundsatz der Einzelbewertung durchbrochen werde[284]. Gerade auch das Aktivierungswahlrecht wurde als Argument gegen die Einordnung als Vermögensgegenstand vorgebracht: Mit dem Vollständigkeitsprinzip[285] sei es unvereinbar, dass ein Vermögensgegenstand nicht aktiviert zu werden braucht[286].

---

282 Vgl. *Wichmann*, BB 1994, S. 1673.

283 Statt vieler *Wiedmann*, in: *Ebenroth/Boujong/Joost/Strohn*, HGB, 2. Aufl. 2008 (Vorauflage), § 309 HGB, Rdnr. 6; *Ellrott/Krämer*, in: Beck Bil-Komm, 6. Aufl. 2006 (Vorauflage), § 247 HGB, Rdnr. 14; im Ergebnis wohl auch *Mutter*, BB 1994, S. 472; ebenso auch *Wöhe*, StuW 1980, S. 96, der allerdings auf die Sicht des Käufers abstellt: sofern der Käufer davon ausgeht, dass der Unterschiedsbetrag durch zukünftige Erträge voll abgedeckt ist, soll der Goodwill als Vermögensgegenstand, andernfalls als Bilanzierungshilfe zu bilanzieren sein.

284 *Busse von Colbe*, in: MünchKomm-HGB, 2. Aufl. 2008 (Vorauflage), § 309 HGB, Rdnr. 6; *Mujkanovic*, BB 1994, S. 895; *Schulze-Osterloh*, in: *Baumbach/Hueck*, GmbHG, 18. Aufl. 2006 (Vorauflage), § 42 GmbHG, Rdnr. 77; so im Ergebnis wohl auch *Wichmann*, BB 1994, S. 1673; mit weiteren Nachweisen hierzu auch *Schmidt*, Rechnungslegung zur Zahlungsbemessung und Informationsvermittlung, 2007, S. 73.

285 Das Vollständigkeitsprinzip in § 246 Abs. 1 S. 1 HGB verlangt, dass sämtliche bilanzierungsfähigen Vermögensgegenstände, Schulden und Rechnungsabgrenzungsposten zum Stichtag bilanziert werden, wenn sie der Gesellschaft zuzurechnen sind und gesetzlich nichts anderes bestimmt (vgl. *Haas*, in: *Baumbach/Hueck*, GmbHG, 21. Aufl. 2017, § 42 GmbHG, Rdnr. 15).

286 *Mujkanovic*, BB 1994, S. 895.

Vor dem Hintergrund der dargestellten und im Gesetz angelegten Widersprüche wurde der Goodwill von einer weiteren Ansicht[287] daher als Wert eigener Art angesehen. Nach dieser Ansicht wurde der Goodwill durch die Möglichkeit zur planmäßigen und außerplanmäßigen Abschreibung faktisch wie ein Vermögensgegenstand behandelt, ohne diesen in letzter Konsequenz (und unter Inkaufnahme der erheblichen Gegenargumente) als solchen einordnen zu müssen.

Die von den dargestellten Ansichten vorgebrachten Argumente beruhten allesamt auf dem Gesetzestext und der Gesetzessystematik des HGB. Das macht deutlich, dass die widersprüchliche Einordnung des Goodwill bereits im Gesetz angelegt war und zeigt die Ambivalenz des Gesetzgebers gegenüber dem bilanziellen Charakter des Goodwill[288].

c) Fazit

Die Rechtsnatur des derivativen Goodwill war vor dem Inkrafttreten des BilMoG unklar. Das geltende Handelsbilanzrecht hat die Unklarheiten nicht beseitigt: Der Goodwill gilt *per* Fiktion als Vermögensgegenstand, dessen Voraussetzungen er allerdings nicht erfüllt. Den eben dargestellten Ansichten zur Rechtslage vor Inkrafttreten des BilMoG lassen sich dennoch Merkmale des Goodwill entnehmen. Blendet man bei den dargestellten Ansichten diejenigen Aspekte aus, die eher „technischer" Natur[289] sind, bleiben im Kern diejenigen Argumente bestehen, die für bzw. gegen die Einordnung als Vermögensgegenstand sprechen. Den kleinsten gemeinsamen Nenner erhält man, wenn man von den Merkmalen eines Vermögensgegenstands dessen Einzelverwertbarkeit[290] unbeachtet lässt.

Im Umkehrschluss und damit positiv ausgedrückt können für die Rechtsnatur des Goodwill aus Sicht des Handelsbilanzrechts folgende Charakteristika festgehalten werden: Der Goodwill ist

---

287 So beispielsweise und statt vieler *Adler/Düring/Schmaltz*, Rechnungslegung und Prüfung, 6. Aufl. 1995, § 255 HGB, Rdnr. 272.

288 Mit dieser Feststellung auch *Busse von Colbe*, in: MünchKomm-HGB, 2. Aufl. 2008 (Vorauflage), § 309 HGB, Rdnr. 6; *Wiedmann*, in: *Ebenroth/Boujong/Joost/Strohn*, HGB, 2. Aufl. 2008 (Vorauflage), § 309 HGB, Rdnr. 6.

289 Damit sind Argumente gemeint, die eher die Systematik des Handelsbilanzrechts betreffen, bspw. das Fehlen einer Ausschüttungssperre, Nennung im Gliederungsschema des § 266 HGB etc.

290 Zum Fehlen der Einzelverwertbarkeit *Theile*, BBK 2014, S. 250; ebenso *Schülke*, DStR 2010, S. 994.

- immaterieller (Gesamt-)Vermögenswert
- dem Unternehmen sachlich zugeordnet
- (zumindest) nicht einzeln verwertbar
- zeitlich begrenzt nutzbar.

Diese Charakteristika sind bereits in den im Rahmen der Definition[291] des Goodwill im Handelsbilanzrecht festgestellten Merkmalen enthalten[292].

2. *Rechtsnatur des Goodwill im Steuerbilanzrecht*

Die Rechtsnatur des Goodwill im Steuerbilanzrecht knüpft unmittelbar an die Behandlung im Handelsbilanzrecht an: Das in § 5 Abs. 1 S. 1 EStG verankerte Prinzip der Maßgeblichkeit der handelsrechtlichen Grundsätze ordnungsmäßiger Buchführung für die Steuerbilanz führt dazu, dass in der Steuerbilanz grundsätzlich sämtliche Wirtschaftsgüter anzusetzen sind, die auch dem handelsrechtlichen Begriff des Vermögensgegenstandes genügen[293]. Der Diskurs zur Rechtsnatur des Goodwill im Handelsbilanzrecht vor Einführung des BilMoG war damit grundsätzlich auch im Steuerbilanzrecht relevant.

Anders als im Handelsbilanzrecht war und ist die Rechtsnatur des (derivativen) Goodwill im Steuerbilanzrecht im Kern jedoch unstreitig: Das Steuerbilanzrecht erkennt den Goodwill als immaterielles Wirtschaftsgut an[294]. Der steuerbilanzrechtliche Begriff des Wirtschaftsgutes ist gegenüber dem handelsbilanzrechtlichen Begriff des Vermögensgegenstandes weiter. Für das Steuerbilanzrecht kommt es entscheidend auf das Merkmal der selbständigen

291 Anders als im vorliegenden Fall ist der Gleichlauf von der Definition und der Rechtsnatur des Goodwill nicht zwingend: Oftmals wird in der Definition des Goodwill der Schwerpunkt auf die Bestimmung des Wertes des Goodwill gelegt und die Rechtsnatur unberücksichtigt gelassen.

292 Siehe hierzu die Definition zuvor unter § 2 II. 1.

293 *Broemel/Endert*, BBK 2013, S. 1108. Kritisch zum Maßgeblichkeitsprinzip: *Mujkanovic*, BB 1994, S. 894. Der steuerrechtliche Begriff des Wirtschaftsguts geht faktisch noch einen Schritt weiter und erfasst auch „tatsächliche Zustände" und „konkrete Möglichkeiten" als Wirtschaftsgut, vgl. hierzu *Jakob*, Einkommensteuer, 4. Aufl. 2008, Rdnr. 677; *Werndl*, in: *Kirchhof/Söhn/Mellinghoff*, EStG, 200. EL August 2009, § 6 EStG, Rdnr. B 492.

294 Statt vieler: *Krumm*, in: *Blümich*, EStG/KStG/GewStG, 129. EL August 2015, § 5 EStG, Rdnr. 616; *Hennrichs*, in: *Tipke/Lang*, Steuerrecht, 23. Aufl. 2018, § 9, Rdnr. 126; *Weber-Grellet*, Bilanzsteuerrecht, 16. Aufl. 2018, Rdnr. 155; *Mutter*, BB 1994, S. 473; kritisch hierzu *Mujkanovic*, BB 1994, S. 895.

Bewertungsfähigkeit an. Das Merkmal der Verwertbarkeit wird demgegenüber bereits dann angenommen, wenn eine Verwertung zusammen mit dem Betrieb als Ganzes möglich ist[295]. Nach der ständigen Rechtsprechung des *BFH*[296] ist der Goodwill als (Gesamt-)Wirtschaftsgut an den Betrieb gebunden und kann nicht selbständig veräußert oder entnommen werden.

Allerdings schwelt im Steuerbilanzrecht ein (selbständiger) Streit an anderer Stelle: In der Rechtsprechung und Literatur ist seit langem umstritten, ob ein Unternehmen einen oder mehrere Goodwill(s) haben, mithin ob es ein Nebeneinander von originärem und derivativen Goodwill geben kann und wie sich diese im Zeitverlauf entwickeln. Die Auswirkungen dieser Unterscheidung sind weitreichend und schlagen sich insbesondere in der bilanzsteuerrechtlichen Folgebehandlung des Goodwill nieder. Die dabei vertretenen Meinungen lassen sich im Wesentlichen zwei Strömungen zuordnen: der sog. Einheitstheorie und der sog. Trennungstheorie.

a) Einheitstheorie

Die Einheitstheorie geht auf die Rechtsprechung des *RFH* zurück und wurde von *Enno Becker* begründet[297]. Nach der Einheitstheorie kann ein Unternehmen nur einen Goodwill haben[298]. Eine Aufspaltung in einen originären und derivativen Goodwill kann es nach der Einheitstheorie daher nicht geben[299]. Dem liegt die Vorstellung zugrunde, dass der derivative Goodwill unmittelbar nach

---

295 Hierzu statt vieler *BFH*, Urteil v. 09.08.2011, VIII R 13/08, unter II. 1. b), BStBl. II 2011, S. 875; *Hennrichs*, in: *Tipke/Lang*, Steuerrecht, 23. Aufl. 2018, § 9, Rdnr. 126; *Schubert/Waubke* in: Beck Bil-Komm, 11. Aufl. 2018, § 247 HGB, Rdnr. 13.

296 *BFH*, Urteil v. 18.02.1993 – IV R 40/92, unter 4. a), BStBl. II 1994, S. 224 = BB 1993, S. 1914; *BFH*, Urteil v. 27.03.1996 - I R 60/95, BStBl. II 1996, S. 576; *BFH*, Urteil v. 14.12.1993 – VIII R 13/93, unter II. 2. d), BFHE 174, S. 503 = DB 1994, S. 1852; *BFH*, Urteil v. 09.08.2011, VIII R 13/08, unter II. 1. b), BStBl. II 2011, S. 875f.; *BFH*, Urteil v. 18.01.1967 - I 77/64, BStBl. III 1967 S. 334; *BFH*, Urteil v. 28.10.1976 – IV R 76/72, unter 1., BFHE 120, S. 245 ff. = NJW 1977, S. 408

297 Eingehend zur geschichtlichen Entwicklung der Einheitstheorie: *Schmidt*, Rechnungslegung zur Zahlungsbemessung und Informationsvermittlung, 2007, S. 69 f.; *Velte*, StuW 2008, S. 281 ff.

298 Statt vieler: *BFH*, Urteil v. 24.04.1980 – IV R 61/77, unter 1., BFHE 131, S. 220 = BStBl. II 1980, S. 690 ff. = DB 1980, S. 2265 f.; *BFH*, Urteil v. 13.04.193 – I R 63/79, unter II. 1., BFHE S. 138, 541, BStBl. II 1983, 667.

299 Vgl. *BFH*, Urteil v. 28.10.1976 – IV R 76/72, unter 1., BFHE 120, S. 245 ff. = NJW 1977, S. 408; siehe hierzu auch *Maier*, in: BeckLex, 42. Ed. 2018 (Stand: 01.01.2017), Geschäfts- oder Firmenwert, Rdnr. 24;

dem Erwerb eine untrennbare Einheit mit dem originären Goodwill des Unternehmens bildet[300]. Originärer und derivativer Goodwill durchdringen sich im Zeitablauf und bilden so *de facto* eine Einheit[301]. Die Goodwill-Werte, aus denen sich der Goodwill zusammensetzt, können nach dem Verständnis der Einheitstheorie im Laufe der Zeit wechseln[302]. Weil eine Substitution des sich abnutzenden vorhandenen Goodwill durch neue Goodwill-Werte stattfindet[303], kann der Goodwill auch keinem planmäßigem Werteverzehr unterliegen[304]. Die Einheitstheorie attestiert dem Goodwill somit ein relativ statisches Wesen und sieht in diesem einen nahezu unzerstörbaren Vermögenswert[305].

b) Trennungstheorie

Dem halten die Vertreter der Trennungstheorie entgegen, dass die Unterscheidung zwischen originärem und derivativem Goodwill bereits im Gesetz angelegt sei[306]. Die Unterscheidung ist beispielsweise im Handelsbilanzrecht in § 246 Abs. 1 S. 4 HGB und im Steuerbilanzrecht über § 5 Abs. 2 EStG klar erkennbar. Die Trennungstheorie steht damit im Einklang mit der handelsbilanziellen Betrachtung des Goodwill. Der derivative Goodwill ist demnach grundsätzlich separierbar. Nach Erwerb verwandelt sich der derivative Goodwill sukzessive in einen originären Goodwill. Der Trennungstheorie liegt der Gedanke zugrunde, dass die Goodwill-Werte regelmäßiger Ersatzinvestitionen bedürfen (wie beispielsweise Marketingaufwendungen), die für eine Neuschaffung von originärem Goodwill-Werten stehen[307]. Die Trennungstheorie erkennt damit an, dass sich der Goodwill als Ganzes im Zeitablauf verändern kann. Die Vertreter der

---

300 Vgl. hierzu auch *BFH*, Urteil v. 24.04.1980 – IV R 61/77, unter 1., BStBl. II 1980, S. 690 ff. = BFHE 131, 220 = DB 1980, S. 2265 f.; *Broemel/Endert*, BBK 2013, S. 1109.

301 Eingehend hierzu *Velte*, StuW 2008, S. 281, 286 mit Nachweisen zu Rechtsprechung und Literatur.

302 *Velte*, StuW 2008, S. 281; ebenso *Schmidt*, Rechnungslegung zur Zahlungsbemessung und Informationsvermittlung, 2007, S. 69.

303 *Weber-Grellet*, Bilanzsteuerrecht, 16. Aufl. 2018, Rdnr. 155.

304 Hierzu auch *Broemel/Endert*, BBK 2013, S. 1109.

305 Zum bilanztheoretischen „Wesen" des Goodwill siehe auch *Schmidt*, Rechnungslegung zur Zahlungsbemessung und Informationsvermittlung, 2007, S. 53 f., 69; ebenso *Deubner*, Aktivierung und Abschreibung des Geschäftswertes, 1971, S. 7.

306 Vgl. auch *Maier*, in: BeckLex, 42. Ed. 2018 (Stand: 01.01.2017), Geschäfts- oder Firmenwert, Rdnr. 24.

307 Hierzu auch *Broemel/Endert*, BBK 2013, S. 1109.

Trennungstheorie sehen in dem Goodwill keine unerschütterlich objektive Größe und nehmen für diesen damit ein dynamisches Wesen an[308].

c) *Fazit*

Einheitstheorie und Trennungstheorie stehen diametral zueinander und kommen zu einer denkbar unterschiedlichen Einordnung des Goodwill. Die beiden Theorien bilden gleichsam die Extrempositionen für den Goodwill ab. Dennoch verbindet sie ein gemeinsamer Kern. Demnach ist der Goodwill nach beiden Theorien:

- immaterielles Gesamtwirtschaftsgut,
- dem Betrieb sachlich zugeordnet,
- selbständig bewertbar und
- (zumindest) zusammen mit dem Betrieb übertragbar.

Diese Charakteristika konnten bereits im Rahmen der steuerbilanzrechtlichen Definition festgestellt werden[309]. Allerdings sind die Theorien uneins im Hinblick auf die folgenden Aspekte:

- „Lebenszeit" und Abnutzbarkeit des Goodwill in dem Sinne, dass dieser *per se* einem Werteverzehr unterliegt
- Veränderlichkeit des Goodwill, mithin ob dieser dauerhaft besteht und keinen Veränderungen unterworfen ist
- Frage, ob ein Unternehmen zugleich einen originären und einen derivativen Goodwill haben kann.

Zusammenfassend lässt sich festhalten, dass Einheitstheorie und Trennungstheorie zu unterschiedlichen Einschätzungen des Goodwill kommen. Ob und wie sich dies in der bilanziellen Behandlung auswirkt, wird in den folgenden Kapiteln näher betrachtet[310].

III. Wirtschaftliche und bilanzpolitische Bedeutung des Goodwill

Vor dem Hintergrund, dass Ursachen, Entstehung, Rechtsnatur und die rechtliche Einordnung des Goodwill insgesamt nach wie vor nicht ganz klar sind, ist es

---

308 *Schmidt*, Rechnungslegung zur Zahlungsbemessung und Informationsvermittlung, 2007, S. 54; ebenso *Deubner*, Aktivierung und Abschreibung des Geschäftswertes, 1971, S. 11.

309 Siehe die Definition zuvor unter § 2 II. 2.

310 Siehe hierzu nachfolgend unter § 8 I.

umso erstaunlicher, welche herausragende wirtschaftliche und bilanzpolitische Bedeutung dem Goodwill als „Erwartung an die Wiederkehr eines Kunden“[311] rein tatsächlich zukommt. Deutlich wird dies durch die auf den Goodwill entfallenden Zahlungen in Unternehmenstransaktionen, den daraus resultierenden Bilanzpositionen und deren Verhältnis zu anderen Positionen in der Bilanz.

1. Goodwill als Gegenstand von Unternehmenstransaktionen

Der derivative Goodwill kann in relativen und absoluten Zahlen beachtliche Anteile am Transaktionsvolumen ausmachen und sich entsprechend prominent in der Bilanz des erwerbenden Unternehmens niederschlagen. Ein weiteres besonders eklatantes Beispiel für einen derivativen Goodwill stellt die feindliche Übernahme der Mannesmann AG durch die Vodafone AirTouch PLC im Jahr 2000 dar. Letzten Endes hat die Vodafone AirTouch PLC die Mannesmann AG zu einem Kaufpreis von EUR 190 Milliarden erworben. Im Zuge dieser Übernahme ist ein Goodwill in Höhe von etwa EUR 140 Milliarden entstanden[312]. Gemessen am Kaufpreis machte der Goodwill somit etwa 73,7% des Transaktionsvolumens aus. Es sei in diesem Zusammenhang daran erinnert, dass dieser Anteil am Kaufpreis in Höhe von EUR 140 Milliarden nicht etwa auf Grundstücke, Maschinen oder andere „harte“ und greifbare Anlagegegenstände entfällt, sondern auf „weiche“ und schwer messbare Faktoren wie etwa den „gute Ruf“, „Standortvorteil“ oder „Wert des Managements“.

Dass es sich bei dieser Transaktionen um keinen „historischen Ausreißer“ handelt, zeigt schon die zuvor in der Einführung[313] beschriebene Akquisition der WhatsApp Inc. durch Facebook Inc., bei der 70,2% des Kaufpreises auf den Goodwill geleistet wurden.

Ebensowenig handelt es sich bei diesen immensen Zahlungen auf den Goodwill um ein Spezifikum börsennotierter oder kapitalmarktorientierter Unternehmen: In der Praxis ist es auch bei Unternehmenstransaktionen im Mittelstand keine Seltenheit, wenn ein Anteil von 75% (oder mehr) des Kaufpreises auf den

---

311 Hierzu und mit Nachweisen: *Großfeld*, Unternehmens- und Anteilsbewertung, 4. Aufl. 2002, S. 4.

312 Hierzu bspw. *Küting*, DB 2005, S. 2758. Soweit ersichtlich, ist dies nach wie vor der höchste in der deutschen Bilanzierungslandschaft entstandene Goodwill (vgl. auch *Küting*, DStR 2012, S. 1933).

313 Siehe auch die zuvor unter § 1 I.

Goodwill entfällt. Welche Bedeutung und Sprengkraft dies in der Unternehmensrechnung und Rechnungslegung hat, liegt auf der Hand[314].

2. *Goodwill als Gegenstand der Bilanzpolitik*

Welche Bedeutung der Goodwill in der Bilanzpolitik haben kann, zeigt sich beispielweise in den Abschreibungen auf den derivativen Goodwill in der Folge der Übernahme von Time Warner Inc. durch AOL Corp. im Jahr 2000: Im Nachgang zur Übernahme wurden im Jahr 2002 Wertberichtigungen und außerplanmäßige Abschreibungen auf den Goodwill in Höhe von USD 90 Milliarden erforderlich, so dass insgesamt ein Jahresverlust von USD 99 Milliarden verbucht werden musste[315]. Vor diesem Hintergrund ist unmittelbar ersichtlich, dass die Abschreibungen auf den Goodwill die Höhe des Jahresüberschusses maßgeblich und wesentlich beeinflussen können[316] und so mitunter ein erhebliches bilanzpolitisches Gestaltungspotential eröffnen.

3. *Goodwill als Gegenstand der Rechnungslegung*

Diese enormen Zahlungen auf den Goodwill im Rahmen einer Akquisition schlagen sich unweigerlich und unmittelbar in entsprechenden Bilanzpositionen der Erwerber nieder. Welche tatsächliche Bedeutung der Goodwill in der Rechnungslegung börsennotierter Unternehmen hat, will die nachfolgende Übersicht verdeutlichen. Für Zwecke dieser Übersicht wurden die Bilanzkennzahlen von 266 Unternehmen betrachtet, deren Aktien zum Handel an Börsen in Europa, Nordamerika oder auch Asien gelistet sind und die aufgrund ihrer Marktkapitalisierung in aussagekräftige *Indices*[317] aufgenommen wurden. Von

---

314 Von einer stetig wachsenden Goodwill-Blase in den Bilanzen deutscher Unternehmen aufgrund von überhöhten Kaufpreisen im Rahmen von Akquisitionen und unterbliebenen Goodwill-Abschreibungen spricht beispielsweise *Schürmann*, Völlig losgelöst, WiWo vom 08. September 2014.

315 Siehe auch *Schmidt*, Rechnungslegung zur Zahlungsbemessung und Informationsvermittlung, 2007, S. 3, Fn. 13.

316 So auch *Pellens/Sellhorn*, DB 2001, S. 713 f.; *Hommel*, RIW 2001, S. 802; *Busse v. Colbe*, DB 2001, S. 878; *Pellens/Sellhorn*, DB 2001, S. 1681 f.; *Petersen/Zwirner/Boecker*, StuB 2011, S. 404.

317 Berücksichtigt wurden dabei 266 Einzelwerte deutscher Indices (DAX 30, MDAX und TecDAX), des Schweizer SMI, europäischer Indices (EURO STOXX 50, STOXX Europe 50), des US-amerikanischen Dow Jones 30 Industrial Index und des Hongkonger Hang Seng Index.

diesen 266 Unternehmen wurden diejenigen herausgefiltert, in deren Bilanz der derivative Goodwill eine besonders hervorgehobene Stellung einnimmt. In die Übersicht wurden schließlich nur solche Unternehmen aufgenommen, die im Hinblick auf die Relationen „Goodwill zu Aktiva", „Goodwill zu Anlagevermögen", Goodwill zu Eigenkapital" und „Goodwill zu Jahresüberschuss" unter den fünf auffälligsten Unternehmen waren. Im Ergebnis haben daher aufgrund von Überschneidungen insgesamt 15 Unternehmen Eingang in die folgende Übersicht gefunden:

Unternehmen	Index	Goodwill	Aktiva	Anlage-vermögen	Eigenkapital	Jahresüberschuss	Goodwill/ Aktiva	Goodwill/ Anlagevermögen	Goodwill/ Eigenkapital	Goodwill/Jahres-überschuss	Rechnungs-legungssystem
Adecco Group AG	SMI	3.583,0	9.440,0	4.804,0	3.835,0	638,0	38,0%	74,6%	93,4%	534,2%	US-GAAP
Anheuser-Busch InBev N.V.	Euro Stoxx 50	70.758,0	142.550,0	124.009,0	49.972,0	9.216,0	49,6%	57,1%	141,6%	758,8%	IFRS
Fresenius Medical Care AG & Co. KGaA (FMC)	DAX 30	13.082,2	25.447,0	18.722,3	9.443,3	1.045,3	51,4%	69,9%	138,5%	1115,3%	US-GAAP
Fresenius SE & Co. KGaA	DAX 30	19.868,0	39.897,0	29.869,0	9.335,0	1.067,0	49,8%	66,5%	212,8%	1389,5%	US-GAAP
GFT Technologies SE	TecDax	98,6	301,7	144,7	100,4	20,0	32,7%	68,1%	98,2%	297,0%	IFRS
HeidelbergCement AG	DAX 30	9.604,6	28.132,6	23.888,5	13.150,3	485,7	34,1%	40,2%	73,0%	2070,2%	IFRS
IBM Corp.	Dow Jones 30 Industrial	30.556,0	117.532,0	68.110,0	12.014,0	12.022,0	26,0%	44,9%	254,3%	259,4%	US-GAAP
Metro AG	MDax	3.671,0	28.004,0	14.737,0	4.999,0	127,0	13,1%	24,9%	73,4%	2963,0%	IFRS
Orange S.A.	Euro Stoxx 50	24.784,0	88.404,0	73.941,0	29.559,0	925,0	28,0%	33,5%	83,8%	2701,4%	IFRS
Qiagen N.V.	TecDax	1.888,0	4.454,4	3.305,6	2.658,0	116,6	42,4%	57,1%	71,0%	1591,5%	US-GAAP
Rheinmetall AG	MDax	552,0	5.271,0	2.265,0	1.197,0	18,0	10,5%	24,4%	46,1%	3083,3%	IFRS
SAP SE	DAX 30	20.945,0	38.507,0	29.527,0	19.504,0	19.504,0	54,4%	70,9%	107,4%	70,2%	IFRS
Software AG	TecDax	857,3	1.848,9	1.213,6	1.013,4	110,4	46,4%	70,6%	84,6%	751,1%	IFRS
Unilever N.V.	Euro Stoxx 50	14.642,0	28.385,0	35.680,0	13.651,0	5.171,0	51,6%	41,0%	107,3%	269,1%	UK-GAAP
Verizon Communications Inc.	Dow Jones 30 Industrial	24.639,0	232.708,0	203.085,0	12.298,0	9.625,0	10,6%	12,1%	200,3%	255,9%	US-GAAP

Abbildung 3: Bilanzansatz des Goodwill ausgewählter Unternehmen[318]

Im Hinblick auf die erste Relation „Goodwill zu Aktiva" sticht der Softwarehersteller SAP SE heraus, der mit einer Relation von 54,4% aufwarten kann. Mit anderen Worten macht der derivative Goodwill mehr als die Hälfte der gesamten Aktiva des Unternehmens aus. Nicht minder beeindruckend ist in Bezug auf „Goodwill zu Anlagevermögen" die Bilanz des Personaldienstleisters Adecco Group AG, dessen derivativer Goodwill 74,6% des gesamten Anlagevermögens ausmacht.

Kritisch wird es, wenn man sich vergegenwärtigt, dass in der Bilanz der IBM Corporation der derivative Goodwill in Relation zum Eigenkapital 254,3% ausmacht (Verhältnis „Goodwill zu Eigenkapital"). Hier hat der Goodwill, beziehungsweise

318 Quelle: Bilanzdaten abgerufen unter www.finanztreff.de am 18. August 2015; eigene Berechnungen und Bearbeitung.

entsprechende Berichtigungen auf den Goodwill, erhebliche Auswirkungen auf die im Unternehmen zur Verfügung stehende Haftungsmasse. Welche fatalen Folgen hier Wertberichtigungen auf den Goodwill haben können, liegt auf der Hand: Diese führen unmittelbar zu einer Reduzierung des Eigenkapitals und damit zu einer Schmälerung der Haftungsmasse für Gläubiger des Unternehmens.

Ähnlich problematisch verhält es sich mit der letzten Relation, „Goodwill zu Jahresüberschuss". Im Hinblick auf diese Relation führt die Rheinmetall AG mit 3.083,3% die Tabelle an. Hier wird deutlich, dass jegliche Wertberichtigung auf den Goodwill unmittelbar Auswirkung auf den Jahresüberschuss hat und damit auf die den Gesellschaftern zur Verfügung stehenden Ausschüttungen.

Dass diese Relationen kein Spezifikum eines bestimmten Rechnungslegungssystems sind, wird ebenfalls in der Übersicht deutlich: Bei den ausgewählten Unternehmen sind die IFRS und die US-GAAP annähernd gleichmäßig vertreten.

Die Übersicht stellt nur eine Momentaufnahme dar[319]. Dass damit noch längst nicht die Extreme abgedeckt sind und erheblicher Spielraum für Steigerungen besteht, belegt beispielsweise die Bilanz der Sky Deutschland AG aus dem Jahr 2012: Hier betrug im Geschäftsjahr 2012 die Relation von „Goodwill zu Eigenkapital" insgesamt 1.521,76%[320]. Auch belegen verschiedene Untersuchungen, insbesondere die langfristigen empirischen Studien von *Küting*[321], dass die immense Bedeutung des derivativen Goodwill in den Bilanzen der Unternehmen ein langfristiges bilanzpolitisches Problem[322] darstellt.

---

319 Bilanzstichtag für sämtliche zu Grund liegenden Bilanzen: 31. Dezember 2014; Stichtag für die Erstellung der Übersicht: 18. August 2015.

320 Siehe hierzu den Geschäftsbericht der Sky Deutschland AG für das Jahr 2012, der einen Goodwill in Höhe von EUR 639,353 Mio. (vgl. S. 119 des Geschäftsberichts) ausweist bei einem Eigenkapital von EUR 42,014 Mio. (vgl. S. 149 des Geschäftsberichts). Im Folgejahr wurde die Eigenkapitaldecke etwas gestärkt, so dass die Relation von Goodwill zu Eigenkapital im Jahr 2014 „nur" noch 234,77% betrug (vgl. Geschäftsbericht für das Rumpfgeschäftsjahr 2014 der Sky Deutschland AG, S. 123 und 149). Siehe hierzu auch *Küting*, DStR 2013, 1796.

321 *Küting/Dürr*, StuB 2003, S. 1 ff.; *Küting*, AG 2000, S. 97 ff.; *Küting*, DB 2005, S. 2757 ff.; *Küting*, DStR 2006, S. 1665 ff.; *Küting*, DStR 2007, S. 2025 ff.; *Küting*, DStR 2008, S. 1795 ff.; *Küting*, DStR 2009, S. 1863 ff.; *Küting*, DStR 2010, S. 1855 ff.; *Küting*, DStR 2011, S. 1676 ff.; *Küting*, DStR 2012, S. 1932 ff.; *Küting*, DStR 2013, S. 1794 ff.

322 Siehe hierzu auch Fn. 314.

2. Teil - Originärer Goodwill

Nach der Bestandsaufnahme zum Begriff des Goodwill, seinen Bestandteilen und Charakteristika im ersten Teil erfolgt nun in im zweiten Teil eine genauere Betrachtung des originären Goodwill.

Hierzu werden in einem ersten Schritt verschiedene Ansätze zur quantitativen Ermittlung und betriebswirtschaftlichen Bewertung des Goodwill dargestellt (§ 4). Die Behandlung der Ermittlung und Bewertung des Goodwill in Zusammenhang mit dem originären Goodwill erscheint auf den ersten Blick verfrüht, da der (Geld-)Wert des Goodwill vornehmlich im Rahmen von Unternehmenstransaktionen (und damit in Form des derivativen Goodwill) erkennbar wird. Jedoch ist es gerade der originäre Goodwill, der zusammen mit dem Unternehmen vor einer Unternehmenstransaktion bewertet und bei der Kaufpreisbildung berücksichtigt wird. Die Bewertung des Unternehmens und des Goodwill sind der Unternehmenstransaktion stets vorgeschaltet und für die Kaufpreisfindung essentiell. Es ist daher zweckmäßig, die Frage der Bewertung des Goodwill bereits in Zusammenhang mit dem originären Goodwill darzustellen. In diesem Zusammenhang werden Methoden zur Unternehmensbewertung vorgestellt, die eine quantitative Erfassung des Goodwill ermöglichen sollen. Die dabei vorgestellten Methoden und Begrifflichkeiten bleiben in den nachfolgenden Kapiteln relevant[323], so dass hier bereits die begrifflichen Grundlagen geschaffen werden können.

In einem weiteren Schritt wird die bilanzielle Behandlung des originären Goodwill in verschiedenen Rechnungslegungssystemen dargestellt (§ 5). Dabei werden primär die handelsrechtlichen Bestimmungen zur Rechnungslegung und die *International Financial Reporting Standards* (IFRS) als Rechnungslegungssysteme herangezogen. Vereinzelt werden auch die *United States-Generally Accepted Accounting Principles* (US-GAAP) angesprochen. Die Auswahl dieser Rechnungslegungssysteme erfolgt dabei unter dem Gesichtspunkt der Relevanz für inländische (deutsche) Unternehmen. Inländische Unternehmen sind regelmäßig nach § 242 Abs. 1 HGB zur Rechnungslegung nach dem Handelsgesetzbuch verpflichtet. Daneben beanspruchen gem. § 315 a HGB auch die IFRS

---

323 Beispielsweise im Rahmen der Bilanzierung des Goodwill, bei der bilanziellen Folgebehandlung des derivativen Goodwill, bei der Berechnung von Ansprüchen aus Zugewinnausgleich etc.

Geltung für die Konzernrechnungslegung inländischer kapitalmarktorientierter Unternehmen[324]. Darüber hinaus haben sich die IFRS als globaler Rechnungslegungsstandard weitgehend durchgesetzt[325] und sind allein schon aus diesem Grund für die vorliegende Arbeit von Interesse.

Neben den IFRS sind im internationalen Umfeld für die Bilanzierung des Goodwill auch die US-GAAP von Bedeutung. Die US-GAAP und ihre bilanzielle Behandlung des Goodwill sind insbesondere in den 2000er Jahren durch Unternehmenstransaktionen mit enormen Transaktionsvolumina in das öffentliche Interesse gerückt[326]. Für inländische (deutsche) Unternehmen waren die US-GAAP beispielweise dann relevant, wenn die Aktien dieses Unternehmens durch ein sog. *Dual-Listing* an einer Börse im Inland und zugleich an der *New York Stock Exchange* notiert waren. Diese Relevanz ist allerdings in jüngerer Zeit erheblich gesunken: Am 21. Dezember 2007 hat die US-amerikanische Börsenaufsicht (*Securities and Exchange Commission, SEC*) eine endgültige Regelung zur Anerkennung von Abschlüssen nach IFRS veröffentlicht. Demnach dürfen ausländische Unternehmen, deren Anteile an einer US-Börse gehandelt werden, nunmehr ihre nach den IFRS erstellten Abschlüsse bei der SEC einreichen, wobei auch auf eine Überleitungsrechnung der IFRS-Werte zu den entsprechenden Wertansätzen nach US-GAAP verzichtet wird[327]. Damit ist die Erstellung einer Bilanz nach US-GAAP für deutsche Unternehmen hinfällig geworden. Darüber hinaus schwindet auch die internationale Bedeutung der US-GAAP zusehends, denn durch die fortgesetzten Bemühungen des *International Accounting Standards Board* (*IASB*) und des *Financial Accounting Standards Board* (*FASB*) als Standardsetzer um die Konvergenz[328] zwischen IFRS und US-GAAP sind die Unterschiede zwischen den beiden Rechnungslegungsstandards in den vergangenen Jahren zunehmend verringert worden. Daher ist es für Zwecke der

324 Nach § 325 Abs. 2a HGB können große Kapitalgesellschaften wahlweise auch ihren nach den IFRS erstellten Einzelabschluss im Bundesanzeiger veröffentlichen.

325 *Hayn/Waldersee*, IFRS/HGB im Vergleich, 8. Aufl. 2014, S. V, 7.

326 Einige besonders medienwirksame Unternehmenstransaktionen wurden unter § 3 III. genannt.

327 Vgl. hierzu SEC Release No. 33-8879, File No. S7-13-07: „Acceptance from Foreign Private Issuers of Financial Statements Prepared in Accordance with International Financial Reporting Standards without reconciliation to U.S. GAAP“ vom 21. Dezember 2007.

328 Hierzu *Bohl*, in: Beck'sches IFRS-Handbuch, 4. Aufl. 2013 (Vorauflage), § 1, Rdnr. 54 ff.; kritischer zum Fortschritt der Konvergenzbemühungen *Driesch*, in: Beck'sches IFRS-Handbuch, 5. Aufl. 2016, § 1, Rdnr. 53.

vorliegenden Arbeit angemessen, die Bestimmungen der US-GAAP nur kursorisch zu behandeln, um ggf. gleichlautende oder alternative Lösungswege zur bilanziellen Abbildung des Goodwill aufzuzeigen.

Den letzten Gliederungspunkt des zweiten Teils stellt schließlich die Behandlung des originären Goodwill im Steuerrecht dar (§ 6). Dabei wird neben der steuerbilanziellen Behandlung des originären Goodwill auch dessen Behandlung in einzelnen Steuergesetzen thematisiert.

§ 4 Ermittlung und Bewertung des Goodwill

Mit der Frage nach der bilanziellen Behandlung des Goodwill eng verknüpft und dieser vorgelagert ist die Frage nach der Ermittlung und Bewertung des Goodwill. Ohne eine quantitative Bemessung des Goodwill ist eine bilanzielle Abbildung schon nach den Grundsätzen ordnungsmäßiger Buchführung nicht möglich (vgl. §§ 240 Abs. 1, 243 Abs. 1 HGB). Im folgenden Abschnitt wird dargestellt, wie originärer und derivativer Goodwill betriebswirtschaftlich ermittelt und bewertet werden[329].

Im Rahmen der Bestandsaufnahme zum Goodwill wurde festgestellt, dass sich der Goodwill eines Unternehmens als Konglomerat bzw. Sammelbegriff individuell aus einzelnen Goodwill-Werten zusammensetzt. Der Wert des (gesamten) Goodwill wird daher durch die Ertragskraft der einzelnen Goodwill-Werte bestimmt[330]. Sofern einzelne Goodwill-Werte überhaupt identifizierbar sind, dürfte deren (Geld-)Wert in der Regel allerdings nicht isoliert bestimmbar sein (bspw. (Geld-)Wert der „guten Lage des Unternehmens", der „innerbetrieblichen Organisation", des „*Know-how* der Mitarbeiter"). Daher kann der Goodwill nach einhelliger Ansicht nur zusammen mit dem gesamten Unternehmen bewertet werden. Der Wert des (gesamten) Goodwill kann rechnerisch nur indirekt als Differenz zwischen dem Unternehmenswert[331]

---

329 Aufgrund der thematischen Nähe und um den systematischen Zusammenhang zu wahren, werden die Ermittlung und Bewertung des originären und derivativen Goodwill gemeinsam dargestellt; die Darstellung des derivativen Goodwill wird insoweit vorgezogen.

330 *Schmidt*, Rechnungslegung zur Zahlungsbemessung und Informationsvermittlung, 2007, S. 58.

331 Teilweise wird in der Literatur auch vom Unternehmens*ertrags*wert gesprochen, mit dem im Ergebnis jedoch auch der Gesamtwert des Unternehmens bezeichnet werden soll (vgl. *Winnefeld*, in: *Winnefeld*, Bilanz-Handbuch, 5. Aufl. 2015, Kap. N, Rdnr. 490).

und dem betriebswirtschaftlichen Substanzwert eines Unternehmens ermittelt werden[332]:

Goodwill = Unternehmenswert - Substanzwert

Insgesamt hat der Goodwill somit einen subjektiven, jedoch objektivierbaren Wert[333].

Die schlichte Gleichung führt vor Augen, dass der Wert des Goodwill als Residualgröße unmittelbar vom Unternehmens- und Substanzwert abhängt. Um zum Wert des Goodwill zu gelangen, ist somit zunächst das Unternehmen selbst und sodann seine Substanz zu bewerten. Dies gilt vor allem für die Bewertung des originären Goodwill. Im Falle des derivativen Goodwill liegt mit dem Kaufpreis bereits eine Bezugsgröße (der Marktpreis) vor, so dass der Unternehmenswert grds. nicht gesondert ermittelt werden muss.

Für die Ermittlung des Unternehmenswertes hilft der Blick in die Bilanz nicht weiter: Die Bilanz sagt aufgrund von Bilanzierungsverboten und Bilanzierungswahlrechten nur wenig über den tatsächlichen Wert eines Unternehmens aus und kann nur Hinweise zur Substanz des Unternehmens liefern. Die Zahlen in der Bilanz stellen keine absoluten Werte dar, denn auch die Ertragsüberschüsse ergeben sich aus Bilanzregeln[334]. Zudem baut die Bilanz auf dem Grundsatz der Einzelbewertung auf (vgl. § 252 Abs. 1 Nr. 3 HGB). Daher kann sie auch nicht das organische (ggf. wertsteigernde) Zusammenwirken der einzelnen Vermögenswerte erfassen[335]. Der Wert eines Unternehmens ergibt sich gerade auch nicht aus der Addition der einzelnen Vermögensgegenstände[336]. Denn der Markt schätzt den Wert eines Unternehmens nicht nach der Summe seiner Gegenstände. „*Das Ganze ist mehr als die Summe seiner Teile*“[337]. Zur Ermittlung des Unternehmenswertes sowie der Höhe des immateriellen Vermögens

332 Statt vieler *Sigloch/Keller/Meffert*, in: *Michalski/Heidinger/Leible/J. Schmidt*, GmbHG, 3. Aufl. 2017, Anh. §§ 41-42a GmbHG, Rdnr. 648; vgl. auch hierzu und zum Folgenden: *Schmidt*, Rechnungslegung zur Zahlungsbemessung und Informationsvermittlung, 2007, S. 41, 58. Diese Berechnung des Goodwill entspricht im Grundsatz der sog. indirekten Methode, die nachfolgend unter § 4 III. 1. näher beschrieben wird.

333 *Schmidt*, Rechnungslegung zur Zahlungsbemessung und Informationsvermittlung, 2007, S. 58.

334 *Großfeld*, Unternehmens- und Anteilsbewertung, 4. Aufl. 2002, S. 15, 50, 81.

335 Hierzu auch *Arnold*, Bilanzierung des Geschäfts- oder Firmenwerts, 1997, S. 90.

336 Vgl. *IDW* S 1 (2008), Stand: Juli 2016, Rdnr. 18.

337 *Großfeld/Egger/Tönnes*, Unternehmensbewertung, 8. Aufl. 2016, Rdnr. 319; *Großfeld*, Unternehmens- und Anteilsbewertung, 4. Aufl. 2002, S. 56.

kann daher nicht allein auf substanzwertorientierte Einzelbewertungsverfahren zurückgegriffen werden. Vielmehr ist eine risikobehaftete, ertragsabhängige Gesamtbewertung des Unternehmens erforderlich[338].

I. Methoden zur Berechnung des Unternehmenswertes

Für die Berechnung des Unternehmenswertes stellt die Betriebswirtschaftslehre eine Vielzahl möglicher Berechnungsmethoden zur Verfügung. Die Methoden unterscheiden sich in vielfältiger Weise im Hinblick auf den jeweiligen Anknüpfungspunkt zur Wertermittlung (bspw. Zahlungsströme, Vermögenswerte etc.), Annahmen zur Unternehmensentwicklung, Berücksichtigung von Steuern etc. Diese verschiedenen Variablen verdeutlichen, dass die Frage, welche Bewertungsmethode heranzuziehen und nutzbar zu machen ist, im Einzelfall beantwortet werden muss und sich nach dem jeweiligen Bewertungsanlass und Bewertungszweck richtet[339]. Die Anlässe für Unternehmensbewertungen können sich aus dem Gesetz ergeben oder vertraglich motiviert sein[340]. Eine grobe Einteilung kann nach dem Vorliegen des Merkmals „Änderung der Eigentumsverhältnisse“[341] vorgenommen werden: Unternehmensbewertungen können durch den freiwilligen[342] oder unfreiwilligen[343] Wechsel der Gesellschafter oder

338 *Schmidt*, Rechnungslegung zur Zahlungsbemessung und Informationsvermittlung, 2007, S. 50.

339 *Hopt*, in: *Baumbach/Hopt*, HGB, 38. Aufl. 2018, Einl. vor § 1 HGB, Rdnr. 35; *Keim/Jeromin*, in: *Hölters*, Unternehmenskauf, 8. Aufl. 2015, Teil 2, Rdnr. 2.28.

340 Mit einer Aufstellung typischer Bewertungsanlässe: *Thommen/Achleitner/Gilbert/Hachmeister/Kaiser*, Allgemeine Betriebswirtschaftslehre, 8. Aufl. 2017, S. 356.

341 So beispielsweise *Wöhe/Döring/Brösel*, Allgemeine Betriebswirtschaftslehre, 26. Aufl. 2016, S. 511; *Moser*, Bewertung immaterieller Vermögenswerte, 2. Aufl. 2017, S. 1 f.; *Keim/Jeromin*, in: *Hölters*, Unternehmenskauf, 8. Aufl. 2015, Teil 2, Rdnr. 2.21.

342 Exemplarisch zu nennen sind hier Unternehmensbewertungen zur Bemessung des Kaufpreises für ein Unternehmen, des Abfindungsanspruchs aus § 738 Abs. 1 S. 2 BGB beim Ausscheiden eines Gesellschafters, des Umtauschverhältnisses im Rahmen von Verschmelzungen (oder anderen Formen der Umwandlung) oder der Einlage bei Eintritt eines neuen Gesellschafters.

343 Zu denken ist bspw. an Bewertungen in Zusammenhang mit der Einziehung von Geschäftsanteilen (§ 34 GmbHG), dem übernahmerechtlichen bzw. aktienrechtlichen *Squeeze-out* (§§ 327a ff. AktG), Spruchverfahren, Erbauseinandersetzungen, Enteignung nach Art. 14 Abs. 3 GG etc.

Aktionäre[344] veranlasst werden, oder aber ohne einen Gesellschafterwechsel durch andere Umstände erforderlich werden[345].

Bei der Bewertung des Goodwill ist indes nicht nur der Bewertungsanlass von Bedeutung. Zusätzlich sind die Besonderheiten und Charakteristika dieses speziellen Untersuchungsgegenstandes zu berücksichtigen. Für den Goodwill ist der Kreis der möglichen Bewertungsmethoden daher enger zu ziehen und auf solche Verfahren zu beschränken, die den Goodwill und seine Eigenschaften berücksichtigen und im Hinblick auf den Wert zutreffend erfassen können.

Im ersten Teil der Bearbeitung konnten bereits einige Merkmale des Goodwill festgestellt werden, die als „allgemeingültig" betrachtet werden können[346]:

- Mehrwert gegenüber der Substanzwert des Unternehmens
- Ausdruck einer positiven Zukunftserwartung an das Unternehmen und daher auf Fortführung des Unternehmens gerichtet (*going concern*)
- immaterieller Gesamtvermögensgegenstand/Gesamtwirtschaftsgut bestehend aus vermögenwerten „Bestandteilen" oder „Vorteilen"
- nicht in anderen Vermögensgegenständen/Wirtschaftsgütern verkörpert
- unmittelbar und untrennbar mit dem (lebenden) Unternehmen verbunden
- nur zusammen mit dem Unternehmen übertragbar.

Diese Merkmale lassen erkennen, dass es geeignete und ungeeignete Verfahren zur Bewertung des Goodwill gibt.

Ungeeignet sind Verfahren, die lediglich einzelne Vermögensbestandteile und nicht das Unternehmen als Ganzes berücksichtigen. Für die Erfassung des vollen Unternehmenswertes einschließlich des Goodwill scheiden (substanzwertorientierte) Einzelbewertungsverfahren damit aus.

Ungeeignet sind auch Verfahren, denen gedanklich die Zerschlagung des Unternehmens oder dessen Liquidation zu Grunde liegt. Das ist beispielsweise

---

344 Beispielsweise bei Börsengängen (*IPO*) oder umgekehrt dem Rückzug von der Börse (*going private*).

345 Beispielsweise ist zu denken an Unternehmensbewertungen in Zusammenhang mit Liquidationen oder Sanierungsgutachten, Kreditwürdigkeitsprüfungen, Erfolgsvergütungen des Managements, Gewährleistungsansprüche nach Unternehmensakquisitionen, Zugewinnausgleich und Pflichtteilsansprüchen, Beherrschungs- oder Gewinnabführungsverträgen (vgl. §§ 291 ff., 304, 305 AktG), zur Ermittlung von Besteuerungsgrundlagen, als Bestandteil der Rechnungslegung (bspw. im Rahmen von *purchase price allocation*, *impairment test*) etc.

346 Die folgende Zusammenstellung beruht auf einer Gesamtschau bisher gewonnener Merkmale.

bei dem Liquidationswertverfahren[347] der Fall. Denn mit dem (positiven) Goodwill wird vor allem eine positive Zukunftserwartung verbunden. Dem Goodwill liegt mithin die Erwartung zu Grunde, dass sich die Geschäftstätigkeit des Unternehmens weiterhin vorteilhaft entwickelt, zumindest aber dass die Geschäftstätigkeit nicht eingestellt wird und das Unternehmen als Einheit erhalten bleibt (*going concern*-Annahme, vgl. auch § 252 Abs. 1 Nr. 2 HGB). Nur unter der Fortführungsannahme kann der volle Goodwill erfasst werden[348]. Das Liquidationsverfahren stellt jedoch die Verwertbarkeit einzelner Vermögenswerte (mehr oder minder im Notverkauf und „unter Druck") in den Vordergrund und kann gerade nicht das in die Zukunft gerichtete Potential des Goodwill berücksichtigen und erfassen[349].

Ebenso ungeeignet sind Verfahren, die eine andere Zwecksetzung verfolgen als die Ermittlung des „wahren" Unternehmenswertes. Das ist beispielsweise bei solchen Verfahren der Fall, die primär zur Wertermittlung für steuerliche Zwecke dienen[350].

---

347 Zur Ermittlung des Liquidationswertes werden die einzelveräußerbaren Güter mit ihren Einzelzerschlagungswerten, die Schulden mit ihren Ablösebeträgen angesetzt und die derart entstandenen Summen saldiert (*Ballwieser/Hachmeister*, Unternehmensbewertung, 5. Aufl. 2016, S. 203) Der Liquidationswert berücksichtigt dabei weder den originären Goodwill noch einzelne Goodwill-Werte (siehe hierzu auch *Großfeld*, Unternehmens- und Anteilsbewertung, 4. Aufl. 2002, S. 204, 262).

348 *Großfeld*, Unternehmens- und Anteilsbewertung, 4. Aufl. 2002, S. 5.

349 Auf den Liquidationswert wäre jedenfalls dann abzustellen, wenn dieser den Fortführungswert übersteigt (vgl. *IDW* S 1 (2008), Stand: Juli 2016, Rdnr. 150). Das dürfte allerdings nur bei ertragsschwachen Unternehmen der Fall sein, die dann allerdings auch keinen (positiven) Goodwill mehr haben dürften.

350 Zu denken ist hier beispielsweise an das sog. „Stuttgarter Verfahren" das in Vermögensteuer- und Erbschaftssteuerrichtlinien verankert war und auch bei der Bewertung nichtnotierter Anteile an Kapitalgesellschaften zur Anwendung kam (vgl. *Ballwieser/Hachmeister*, Unternehmensbewertung, 5. Aufl. 2016, S. 207). Das Stuttgarter Verfahren ist nach wie vor in zahlreichen Satzungen und Gesellschaftsverträgen zur Regelung von Abfindungsansprüchen enthalten; dennoch ist es für die Ermittlung des Goodwill ungeeignet, da es sich im Wesentlichen auf steuerliche Buchwerte stützt und die Ertragsdauer des Unternehmens zeitlich auf fünf Jahre limitiert (vgl. *Schindler*, in: *Ziemons/Jaeger*, BeckOK-GmbHG, 34. Ed. 2018 (Stand: 01.02.2018), § 34 GmbHG, Rdnr. 85; *Großfeld*, Unternehmens- und Anteilsbewertung, 4. Aufl. 2002, S. 52, 53; *Großfeld/Egger/Tönnes*, Unternehmensbewertung, 8. Aufl. 2016, Rdnr. 327). Dem Wert des Goodwill wird diese zeitliche Beschränkung allenfalls im Einzelfall und eher zufällig gerecht.

Im Ergebnis sind nur solche Verfahren zur Bestimmung des Goodwill geeignet, die die zukünftigen finanziellen Überschüsse bei Fortführung des Unternehmens abbilden können (sog. Zukunftserfolgswert). Der Unternehmenswert als Zukunftserfolgswert resultiert aus dem Barwert der finanziellen Überschüsse, die bei Fortführung des Unternehmens und Veräußerung etwaigen nicht betriebsnotwendigen Vermögens erwirtschaftet werden[351]. Bei der Berechnung des Zukunftserfolgswerts wird von der Fortführung des Unternehmens auf Grundlage des bestehenden Unternehmenskonzepts und vom Fortbestehen der zum Bewertungszeitpunkt vorhandenen materiellen Substanz, Innovationskraft, Stellung am Markt, inneren Organisationsstruktur etc. ausgegangen. Damit werden die für den Goodwill als wesentlich identifizierten Goodwill-Werte berücksichtigt.

Der Zukunftserfolgswert kann durch die in der Praxis weit verbreiteten[352] Ertragswertverfahren und *discounted cash-flow*-Verfahren abgebildet werden[353]. Beide Verfahren beruhen als Gesamtbewertungsverfahren[354] auf der gleichen konzeptionellen Grundlage[355] und haben damit gemein, dass sie den Barwert der zukünftigen finanziellen Überschüsse ermitteln und abbilden wollen. Das Ertragswertverfahren zieht hierfür die nachhaltig erwartbaren künftigen Erträge des Unternehmens heran. Das *discounted cash-flow*-Verfahren legt den Fokus hingegen auf Zahlungsströme und die zukünftige Zahlungsüberschüsse[356]. Beide Verfahren kommen theoretisch zu gleichen Unternehmenswerten, soweit die gleichen Bewertungsannahmen und –vereinfachungen getroffen werden und damit die gleichen Nettoüberschüsse unterstellt werden[357]. Unterschiede zwischen den beiden Verfahren ergeben sich in der Praxis insbesondere

351 *IDW* S 1 (2008), Stand: Juli 2016, Rdnr. 5, 85 f.

352 *Diem*, Akquisitionsfinanzierungen, 3. Aufl. 2013, § 2, Rdnr. 10; *Schindler*, in: *Ziemons/Jaeger*, BeckOK-GmbHG, 34. Ed. 2018 (Stand: 01.02.2018), § 34 GmbHG, Rdnr. 83; *Hopt*, in: *Baumbach/Hopt*, HGB, 38. Aufl. 2018, Einl. vor § 1 HGB, Rdnr. 36; *IDW* S 1 (2008), Stand: Juli 2016, Rdnr. 7; die beiden Verfahren werden bei Unternehmenskäufen in der Praxis häufig parallel angewandt, um die Bandbreite des zu verhandelnden Kaufpreises ermitteln zu können (*Großfeld*, Unternehmens- und Anteilsbewertung, 4. Aufl. 2002, S. 48).

353 *Großfeld/Egger/Tönnes*, Unternehmensbewertung, 8. Aufl. 2016, Rdnr. 333.

354 *Ballwieser/Hachmeister*, Unternehmensbewertung, 5. Aufl. 2016, S. 8.

355 *IDW* S 1 (2008), Stand: Juli 2016, Rdnr. 101; *Schindler*, in: *Beisel/Klumpp*, Unternehmenskauf, 7. Aufl. 2016, § 3, Rdnr. 79.

356 *Fastrich*, in: *Baumbach/Hueck*, GmbHG, 21. Aufl. 2017, § 34 GmbHG, Rdnr. 23.

357 Vgl. *Großfeld/Egger/Tönnes*, Unternehmensbewertung, 8. Aufl. 2016, Rdnr. 305.

durch unterschiedliche Annahmen zur Kapitalstruktur, zu Plandaten und zu Risikozuschlägen[358].

II. Geeignete Verfahren zur Berücksichtigung des Goodwill

Nachfolgend wird die Vorgehensweise bei den in der Praxis wichtigen Ertragswert- und *discounted cash-flow*-Verfahren skizziert. Zu beiden Verfahren wurden Varianten mit unterschiedlichen Ausprägungen entwickelt. Im Folgenden werden die in der Praxis „gängigsten“ Ansätze dargestellt.

Zusätzlich liefert das Substanzwertverfahren für die Ermittlung der Wertuntergrenze des Unternehmens oder unterstützend für die ertragsorientierten Verfahren wichtige Anhaltspunkte. Schließlich bestehen verschiedene Kombinationsverfahren, die den Ertrags- und Substanzwert unterschiedlich stark in die Bewertung einfließen lassen.

1. Ertragswertverfahren

Das Ertragswertverfahren ist in Literatur und Rechtsprechung gleichermaßen anerkannt[359] und wird in der Praxis entsprechend oft zur Anwendung gebracht[360].

Der dafür namensgebende Ertragswert eines Unternehmens ist Ausdruck der auf den Bewertungsstichtag abgezinsten, zukünftigen Überschüsse der Erträge über die Aufwendungen. Anders ausgedrückt gibt der Ertragswert Auskunft darüber, welcher Betrag (der Ertragsüberschuss) aus dem Unternehmen „herausgeholt“ werden kann, ohne den Bestand der erfolgsbildenden Substanz zu gefährden[361]. Die Abzinsung auf den Zeitpunkt des Bewertungsstichtags dient insbesondere dazu, die Vergleichbarkeit zu einer alternativen Investition herzustellen[362].

---

358 *Großfeld*, Unternehmens- und Anteilsbewertung, 4. Aufl. 2002, S. 46, 152.

359 Hierzu und mit entsprechenden Nachweisen zu Rechtsprechung und Literaturquellen: *Fastrich*, in: *Baumbach/Hueck*, GmbHG, 21. Aufl. 2017, § 34 GmbHG, Rdnr. 23.

360 *Schindler*, in: *Beisel/Klumpp*, Unternehmenskauf, 7. Aufl. 2016, § 3, Rdnr. 18, 33; *Winnefeld*, in: *Winnefeld*, Bilanz-Handbuch, 5. Aufl. 2015, Kap. N, Rdnr. 481.

361 *Thommen/Achleitner/Gilbert/Hachmeister/Kaiser*, Allgemeine Betriebswirtschaftslehre, 8. Aufl. 2017, S. 358.

362 *Hopt*, in: *Baumbach/Hopt*, HGB, 38. Aufl. 2018, Einl. vor § 1 HGB, Rdnr. 36; *Penzlin*, NZG 2000, S. 466; *Schindler*, in: *Beisel/Klumpp*, Unternehmenskauf, 7. Aufl. 2016, § 3, Rdnr. 60.

Konkret geht das Ertragswertverfahren bei der Wertermittlung folgendermaßen vor[363]: Ausgangspunkt für die Berechnung der zukünftigen finanziellen Überschüsse des Unternehmens sind die bereinigten[364] handelsrechtlichen Ergebnisse des betriebsnotwendigen Vermögens der Vergangenheit[365]. Die zukünftigen Erträge und Aufwendungen werden auf Grundlage der bisherigen Gewinn- und Verlustrechnungen für nähere und fernere Zeiträume[366] in der Zukunft geplant. Basis für die Berechnung sind die prognostizierten Umsatzerlöse des Unternehmens, für die auf die Umsatzplanung des Unternehmens zurückgegriffen werden kann[367]. Von den Umsatzerlösen wiederum sind die prognostizierten Aufwendungen[368] und Abschreibungen[369] abzusetzen und sonstige Erträge hinzuzurechnen (operatives Ergebnis vor Steuern und Zinsen). Hinzuzurechnen sind auch in- und ausländische Beteiligungserträge (Ergebnis vor Steuern und Zinsen). Das Ergebnis vor Steuern ergibt sich nach Berücksichtigung von Zinserträgen und Zinsausaufwand.

---

363 Zum folgenden Vorgehen ausführlich: *IDW* S 1 (2008), Stand: Juli 2016, Rdnr. 102 - 123.

364 Die Vergangenheitserfolgsrechnung ist bspw. um solche Tatbestände zu bereinigen, die nicht das betriebsnotwendige Vermögen oder andere Rechnungsperioden betreffen oder durch die Ausübung von Bilanzierungswahlrechten ausgelöst wurden (vgl. *IDW* S 1 (2008), Stand: Juli 2016, Rdnr. 103; *Schindler*, in: *Beisel/Klumpp*, Unternehmenskauf, 7. Aufl. 2016, § 3, Rdnr. 37 ff.).

365 Vgl. *IDW* S 1 (2008), Stand: Juli 2016, Rdnr. 73 f.; *Schindler*, in: *Beisel/Klumpp*, Unternehmenskauf, 7. Aufl. 2016, § 3, Rdnr. 35.

366 Typischerweise wird für den Planungshorizont ein Zweiphasen-Modell erstellt: Die erste Phase (Detailplanungsphase) erfasst einen Zeitraum für die auf den Bewertungsstichtag folgenden drei bis fünf Jahre. Dieser Zeitraum ist in der Regel bereits in der Unternehmensplanung (*cash-forecast* etc.) entsprechend detailliert abgebildet, so dass dieser Grundlage eine gewisse Planungssicherheit unterstellt werden kann. Dementsprechend wird hier jedes Geschäftsjahr einzeln abgebildet. Die zweite Phase erfasst den sich daran anschließenden Zeitraum, der bereits von starker Unsicherheit gekennzeichnet ist. Entsprechend überschlägig sind die Annahmen zu den künftigen Erträgen. Vereinfachend werden die Geschäftsjahre, die in diesen Zeitraum fallen, gleich behandelt und als Barwert einer ewigen Rente abgebildet. Vgl. hierzu *IDW* S 1 (2008), Stand: Juli 2016, Rdnr. 75 ff.; *Großfeld*, Unternehmens- und Anteilsbewertung, 4. Aufl. 2002, S. 110 ff.

367 *IDW* S 1 (2008), Stand: Juli 2016, Rdnr. 106.

368 Hier sind alle Formen von Aufwendungen zu berücksichtigen, insbesondere Materialaufwand, Personalaufwand, Zinsaufwand, Aufwendungen für Pensionen etc.

369 Insbesondere ist hier an lineare und außergewöhnliche Abschreibungen, Sonderabschreibungen und Abschreibungen auf Finanzanalagen und Beteiligungen zu denken.

In einem nächsten Schritt sind die Unternehmenssteuern (Köperschaftsteuer, Gewerbesteuer) abzusetzen und ein etwaiger Verlustvortrag auszugleichen. Der so ermittelte Betrag stellt den Ausschüttungsbetrag dar, der nun noch um die Ertragsteuerbelastung der Gesellschafter zu kürzen ist[370].

In einem weiteren Schritt wird der verbleibende Betrag auf den Bewertungsstichtag abgezinst. Der dabei zur Anwendung kommende Kapitalisierungszinssatz setzt sich aus einem Basiszinssatz und einem Risikozuschlag zusammen[371]. Der Basiszinssatz entspricht dem Zinssatz einer „quasi-risikofreien" alternativen Anlage mit äquivalenter Laufzeit am Kapitalmarkt. In der Praxis werden hierfür langfristige öffentliche Anleihen[372], insbesondere Staatsanleihen erstklassig bewerteter Staaten als Referenz herangezogen. Mit dem Risikozuschlag[373] wird die Ungewissheit der (Unternehmens-)Zukunft berücksichtigt[374]. Im Kapitalisierungszinssatz werden auch die persönlichen Ertragsteuern mit einem typisierten Zinssatz (Abgeltungsteuer) der Anteilseigner berücksichtigt[375].

---

370 Siehe hierzu auch *Großfeld*, Unternehmens- und Anteilsbewertung, 4. Aufl. 2002, S. 158; *Hopt*, in: *Baumbach/Hopt*, HGB, 38. Aufl. 2018, Einl. vor § 1 HGB, Rdnr. 36.

371 *Hopt*, in: *Baumbach/Hopt*, HGB, 38. Aufl. 2018, Einl. vor § 1 HGB, Rdnr. 36, 37; siehe hierzu auch *Wöhe/Döring/Brösel*, Allgemeine Betriebswirtschaftslehre, 26. Aufl. 2016, S. 520.

372 *IDW* S 1 (2008), Stand: Juli 2016, Rdnr. 116.

373 Die Bemessung des Risikozuschlags richtet sich nach dem zu bewertenden Unternehmen, dessen Branche Marktentwicklung etc. In der Rechtsprechungspraxis kommen häufig Risikozuschläge von 0,5%-Punkten bis 2,0%-Punkten vor (*Schindler*, in: *Beisel/Klumpp*, Unternehmenskauf, 7. Aufl. 2016, § 3, Rdnr. 67). Mit einer Aufstellung von Zinssätzen der Rechtsprechungspraxis: *Ballwieser/Hachmeister*, Unternehmensbewertung, 4. Aufl. 2013 (Vorauflage), S. 130 ff.

374 *IDW* S 1 (2008), Stand: Juli 2016, Rdnr. 88.

375 Die Risikozuschläge werden bei börsennotierten Unternehmen zumeist mit Hilfe von formellen Kapitalpreisbindungsmodellen (*capital asset pricing model, CAPM*) ermittelt (vgl. hierzu bspw. *Großfeld*, Unternehmens- und Anteilsbewertung, 4. Aufl. 2002, S. 134; *IDW* S 1 (2008), Stand: Juli 2016, Rdnr. 118 ff.). Das *CAPM* selbst zieht die Ertragsteuern der Anteilseigner nicht ins Kalkül; diese werden mit einer Erweiterung des *CAPM*, dem sog. *Tax-CAPM* berücksichtigt (siehe hierzu *Ballwieser/Hachmeister*, Unternehmensbewertung, 5. Aufl. 2016, S. 131 f.).

In einem letzten Schritt wird schließlich der Wert des nicht betriebsnotwendigen Vermögens[376] hinzugerechnet[377]. Der so ermittelte Wert stellt den Unternehmenswert dar.

Gerade der Kapitalisierungszinssatz (und insbesondere der darin enthaltene Risikozuschlag) ist eine der wichtigsten Stellschrauben für die Bewertung eines Unternehmens und damit des Goodwill: Je höher der Kapitalisierungszinssatz angesetzt wird, desto geringer ist der Unternehmenswert. Dementsprechend hat jegliche (auch minimale) Veränderung des Kapitalisierungszinssatzes unmittelbare Konsequenzen für den Goodwill als Residualgröße. Umgekehrt gilt natürlich auch, dass gerade dann geringere Risikoabschläge erforderlich sind, wenn das Unternehmen durch „stabile" Goodwill-Werte gekennzeichnet ist und angenommen werden kann, dass diese dem Unternehmen voraussichtlich längerfristig erhalten bleiben werden. Daher hat ein „starker" Goodwill seinerseits Einfluss auf die Höhe des Risikozinssatzes.

Der mit dem Ertragswertverfahren ermittelte Unternehmenswert beinhaltet auch den Goodwill. Ein gesonderter Wert für den Goodwill kann mit der isolierten Anwendung des Ertragswertverfahrens allerdings nicht ermittelt werden.

2. Discounted cash-flow-*Verfahren*

Mit dem *discounted cash-flow*-Verfahren (*DCF*-Verfahren) steht insbesondere für kapitalmarktorientierte Unternehmen[378] ein alternatives Verfahren zur Bewertung des gesamten Unternehmens zur Verfügung. Das *DCF*-Verfahren knüpft an Einnahmenüberschüsse des Unternehmens an. Indem es auf die erwarteten Zahlungen an die Kapitalgeber abstellt, legt das *DCF*-Verfahren den Fokus auf die jederzeit im Unternehmen verfügbare Liquidität. Durch die

376 Das nicht betriebsnotwendige (neutrale) Vermögen umfasst solche Vermögensgegenstände, die frei veräußert oder verwendet werden können, ohne dass davon der eigentliche Unternehmenszweck berührt wird (vgl. *IDW* S 1 (2008), Stand: Juli 2016, Rdnr. 59). Diese beeinflussen die Überschüsse des Unternehmens nicht oder nicht wesentlich, ihr Verkaufserlös ist daher höher als ihr Beitrag zum Überschusswert. In der Folge sind diese bei dem Überschusswert „herauszurechnen" (vgl. *Großfeld*, Unternehmens- und Anteilsbewertung, 4. Aufl. 2002, S. 168).

377 *Großfeld*, Unternehmens- und Anteilsbewertung, 4. Aufl. 2002, S. 152.

378 Vgl. *Schindler*, in: *Beisel/Klumpp*, Unternehmenskauf, 7. Aufl. 2016, § 3, Rdnr. 33. Die Anwendung des *DCF*-Verfahrens erfordert eine sehr detaillierte Datenbasis, die bei kleinen und mittleren Unternehmen in der Regel faktisch nicht vorliegt. Das *DCF*-Verfahren findet daher meist nur bei großen bzw. kapitalmarktorientierten Unternehmen Anwendung.

Anknüpfung an objektiv feststellbare Vorgänge wie effektive Geldzuflüsse und Geldabflüsse (*cash-flows*) werden subjektive Erwägungen bei Abschreibungen, Zuschreibungen und Rückstellungen von vornherein ausgeschaltet. Der *cash-flow* zeigt damit objektiv die Fähigkeit des Unternehmens, Geldmittel zu erarbeiten, um Eigen- und Fremdkapital jederzeit zu bedienen und somit seinen Fortbestand zu sichern[379].

Bei dem *DCF*-Verfahren wurden verschiedene Varianten[380] entwickelt, die den *cash-flow* teilweise unterschiedlich definieren, im Wesentlichen aber zum selben Ergebnis kommen. In der Praxis am häufigsten angewandt wird eine Variante, die den auf die Anteilseigner entfallenden Wert des Eigenkapitals indirekt ermittelt und auf einem Konzept der gewogenen Kapitalkosten aufbaut (sog. *weighted average cost of capital*-Ansatz, *WACC*-Ansatz)[381].

Bei dem *DCF*-Verfahren mit dem *WACC*-Ansatz werden als *cash-flow* die nominellen finanziellen Überschüsse angesetzt, die allen Kapitalgebern zur Verfügung stehen (*entity*-Methode). Der Marktwert des Eigenkapitals wird indirekt als Differenz aus einem Gesamtkapitalwert und dem Marktwert des Fremdkapitals ermittelt[382].

Konkret wird folgendes Schema zur Wertermittlung angewandt[383]: In einem ersten Schritt werden für eine erste, detaillierte Planungsphase von etwa drei bis fünf Jahren die dem Unternehmen entziehbaren *cash-flows* bei fingierter Eigenfinanzierung ermittelt. Dazu werden vom handelsrechtlichen Jahresergebnis zunächst die Unternehmenssteuern abgesetzt und dieses sodann um die Fremdkapitalkosten bereinigt, indem die Fremdkapitalzinsen hinzugerechnet und korrespondierend die Unternehmensteuerersparnis aufgrund der Abzugsfähigkeit der Fremdkapitalzinsen abgesetzt wird (sog. Brutto-Methode). Dann werden Abschreibungen und andere zahlungsunwirksame Aufwendungen hinzugerechnet. Zahlungsunwirksame Erträge und Investitionsauszahlungen werden demgegenüber abgesetzt. Aus der Hinzurechnung der Verminderung, bzw.

---

379 Zum Vorstehenden *Großfeld*, Unternehmens- und Anteilsbewertung, 4. Aufl. 2002, S. 40, 46, 159, 160. Für den Konzernabschluss ist eine Kapitalflussrechnung gem. § 297 Abs. 1 S. 1 HGB verpflichtend; gleiches gilt auch nach IFRS und US-GAAP.

380 Mit einer Übersicht hierzu: *Ballwieser/Hachmeister*, Unternehmensbewertung, 5. Aufl. 2016, S. 137.

381 *Großfeld*, Unternehmens- und Anteilsbewertung, 4. Aufl. 2002, S. 48, 161.

382 *Schindler*, in: *Beisel/Klumpp*, Unternehmenskauf, 7. Aufl. 2016, § 3, Rdnr. 79.

383 Zum folgenden Vorgehen ausführlich: *IDW* S 1 (2008), Stand: Juli 2016, Rdnr. 124 - 139; *Wöhe/Döring/Brösel*, Allgemeine Betriebswirtschaftslehre, 26. Aufl. 2016, S. 515 ff.

Absetzung der Erhöhung des Nettoumlaufvermögens ergibt sich schließlich der sog. *free cash-flow*. Unter dem *free cash-flow* sind die finanziellen Überschüsse zu verstehen, die, unter Berücksichtigung der gesellschaftsrechtlichen Grenzen für Ausschüttungen, allen Kapitalgebern des Unternehmens zur Verfügung stehen[384]. Für eine zweite Planungsphase, die zukünftige Zeiträume erfasst, wird ein Residualwert angesetzt. Der Residualwert wird entweder unter der Annahme der Fortführung (als ewige Rente) des Unternehmens oder unter der Annahme der Veräußerung ermittelt, wobei der höhere Wert maßgeblich ist[385].

In einem zweiten Schritt werden nach dem *WACC*-Ansatz die *free cash-flows* und der Residualwert gemeinsam mit den gewogenen Kapitalkosten[386] diskontiert. Dem so ermittelten Gesamtkapitalwert wird noch der Wert des nicht betriebsnotwendigen Vermögens hinzugerechnet[387]. Die Summe ergibt den Unternehmensgesamtwert.

In einem dritten und letzten Schritt wird der Wert des Unternehmens (als Eigenkapitalwert) indirekt ermittelt, indem der Unternehmensgesamtwert um den Wert des Fremdkapitals reduziert wird[388].

Die vorstehende Skizzierung des *DCF*-Verfahrens macht deutlich, dass für die direkte Berücksichtigung des Goodwill als Vermögenswert zwischen den Zahlungsströmen kein Platz ist. Entscheidend für den Goodwill ist auch nach dieser Bewertungsmethode der Kapitalisierungszinssatz. Je höher dieser angesetzt wird, desto weniger Spielraum bleibt für den Goodwill als Residualgröße. Die Überlegungen zur Risikoprämie bei dem Ertragswertverfahren können auf

384 *Schindler*, in: *Beisel/Klumpp*, Unternehmenskauf, 7. Aufl. 2016, § 3, Rdnr. 81; *IDW* S 1 (2008), Stand: Juli 2016, Rdnr. 127.

385 *IDW* S 1 (2008), Stand: Juli 2016, Rdnr. 125, 129.

386 Für den *WACC*-Ansatz ist die Ermittlung und Berücksichtigung der gewogenen Kapitalkosten der entscheidende Schritt. In die gewogenen Kapitalkosten fließen die Eigenkapitalkosten (bestehend aus Basiszinssatz und Risikoprämie) und Fremdkapitalkosten (durchschnittlicher Zinssatz) ein, für den Kapitalisierungszinssatz wird damit auf die Rendite des Gesamtkapitals abgestellt (Bruttokapitalisierung). Berücksichtigt wird neben dem quantitativen Verhältnis von Eigen- und Fremdkapital auch die Ertragsteuerbelastung der Unternehmenseigner (*Großfeld*, Unternehmens- und Anteilsbewertung, 4. Aufl. 2002, S. 48, 140, 160, 164; *IDW* S 1 (2008), Stand: Juli 2016, Rdnr. 133 f.).

387 *Schindler*, in: *Beisel/Klumpp*, Unternehmenskauf, 7. Aufl. 2016, § 3, Rdnr. 84.

388 So auch im Ergebnis, jedoch mit einem zweistufigen Ansatz: *Thommen/Achleitner/Gilbert/Hachmeister/Kaiser*, Allgemeine Betriebswirtschaftslehre, 8. Aufl. 2017, S. 360; *Schindler*, in: *Beisel/Klumpp*, Unternehmenskauf, 7. Aufl. 2016, § 3, Rdnr. 86.

das *DCF*-Verfahren entsprechend übertragen werden: Das Vorliegen „stabiler" Goodwill-Werte, die dem Unternehmen voraussichtlich längerfristig erhalten bleiben, kann im Wege reduzierter Risikoabschläge berücksichtigt werden.

Auch das *DCF*-Verfahren kann im Ergebnis keine direkten Informationen über das Vorliegen und die Höhe eines Goodwill vermitteln. Bei Vorliegen eines Goodwill kann allerdings angenommen werden, dass die an das Unternehmen geleisteten Zahlungen zumindest durch den Goodwill (mit-)veranlasst wurden.

3. *Substanzwertverfahren*

Eine in der Praxis weit verbreitete Möglichkeit der Unternehmensbewertung stellt das Substanzwertverfahren dar. Als Einzelbewertungsverfahren zielt das Substanzwertverfahren darauf ab, den Unternehmenswert als Summe der einzelnen Vermögensgegenstände abzüglich der Schulden zu ermitteln[389]. Durch den Substanzwert kann ein potentieller Käufer Hinweise darüber erhalten, mit welchen Kosten er zu rechnen hätte, würde er selbst ein identisches Unternehmen errichten[390]. Der Substanzwert ist damit, anders ausgedrückt, der Gebrauchswert der betrieblichen Substanz des Unternehmens und stellt den Rekonstruktions- oder Wiederbeschaffungswert aller im Unternehmen vorhandenen materiellen oder immateriellen Werte und Schulden dar[391]. Dem folgend wird der Substanzwert auch als „Rekonstruktionswert" eines Unternehmens bezeichnet[392].

Konkret werden bei dem Substanzwertverfahren durch Addition der Einzelwerte[393] der vorhandenen Vermögenswerte diejenigen Aufwendungen ermittelt,

---

389 *Thommen/Achleitner/Gilbert/Hachmeister/Kaiser*, Allgemeine Betriebswirtschaftslehre, 8. Aufl. 2017, S. 357 f.

390 *Penzlin*, NZG 2000, S. 466; *Ballwieser/Hachmeister*, Unternehmensbewertung, 5. Aufl. 2016, S. 204; *IDW* S 1 (2008), Stand: Juli 2016, Rdnr. 170. Der Substanzwert entspricht damit der Ausgabeersparnis indem ein bestehendes Unternehmen erworben wird und nicht erst aufgebaut werden muss.

391 *IDW* S 1 (2008), Stand: Juli 2016, Rdnr. 170; ebenso *Großfeld/Egger/Tönnes*, Unternehmensbewertung, 8. Aufl. 2016, Rdnr. 1343.

392 *Großfeld*, Unternehmens- und Anteilsbewertung, 4. Aufl. 2002, S. 36.

393 Bei dem betriebsnotwendigen Vermögen wird der Rekonstruktionswert als Zeitwert ermittelt, das nicht betriebsnotwendige Vermögen wird mit dem Liquidationswert angesetzt (*Franken/Schulte*, in: *Fleischer/Hüttemann*, Unternehmensbewertung, 2015, § 10, Rdnr. 77). Dementsprechend werden betriebsnotwendige Schulden mit den Nominalwerten, nicht betriebsnotwendige Schulden mit den Ablösebeträgen angesetzt.

die erforderlich wären, um dasselbe Unternehmen erneut zu errichten[394]. Der Substanzwert gibt somit Auskunft darüber, was für den identischen Nachbau der Substanz in das Unternehmen „hineingesteckt“ werden muss[395]. Dem Alter der vorhandenen Substanz wird durch Abschläge vom Rekonstruktionswert Rechnung getragen („Rekonstruktions*zeit*wert“)[396].

Der Substanzwert weicht von den Buchwerten des Unternehmens ab, da er durch den Ansatz des Zeitwertes der Vermögensgegenstände normalerweise auch die stillen Reserven berücksichtigt. Dies hat unmittelbare Auswirkungen auf und ist eine „Schlüsselstelle“ für die Bewertung des Goodwill: Je mehr materielle und immaterielle Vermögenswerte identifiziert werden und je mehr stille Reserven den Vermögensgegenständen zugeordnet werden, um so geringer fällt der Goodwill als Residualgröße aus[397]. Da indes nicht alle immateriellen Vermögenswerte identifiziert und bewertet werden können (bspw. selbst erstellte Patente, aber auch Goodwill-Werte), spricht man auch von Teilrekonstruktionszeitwert, nach Abzug der Schulden bleibt begrifflich der Netto-Teilrekonstruktionszeitwert[398].

Die Substanzwertmethode bietet zwar den Vorteil einer objektiven Wertfeststellung[399]. Jedoch werden nicht selbständig verkehrsfähige Güter, wie beispielsweise Standort, Kundenstamm, Marktstellung, Ertragskraft und Know-how gerade nicht erfasst[400] und völlig außer Betracht gelassen[401]. Das in die Zukunft gerichtete Potential eines Unternehmens kann das Substanzwertverfahren nicht

---

394 *Schindler*, in: *Ziemons/Jaeger*, BeckOK-GmbHG, 34. Ed. 2018 (Stand: 01.02.2018), § 34 GmbHG, Rdnr. 84.

395 *Thommen/Achleitner/Gilbert/Hachmeister/Kaiser*, Allgemeine Betriebswirtschaftslehre, 8. Aufl. 2017, S. 358; ähnlich auch *Penzlin*, NZG 2000, S. 466.

396 *IDW* S 1 (2008), Stand: Juli 2016, Rdnr. 170.

397 *Küting*, AG 2000, S. 101.

398 *IDW* S 1 (2008), Stand: Juli 2016, Rdnr. 170, 171.

399 Kritisch hierzu *Großfeld*, der darauf hinweist, dass nicht für alle Gegenstände ein Markt besteht (bspw. gebrauchte Anlagen) und entsprechende Schätzungen mit Unsicherheit behaftet sind (vgl. *Großfeld*, Unternehmens- und Anteilsbewertung, 4. Aufl. 2002, S. 36).

400 *Großfeld/Egger/Tönnes*, Unternehmensbewertung, 8. Aufl. 2016, Rdnr. 319; *Gerold*, MittRhNotK 1997, S. 213; *Großfeld*, Unternehmens- und Anteilsbewertung, 4. Aufl. 2002, S. 36, 37, 221; *Thommen/Achleitner/Gilbert/Hachmeister/Kaiser*, Allgemeine Betriebswirtschaftslehre, 8. Aufl. 2017, S. 358; *Ballwieser/Hachmeister*, Unternehmensbewertung, 5. Aufl. 2016, S. 204.

401 *Schindler*, in: *Ziemons/Jaeger*, BeckOK-GmbHG, 34. Ed. 2018 (Stand: 01.02.2018), § 34 GmbHG, Rdnr.84; *Wöhe/Döring/Brösel*, Allgemeine Betriebswirtschaftslehre, 26. Aufl. 2016, S. 521 f.

erfassen. Gerade diese Aspekte machen aber den Wert eines Unternehmens aus[402] und sind auch entscheidend für den Goodwill eines Unternehmens und dessen Wert.

Dem Substanzwertverfahren kommt damit bei der Ermittlung des Unternehmenswertes keine eigenständige Bedeutung[403] zu. Jedoch wird der Substanzwert als „Hilfswert" insbesondere zur Abbildung der Wertuntergrenze des Unternehmenswertes herangezogen. Daneben ist der Substanzwert, wie bereits dargestellt[404], insbesondere als Abzugsposten vom Ertragswert des Unternehmens[405] bei der Wertermittlung des Goodwill von Bedeutung[406].

4. *Kombinationsverfahren*

Neben den dargestellten Methoden wendet die Praxis Kombinationsverfahren an[407]. Die Kombinationsverfahren haben gemein, dass sie den Unternehmenswert zumeist aus einer Kombination von Ertrags- und Substanzwert ermitteln. Sie unterschieden sich im Kern durch die unterschiedliche Gewichtung der beiden Werte[408]. Der unterschiedlichen Gewichtung von Ertrags- und Substanzwert liegt die Annahme zugrunde, dass der Ertragswert für die Unternehmensbewertung grundsätzlich zu hoch ist, da sich im Falle der Übertragung des Unternehmens der originäre Goodwill nach der Übertragung schnell verflüchtigen kann[409]. Daher soll mit den verschiedenen Kombinationsmethoden

---

402 Das Substanzwertverfahren kann daher nur in besonderen Konstellationen isoliert und als alleinige Bewertungsmethode herangezogen werden: bspw. bei der Bewertung von nicht betriebsnotwendigem Vermögen oder bei der Bewertung von Holdinggesellschaften ohne eigene Geschäftsaktivitäten (*Gerold*, MittRhNotK 1997, S. 213; *Schindler*, in: *Ziemons/Jaeger*, BeckOK-GmbHG, 34. Ed. 2018 (Stand: 01.02.2018), § 34 GmbHG, Rdnr. 84).

403 *IDW* S 1 (2008), Stand: Juli 2016, Rdnr. 6; *Großfeld/Egger/Tönnes*, Unternehmensbewertung, 8. Aufl. 2016, Rdnr. 1343.

404 Siehe zuvor einleitend unter § 4.

405 Oder alternativ als Abzugsposten von dem nach einem anderen Gesamtbewertungsverfahren (wie beispielsweise dem *DCF*-Verfahren) ermittelten Unternehmenswert.

406 Zur direkten und indirekten Ermittlung des Goodwill siehe nachfolgend unter § 4 III. 1. bzw. 2.

407 Kritisch hierzu *Fleischer*, in: *Fleischer/Hüttemann*, Unternehmensbewertung, 2015, § 22, Rdnr. 26; *Born*, in: *Fleischer/Hüttemann*, Unternehmensbewertung, 2015, § 23, Rdnr. 35.

408 Siehe hierzu auch *Ballwieser/Hachmeister*, Unternehmensbewertung, 5. Aufl. 2016, S. 206 f.

409 *Wöhe/Döring/Brösel*, Allgemeine Betriebswirtschaftslehre, 26. Aufl. 2016, S. 522.

der Ertragswert angepasst werden. Dies geschieht zu Lasten des Goodwill als Restgröße.

Bei der häufig angewandten Mittelwertmethode (auch als „Schmalenbach-Formel" bekannt) ergibt sich der Unternehmenswert dadurch, dass Ertragswert und Substanzwert addiert und die Summe daraus halbiert wird[410]:

$$Unternehmenswert = \frac{(Ertragswert + Substanzwert)}{2}$$

Bei der Mittelwertmethode wird der Substanzwert gegenüber dem Ertragswert vergleichsweise stark betont, so dass das in die Zukunft gerichtete Potential des Ertragswertes nicht hinreichend berücksichtigt wird.

Dem trägt eine leicht abgewandelte Methode Rechnung, die den Ertragswert stärker betont: Bei dieser Variante ergibt sich der Unternehmenswert durch die Addition von Substanzwert und dem doppelten Ertragswert. Die Summe wird anschließend durch drei geteilt[411].

$$\text{Unternehmenswert} = \frac{(2 \times \text{Ertragswert}) + \text{Substanzwert}}{3}$$

5. *Fazit*

Die verschiedenen Bewertungsmethoden machen deutlich, dass es nicht den „einen" und richtigen Unternehmenswert gibt. Die Wahl der Bewertungsmethode und deren Variablen und Parametern bestimmen maßgeblich den Unternehmenswert und damit den Goodwill als Residualgröße.

Allen dargestellten Verfahren der Unternehmensbewertung ist zudem gemein, dass sie keinen unmittelbaren Wert des Goodwill liefern können. Für den Goodwill als Residualgröße haben diese aber maßgeblichen Einfluss, indem sie die Wertobergrenze bzw. Wertuntergrenze des Unternehmens abbilden und so den Bewertungsrahmen für den Wert des Goodwill setzen.

III. Methoden zur Bewertung des Goodwill

Weil die verschiedenen Methoden zur Ermittlung des Unternehmenswertes kein direktes Ergebnis liefern, werden in der Literatur und Rechtsprechung verschiedene Methoden zur näherungsweisen Bewertung des Goodwill eines

---

410 *Wöhe/Döring/Brösel*, Allgemeine Betriebswirtschaftslehre, 26. Aufl. 2016, S. 523; *Ballwieser/Hachmeister*, Unternehmensbewertung, 5. Aufl. 2016, S. 206.

411 *Großfeld*, Unternehmens- und Anteilsbewertung, 4. Aufl. 2002, S. 43.

Unternehmens herangezogen[412]. Die Terminologie für diese Methoden scheint auf den ersten Blick einheitlich zu sein. Schlagwortartig werden zumeist die folgenden Methoden genannt:

- indirekte Methode
- direkte Methode
- Mittelwertmethode
- Übergewinnmethode

Bei einer vergleichenden Betrachtung der Mechanismen dieser einzelnen Methoden fällt jedoch auf, dass die Begrifflichkeiten sehr unterschiedlich und sogar irreführend verwendet werden: Teilweise verbirgt sich hinter der „direkten Methode" tatsächlich der Berechnungsmechanismus der „indirekten Methode" (und umgekehrt), teilweise der Mechanismus der „Mittelwertmethode", in einigen Fällen auch die Berechnung des Praxiswertes. Erschwerend tritt hinzu, dass die Begrifflichkeiten in Rechtswissenschaft und Betriebswirtschaftslehre ebenfalls unterschiedlich verwendet werden[413]. Wenn im Folgenden nun verschiedene Methoden zur Berechnung des Goodwill vorgestellt werden, folgen die Benennungen der überwiegend herangezogenen Terminologie.

1. *Indirekte Methode*

Die indirekte Methode kommt immer dann zur Anwendung, wenn (noch) kein Referenzwert in Form eines Marktpreises oder Börsenkurses[414] für die Bewertung des Goodwill herangezogen werden kann. Kennzeichnend für die indirekte Methode ist, dass diese bei den wertbildenden Faktoren des Unternehmens selbst ansetzt[415], um den Wert des Unternehmens „aus sich heraus" zu ermitteln. Daher kann die indirekte Methode auch für die Bewertung des originären Goodwill nutzbar gemacht werden. Die indirekte Methode ist auch geeignet, um den unentgeltlich erworbenen Goodwill bewerten zu können.

Bei der indirekten Methode wird der Goodwill dadurch bestimmt, dass der Ertragswert des Unternehmens (an die Stelle des Ertragswertes kann auch der

412 Mit „historischen" Berechnungsmethoden: *Take*, Geschäfts- oder Firmenwert, 1939, S. 56 ff.

413 Beispielhaft hierfür: *Schindler* in: *Kirchhof*, EStG, 17. Aufl. 2018, § 6 EStG, Rdnr. 123.

414 Kritisch zur Berücksichtigung des Börsenkurses: *Winnefeld*, in: *Winnefeld*, Bilanz-Handbuch, 5. Aufl. 2015, Kap. N, Rdnr. 455; *Großfeld*, Unternehmens- und Anteilsbewertung, 4. Aufl. 2002, S. 34.

415 *Großfeld*, Unternehmens- und Anteilsbewertung, 4. Aufl. 2002, S. 32.

bspw. durch das *DCF*-Verfahren ermittelte Unternehmenswert treten) ermittelt und davon der Substanzwert des Unternehmens abgezogen wird[416]:

Goodwill = Unternehmenswert – Substanzwert

Im Ergebnis verbindet die indirekte Methode damit die Bewertungsergebnisse von Gesamt- und Einzelbewertungsverfahren. Als Residualgröße ist der Goodwill der Höhe nach abhängig von den erheblichen Bewertungsspielräumen bei der Ermittlung von Ertragswert (bzw. Unternehmenswert) und Substanzwert[417].

Wie zuvor dargestellt, weicht der Substanzwert selbst von den Buchwerten jedes einzelnen Vermögensgegenstands ab, da er auch die stillen Reserven berücksichtigt. Er besteht somit aus dem Buchwert des Eigenkapitals und den stillen Reserven.

Goodwill = Unternehmenswert – (Buchwert des EK + stille Reserven)

Der Buchwert des Eigenkapitals wiederum ergibt sich aus der Gegenüberstellung von den materiellen und immateriellen Vermögensgegenständen und den Schulden (Fremdkapital) des Unternehmens. Löst man die schlichte Gleichung weiter auf, ergibt sich für den Wert des Goodwill folgender Rechenweg:

Goodwill = Unternehmenswert – ((Mat. VG + Immat. VG – FK) + stille Reserven)

2. Direkte Methode

Bei der direkten Methode liegt in der Regel bereits ein Kaufpreis oder Marktpreis als Bezugsgröße vor. Daher ist die direkte Methode tendenziell auf die Bewertung des derivativen Goodwill ausgerichtet. Nach der direkten Methode[418] wird der Goodwill dadurch ermittelt, dass vom Gesamtkaufpreis für das

416 *Matschke/Brösel*, Unternehmensbewertung, 4. Aufl. 2013, S. 501; *Maier*, in: BeckLex, 42. Ed. 2018 (Stand: 01.01.2017), Geschäfts- oder Firmenwert, Rdnr. 5; *Schmidt*, Rechnungslegung zur Zahlungsbemessung und Informationsvermittlung, 2007, S. 58; *Take*, Geschäfts- oder Firmenwert, 1939, S. 64 ff.; ähnlich auch *Ballwieser/Hachmeister*, Unternehmensbewertung, 5. Aufl. 2016, S. 206; teilweise wird ein Risikoabschlag für Fehlerquellen und Risiken iHv. 50% einkalkuliert (vgl. *Weber-Grellet*, Bilanzsteuerrecht, 16. Aufl. 2018, Rdnr. 344).

417 *Schmidt*, Rechnungslegung zur Zahlungsbemessung und Informationsvermittlung, 2007, S. 58.

418 Teilweise wird diese auch als „Restwertmethode" bezeichnet, vgl. *Winnefeld*, in: *Winnefeld*, Bilanz-Handbuch, 5. Aufl. 2015, Kap. N, Rdnr. 495.

Unternehmen der Substanzwert abgezogen wird[419]. Der verbleibende Unterschiedsbetrag stellt den Wert des Goodwill dar. Entsprechend schlicht gestaltet sich die Berechnungsformel:

$$\textit{Goodwill} = \textit{Kaufpreis} - \textit{Substanzwert}$$

Die direkte Methode stößt naturgemäß an ihre Grenzen, sobald Vergleichspreise fehlen oder kein Marktpreis ermittelt werden kann[420].

3. *Mittelwertmethode*

Die Mittelwertmethode verbindet die Vorgehensweise der direkten und indirekten Methode[421]. Denn nach der Mittelwertmethode ist der Wert des Goodwill mit der Hälfte des Unterschiedsbetrags von Ertrags- und Substanzwert anzusetzen[422]:

$$\textit{Goodwill} = \frac{\textit{Ertragswert} - \textit{Substanzwert}}{2}$$

Daneben wird eine Variation der Mittelwertmethode vorgeschlagen[423]: Nach dieser Variation wird der Goodwill dadurch ermittelt, dass Ertrags- und Substanzwert addiert werden, die Summe halbiert und hiervon der Substanzwert wieder subtrahiert wird.

$$\textit{Goodwill} = \frac{\textit{Ertragswert} + \textit{Substanzwert}}{2} - \textit{Substanzwert}$$

Beide Methoden unterscheiden sich erkennbar nur geringfügig durch den Rechenweg und kommen stets zum gleichen Ergebnis. Die Halbierung erfolgt in beiden Varianten in der Annahme, dass Ertrags- und Substanzwert je zur Hälfte im Unternehmenswert enthalten sind[424]. Beide Methoden führen somit auch zu

---

419 Siehe hierzu statt vieler *Maier*, in: BeckLex, 42. Ed. 2018 (Stand: 01.01.2017), Geschäfts- oder Firmenwert, Rdnr. 4. Soweit Schulden übernommen werden, sind diese zu dem Kaufpreis zu addieren (*Winnefeld*, in: *Winnefeld*, Bilanz-Handbuch, 5. Aufl. 2015, Kap. N, Rdnr. 495)

420 *Großfeld*, Unternehmens- und Anteilsbewertung, 4. Aufl. 2002, S. 34.

421 *Maier*, in: BeckLex, 42. Ed. 2018 (Stand: 01.01.2017), Geschäfts- oder Firmenwert, Rdnr. 6.

422 *Wöhe/Döring/Brösel*, Allgemeine Betriebswirtschaftslehre, 26. Aufl. 2016, S. 522 f.

423 *Winnefeld*, in: *Winnefeld*, Bilanz-Handbuch, 5. Aufl. 2015, Kap. N, Rdnr. 500.

424 *Winnefeld*, in: *Winnefeld*, Bilanz-Handbuch, 5. Aufl. 2015, Kap. N, Rdnr. 500.

einer Halbierung des Wertes des Goodwill. Aus diesem Grund sind die Mittelwertmethoden zur Ermittlung des vollen Wertes des Goodwill ungeeignet.

4. *Übergewinnmethode*

Die Übergewinnmethode[425] bietet eine weitere Variante zur Ermittlung des Goodwill. Die Übergewinnmethode beruht auf der gleichen konzeptionellen Grundlage wie die Mittelwertmethode und greift daher auf Substanzwerte und Ertragswerte zurück[426]. Der *BFH* wendet die Übergewinnmethode insbesondere bei der Bewertung von Personengesellschaften[427] an.

Bei der Übergewinnmethode werden vom zu erwartenden, nachhaltigen Gewinn Beträge für die Verzinsung des investierten Kapitals und für einen kalkulatorischen Unternehmerlohn abgesetzt. Mit diesem Rechenschritt wird der Übergewinn des Unternehmens ermittelt[428]. Der Goodwill ergibt sich, indem der Übergewinn (ähnlich einer ewigen Rente) kapitalisiert wird.

Etwas allgemeiner, und ohne ausdrückliche Berücksichtigung des tendenziell auf Personengesellschaften zugeschnittenen Unternehmerlohnes, ausgedrückt, kann die Übergewinnmethode folgendermaßen zusammengefasst werden:

$$Goodwill = n*(Gewinn - (i*Substanzwert))$$

In der Beispielsgleichung steht „*n*" für die Zeitspanne, in der Übergewinne voraussichtlich erzielt werden können und „*i*" für die durchschnittliche Verzinsung.

Gerade der letzte Schritt „Kapitalisierung des Übergewinns" ist entscheidend für die Höhe des Goodwill: Dessen tatsächliche Höhe hängt auch hier unmittelbar von dem Kapitalisierungszinssatz ab[429].

---

425 Teilweise ist die Übergewinnmethode auch als „direkte" Methode bekannt, vgl. *Ehmcke*, in: *Blümich*, EStG/KStG/GewStG, 133. EL Juli 2016, § 6 EStG, Rdnr. 767; *Weber-Grellet*, Bilanzsteuerrecht, 16. Aufl. 2018, Rdnr. 344; *Winnefeld*, in: *Winnefeld*, Bilanz-Handbuch, 5. Aufl. 2015, Kap. N, Rdnr. 499; *Take*, Geschäfts- oder Firmenwert, 1939, S. 56.

426 *Franken/Schulte*, in: *Fleischer/Hüttemann*, Unternehmensbewertung, 2015, § 10, Rdnr. 84.

427 Vgl. statt vieler: *BFH*, Urteil v. 24.04.1980 – IV R 61/77, unter 3. a), BStBl. II 1980, S. 690 = BFHE 131, S. 220; *BFH*, Urteil v. 28.10.1976 – IV R 76/72, unter 2. ff., BStBl. II 1977, S. 73 = BFHE 120, S. 245.

428 Siehe hierzu *Winnefeld*, in: *Winnefeld*, Bilanz-Handbuch, 5. Aufl. 2015, Kap. N, Rdnr. 499.

429 Tendenziell kritisch zu der Methode: *Wöhe/Döring/Brösel*, Allgemeine Betriebswirtschaftslehre, 26. Aufl. 2016, S. 522 f.

IV. Ermittlung und Bewertung des Praxiswertes

Der Praxiswert ist als spezielle Ausprägung des Goodwill bei einer freiberuflichen Praxis zu verstehen[430]. Der Praxiswert einer freiberuflichen Praxis ist Bestandteil des Praxis*gesamt*wertes und stellt den Mehrwert gegenüber dem gegenständlichen Inventar (Behandlungseinrichtungen, Fachliteratur, Möbel etc.) der Praxis dar[431]. Wie zuvor dargestellt[432], beruht der Praxiswert hauptsächlich auf dem Mandanten- bzw. Patientenstamm der Praxis[433] und auf dem Vertrauensverhältnis, das der Praxisinhaber zu seinen Mandanten bzw. Patienten aufgebaut hat[434]. Durch die enge Verknüpfung mit dem bisherigen Praxisinhaber ist der Praxiswert stärker personenbezogen geprägt als der Goodwill. Dementsprechend sind Anpassungen bei der Bewertung des Praxiswertes vorzunehmen: Die an die Person gebundenen positiven (oder ggf. negativen) Wirkungen sind bei der Bewertung zu bereinigen, indem bspw. ein angemessener Unternehmerlohn angesetzt wird[435]. Die Höhe dieses Unternehmerlohnes richtet sich danach, was ein nicht beteiligter, (idealerweise) gleich geschäftstüchtiger Berufsträger erhalten würde[436].

Zur Ermittlung des Praxiswertes werden die skizzierten Bewertungsmethoden und hier insbesondere das Übergewinnverfahren herangezogen. Daneben wird von der Rechtsprechung[437] im Falle von Arztpraxen die sog. Bundesärztekammermethode angewendet. Diese Methode kann auch bei anderen freiberuflichen Praxen entsprechend angewendet werden. Der Goodwill in Form des Praxiswertes ergibt sich dabei durch die folgende Berechnung[438]: In einem ersten Schritt wird der durchschnittliche Jahresumsatz der zu bewertenden Praxis der letzten drei Jahre vor dem Kalenderjahr des Bewertungsfalles ermittelt. Von diesem Betrag wird in einem weiteren Schritt ein kalkulatorischer Arbeitslohn für den

430 Siehe hierzu zuvor unter § 2 I. 5. b).
431 *Wiechers*, BBK 2011, S. 739.
432 Siehe hierzu zuvor unter § 2 I. 5. b) und § 2 V. 5.
433 *Großfeld*, Unternehmens- und Anteilsbewertung, 4. Aufl. 2002, S. 217 f.; *Ehmcke*, in: *Blümich*, EStG/KStG/GewStG, 133. EL Juli 2016, § 6 EStG, Rdnr. 770.
434 *Wiechers*, BBK 2011, S. 739; *Ehmcke*, in: *Blümich*, EStG/KStG/GewStG, 133. EL Juli 2016, § 6 EStG, Rdnr. 770.
435 *Großfeld*, Unternehmens- und Anteilsbewertung, 4. Aufl. 2002, S. 71, 72.
436 Vgl. *Großfeld*, Unternehmens- und Anteilsbewertung, 4. Aufl. 2002, S. 71.
437 Hierzu statt vieler: *LG Augsburg*, Urteil v. 16.07.2013 – 31 O 359/12, AMK 2014, S. 11.
438 Zum Vorgehen bei der Berechnung: *Wiechers*, BBK 2011, S. 739.

Praxisinhaber in Abzug gebracht[439]. Dem liegt die Überlegung zugrunde, dass der Praxisinhaber, der eine von ihm erworbene Praxis führt, seine Arbeitskraft nicht anderweitig verwerten kann. In einem letzten Schritt wird dieser Betrag durch drei geteilt. Der Praxiswert beträgt dann 1/3 des zuvor ermittelten Werts.

$$\text{Praxiswert} = \frac{\varnothing\ \text{Jahresumsatz} - \text{Arbeitslohn}}{3}$$

Einen ganz ähnlichen Ansatz hat auch das von der Rechtsprechung regelmäßig angewandte modifizierte Ertragswertverfahren[440]. Bei diesem Verfahren wird ebenfalls der durchschnittliche Umsatz der vergangenen drei Jahre ermittelt. Von diesem wird eine Quote von 90% als nachhaltig erzielbar zugrunde gelegt. Von dem Umsatz werden die anfallenden Betriebskosten, Ausgaben und sonstigen betrieblichen Belastungen abgezogen. Der so ermittelte Betrag wird um den individuellen Unternehmerlohn bereinigt.

Bei den beiden vorgenannten Berechnungsmethoden ist die wichtigste Stellschraube für die Höhe des Praxiswertes der individuelle Unternehmerlohn. Je höher dieser angesetzt wird, desto niedriger fällt der Praxiswert aus. Umgekehrt ist aus Sicht des Übernehmers einer Praxis der Praxiswert regelmäßig höher, wenn er den Ertrag mit geringerem zeitlichem Aufwand als der frühere Praxisinhaber erwirtschaften kann und regelmäßig niedriger, wenn der Übernehmer einen höheren Einsatz zur Erwirtschaftung des Ertrages als der bisherige Praxisinhaber aufbringen muss[441].

Bei den dargestellten Berechnungsmethoden wird aufgrund der methodischen Vereinfachungen jedoch auch deutlich, dass der Praxiswert eher „holzschnittartig" ermittelt wird. Dem wirtschaftlichen Wert des Praxiswertes werden diese Methoden nur annähernd gerecht werden können.

V. „Richtiger Wert" des Goodwill

Aufgrund der unterschiedlichen Lösungsansätze und Vorgehensweisen kommen die dargestellten Methoden in aller Regel zu unterschiedlichen Wertansätzen für

439 Zur Berücksichtigung des Unternehmerlohns siehe auch *BGH*, Urteil v. 02.02.2011 - XII ZR 185/08, BGHZ 188, S. 249 = NJW 2011, S. 2572; *Ruby/Schindler*, ZEV 2011, S. 528.

440 Zum Folgenden: *Born*, in: *Fleischer/Hüttemann*, Unternehmensbewertung, 2015, § 23, Rdnr. 49.

441 Vgl. hierzu *Born*, in: *Fleischer/Hüttemann*, Unternehmensbewertung, 2015, § 23, Rdnr. 50.

den Goodwill[442]. Der Goodwill wird als rechnerische Residualgröße ermittelt und ist so zwangsläufig Spielball unterschiedlicher Parameter und deren Gewichtung. „Den" Wert des Goodwill, und sei es auch nur als Momentaufnahme, kann es demnach nicht geben.

Allerdings wird man davon ausgehen können, dass zumindest die indirekte und die direkte Methode den Wert des Goodwill einigermaßen zuverlässig abschätzen können[443].

§ 5 Bilanzierung des originären Goodwill

In dem folgenden Abschnitt der Bearbeitung wird der Frage nachgegangen, ob und wie der originäre Goodwill Eingang in die Rechnungslegung eines Unternehmens findet. Dabei werden mit dem Handelsbilanzrecht zum einen nationale Rechnungslegungsregeln herangezogen. Zum anderen werden mit den Regelungen der *International Accounting Standards* (IAS) beziehungsweise[444] *International Financial Reporting Standards* (IFRS) internationale Rechnungslegungsregeln berücksichtigt.

Hierzu wird zunächst dargestellt, wer zur Rechnungslegung nach dem jeweiligen Regelwerk verpflichtet ist. Zudem wird dargestellt, welche Ziele und Grundentscheidungen mit dem jeweiligen Regelwerk verfolgt werden, soweit und sofern diese für die Goodwill-Bilanzierung relevant werden können. Auf dieser Grundlage wird die bilanzielle Behandlung des Goodwill dargestellt. In diesem Zusammenhang sollen weitere Aussagen und Informationen zum (originären) Goodwill gewonnen werden.

I. Bilanzansatz nach HGB

1. Rechnungslegungsverpflichtete und Rechnungslegungsziele des HGB

Die handelsrechtliche Verpflichtung zur Rechnungslegung, insbesondere durch die regelmäßige Erstellung von Jahresabschlüssen, knüpft unmittelbar an die

442 Zum Problem eklatant abweichender Werte für den Goodwill und mit entsprechenden Beispielen vgl. bereits *Take*, Geschäfts- oder Firmenwert, 1939, S. 79 ff.

443 Zu dieser Einschätzung kommt bereits *Take*, Geschäfts- oder Firmenwert, 1939, S. 80.

444 Zum Hintergrund der Unterscheidung zwischen IAS und IFRS siehe Fn. 473.

Pflicht zur Buchführung in § 238 Abs. 1 HGB an. Damit sind Kaufleute i.S.d. §§ 1 ff. HGB in der Regel zur handelsrechtlichen Rechnungslegung verpflichtet[445].

Die handelsrechtliche Rechnungslegung wird vom Gläubigerschutzgedanken als oberstem, nicht kodifiziertem Prinzip beherrscht[446]. Der Gläubigerschutzgedanke wird im Rahmen des Vorsichtsprinzips umgesetzt. Das Vorsichtsprinzip ist gesetzlich in § 252 Abs. 1 Nr. 4 HGB verankert und konkretisiert sich seinerseits vor allem in zwei weiteren Unterprinzipen: dem Realisationsprinzip einerseits, das den Ausweis von Gewinnen von deren Realisation abhängig macht, und dem Verlustantizipations- oder Imparitätsprinzip andererseits, das die Berücksichtigung von vorhersehbaren Risiken und Verlusten auch schon vor ihrer Realisierung verlangt[447].

Das Vorsichtsprinzip verlangt damit von dem Rechnungslegungsverpflichteten, sich im Zweifel „ärmer zu rechnen". Als Folge der Geltung des Vorsichtsprinzips dürfen beispielsweise nur solche Vermögensgegenstände aktiviert werden, die sich konkretisiert, im Rechtsverkehr einen feststehenden Inhalt und im Handelsverkehr einen bestimmten Wert haben[448].

Nachfolgend wird gezeigt, dass diese tragenden Prinzipien des Handelsbilanzrechts ganz maßgeblichen Einfluss auf die bilanzielle Abbildung des Goodwill haben.

2. Bilanzielle Behandlung des originären Goodwill

Bei der bilanziellen Behandlung des originären Goodwill haben sich mit Inkrafttreten des BilMoG am 29. Mai 2009 einige Änderungen ergeben. Zwar haben diese Änderungen keine grundsätzliche Auswirkung auf die bilanzielle Behandlung des Goodwill, jedoch verdeutlichen sie einige Grundvorstellungen des Gesetzesgebers über den Goodwill. Es erscheint daher gerechtfertigt, die Gesetzeslage vor dem BilMoG mit der Gesetzeslage nach dem BilMoG zu vergleichen:

---

445 Für Kapitalgesellschaften ergibt sich diese Verpflichtung bspw. aus § 6 Abs. 1 HGB i.V.m. § 13 Abs. 3 GmbHG, § 3 Abs. 1 AktG, § 17 Abs. 2 GenG, für Personengesellschaften bspw. aus §§ 6 Abs. 1 HGB i.V.m. §§ 105 Abs. 2, 161 Abs. 2 HGB.

446 *Winkeljohann/Schellhorn*, in: Beck Bil-Komm, 11. Aufl. 2018, § 264 HGB, Rdnr. 35.

447 *Adler/Düring/Schmaltz*, Rechnungslegung und Prüfung, 6. Aufl. 1995, § 252 HGB, Rdnr. 59, 63.

448 *Winkeljohann/Büssow*, in: Beck Bil-Komm, 11. Aufl. 2018, § 252 HGB, Rdnr. 30.

a) *Gesetzeslage vor BilMoG*

Vor der Änderung des HGB durch das BilMoG bestand mit § 248 Abs. 2 HGB a.F. ein ausdrückliches Aktivierungsverbot für immaterielle Vermögensgegenstände des Anlagevermögens, die nicht entgeltlich erworben wurden. Aus § 248 Abs. 2 HGB a.F. und § 255 Abs. 4 S. 1 HGB a.F. wurde ein Aktivierungsverbot für den unentgeltlich erworbenen beziehungsweise selbstgeschaffenen (originären) Goodwill abgeleitet[449].

Unabhängig von der Frage, ob der Goodwill einen Vermögensgegenstand darstellt oder bilanzrechtlich anderweitig einzuordnen ist[450], lag in jedem Fall ein Bilanzierungsverbot für den originären Goodwill vor: Unter der Annahme, bei dem Goodwill handele es sich um einen Vermögensgegenstand des Anlagevermögens, wurde das Bilanzierungsverbot unmittelbar aus dem Wortlaut des § 248 Abs. 2 HGB a.F. abgeleitet, der praktisch einer Aktivierung aller Arten von originären Goodwill-Komponenten einen Riegel vorschob[451]. Aber auch unabhängig von der gesetzlichen Regelung ergab sich schon aus guter kaufmännischer Übung[452], den Grundsätzen ordnungsgemäßer Buchführung[453] und insbesondere aus dem Vorsichtsprinzip das strikte Verbot der Aktivierung selbst erstellter immaterieller Vermögensgegenstände des Anlagevermögens. Das Verbot wurde üblicherweise damit begründet, dass weder die Höhe der zum Aufbau des originären Goodwill getätigten Auszahlungen noch der Zeitwert des originären Goodwills mit hinreichender Sicherheit und Genauigkeit feststellbar seien, da eine Bestätigung am Markt bisher nicht stattgefunden habe[454].

---

449 Vgl. hierzu nur *Adler/Düring/Schmaltz*, Rechnungslegung und Prüfung, 6. Aufl. 1995, § 255 HGB, Rdnr. 257; *Elrott/Brendt*, in: Beck Bil-Komm, 6. Aufl. 2006 (Vorauflage), § 255 HGB, Rdnr. 511; siehe hierzu auch *Maier*, in: BeckLex, 42. Ed. 2018 (Stand: 01.01.2017), Geschäfts- oder Firmenwert, Rdnr. 18.

450 Zur Rechtsnatur des Goodwill im Handelsbilanzrecht siehe zuvor unter § 3 II. 1. b).

451 § 248 Abs. 2 HGB a.F. stellte eine spezielle Ausprägung des Vorsichtsprinzips dar, vgl. hierzu auch *Kuhner*, in: *Ballwieser/Beyer/Zelger*, Unternehmenskauf nach IFRS und HGB, 3. Aufl. 2014, S. 5; *Schulze-Osterloh*, in: *Baumbach/Hueck*, GmbHG, 18. Aufl. 2006 (Vorauflage), § 42 GmbHG, Rdnr. 84, 88.

452 *Adler/Düring/Schmaltz*, Rechnungslegung und Prüfung, 6. Aufl. 1995, § 255 HGB, Rdnr. 257.

453 *Schmidt*, Rechnungslegung zur Zahlungsbemessung und Informationsvermittlung, 2007, S. 72.

454 Siehe hierzu und mit weiteren Nachweisen *Schmidt*, Rechnungslegung zur Zahlungsbemessung und Informationsvermittlung, 2007, S. 72.

Im Ergebnis war damit grundsätzlich die Aktivierung des originären Goodwill und aller Arten von originären Goodwill-Werten verwehrt. Kapitalgesellschaften und bestimmte Personengesellschaften hatten jedoch ein Wahlrecht zur Aktivierung bestimmter Aufwendungen zur Ingangsetzung und Erweiterung des Geschäftsbetriebs im Rahmen der Bilanzierungshilfe des § 269 S. 1 HGB a.F. Diese Bestimmungen waren im Zuge des BiRiLiG in das HGB eingeführt worden. Unter den Aufwendungen zur Ingangsetzung und Erweiterung des Geschäftsbetriebs wurden beispielsweise auch Aufwendungen für die Betriebs-, Verwaltungs- und Vertriebsorganisation und für die Personalbeschaffung und Personalschulung verstanden[455]. Wie bereits dargestellt[456], kann es sich bei diesen Positionen um Goodwill-Werte handeln. Damit war die Aktivierung einzelner Goodwill-Werte[457] im Rahmen einer Bilanzierungshilfe möglich[458]. Nach § 282 HGB a.F. war diese Bilanzierungshilfe in jedem folgenden Geschäftsjahr zu mindestens einem Viertel durch Abschreibungen zu tilgen. Mit Inkrafttreten des BilMoG wurde § 269 HGB a.F. ersatzlos gestrichen, eine vergleichbare Vorschrift wurde nicht geschaffen.

b) Gesetzeslage nach BilMoG

Mit Inkrafttreten des BilMoG wurde § 248 HGB maßgeblich geändert. Im Zuge dieser, in der Literatur[459] auch als „kopernikanische Wende in der deutschen Rechnungslegung" bezeichneten Gesetzesänderung, wurde das Aktivierungsverbot für selbstgeschaffene immaterielle Vermögensgegenstände des Anlagevermögens durch ein Aktivierungswahlrecht ersetzt (vgl. § 248 Abs. 2 S. 1 HGB). Im Falle ihrer Aktivierung sind die selbstgeschaffenen immateriellen Vermögensgegenstände mit ihren Entwicklungskosten im Sinne des § 255 Abs. 2a HGB anzusetzen. Im Falle eines Bilanzansatzes ist aus Gründen des Gläubigerschutzes

---

455 *Adler/Düring/Schmaltz*, Rechnungslegung und Prüfung, 6. Aufl. 1997, § 269 HGB, Rdnr. 12.

456 Siehe hierzu zuvor die Aufstellung der Goodwill-Werte zuvor unter § 2 IV.

457 Als Konsequenz daraus bezeichnet *Schmidt* den originären Goodwill ohne Instandsetzungs- und Erweiterungsaufwendungen als „Goodwill im engeren Sinne", vgl. *Schmidt*, Rechnungslegung zur Zahlungsbemessung und Informationsvermittlung, 2007, S. 60.

458 Unzulässig war es demgegenüber, auf den Ansatz des derivativen Goodwill nach § 255 Abs. 4 HGB a.F. in der Bilanz zu verzichten und stattdessen von der Bilanzierungshilfe in § 269 HGB a.F. Gebrauch zu machen; vgl. *Adler/Düring/Schmaltz*, Rechnungslegung und Prüfung, 6. Aufl. 1997, § 269 HGB, Rdnr. 10.

459 *Engel-Ciric*, BC 2008, S. 25.

von Kapitalgesellschaften die Ausschüttungssperre nach § 268 Abs. 8 S. 1 HGB zu beachten.

Eine Ausnahme vom Aktivierungswahlrecht wird in § 248 Abs. 2 S. 2 HGB für selbst geschaffene Marken, Drucktitel, Verlagsrechte, Kundenlisten oder vergleichbare immaterielle Vermögensgegenstände des Anlagevermögens gemacht. Diese dürfen in keinem Fall bilanziert werden. Damit liegt für den originären Goodwill auf den ersten Blick kein ausdrückliches Bilanzierungsverbot mehr vor.

Wohl vor dem Hintergrund des Aktivierungswahlrechts in § 248 Abs. 2 S. 1 HGB folgert eine Ansicht in der Literatur[460], dass nach Inkrafttreten des BilMoG auch der originäre Goodwill aktiviert werden kann. Dem ist jedoch entgegenzuhalten, dass der originäre Goodwill nicht vom Anwendungsbereich des § 248 Abs. 2 S. 1 HGB erfasst wird: In Abgrenzung zum Goodwill ist es gerade ein wesentliches Merkmal der immateriellen Vermögensgegenstände, dass diese selbständig veräußerbar bzw. verwertbar und auch einzeln bewertbar sind[461]. Würden sie diese Merkmale nicht erfüllen, gingen sie im Goodwill als Sammelposten auf[462]. Der Goodwill kann die vorgenannten abstrakten Merkmale eines immateriellen Vermögensgegenstandes[463] gerade nicht erfüllen[464]: Er kann gerade nicht ohne das Unternehmen veräußert bzw. verwertet werden und ist damit nicht selbständig verkehrsfähig[465]. Damit unterfällt der originäre Goodwill nicht dem Anwendungsbereich des § 248 Abs. 2 S. 1 HGB. Dies gilt umso mehr, als durch die Fiktion in § 246 Abs. 1 S. 4 HGB nur der entgeltlich erworbene Goodwill zum Vermögensgegenstand erklärt wird. Für den selbstgeschaffenen Goodwill gilt diese Fiktion jedoch gerade nicht.

---

460 Soweit ersichtlich, wird nur vereinzelt die Auffassung vertreten, dass unter Geltung des BilMoG der originäre Goodwill in der Handelsbilanz wegen § 248 Abs. 2 S. 1 HGB aktiviert werden darf; vgl. bspw. *Weber-Grellet*, in: *Schmidt*, EStG, 37. Aufl. 2018, § 5 EStG, Rdnr. 222; ebenso wohl auch *Heidinger*, in: *Michalski/Heidinger/Leible/J. Schmidt*, GmbHG, 3. Aufl. 2017, § 30 GmbHG, Rdnr. 35.

461 Siehe hierzu auch die Abgrenzung zuvor unter § 2 I. 5. d).

462 *Schmidt*, Rechnungslegung zur Zahlungsbemessung und Informationsvermittlung, 2007, S. 49.

463 Vgl. hierzu auch *Schülke*, DStR 2010, S. 998.

464 Siehe hierzu auch die Charakteristika des Goodwill im Bilanzrecht zuvor unter § 2 II. 1.und § 3 II. 1.

465 Bei dem originären Goodwill liegen nach h.M. die für die Annahme eines Vermögensgegenstandes erforderlichen Merkmale der Einzelveräußerlichkeit und Einzelverwertbarkeit nicht vor, vgl. *Schülke*, DStR 2010, S. 994; ähnlich auch *Hayn/Waldersee*, IFRS/HGB im Vergleich, 8. Aufl. 2014, S. 62, 148.

Daher geht die wohl überwiegende Ansicht in der Literatur[466] davon aus, dass nach wie vor ein (implizites) Bilanzierungsverbot für den originären Goodwill besteht. Dieses implizite Bilanzierungsverbot lässt sich dogmatisch noch auf eine weitere Überlegung stützen: Bei den in § 248 Abs. 2 S. 2 HGB genannten Positionen handelt es sich um Goodwill-Werte. Insbesondere die ausdrücklich genannten Kundenlisten und die darin verkörperten Kundenbeziehungen bilden wesentliche Teilaspekte des Goodwill[467]. Wenn schon einzelne Goodwill-Werte mit einem Bilanzierungsverbot belegt werden, muss dies im Umkehrschluss erst recht für den Goodwill gelten. Mit dieser Überlegung ist der originäre Goodwill implizit[468] von dem Bilanzierungsverbot in § 248 Abs. 2 S. 2 HGB erfasst.

Im Ergebnis ist der originäre Goodwill mit der überwiegenden Ansicht der Literatur somit nicht bilanzierungsfähig, sei es, dass er vom Anwendungsbereich des § 248 Abs. 2 S. 1 HGB mit seinem Aktivierungswahlrecht nicht erfasst wird oder gerade vom Anwendungsbereich des § 248 Abs. 2 S. 2 HGB mit seinem Aktivierungsverbot miterfasst ist.

c) *Originärer Goodwill als stille Reserve*

Das Bilanzierungsverbot des originären Goodwill in § 248 Abs. 2 HGB hat zur Konsequenz, dass der originäre Goodwill, soweit nicht einzelne Goodwill-Werte in den Grenzen des § 248 Abs. 2 S. 1 HGB im Einzelfall bilanziert werden können,

---

466 Vgl. nur *Sigloch*, Rechnungslegung, 8. Aufl. 2011, S. 281; *Schmidt/Ries*, in: Beck Bil-Komm, 11. Aufl. 2018, § 246 HGB, Rdnr. 82; *Hennrichs*, in: MünchKomm-BilanzR/HGB, 2013, § 246 HGB, Rdnr. 148; *Merkt*, in: *Baumbach/Hopt*, HGB, 38. Aufl. 2018, § 246 HGB, Rdnr. 9; *Mujkanovic*, StuB 2010, S. 167.

467 Siehe hierzu zuvor unter § 2 IV. und nachfolgend unter Anhang/ II. Goodwill-Werte (Referenzen).

468 A.A. ist beispielsweise *Hennrichs*, in: MünchKomm-BilanzR/HGB, 2013, § 246 HGB, Rdnr. 148, der § 248 Abs. 2 S. 2 HGB direkt auf den originären Goodwill anwenden möchte. Vor dem Hintergrund, dass der originäre Goodwill gerade nicht die Voraussetzungen eines Vermögensgegenstandes erfüllt ist dies allerdings widersprüchlich, da § 248 Abs. 2 S. 2 HGB dem Wortlaut nach „vergleichbare immaterielle Vermögensgegenstände" und somit auch das Vorliegen eines Vermögensgegenstands voraussetzt. A.A. ist wohl auch *Merkt*, in: *Baumbach/Hopt*, HGB, 38. Aufl. 2018, § 246 HGB, Rdnr. 9, der den originären Goodwill wohl vom Ansatzverbot in § 248 Abs. 1 Nr. 1 HGB erfasst wissen möchte. Allerdings wird der Goodwill nicht nur in der Gründungsphase eines Unternehmens gebildet, so dass der Anwendungsbereich des § 248 Abs. 1 Nr. 1 HGB nur zeitweise eröffnet sein dürfte.

in voller Höhe eine stille Reserve darstellt[469]. Der Wert und das bilanzielle Potential des originären Goodwill sind daher in der Bilanz nicht zu erkennen[470].

3. *Bilanzielle Behandlung des originären negativen Goodwill*

Die Frage der bilanziellen Behandlung des originären negativen Goodwill wird in der Literatur nur sehr vereinzelt behandelt[471]. Ebenso wir der originäre (positive) Goodwill ist auch dessen negatives *Pendant*, der originäre negative Goodwill, als solcher handelsrechtlich nicht bilanzierbar. Der Ausweis des originären negativen Goodwill würde noch nicht eingetretene, sondern erst künftig erwartete Verluste über die Grenzen des Imparitätsprinzips hinaus und damit unzulässig berücksichtigen[472]. Soweit seine Ursache im Vorhandensein stiller Lasten oder in möglichen zukünftigen Verlusten gesehen werden kann, kann dies bilanziell allenfalls durch den Ansatz von entsprechenden Verbindlichkeiten oder Rückstellungen abgebildet werden.

II. Bilanzansatz nach IFRS

Neben den handelsrechtlichen Rechnungslegungsvorschriften beanspruchen für inländische kapitalmarktorientierte Unternehmen auch die Bestimmungen der IAS und IFRS Geltung[473]. Bei den IAS und IFRS handelt es sich um

---

469 So bereits *Take*, Geschäfts- oder Firmenwert, 1939, S. 43; siehe hierzu auch *Velte*, RIW 2014, S. 113; ähnlich auch *Maier*, in: BeckLex, 42. Ed. 2018 (Stand: 01.01.2018), Immaterielle Wirtschaftsgüter, Rdnr. 1; *Schmidt*, Rechnungslegung zur Zahlungsbemessung und Informationsvermittlung, 2007, S. 5.

470 Mit deutlicher Kritik am Informationsgehalt der Handelsbilanz: *Schmidt*, Rechnungslegung zur Zahlungsbemessung und Informationsvermittlung, 2007, S. 5 f.

471 Beispielsweise äußert sich *Krumm* (auch) zur Behandlung des originären negativen Goodwill im Handelsbilanzrecht: *Krumm*, in: *Blümich*, EStG/KStG/GewStG, 129. EL August 2015, § 5 EStG, Rdnr. 625.

472 *Krumm*, in: *Blümich*, EStG/KStG/GewStG, 129. EL August 2015, § 5 EStG, Rdnr. 625.

473 Die Unterscheidung zwischen IAS und IFRS hat keine qualitative oder tiefere Bedeutung. Im Zuge der Umstrukturierung und Umbenennung des *International Accounting Standards Committee* (IASC) als normsetzender Rechnungslegungsinstitution in *International Accounting Standards Board* (IASB) wurden auch die jeweiligen Standards umbenannt. Die bis zum Mai 2003 vom IASC erlassenen Standards werden (weiterhin) als IAS bezeichnet, während spätere – und damit vom IASB – verabschiedete Standards als IFRS bezeichnet werden (vgl. *Driesch*, in: Beck'sches IFRS-Handbuch, 5. Aufl. 2016, § 1, Rdnr. 36). Die bereits vom IASC verabschiedeten IAS wurden und werden nach und nach überarbeitet oder vom IASB durch neue IFRS ersetzt.

privatrechtliche Normen der IASB als normsetzender, privatrechtlicher Rechnungslegungsinstitution. Damit ist auch offensichtlich, dass diese Normen nicht ohne Weiteres unmittelbar für inländische Unternehmen bindend sein können. Der Grundstein für die unmittelbare Geltung der IFRS wurde vom europäischen Parlament und dem europäischen Rat durch die Verordnung der EU Nr. 1606/2002 vom 19. Juli 2002[474] gelegt (sog. „IAS-Verordnung"). Darin wurde die Einführung der IFRS in das Recht der EU für Konzernabschlüsse kapitalmarktorientierter Unternehmen ab dem Jahr 2005 vorgeschrieben[475]. Als europäische Verordnung gelten die IFRS ohne weiteren Rechtsetzungsakt unmittelbar in den Mitgliedstaaten der Europäischen Union. Die bestehenden IFRS werden von der IASB kontinuierlich ergänzt und überarbeitet. Daneben werden fortlaufend weitere Standards vom IASB verabschiedet. Die Umsetzung geänderter und neuer IFRS in europäisches Recht erfolgt im Rahmen des sog. *Endorsement*-Verfahrens[476], wodurch die IFRS unmittelbar der richterlichen Gewalt und Kontrolle durch den EuGH und die nationalen Gerichte unterstellt werden[477]. In Deutschland wurden die unmittelbar geltenden Bestimmungen der IAS-Verordnung in Zusammenhang mit dem Bilanzrechtsreformgesetz (BilReG)[478] im Jahr 2004 in nationales Recht umgesetzt.

---

474 Verordnung (EG) Nr. 1606/2002 des europäischen Parlaments und des Rates vom 19. Juli 2002 betreffend die Anwendung internationaler Rechnungslegungsstandards, ABl. EG L 243 v. 11. September 2002, S. 1 - 4.

475 *Driesch*, in: Beck'sches IFRS-Handbuch, 5. Aufl. 2016, § 1, Rdnr. 70; *Hayn/Waldersee*, IFRS/HGB im Vergleich, 8. Aufl. 2014, S. 25.

476 Die EU-Kommission prüft dabei in begrenztem Umfang die Standards des IASB und beschließt deren Übernahme im sog. Ausschussverfahren. Die Entscheidung zur Übernahme einzelner IFRS erfolgt in Form von IFRS-Übernahme-Verordnungen. Mit der Veröffentlichung der Standards des IASB im EU-Amtsblatt werden diese für Unternehmen in der EU verbindlich (hierzu und mit weiteren Einzelheiten, *Driesch*, in: Beck'sches IFRS-Handbuch, 5. Aufl. 2016, § 1, Rdnr. 71 ff.; siehe auch *Hayn/Waldersee*, IFRS/HGB im Vergleich, 8. Aufl. 2014, S. 9 f., 53.

477 *Lüdenbach/Hoffmann/Freiberg*, IFRS-Kommentar, 16. Aufl. 2018, § 7, Rdnr. 5.

478 Gesetz zur Einführung internationaler Rechnungslegungsstandards und zur Sicherung der Qualität der Abschlussprüfung (Bilanzrechtsreformgesetz, BilReG) vom 04. Dezember 2004 (BGBl. I 2004, S. 3166 ff.)

1. *Rechnungslegungsverpflichtete und Rechnungslegungsziele der IFRS*

Im Zuge der Umsetzung der IAS-Verordnung in nationales Recht durch das BilReG wurde u. a. § 315 a HGB eingeführt, der zugleich den Hauptanknüpfungspunkt für die Verpflichtung zur Rechnungslegung nach den IFRS bildet: Gem. § 315 a Abs. 1 und Abs. 2 HGB haben inländische kapitalmarktorientierte Unternehmen[479], ihre Konzernabschlüsse nach den Vorschriften der IFRS aufzustellen. Ebenfalls eingeführt wurde § 315 a Abs. 3 S. 1 HGB, mit dem eines der Wahlrechte der IAS-Verordnung umgesetzt wurde: Demnach haben nicht kapitalmarktorientierte Mutterunternehmen das Wahlrecht, ihren Konzernabschluss mit befreiender Wirkung nach IFRS aufzustellen. Großen Kapitalgesellschaften wird seit dem BilReG auch bei dem Einzelabschluss in § 325 Abs. 2a HGB die Möglichkeit eröffnet, einen nach den IFRS erstellten Einzelabschluss im Bundesanzeiger zu veröffentlichen.

Die vorgenannten Bestimmungen des HGB verdeutlichen, wie sehr der Kreis der zur Rechnungslegung nach den IFRS Verpflichteten erweitert wurde. Zudem vergegenwärtigen sie, wie stark die Bedeutung der IFRS für inländische Unternehmen innerhalb weniger Jahre gewachsen ist.

Gegenüber dem Handelsbilanzrecht und Steuerbilanzrecht unterscheiden sich die IFRS vor allem im Hinblick auf die Informationsfunktion: Das Bilanzrecht des HGB ist stark vom Vorsichtsprinzip geprägt und verfolgt vor allem die Kapitalerhaltung und den Gläubigerschutz als Rechnungslegungsziele. Bei den IFRS hingegen steht die Informationsfunktion im Sinne einer *„fair presentation"* (vgl. IAS 1.15) für Investoren und anderen Teilnehmern an den anonymen Kapitalmärkten im Vordergrund[480]. Die nach den IFRS erstellten Abschlüsse sollen den Adressaten entscheidungsnützliche Informationen (*decision usefulness*-Konzept) über die Vermögens-, Finanz- und Ertragslage eines Unternehmens zur Verfügung stellen[481] (vgl. hierzu IAS 1.9). Die Umsetzung

479 Kapitalmarktorientiert sind Unternehmen deren Wertpapiere zum Handeln an einem geregelten Markt zugelassen sind; vgl. *Driesch*, in: Beck'sches IFRS-Handbuch, 5. Aufl. 2016, § 1, Rdnr. 70.

480 *Driesch*, in: Beck'sches IFRS-Handbuch, 5. Aufl. 2016, § 1, Rdnr. 2; mit scharfer Kritik an der tatsächlichen Verwirklichung dieser Leitgedanken durch die IFRS: *Schildbach*, IRZ 2007, S. 13.

481 *Wawrzinek/Lübbig*, in: Beck'sches IFRS-Handbuch, 5. Aufl. 2016, § 2, Rdnr. 20. Die Ausschüttungs- und Zahlungsbemessungsfunktion treten demgegenüber klar zurück, *Schmidt*, Rechnungslegung zur Zahlungsbemessung und Informationsvermittlung, 2007, S. 107; *Schildbach*, IRZ 2007, S. 15.

dieses Arbeitsprogramms führt bei den IFRS tendenziell zu einem höheren Eigenkapitalausweis und ermöglicht teilweise auch den Ausweis nicht realisierter Gewinne[482].

Die unterschiedlichen Rechnungslegungsziele von HGB und IFRS haben erhebliche Auswirkungen auf die Bilanzierung und Wertansätze zur Folge. Sie betreffen damit auch unmittelbar die Bilanzierung des Goodwill. So weisen *Coenenberg/Frank/ Dinh Thi/Schabert/Schultze* in einer im Jahr 2011 veröffentlichen empirischen Untersuchung der Rechnungslegung von 154 deutschen Konzernunternehmen nach, dass der Ausweis des Goodwill nach einer Umstellung der Bilanzierung von HGB auf IFRS im Mittel um 111,60% gestiegen ist[483].

2. *Bilanzielle Behandlung des originären Goodwill*

Für die bilanzielle Behandlung des originären Goodwill nach den IFRS ist der Standard *IAS 38 Intangible Assets* in der Neufassung aus dem Jahr 2004 relevant. Darin sehen (auch) die IFRS für den originären Goodwill ein Aktivierungsverbot vor. Anders als im Bilanzrecht des HGB enthält IAS 38.48 ein striktes und ausdrückliches Aktivierungsverbot[484]:

> „*Internally generated goodwill shall not be recognised as an asset.*“

Zur Begründung dieser unmissverständlichen Regelung wird in IAS 38.49 ausgeführt, dass der originäre Goodwill keine identifizierbare Ressource darstellt (vgl. auch IAS 38.11 und IAS 38.12), da dieser weder vom Unternehmen getrennt werden kann noch aus vertraglichen oder gesetzlichen Rechten herrührt (vgl. IAS 38.49). Zwar wird anerkannt, dass die getätigten Aufwendungen

---

482 Hierzu mit weiteren Nachweisen: *Lüdenbach/Hoffmann/Freiberg*, IFRS-Kommentar, 16. Aufl. 2018, § 7, Rdnr. 8 ff. So weisen in einer empirischen Studie *Coenenberg/Frank/ Dinh Thi/Schabert/Schultze* nach, dass der Ausweis des Eigenkapitals nach einem Wechsel der Rechnungslegung von HGB zu den IFRS im Mittel um 22,79% gestiegen ist (*Coenenberg/Frank/Dinh Thi/Schabert/Schultze*, KoR^IFRS 2011, S. 140).

483 Coenenberg/Frank/Dinh Thi/Schabert/Schultze, KoR^IFRS 2011, S. 138.

484 Gleiches gilt für die **US-GAAP**, die in FASB ASC 350-20-25-3 ebenfalls ein ausdrückliches Aktivierungsverbot enthalten: „Costs of internally developing, maintaining, or restoring intangible assets (including goodwill) that are not specifically identifiable, that have indeterminate lives, or that are inherent in a continuing business and related to an entity as a whole, shall be recognized as an expense when incurred“. Somit begründen auch die US-GAAP das Aktivierungsverbot damit, dass der originäre Goodwill nicht einzeln identifiziert und seine Nutzungsdauer nicht bestimmt werden kann.

für die Erzeugung eines künftigen wirtschaftlichen Nutzens anfallen, was für die Annahme eines Vermögenswertes spricht (vgl. IAS 38.8 und IAS 38.10). Jedoch kann der originäre Goodwill mangels entsprechender Verfügungsgewalt nicht durch das Unternehmen kontrolliert werden (vgl. IAS 38.49, IAS 38.10 und IAS 38.13)[485]. Zudem ließen sich die Herstellungskosten für den originären Goodwill nicht verlässlich bemessen (vgl. IAS 38.49 a.E., IAS 38.21 lit. (b)). Unabhängig von dem ausdrücklichen Aktivierungsverbot erfüllt der originäre Goodwill im Ergebnis auch nicht die Voraussetzungen eines immateriellen Vermögenswertes im Sinne von IAS 38.8 und IAS 38.10.

Als Konsequenz des Aktivierungsverbotes des originären Goodwill und originärer Goodwill-Werte sind die zugehörigen Kosten in der Periode als Aufwand zu erfassen, in der sie anfallen (vgl. IAS 38.10 und IAS 38.68).

3. *Exkurs: Berücksichtigung des originären negativen Goodwill?*

Anders als der positive originäre Goodwill wird sein negatives *Pendant* weder in den IFRS selbst noch, soweit ersichtlich, in der dazugehörigen Fachliteratur thematisiert. Der originäre negative Goodwill kann auch nach den IFRS bilanziell nicht abgebildet werden. Soweit sich die entsprechenden negativen Goodwill-Werte noch nicht in entsprechenden Bilanzpositionen (bspw. in Rückstellungen) niederschlagen, besteht für die Berücksichtigung eines negativen originären Goodwill in den IFRS kein Raum.

§ 6 Behandlung des originären Goodwill im Steuerrecht

Im folgenden Abschnitt wird die Behandlung des originären Goodwill im Steuerrecht besprochen. Dabei wird in einem ersten Schritt die steuerbilanzielle Behandlung des originären Goodwill betrachtet. Im Anschluss daran wird dessen Behandlung in materiellen Steuerrecht dargestellt. Neben Ertragsteuergesetzen wird auch das Umsatzsteuergesetz berücksichtigt. Dabei stehen die Entstehung und Herausbildung des originären Goodwill und die entsprechende steuerliche Berücksichtigung im Vordergrund[486].

---

485 Siehe hierzu auch *Ramscheid*, in: Beck'sches IFRS-Handbuch, 5. Aufl. 2016, § 4, Rdnr. 1, 49.

486 Darüber hinaus ist die steuerliche Behandlung des originären Goodwill aus Sicht eines Verkäufers gerade auch bei Unternehmensübertragungen relevant. Diese Aspekte sind jedoch in der Systematik der vorliegenden Bearbeitung enger mit der Übertragung eines Unternehmens verknüpft, so dass die steuerliche Behandlung des originären

I. Steuerbilanzielle Behandlung nach EStG

Ebenso wie im vorangegangenen Abschnitt zur Bilanzierung wird nachfolgend zunächst aufgezeigt, wer zur Rechnungslegung nach dem Steuerbilanzrecht verpflichtet ist und welche Rechnungslegungsziele im Steuerbilanzrecht verfolgt werden. Darauf aufbauend wird die steuerbilanzielle Behandlung von originärem Goodwill und Praxiswert dargestellt.

1. Rechnungslegungsverpflichtete und Rechnungslegungsziele

Die Pflicht zur Erstellung einer Steuerbilanz ergibt sich aus § 4 Abs. 1 S. 1 EStG, der für Zwecke der Gewinnermittlung die Erstellung eines Betriebsvermögensvergleichs verlangt. Soweit der Rechnungslegungsverpflichtete ein Gewerbetreibender ist, der aufgrund gesetzlicher Vorschriften zur Buchführung und Bilanzierung verpflichtet ist, hat dieser nach § 5 Abs. 1 S. 1 EStG einen qualifizierten Betriebsvermögensvergleich[487] unter Berücksichtigung der handelsrechtlichen Grundsätze ordnungsmäßiger Buchführung zu erstellen. Die Pflicht zur Erstellung eines qualifizierten Betriebsvermögensvergleichs knüpft damit an die in §§ 140, 141 AO geregelte steuerrechtliche Buchführungspflicht an. Da die Buchführungspflicht in § 140 AO wiederum auf die Buchführungspflicht in § 238 HGB verweist und die in § 141 AO enthaltenen Schwellenwerte zudem annähernd deckungsgleich sind mit denen in § 241a HGB, ist im Ergebnis der Kreis der Bilanzierungsverpflichteten im Handels- und Steuerbilanzrecht im Wesentlichen identisch[488].

Die steuerbilanziellen Rechnungslegungsziele lassen sich kurz und bündig beschreiben: Mit der Steuerbilanz soll der tatsächliche Gewinn des Unternehmens ermittelt werden. Damit dient die Steuerbilanz im Wesentlichen der Messung der wirtschaftlichen Leistungsfähigkeit und damit der Steuerbemessung.

Goodwill in Unternehmensübertragungen ebendort dargestellt wird (siehe hierzu eingehend unter § 8 III.).

487 Der Betriebsvermögensvergleich nach § 4 Abs. 1 EStG und der qualifizierte Betriebsvermögens-vergleich nach §§ 5 Abs. 1, 4 Abs. 1 EStG unterscheiden sich vor allem im Hinblick auf die Geltung der handelsrechtlichen Grundsätze ordnungsgemäßer Buchführung (sog. Maßgeblichkeit) gem. § 5 Abs. 1 S. 1 EStG. Die Unterschiede zwischen diesen Varianten sind geringfügig (vgl. *Loschelder*, in: *Schmidt*, EStG, 37. Aufl. 2018, § 4 EStG, Rdnr. 10); im Folgenden wird diese Differenzierung daher nicht berücksichtigt.

488 Siehe hierzu *Winkeljohann/Lawall*, in: Beck Bil-Komm, 11. Aufl. 2018, § 241a HGB, Rdnr. 10.

Dieses Rechnungslegungsziel hat Auswirkungen auf die Behandlung des Goodwill im Steuerrecht.

2. *Originärer Goodwill*

Der originäre Goodwill gehört zum Betriebsvermögen des Unternehmens[489]. Dennoch ist dieser steuerbilanziell nicht zu berücksichtigen. Die steuerbilanzielle (Nicht-)Berücksichtigung des originären Goodwill ist durch den Umkehrschluss zu § 5 Abs. 2 EStG dem Gesetz zu entnehmen: Nach dem Wortlaut der Vorschrift ist für immaterielle Wirtschaftsgüter des Anlagevermögens nur dann ein Aktivposten anzusetzen, wenn sie entgeltlich erworben wurden. Zwar wird der Geschäfts- oder Firmenwert im Steuerbilanzrecht unabhängig von seiner Erscheinungsform (originär oder derivativ) unstreitig als immaterielles Wirtschaftsgut angesehen[490]. Woran es dem originären Geschäfts- oder Firmenwert jedoch fehlt, ist ein entgeltlicher Erwerbsvorgang. Dem Ansatz des originären Goodwill in der Steuerbilanz steht damit der klare Wortlaut des Gesetzes[491] entgegen. Spielraum für Interpretationen verbleibt hier nicht.

Daneben ergibt sich das Aktivierungsverbot für den originären Geschäfts- oder Firmenwert auch unmittelbar aus dem in § 5 Abs. 1 S. 1 EStG verankerten Maßgeblichkeitsprinzip: Das (materielle) Maßgeblichkeitsprinzip verlangt, dass der Steuerpflichtige bei der steuerlichen Gewinnermittlung die abstrakten handelsrechtlichen Vorgaben zu befolgen hat[492]. Das handelsrechtliche Aktivierungsverbot[493] für den originären Geschäfts- oder Firmenwert ist damit auch

489 *Ehmcke*, in: *Blümich*, EStG/KStG/GewStG, 133. EL Juli 2016, § 6 EStG, Rdnr. 750.

490 Siehe hierzu zuvor unter § 3 II. 2. Statt vieler: *Krumm*, in: *Blümich*, EStG/KStG/GewStG, 129. EL August 2015, § 5 EStG, Rdnr. 616, 617; *Ehmcke*, in: *Blümich*, EStG/KStG/GewStG, 133. EL Juli 2016, § 6 EStG, Rdnr. 750, 751; so auch *Weber-Grellet*, in: *Schmidt*, EStG, 37. Aufl. 2018, § 5 EStG, Rdnr. 222, der allerdings *de lege ferenda* vorschlägt, die Einordnung des Goodwill als Wirtschaftsgut zugunsten eines (positiven oder negativen) Ausgleichspostens aufzugeben; siehe hierzu auch *Schmidt*, Rechnungslegung zur Zahlungsbemessung und Informationsvermittlung, 2007, S. 79.

491 Das ausdrückliche Aktivierungsverbot für immaterielle Wirtschaftsgüter des Anlagevermögens wurde mit dem Einkommensteueränderungsgesetz vom 16. Mai 1969 (BGBl. I 1969, S. 421 ff.) ins Gesetz aufgenommen. Zum Aktivierungsverbot siehe auch *Ehmcke*, in: *Blümich*, EStG/KStG/GewStG, 133. EL Juli 2016, § 6 EStG, Rdnr. 751; *Weber-Grellet*, in: *Schmidt*, EStG, 37. Aufl. 2018, § 5 EStG, Rdnr. 222.

492 Statt vieler: *Crezelius*, in: *Kirchhof*, EStG, 17. Aufl. 2018, § 5 EStG, Rdnr. 1.

493 Siehe hierzu zuvor in § 5 I. 2.

steuerbilanziell zu beachten[494]. Daher kann der originäre Goodwill in keinem Fall Berücksichtigung in der Steuerbilanz finden.

3. *Originärer Praxiswert*

Für die Behandlung des originären Praxiswertes ergeben sich gegenüber der Behandlung des originären Goodwill keine Abweichungen. Der originäre Praxiswert wird zwar ebenfalls dem Betriebsvermögen zugerechnet und stellt in der Regel eine wesentliche Betriebsgrundlage dar[495]. Jedoch gilt das in § 5 Abs. 2 EStG enthaltene Ansatzverbot analog auch für die, für Freiberufler relevantere, Gewinnermittlungsart nach § 4 Abs. 1 und Abs. 3 EStG[496]. Als selbst geschaffenes Wirtschaftsgut ist der originäre Praxiswert, ebenso wie der unentgeltlich erworbene Praxiswert, weder aktivierungs- noch abschreibungsfähig[497].

4. *Exkurs: Berücksichtigung des negativen originären Goodwill?*

Ebenso wie sein positives *Pendant* findet auch der negative originäre Goodwill im Steuerbilanzrecht keine Berücksichtigung. Soweit der negative originäre Goodwill in der Literatur überhaupt Erwähnung findet, wird seine (Nicht-) Berücksichtigung damit begründet, dass der Ausweis eines negativen originären Goodwill noch nicht eingetretene, sondern erst künftig erwartete Verluste über die Grenzen des Imparitätsprinzips hinaus und damit unzulässig berücksichtigen würde[498]. Diese Überlegungen entstammen im Kern dem Handelsbilanzrecht, können aufgrund des Maßgeblichkeitsprinzips aber auch für Zwecke der Steuerbilanz herangezogen werden. Daneben wird der Bilanzansatz des originären negativen Goodwill vereinzelt auch in Analogie zum originären positiven Goodwill mit der Begründung abgelehnt, dass es diesem an einem entgeltlichen Erwerbsvorgang mangele[499].

Unabhängig von dem Begründungsansatz wird somit einhellig angenommen, dass der originäre negative Goodwill bilanziell keinen Niederschlag finden kann.

---

494 *Crezelius*, in: *Kirchhof*, EStG, 17. Aufl. 2018, § 5 EStG, Rdnr. 72.

495 *Hutter*, in: *Blümich*, EStG/KStG/GewStG, 140. EL Januar 2018, § 18 EStG, Rdnr. 243; ebenso *Maier*, in: BeckLex, 42. Ed. 2018 (Stand: 01.12.2016), Praxiswert, Rdnr. 3.

496 Vgl. *Wacker*, in: *Schmidt*, EStG, 37. Aufl. 2018, § 18 EStG, Rdnr. 200.

497 *Wacker*, in: *Schmidt*, EStG, 37. Aufl. 2018, § 18 EStG, Rdnr. 200 mit Rechtsprechungsnachweisen.

498 *Krumm*, in: *Blümich*, EStG/KStG/GewStG, 129. EL August 2015, § 5 EStG, Rdnr. 625.

499 So bspw. *Werndl*, in: *Kirchhof/Söhn/Mellinghoff*, EStG, 213. EL Oktober 2010, § 6 EStG, Rdnr. B 484.

II. Steuerliche Behandlung in materiellen Einzelsteuergesetzen

Neben dem Steuerbilanzrecht sind für den originären Goodwill grundsätzlich auch verschiedene materielle Einzelsteuergesetze relevant. Das betrifft insbesondere die Ertragsteuergesetze und das Umsatzsteuergesetz.

1. Behandlung des originären Goodwill im Ertragsteuerrecht

a) Grundsatz

Als Konsequenz der zuvor beschriebenen steuerbilanziellen Nichtberücksichtigung des originären Goodwill sind sämtliche betrieblichen Investitionen in den Goodwill steuerlich nicht als aktivierbare Herstellungskosten sondern als Betriebsausgaben zu berücksichtigen[500]. Selbst dann, wenn einzelne Goodwill-Werte ausnahmsweise die Voraussetzungen eines selbstgeschaffenen immateriellen Vermögensgegenstandes im Sinne des § 248 Abs. 2 S. 1 HGB erfüllen und wahlweise als Aktivposten in die Handelsbilanz aufgenommen werden können, ist dies wegen § 5 Abs. 2 EStG für die Steuerbilanz unbeachtlich: § 5 Abs. 2 EStG setzt für die Aktivierung immaterieller Wirtschaftsgüter des Anlagevermögens zwingend voraus, dass diese entgeltlich erworben wurden. Fehlt es an einem entgeltlichen Erwerb, besteht steuerrechtlich ein generelles eigenständiges Aktivierungsverbot[501].

Im Ergebnis kann der originäre Goodwill im materiellen Einkommensteuerrecht sofort erfolgswirksam gebildet werden. Sämtliche betrieblichen Aufwendungen und Investitionen in den Goodwill stellen Betriebsausgaben dar und sind damit sofort abziehbar[502]. Dieselbe rechtliche Behandlung erfährt der originäre Goodwill auch im KStG, denn § 5 Abs. 2 EStG ist über die §§ 7, 8 KStG auch für Körperschaften anwendbar[503]. Durch die Anknüpfung des § 7 GewStG an die einkommen- und körperschaftsteuerliche Gewinnermittlung gilt diese Rechtsfolge auch im Gewerbesteuerrecht.

b) Berücksichtigung bei Betriebsaufspaltung und -verpachtung?

Darüber hinaus findet der originäre Goodwill im materiellen Einkommensteuerrecht in Zusammenhang mit Betriebsverpachtungen und Betriebsaufspaltungen Erwähnung. Nach Auffassung der Rechtsprechung und Literatur kann der

---

500 *Ehmcke*, in: *Blümich*, EStG/KStG/GewStG, 133. EL Juli 2016, § 6 EStG, Rdnr. 751.
501 *Schmidt/Usinger*, in: Beck Bil-Komm, 11. Aufl. 2018, § 248 HGB, Rdnr. 35.
502 Statt vieler: *Bode*, in: *Kirchhof*, EStG, 17. Aufl. 2018, § 4 EStG, Rdnr. 18.
503 *Weber-Grellet*, in: *Schmidt*, EStG, 37. Aufl. 2018, § 5 EStG, Rdnr. 9.

originäre Goodwill Gegenstand einer Betriebsverpachtung oder einer Betriebsaufspaltung sein[504]; in beiden Fällen teilt der Goodwill jedoch „nur" das Schicksal des jeweiligen Unternehmens, eine Verpachtung oder Aufspaltung isoliert im Hinblick auf den Goodwill wird jedoch nicht zugelassen. Da sich bei beiden Rechtsvorgängen die Eigentümerstellung an dem Unternehmen als Träger des originären Goodwill nicht zwingend ändert, liegt im Regelfall auch kein Leistungsaustausch oder Rechtsvorgang vor, der sich auf den originären Goodwill auswirken könnte. Als Folge hiervon verbleibt der Goodwill beim Verpachtungsunternehmen, auch wenn im Rahmen einer Betriebsverpachtung wesentliche Betriebsgrundlagen des Unternehmens verpachtet werden[505].

Auch geht der Goodwill im Falle einer Betriebsaufspaltung nicht unter und auch nicht notwendigerweise in das Betriebsvermögen des Betriebsunternehmens über. Im Regelfall verbleibt der Goodwill im Betriebsvermögen des Besitzunternehmens und wird dem Betriebsunternehmen nur zur Nutzung überlassen. Entscheidend sind stets die Verhältnisse des jeweiligen Einzelfalles[506].

c) Einlage- und Entnahmefähigkeit?

Die unmittelbare Verknüpfung mit dem jeweiligen Unternehmen ist auch der Grund, weshalb nach Rechtsprechung und Literatur der Goodwill (zumindest nicht isoliert) nicht Gegenstand einer (verdeckten) Einlage[507] oder Entnahme[508] sein kann. Der Goodwill kann nach ganz herrschender Ansicht nur zusammen mit dem jeweiligen Betrieb, Teilbetrieb oder Mitunternehmeranteil eingelegt oder entnommen werden. Darin ist auch eine weitere Bestätigung des Eingangsbefundes zu sehen, dass der Goodwill untrennbar mit dem jeweiligen Unternehmen verbunden ist[509].

---

504 Hierzu auch mit weiteren Nachweisen *Ehmcke*, in: *Blümich*, EStG/KStG/GewStG, 133. EL Juli 2016, § 6 EStG, Rdnr. 752, 753.

505 *Schindler*, in: *Kirchhof*, EStG, 17. Aufl. 2018, § 6 EStG, Rdnr. 121.

506 Zum Vorstehenden: *Ehmcke*, in: *Blümich*, EStG/KStG/GewStG, 133. EL Juli 2016, § 6 EStG, Rdnr. 753.

507 Siehe hierzu *Werndl*, in: *Kirchhof/Söhn/Mellinghoff*, EStG, 54. EL Juli 1994, § 6 EStG, Rdnr. F 90; *Ehmcke*, in: *Blümich*, EStG/KStG/GewStG, 133. EL Juli 2016, § 6 EStG, Rdnr. 752.

508 *Werndl*, in: *Kirchhof/Söhn/Mellinghoff*, EStG, 147. EL Oktober 2004, § 6 EStG, Rdnr. E 120; *Schindler*, in: *Kirchhof*, EStG, 17. Aufl. 2018, § 6 EStG, Rdnr. 121.

509 Siehe hierzu die Definition im Steuerbilanzrecht zuvor unter § 2 II. 2.

d) Originärer Goodwill in der Anfangsbilanz nach § 13 Abs. 2 KStG?

Eine Ausnahme von der steuerbilanziellen Nichtberücksichtigung des originären Goodwill soll sich nach einer Literaturansicht[510] bei der Besteuerung gemeinnütziger Körperschaften ergeben. Ein Teil der Literatur will den originären Goodwill in der Anfangsbilanz im Sinne des § 13 Abs. 2 KStG ansetzen. Dem steht die Rechtsprechung des *BFH*[511] entgegen, nach der auch hier § 5 Abs. 2 EStG i.V.m. § 8 Abs. 1 KStG zur Anwendung kommen und der originäre Goodwill als Folge hiervon nicht berücksichtigt werden soll. Die Literaturansicht will mit der Berücksichtigung des originären Goodwill in der Anfangsbilanz verhindern, dass stille Reserven, die in der Zeit der Steuerfreiheit der gemeinnützigen Körperschaft gebildet wurden, nachträglich der Besteuerung unterworfen werden[512]. Im Kern ist die Argumentation der Literatur daher vom Sinn und Zweck der relevanten Bestimmungen des Gemeinnützigkeitsrechts geleitet. Für den originären Goodwill beinhalten sie keine weiteren Charakteristika.

2. Behandlung des originären Goodwill im Umsatzsteuerrecht

Eine Besteuerung des originären Goodwill kann nach dem Wesen der Umsatzsteuer als Verkehrsteuer bzw. Verbrauchsteuer notwendigerweise nicht stattfinden. Das UStG knüpft in dem Grundtatbestand des § 1 Abs. 1 Nr. 1 UStG an einen Leistungsaustausch an: Der umsatzsteuerrechtliche Unternehmer erbringt gegenüber einem Leistungsempfänger eine Lieferung oder sonstige Leistung, der wiederum eine Gegenleistung in Form eines Entgelts gegenübersteht[513]. Auslösendes Moment für den Steuerzugriff ist somit ein entgeltlicher Leistungsaustausch zwischen zwei Rechtssubjekten im Sinne des Umsatzsteuerrechts. Damit kann der originäre Goodwill im Zeitpunkt seiner Entstehung und Herausbildung nicht Gegenstand des Steuertatbestands des § 1 Abs. 1 Nr. 1 UStG sein. Nichts anderes gilt auch für die weiteren Tatbestände des § 1 UStG, namentlich der Einfuhr von Gegenständen (§ 1 Abs. 1 Nr. 4 UStG) und dem innergemeinschaftlichen Erwerb (§ 1 Abs. 1 Nr. 5 UStG). Auch diese spielen für den originären Goodwill erkennbar keine Rolle.

Lediglich Ausgaben, die in Zusammenhang mit der Herausbildung des originären Goodwill und der einzelnen Goodwill-Werte entstehen, unterliegen der

---

510 Hierzu und mit weiteren Literaturnachweisen: *Hüttemann*, Gemeinnützigkeits- und Spendenrecht, 3. Aufl. 2015, Kap. 7, Rdnr. 7.72.

511 Vgl. *BFH*, Urteil v. 09.08.2000 - I R 69/98, BStBl. II 2001, S. 71 = DStR 2000, S. 2040.

512 *Hüttemann*, Gemeinnützigkeits- und Spendenrecht, 3. Aufl. 2015, Kap. 7, Rdnr. 7.72.

513 *Robisch*, in: *Bunjes*, UStG, 16. Aufl. 2017, § 1 UStG, Rdnr. 7.

regulären Besteuerung durch das UStG. Hier ergeben sich jedoch für den Goodwill keine Besonderheiten in der Besteuerung.

3. *Weitere steuerliche Berücksichtigung des originären Goodwill?*

Neben den geschilderten Aspekten findet der originäre Goodwill im materiellen Steuerrecht nur vereinzelt Berücksichtigung. Dies verwundert wenig, denn der originäre Goodwill hat im Regelfall noch keine Bewertung am Markt erfahren und war damit auch noch nicht Gegenstand des Rechtsverkehrs. Damit fehlt dem originären Goodwill ein wichtiger Anknüpfungspunkt für den Steuerzugriff.

Außerhalb des Ertrags- und Umsatzsteuerrechts sind die Anknüpfungspunkte für den originären Goodwill daher noch weiter beschränkt. Wenn der Goodwill, bspw. im Erbschaftsteuerrecht, Erwähnung findet[514], dann zumeist in Zusammenhang mit der Frage nach der Bewertung eines Unternehmens. Eine eigenständige Würdigung hat der originäre Goodwill hier jedoch auch nicht erfahren.

---

514 Siehe bspw. *Gebel/Jülicher*, in: *Troll/Gebel/Jülicher/Gottschalk*, ErbStG, 42. EL Juli 2011, ErbStG, § 12 ErbStG, Rdnr. 357; ebenso auch *Gebel*, in: *Troll/Gebel/Jülicher/Gottschalk*, ErbStG, 44. EL März 2012, ErbStG, § 12 ErbStG, Rdnr. 728, ders. auch in 53. EL Juni 2017, ErbStG, § 12 ErbStG, Rdnr. 757.

3. Teil - Derivativer Goodwill

Der dritte Teil der Bearbeitung widmet sich dem derivativen Goodwill im Bilanz- und Steuerrecht. Dem Entstehen des derivativen Goodwill ist im Regelfall eine Unternehmenstransaktion vorgelagert[515]. So setzt beispielsweise das Bilanzrecht des HGB in § 246 Abs. 1 S. 4 HGB die Übernahme eines Unternehmens oder aber die IFRS einen Unternehmeszusammenschluss (vgl. IFRS 3.1 lit. b)) für die Bilanzierung des derivativen Goodwill voraus.

Die in der Praxis wohl häufigste Form einer Unternehmenstransaktionen stellt der Unternehmenskauf dar[516]. Das Unternehmen kann nach deutschem Recht dabei auf Ebene des Sachenrechts als solches nicht übertragen werden[517]. Vielmehr ist dazu grundsätzlich die Einzelübertragung sämtlicher zum Unternehmen gehörender Gegenstände, Betriebseinrichtungen und Schulden (sog. „*asset deal*") oder aber die Übertragung sämtlicher Anteile an der unternehmenstragenden Gesellschaft (sog. „*share deal*") erforderlich[518].

Diese grundsätzliche Weichenstellung ist ein wichtiger Anknüpfungspunkt für die bilanzielle Behandlung des derivativen Goodwill. Die Bilanzierung des derivativen Goodwill nach dem HGB und den IFRS bildet auch den Schwerpunkt des dritten Teils dieser Bearbeitung (§ 7). Dabei werden die verschiedenen Ansätze zur bilanziellen Abbildung des Unternehmenserwerbs und ihre Auswirkungen auf den derivativen Goodwill in der Einzel- und Konzernbilanz dargestellt. Im Gleichlauf zum zweiten Teil der Bearbeitung werden auch hier die US-GAAP kursorisch berücksichtigt.

Das Schrifttum zur Bilanzierung des derivativen Goodwill ist äußerst umfangreich: Es dürfte nur wenige Bilanzpositionen geben, über die mehr geschrieben wurde als über den derivativen Goodwill. Entsprechend umfangreich wird dieser Aspekt auch in der vorliegenden Bearbeitung abgebildet und entsprechend hoch sind die Erwartungen an die Aussagen über den Goodwill.

515 Dies gilt in vergleichbarer Form auch für den derivativen Praxiswert, der im Regelfall durch die Übertragung einer freiberuflichen Praxis entsteht.

516 Die nachfolgenden Ausführungen konzentrieren sich daher auf den aus einem Unternehmenskauf resultierenden Goodwill. Außer Betracht bleiben weitere Formen von Unternehmenstransaktionen (bspw. durch umwandlungsrechtliche Vorgänge).

517 Statt vieler *Canaris*, Handelsrecht, 24. Aufl. 2006, § 8, Rdnr. 1.

518 Statt vieler *Vossler*, in: *Oetker*, HGB, 5. Aufl. 2017, Anh. zu §§ 25-28 HGB, Rdnr. 10, 11.

Im Anschluss an die Bilanzierung folgt die Darstellung der steuerlichen Behandlung des derivativen Goodwill (§ 8). Beginnend mit der Behandlung des derivativen Goodwill in der Steuerbilanz werden in der Folge die steuerlichen Auswirkungen einer Unternehmenstransaktion dargestellt. Da die Unternehmenstransaktion letztlich nur den Übergang vom originären zum derivativen Goodwill markiert, wird in diesem Zusammenhang auch die steuerliche Behandlung des originären Goodwill als Gegenstand einer Unternehmenstransaktion betrachtet.

Abschließend werden weitere Aspekte der steuerlichen Behandlung des derivativen Goodwill in verschiedenen materiellen Einzelsteuergesetzen beleuchtet.

§ 7 Bilanzierung des derivativen Goodwill

In der Literatur findet sich eine Fülle von Darstellungen und Abhandlungen zur Bilanzierung des derivativen Goodwill. Der schiere Umfang des Schrifttums macht deutlich, welche wirtschaftliche Bedeutung[519] dem derivativen Goodwill insgesamt beigemessen wird.

Der Umfang des Schrifttums macht auch deutlich, dass offensichtlich ein erheblicher Klärungsbedarf für die Bilanzierung des derivativen Goodwill besteht. Wie nachfolgend gezeigt werden wird, bestehen in den verschiedenen Gesetzen und Rechnungslegungsstandards ausdrückliche und teilweise dezidierte Regelungen zur Bilanzierung des derivativen Goodwill. Damit scheint der derivative Goodwill auf den ersten Blick klaren Bilanzierungsregeln zu unterliegen[520]. Allerdings ist die bilanzielle Behandlung des derivativen Goodwill in der Praxis mit erheblichen Unsicherheiten und Problemen behaftet, die häufig zu einer fehleranfälligen und fehlerhaften Bilanzierung des Goodwill führen[521]. Die bilanzielle Abbildung des derivativen Goodwill und insbesondere auch seine Folgebehandlung bilden daher schon seit Jahren einen der Prüfungsschwerpunkte der Deutschen Prüfstelle für Rechnungslegung (DPR)[522].

---

519 Siehe hierzu auch zuvor unter § 3 III.

520 So auch *Broemel/Endert*, BBK 2013, S. 1112.

521 Siehe auch *Beyer*, IRZ 2014, S. 281; *Broemel/Endert*, BBK 2013, S. 1112.

522 Vgl. hierzu die Prüfungsschwerpunkte und Tätigkeitsberichte des DPR insbesondere für die Jahre 2012 bis 2014 (jeweils abrufbar auf der Website des DPR unter www.frep.info; Datum des letzten Abrufs: 1. Juni 2018). Die bilanzielle Abbildung des Goodwill stellt in den Tätigkeitsberichten eine wesentliche Fehlerquelle dar (bspw. Tätigkeitsbericht des DPR für das Jahr 2014, S. 7). Siehe auch *Bourgon*, BB 2011, S. 1002 mit Hinweisen zu den Ergebnisberichten der Abschlussprüferaufsichtskommission. Siehe hierzu auch *Schürmann*, Völlig losgelöst, WiWo vom 08. September 2014, S. 109, 110.

Hinzu kommt, dass die Bilanzierung des derivativen Goodwill in den vergangenen Jahren in den verschiedenen Bilanzierungsregeln erhebliche Änderungen erfahren hat. Die Unsicherheiten und Probleme bei der Bilanzierung des derivativen Goodwill sind nicht zuletzt Folge dieser Änderungen. Auch wenn die geänderten Vorschriften nun größtenteils seit einigen Jahren in Kraft sind, erscheint es dennoch angezeigt, zumindest vereinzelt auf die vorige Rechtslage zurückzukommen, um auf dieser Grundlage auch Leitgedanken für die Goodwill-Bilanzierung ermitteln zu können.

I. Bilanzierung nach dem HGB

Das HGB hält für die Bilanzierung des derivativen Goodwill differenzierte Regelungen bereit. Je nachdem, ob der Goodwill Gegenstand eines Einzelabschlusses oder Konzernabschlusses ist, kommen die allgemeinen Vorschriften der §§ 242 ff. HGB oder zusätzlich die Vorschriften der §§ 290 ff. HGB zur Anwendung[523]. Eine weitere Differenzierung ergibt sich durch den zugrunde liegenden Anschaffungsvorgang, mithin, ob der Erwerb des Unternehmens durch einen *asset deal* oder einen *share deal* vollzogen wurde.

1. Behandlung des derivativen Goodwill im Einzelabschluss

Ausgangspunkt für die Erstellung eines Jahresabschlusses ist § 246 Abs. 1 S. 1 HGB: Demnach hat der Jahresabschluss sämtliche Vermögensgegenstände, Schulden, Rechnungsabgrenzungsposten sowie Aufwendungen und Erträge zu enthalten, soweit gesetzlich nichts anderes bestimmt ist. Konkretisiert wird die bilanzielle Behandlung des derivativen Goodwill im Einzelabschluss nach dem HGB durch die bereits genannte Definition des Geschäfts- oder Firmenwertes in

---

523 Neben den Vorschriften des HGB sind für Konzernabschlüsse auch die Bestimmungen der Deutschen Rechnungslegungsstandards (DRS) relevant. Bei den DRS handelt es sich nicht-kodifizierte Rechnungslegungsnormen die ausschließlich Konzernabschlüsse nach deutschem Recht zum Gegenstand haben. Gesetzlicher Anknüpfungspunkt für die Anwendbarkeit der DRS sind die §§ 342 ff. HGB. Der Verpflichtungsgrad und der Rechtscharakter der DRS sind allerdings in der Literatur nach wie vor sehr umstritten (vgl. nur *Schmidt/Holland*, in: Beck Bil-Komm, 11. Aufl. 2018, § 342 HGB, Rdnr. 19; *Böcking/Gros*, in: *Ebenroth/Boujong/Joost/Strohn*, HGB, 3. Aufl. 2014, § 342, Rdnr. 12; *Hayn/Waldersee*, IFRS/HGB im Vergleich, 8. Aufl. 2014, S. 52). Aufgrund der eingeschränkten und umstrittenen Geltung, werden die DRS und ihre möglichen Auswirkungen auf den Goodwill daher im Folgenden nicht behandelt.

§ 246 Abs. 1 S. 4 HGB: Demnach ist der entgeltlich erworbene Geschäfts- oder Firmenwert als

> *„Unterschiedsbetrag, um den die für die Übernahme eines Unternehmens bewirkte Gegenleistung den Wert der einzelnen Vermögensgegenstände des Unternehmens abzüglich der Schulden im Zeitpunkt der Übernahme übersteigt [...], als zeitlich begrenzt nutzbarer Vermögensgegenstand"*

im Jahresabschluss zu berücksichtigen. Die Vorschrift spricht von der „Übernahme eines Unternehmens" und scheint damit der Form des Erwerbsvorgangs (*asset deal* oder *share deal*) zunächst neutral gegenüberzustehen. Tatsächlich liegt hierin jedoch eine für die Goodwill-Bilanzierung bedeutende Weichenstellung.

a) Übernahme eines Unternehmens gegen Entgelt als Voraussetzung

Für die Bilanzierung des derivativen Goodwill müssen zunächst drei Merkmale kumulativ erfüllt werden: „Unternehmen", „Übernahme eines Unternehmens" und „Entgeltlichkeit des Erwerbsvorgangs":

aa) Unternehmen

Was unter einem Unternehmen i.S.d. § 246 Abs. 1 S. 4 HGB zu verstehen ist, wird im Gesetz nicht näher definiert. Entsprechend dem Sinn und Zweck der Vorschrift wird in der Literatur davon ausgegangen, dass es sich um eine zur selbständigen Teilnahme am Wirtschaftsleben fähigen Einheit[524] handeln muss, die für sich einen Geschäfts- oder Firmenwert haben kann. In der Regel wird es sich daher um Kapital- bzw. Personenhandelsgesellschaften und Einzelunternehmen handeln[525].

Daneben können auch Teile eines Unternehmens von dem Unternehmensbegriff erfasst werden, auch wenn ihnen die rechtliche Selbständigkeit zunächst fehlt (bspw. selbständige Werke oder Teilbetriebe). Entscheidend ist lediglich, dass der einzelne Teil für sich als Unternehmen geführt werden und selbständig am Wirtschaftsleben teilnehmen könnte und daher eine selbständige Planungs- und Entscheidungsmacht hat und über eine entsprechende Organisation, Mitarbeiter, Kundenbeziehungen etc. verfügt (sog. funktionaler

---

524 *Kleindiek*, in: *Staub*, HGB-Großkomm, 5. Aufl. 2014, § 246 HGB, Rdnr. 82.

525 *Adler/Düring/Schmaltz*, Rechnungslegung und Prüfung, 6. Aufl. 1995, § 255 HGB, Rdnr. 260.

Unternehmensbegriff)[526]. An diesem Merkmal fehlt es, soweit nur einzelne Vermögensgegenstände erworben werden, die selbst zusammen genommen noch kein (funktionierendes) Unternehmen darstellen. Ebenso fehlt es an diesem Merkmal, wenn der Betrieb oder Teilbetrieb nicht als „lebender Organismus" zum Zweck der Fortführung erworben wird (sog. „*going-concern*"), sondern der Erwerb im Rahmen einer Betriebsstilllegung oder Liquidation erfolgt[527].

bb) Übernahme eines Unternehmens - Erwerbsvorgang als Weichenstellung

Weiterhin muss es sich um die „Übernahme" dieses Unternehmens handeln. Was unter einer Übernahme i.S.d. § 246 Abs. 1 S. 4 HGB konkret zu verstehen ist, wird im Gesetz ebenfalls nicht näher beschrieben. In der Literatur wird zu diesem Merkmal nur teilweise Stellung bezogen[528], meistens wird das Vorliegen dieses Merkmals allerdings nicht weiter thematisiert. Dennoch ist gerade der zugrunde liegende Erwerbsvorgang von entscheidender Bedeutung für die Frage, ob und wie der Goodwill im Einzelabschluss berücksichtigt wird.

Die Übertragung eines Unternehmens kann grds. im Wege eines *asset deal* oder im Wege eines *share deal* vollzogen werden. Beide Wege können aus Sicht des Bilanzrechts des HGB gleichermaßen beschritten werden, führen jedoch zu unterschiedlichen Konsequenzen für den Goodwill. Die Unternehmensübernahme in Form eines *asset deal* fällt unmittelbar in den Anwendungsbereich des § 246 Abs. 1 S. 4 HGB. Wird dieser Weg beschritten, ist in einem nächsten Schritt mit der Prüfung der Entgeltlichkeit fortzufahren.

Wird ein Unternehmen demgegenüber im Wege eines *share deal* übertragen, stellen die übertragenen Anteile aus Sicht des Handelsbilanzrechts einen Vermögensgegenstand in Form einer Beteiligung dar, die im Finanzanlagevermögen

---

526 *Adler/Düring/Schmaltz*, Rechnungslegung und Prüfung, 6. Aufl. 1995, § 255 HGB, Rdnr. 260; *Schmidt/Ries*, in: Beck Bil-Komm, 11. Aufl. 2018, § 246 HGB, Rdnr. 82; *Theile*, BBK 2014, S. 247.

527 *Schubert/F. Huber*, in: Beck Bil-Komm, 11. Aufl. 2018, § 247 HGB, Rdnr. 420 f.; *Maier*, in: BeckLex, 42. Ed. 2018 (Stand: 01.01.2017), Geschäfts- oder Firmenwert, Rdnr. 8. Wird ein lebendes Unternehmen erworben, um es stillzulegen bzw. zu liquidieren, liegen handelsrechtlich Anschaffungskosten auf den eigenen Goodwill des Erwerbers vor, die nach § 5 Abs. 2 EStG auch steuerrechtlich nicht aktiviert werden dürfen (siehe *Schubert/F. Huber*, in: Beck Bil-Komm, 11. Aufl. 2018, § 247 HGB, Rdnr. 421 mit weiteren Nachweisen).

528 Bspw. ausführlich hierzu *Adler/Düring/Schmaltz*, Rechnungslegung und Prüfung, 6. Aufl. 1995, § 255 HGB, Rdnr. 260.

unter dem Bilanzposten „Anteile an verbundenen Unternehmen" ausgewiesen wird[529]. Wurde für den Erwerb der Anteile an dem Unternehmen ein Kaufpreis bezahlt, der den Wert der erworbenen Beteiligung übersteigt, verbirgt sich darin offensichtlich ein Goodwill. Dieser geht jedoch im Einzelabschluss in voller Höhe in dem Ansatz der Beteiligung auf[530] (bzw. als Bilanzposition „unter").

Die Zugangsbewertung erfolgt in diesem Fall gem. §§ 253 Abs. 1 S. 1, 255 Abs. 1 S. 1 HGB zu den vollen Anschaffungskosten der Beteiligung[531]. Für eine gesonderte Berücksichtigung als „Geschäfts- oder Firmenwert" bleibt im Einzelabschluss kein Raum mehr. Durch die Übernahme der Anteile an dem Unternehmen wird jedoch regelmäßig eine Konzernbeziehung begründet, so dass die Aufstellung eines Konzernabschlusses erforderlich wird[532]. Im Rahmen der Kapitalkonsolidierung bei der Konzernbilanzierung kann dann im Falle eines vom Substanzwert abweichenden Kaufpreises ein Konsolidierungs-Goodwill (*consolidation goodwill*) entstehen[533]. Diese Rechtsfolge gilt in erster Linie für einen *share deal* über Aktien einer AG oder Gesellschaftsanteile einer GmbH[534].

Eine Zwischenstellung nimmt die Übertragung eines Unternehmens über die Personengesellschaftsanteile ein. Zivilrechtlich stellt dies einen Fall des *share deal* dar, genauer einen Rechtskauf im Sinne des § 453 Abs. 1 BGB[535]. Die handelsrechtlichen Folgen der Übertragung von Personengesellschaftsanteilen hängen indes davon ab, in welchem Umfang Anteile übernommen werden: Werden nicht alle Anteile übernommen, stellt dies lediglich einen „Eintritt" in die Gesellschaft dar, nicht aber deren Übernahme. An dem Bestand der Personengesellschaft selbst ändert sich nichts. Aus Sicht des Handelsbilanzrechts stellt dies ebenfalls einen *share deal* mit den identischen Folgen wie bei der AG und der GmbH dar[536]. Der Erwerber eines Anteils an einer Personengesellschaft erwirbt

---

529 *Hoffmann*, BC 2010, S. 256; *Theile*, BBK 2014, S. 251.

530 *Hoffmann*, BC 2010, S. 256; *Theile*, BBK 2014, S. 251; *Preißer/Bressler*, BB 2011, S. 429, 430.

531 *Hoffmann*, BC 2010, S. 256.

532 *Schmidt*, Rechnungslegung zur Zahlungsbemessung und Informationsvermittlung, 2007, S. 90; *Theile*, BBK 2014, S. 251.

533 *Theile*, BBK 2014, S. 246; zum Begriff des Konsolidierungs-Goodwill: *Schmidt*, Rechnungslegung zur Zahlungsbemessung und Informationsvermittlung, 2007, S. 62.

534 *Kleindiek*, in: *Staub*, HGB-Großkomm, 5. Aufl. 2014, § 246 HGB, Rdnr. 82.

535 *Beisel*, in: *Beisel/Klumpp*, Unternehmenskauf, 7. Aufl. 2016, § 4, Rdnr. 10; *Gröger*, in: *Hölters*, Unternehmenskauf, 8. Aufl. 2015, Rdnr. 4.133; hierzu auch *Weidenkaff*, in: *Palandt*, BGB, 77. Aufl. 2018, § 453 BGB, Rdnr. 7, 23.

536 Vgl. zum Vorstehenden auch *Adler/Düring/Schmaltz*, Rechnungslegung und Prüfung, 6. Aufl. 1995, § 255 HGB, Rdnr. 261.

handelsbilanziell einen Vermögensgegenstand, der gem. § 253 Abs. 1 S. 1 HGB mit den Anschaffungskosten zu aktivieren ist[537]. Werden demgegenüber sämtliche Anteile an der Personengesellschaft von einem einzelnen Erwerber übernommen, vereinigen sich alle Anteile in der Hand eines (neuen) Gesellschafters (Anwachsung) mit der Folge, dass der Erwerber damit *uno actu* und *ipso iure*, nämlich allein durch Übertragung der Anteile, Inhaber des Unternehmens und dessen gesamten Vermögens wird[538]. Die Personengesellschaft als solche erlischt bei diesem Vorgang[539]. Aus Sicht des Handelsbilanzrechts stellt dies einen *asset deal* dar mit der Folge, dass § 246 Abs. 1 S. 4 HGB anwendbar ist[540] und gegebenenfalls ein separater Geschäfts- oder Firmenwert ausgewiesen werden könnte.

Im Ergebnis kann im Einzelabschluss der im Rahmen eines *share deals* erworbene Goodwill keine Berücksichtigung finden. Zum Ausweis des Goodwill kann es im Einzelabschluss daher nur bei einem *asset deal* kommen[541]. Die nachfolgenden Ausführungen zur Bilanzierung des Goodwill im Einzelabschluss beschränken sich daher notwendigerweise auf den im Zuge eines *asset deals* erworbenen Goodwill, den Nicht-Konsolidierungs-Goodwill (*non-consolidation goodwill*)[542].

cc) Entgeltlichkeit des Erwerbsvorgangs

Nach dieser zentralen Weichenstellung ist für die Bilanzierung des derivativen Goodwill weiterhin erforderlich, dass ein entgeltlicher Erwerbsvorgang vorliegt. Der unentgeltlich erworbene Goodwill darf ebenso wie der selbst geschaffene Goodwill nicht aktiviert werden. Für diese Einschränkung findet sich zwar keine ausdrückliche Regelung im Gesetz, jedoch ergibt sich diese Rechtsfolge im Umkehrschluss aus dem Wortlaut des § 246 Abs. 1 S. 4 HGB. Denn danach

---

537 Siehe hierzu auch *Kröner*, BB 2012, S. 2408.

538 Statt vieler *Canaris*, Handelsrecht, 24. Aufl. 2006, § 8, Rdnr. 4 f.

539 Zu dieser Rechtsfolge, statt vieler: *Grunewald*, Gesellschaftsrecht, 10. Aufl. 2017, § 1, Rdnr. 197.

540 Siehe hierzu auch *Walz*, in: *Heymann/Horn*, HGB, 2. Aufl. 1999, § 255 HGB, Rdnr. 72.

541 *Hoffmann*, BC 2010, S. 256; *Wiechers*, BBK 2011, S. 735; *Kleindiek*, in: *Staub*, HGB-Großkomm, 5. Aufl. 2014, § 246 HGB, Rdnr. 82; kritisch hierzu *Hennrichs*, der die unterschiedliche bilanzielle Abbildung des Geschäfts- oder Firmenwertes je nachdem, ob er aus einem *asset deal* oder einem *share deal* resultiert, rechtspolitisch für nicht voll überzeugend hält; siehe *Hennrichs*, in: MünchKomm-BilanzR/HGB, 2013, § 246 HGB, Rdnr. 149.

542 Zum Begriff Nicht-Konsolidierungs-Goodwill: *Schmidt*, Rechnungslegung zur Zahlungsbemessung und Informationsvermittlung, 2007, S. 62.

hat nur der entgeltlich erworbene Geschäfts- oder Firmenwert die Qualität eines Vermögensgegenstandes. Das Merkmal der „Entgeltlichkeit“ ist weit zu verstehen und ist bereits dann erfüllt, wenn für den Erwerb des Unternehmens als Gegenleistung ein Kaufpreis vereinbart wurde[543].

b) Bilanzansatz dem Grunde und der Höhe nach

Sind die vorstehend beschriebenen Voraussetzungen „Unternehmen“, „Übernahme“ und „Entgeltlichkeit“ kumulativ erfüllt, kann der Goodwill grundsätzlich bilanziert werden.

Die handelsrechtliche Bilanzierung des derivativen Goodwill wurde erstmals mit dem BiRiLiG für alle Kaufleute gesetzlich geregelt[544]. Bis zum Inkrafttreten des BilMoG bestand für die Bilanzierung des entgeltlich erworbenen Goodwill ein erheblicher Gestaltungsspielraum. Nach § 255 Abs. 4 S. 1 HGB a.F. bestand handelsrechtlich ein Aktivierungswahlrecht. Zudem wurde auch die Aktivierung eines Teilbetrages des Geschäfts- oder Firmenwertes für zulässig erachtet. Handelsrechtlich war damit von der Nichtaktivierung (verbunden mit sofort aufwandswirksamer Erfassung) bis hin zur Vollaktivierung des entgeltlich erworbenen derivativen Geschäfts- oder Firmenwertes jeder Wertansatz denkbar[545].

Mit dem Inkrafttreten des BilMoG[546] wurde dieser Gestaltungsspielraum erheblich eingeschränkt: Durch die Fiktion in § 246 Abs. 1 S. 4 HGB ist der entgeltlich erworbene Geschäfts- oder Firmenwert einem zeitlich begrenzt nutzbaren Vermögensgegenstand gleichgestellt. In Zusammenspiel mit dem in § 246 Abs. 1 S. 1 HGB enthaltenen Vollständigkeitsgebot ergibt sich nunmehr eine Aktivierungspflicht[547]. Mit der Abschaffung des Aktivierungswahlrechts wurde insbesondere das Ziel verfolgt, die handelsrechtlichen Bilanzierungsvorschriften an die IFRS „maßvoll anzunähern“[548] und hierfür die Informationsfunktion

---

543 *Adler/Düring/Schmaltz*, Rechnungslegung und Prüfung, 6. Aufl. 1995, § 255 HGB, Rdnr. 264; *Schmidt/Ries*, in: Beck Bil-Komm, 11. Aufl. 2018, § 246 HGB, Rdnr. 82.

544 *Schmidt*, Rechnungslegung zur Zahlungsbemessung und Informationsvermittlung, 2007, S. 73.

545 Vgl. auch RegE BilMoG, BT-Drucks. 16/10067 vom 30. Juli 2008, S. 48; *Wiedmann*, Bilanzrecht, 1999, § 255 HGB, Rdnr. 47; *Adler/Düring/Schmaltz*, Rechnungslegung und Prüfung, 6. Aufl. 1995, § 255 HGB, Rdnr. 274; *Mujkanovic*, BB 1994, S. 894.

546 Die für die Goodwill-Bilanzierung relevanten Gesetzesänderungen sind, von wenigen Ausnahmen abgesehen, für Geschäftsjahre anzuwenden, die nach dem 31. Dezember 2009 beginnen.

547 Siehe hierzu bspw. *Schülke*, DStR 2010, S. 992, 994.

548 RegE BilMoG, BT-Drucks. 16/10067 vom 30. Juli 2008, S. 1, 32, 34.

des handelsrechtlichen Jahresabschlusses stärker in den Vordergrund treten zu lassen[549].

Somit besteht für den entgeltlich erworbenen Goodwill eine Aktivierungspflicht[550] (Bilanzansatz dem Grunde nach). Der Bilanzansatz der Höhe nach richtet sich nach den allgemeinen handelsbilanziellen Vorschriften[551], insbesondere nach §§ 253 Abs. 1 S. 1 und S. 2, 255 Abs. 1 HGB. Für den Goodwill als Residualgröße ist Voraussetzung für den Bilanzansatz, dass die für die Übernahme eines Unternehmens bewirkte Gegenleistung den Wert der einzelnen Vermögensgegenstände abzüglich der Schulden im Zeitpunkt der Übernahme übersteigt[552]. Der Goodwill schließt mithin die "Wertlücke" zwischen dem Substanzwert des erworbenen Unternehmens und dem gezahlten Kaufpreis.

Der konkrete Wert der Residualgröße Goodwill wird typischerweise in drei Schritten ermittelt: In einem ersten Schritt ist die aufgewendete Gegenleistung zu ermitteln. Diese besteht im Regelfall aus den Anschaffungskosten (in der Regel ist dies der Kaufpreis) und den Anschaffungsnebenkosten[553] abzüglich der Anschaffungspreisminderungen[554].

In einem zweiten Schritt sind die übertragenen Vermögensgegenstände und Schulden zu identifizieren. Dabei sind insbesondere die selbständigen immateriellen Vermögensgegenstände von den unselbständigen geschäftswertbildenden Faktoren zu unterscheiden[555]. In diesem Schritt sind auch solche Vermögensgegenstände zu identifizieren, die bisher noch einem Bilanzierungsverbot unterlagen (bspw. wegen § 248 Abs. 2 S. 2 HGB) und nach der Transaktion als nunmehr „derivative" Vermögensgegenstände einem Bilanzansatz zugänglich sind[556].

---

549 RegE BilMoG, BT-Drucks. 16/10067 vom 30. Juli 2008, S. 1, 34, 35

550 Petersen/Zwirner/Boecker, StuB 2011, S. 399.

551 *Broemel/Endert*, BBK 2013, S. 1108.

552 Vgl. *Theile*, BBK 2014, S. 246, 247; *Adler/Düring/Schmaltz*, Rechnungslegung und Prüfung, 6. Aufl. 1995, § 255 HGB, Rdnr. 263.

553 Bspw. Transaktionskosten wie Anwaltshonorare, Notargebühren etc. und auch Kosten für eine *due diligence*, soweit diese nach Erwerbsentscheidung durchgeführt wurde; andernfalls stellen diese Kosten sofort abzugsfähigen Aufwand dar (*Broemel/Endert*, BBK 2013, S. 1108).

554 *Adler/Düring/Schmaltz*, Rechnungslegung und Prüfung, 6. Aufl. 1995, § 255 HGB, Rdnr. 264.

555 Für die immateriellen Vermögensgegenstände ist ggf. eine eigene Bilanzposition zu bilden; *Maier*, in: BeckLex, 42. Ed. 2018 (Stand: 01.01.2017), Geschäfts- oder Firmenwert, Rdnr. 10.

556 *Adler/Düring/Schmaltz*, Rechnungslegung und Prüfung, 6. Aufl. 1995, § 255 HGB, Rdnr. 265. Gerade diese Abgrenzung und Ermittlung ist in der Praxis mit erheblichen

Sind diese Vermögensgegenstände als nicht bilanzierungsfähig zu qualifizieren, geht der hierfür aufgewendete Kaufpreisanteil in der Bilanzposition „Geschäfts- oder Firmenwert" auf[557]. Auch wenn sie vom Wortlaut des § 246 Abs. 1 S. 4 HGB nicht ausdrücklich erfasst werden, sind nach Sinn und Zweck der Vorschrift auch Rechnungsabgrenzungsposten (RAP) zu berücksichtigen, soweit ihnen Zahlungen zugrunde liegen, die das Unternehmen entlasten (aktive RAP) oder wirtschaftlich belasten (passive RAP). Bei den übernommenen Schulden sind neben den Verbindlichkeiten auch die Rückstellungen zu berücksichtigen[558].

In einem dritten und letzten Schritt sind die übernommenen materiellen und immateriellen Vermögensgegenstände und Schulden zu bewerten und die Gegenleistung darauf zu verteilen. Die Vermögensgegenstände sind mit ihrem beizulegenden Zeitwert am Übernahmestichtag anzusetzen[559] bzw. aufzustocken[560]. Bei dem beizulegenden Zeitwert handelt es sich gem. § 255 Abs. 4 S. 1 HGB um den Marktpreis[561]. Die konkrete Ermittlung des beizulegenden Zeitwertes wird in der Praxis im Regelfall mit erheblichen Schwierigkeiten verbunden sein, da nicht stets für alle Vermögensgegenstände ein Marktpreis zu ermitteln ist. In solchen Fällen ist der beizulegende Zeitwert gem. § 255 Abs. 4 S. 2 HGB „mit Hilfe allgemein anerkannter Bewertungsmethoden zu bestimmen". Für die Ermittlung dieses hypothetischen Marktpreises können (und müssen) beispielsweise die bereits

---

Problemen behaftet und ist regelmäßig nur im Zuge einer Unternehmensbewertung durchführbar, vgl. *Broemel/Endert*, BBK 2013, S. 1108, 1109; *Theile*, BBK 2014, S. 249.

557 Vgl. *Theile*, BBK 2014, S. 249; ebenso auch *Winnefeld*, in: *Winnefeld*, Bilanz-Handbuch, 5. Aufl. 2015, Kap. M, Rdnr. 457.

558 Vgl. *Adler/Düring/Schmaltz*, Rechnungslegung und Prüfung, 6. Aufl. 1995, § 255 HGB, Rdnr. 266, 268; ebenso auch *Mujkanovic*, BB 1994, S. 894.

559 Vgl. *Theile*, BBK 2014, S. 249.

560 In der Literatur (bspw. *Maier*, in: BeckLex, 42. Ed. 2018 (Stand: 01.01.2017), Geschäfts- oder Firmenwert, Rdnr. 10) wird diskutiert, ob bisher nicht bilanzierte immaterielle Einzelwirtschaftsgüter ebenfalls sofort anteilig aufzustocken sind oder vorrangig die bereits bisher bilanzierten materiellen und immateriellen Einzelwirtschaftsgüter bis zu ihren Zeitwerten aufzustocken sind. Für den Goodwill als Restgröße ist dieses Vorrangverhältnis irrelevant. Solange Kaufpreisbestandteile auf Einzelwirtschaftsgüter verteilt werden können, bleibt für einen derivativen Goodwill ohnehin kein Raum.

561 Dabei handelt es sich um den Betrag, zu dem zwischen sachverständigen, vertragswilligen und voneinander unabhängigen Geschäftspartnern ein Vermögensgegenstand getauscht oder eine Schuld beglichen werden kann (*Hayn/Waldersee*, IFRS/HGB im Vergleich, 8. Aufl. 2014, S. 98).

dargestellten Methoden[562] der Unternehmensbewertung, insbesondere das *DCF*-Verfahren herangezogen werden[563]. Auch bei Anwendung dieser Verfahren wird die Bewertung in der Regel nicht ohne die subjektiven Einschätzungen des Managements auskommen[564]. Im Zweifel sind die Wertansätze vorsichtig zu bemessen, um zeitnahe Abschreibungen im Anlagevermögen zu vermeiden[565]. Durch die Bewertung zum beizulegenden Zeitwert werden zudem etwaige stille Reserven aufgedeckt.

Als Residualgröße ergibt sich der derivative Goodwill nach Vornahme der soeben beschriebenen Prüfungsschritte schließlich aus der Differenz der Zeitwerte sämtlicher Aktiva und der Zeitwerte sämtlicher Passiva. Aber selbst wenn sich ein Differenzbetrag ergibt, ist dieser, nach einer vereinzelt vertretenen Ansicht[566], kritisch zu hinterfragen: Ist dieser Mehrbetrag beispielsweise durch eine Abfindung an unliebsame Gesellschafter („Lästigenzuschlag") oder einen lästigen Konkurrenten (sog. *„à fonds perdu"*) motiviert, sollen diese Vergütungselemente keinen bilanzierbaren Goodwill, sondern eine sofort abziehbare Betriebsausgabe darstellen[567]. Nach überwiegender Ansicht[568] ist eine solche Differenzierung im Rahmen des Handelsbilanzrechts jedoch unbeachtlich. Selbst wenn durch die Zahlung eines Mehrbetrags unliebsame Gesellschafter oder lästige Konkurrenten abgefunden werden sollen, bleibt dies handelsbilanziell beachtlich und der gezahlte Mehrbetrag ist als derivativer Goodwill aktivierbar. In der Bilanzgliederung ist nach § 266 Abs. 2 A. I. 3. HGB ein gesonderter Ausweis als „Geschäfts- oder Firmenwert" ausdrücklich vorgesehen[569].

---

562 Siehe hierzu das Ertragswertverfahren und das *DCF*-Verfahren zuvor unter § 4 II. 1. und 2.

563 *Schubert/Hutzler*, in: Beck Bil-Komm, 11. Aufl. 2018, § 255 HGB, Rdnr. 519; *Hoffmann*, in: *Hoffmann/Lüdenbach*, Bilanzierung, 9. Aufl. 2018, § 255 HGB, Rdnr. 215.

564 *Theile*, BBK 2014, S. 249.

565 *Schmidt*, Rechnungslegung zur Zahlungsbemessung und Informationsvermittlung, 2007, S. 74; *Adler/Düring/Schmaltz*, Rechnungslegung und Prüfung, 6. Aufl. 1995, § 255 HGB, Rdnr. 269.

566 *Broemel/Endert*, BBK 2013, S. 1107, 1108; im Ergebnis wohl auch *Velte*, StuW 2010, S. 95.

567 *Broemel/Endert*, BBK 2013, S. 1107, 1108.

568 Siehe hierzu nur *Mujkanovic*, BB 1994, S. 895, 896; ebenso und mit weiteren Nachweisen: *Schmidt*, Rechnungslegung zur Zahlungsbemessung und Informationsvermittlung, 2007, S. 80.

569 Kleine Kapitalgesellschaften im Sinne des § 267 Abs. 1 HGB können gem. § 266 Abs. 1 S. 3 HGB auf einen gesonderten Ausweis verzichten und die Bilanzposition

Die dargestellte Prüfungsreihenfolge macht deutlich, dass die Bewertung des Goodwill in hohem Maße von subjektiven Schätzwerten abhängig ist und damit der Bilanzpolitik des Managements ein erheblicher Gestaltungsspielraum eröffnet ist.

c) Zeitpunkt der Aktivierung

Der entgeltlich erworbene Goodwill ist in dem Zeitpunkt zu aktivieren, in dem das wirtschaftliche Eigentum am Unternehmen auf den Erwerber übergeht[570]. Auf die Zahlung des Kaufpreises kommt es demgegenüber nicht an, auch wenn § 246 Abs. 1 S. 4 HGB von einer „bewirkten" Gegenleistung spricht[571]. Hat der Erwerber den Kaufpreis beim Übergang des wirtschaftlichen Eigentums am Unternehmen noch nicht entrichtet, hat er handelsrechtlich zwingend eine Kaufpreisverbindlichkeit zu passivieren.

d) Folgebehandlung des derivativen Goodwill

Im Bilanzrecht des HGB hat sich der Gesetzgeber seit jeher klar der Trennungstheorie[572] angeschlossen[573]. Als Konsequenz hiervon standen für die Folgebehandlung des Goodwill vor Inkrafttreten des BilMoG mit der pauschalen Abschreibung[574] (§ 255 Abs. 4 S. 2 HGB a.F.) und der planmäßigen Abschreibung (§ 255 Abs. 4 S. 3 HGB a.F.) zwei „reguläre" Abschreibungsmöglichkeiten zur Verfügung[575]. Seit dem Inkrafttreten des BilMoG ist die Möglichkeit der pauschalen Abschreibung entfallen. Nach geltendem Recht ist die Abschreibung nun aufgrund der allgemeinen Vorschriften zur Zugangs- und Folgebewertung in §§ 253 ff. HGB vorzunehmen. Gesetzlich zulässig sind daher (nur) noch

---

„Geschäfts- oder Firmenwert" in dem Sammelposten „Immaterielle Vermögensgegenstände" aufgehen lassen.

570 *Maier*, in: BeckLex, 42. Ed. 2018 (Stand: 01.01.2017), Geschäfts- oder Firmenwert, Rdnr. 10.

571 *Adler/Düring/Schmaltz*, Rechnungslegung und Prüfung, 6. Aufl. 1995, § 255 HGB, Rdnr. 259.

572 Siehe zur Trennungs- und Einheitstheorie zuvor unter § 3 II. 2. a) und b).

573 Statt vieler *Broemel/Endert*, BBK 2013, S. 1109.

574 Nach § 255 Abs. 4 S. 2 HGB a.F. war der Betrag zwingend in jedem auf die Aktivierung folgenden Geschäftsjahr zu mindestens einem Viertel durch Abschreibungen zu tilgen.

575 *Wiedmann*, Bilanzrecht, 1999, § 255 HGB, Rdnr. 48; *Adler/Düring/Schmaltz*, Rechnungslegung und Prüfung, 6. Aufl. 1995, § 255 HGB, Rdnr. 276; *Mujkanovic*, BB 1994, S. 896.

planmäßige und außerplanmäßige Abschreibungen auf den Goodwill[576], sog. Kombinationsmodell[577].

Im Rahmen der planmäßigen Abschreibung haben sich im Jahr 2015 mit dem Inkrafttreten BilRUG[578] einige Änderungen ergeben. Zur Verdeutlichung werden zunächst die Rechtslage unter Geltung des BilMoG und sodann isoliert die jüngsten Änderungen seit Inkrafttreten des BilRUG behandelt.

aa) Planmäßige Abschreibung

Der Goodwill ist nach § 253 Abs. 3 S. 1 HGB planmäßig über dessen voraussichtliche Nutzungsdauer abzuschreiben. Die planmäßige Abschreibung trägt dem Umstand Rechnung, dass Vermögenswerte des Anlagevermögens normalen Abnutzungen, Wertverlusten oder Begrenzungen der Nutzungsdauer unterliegen können[579]. Für den Goodwill stellt das Erfordernis zur planmäßigen Abschreibung die Konsequenz der Gleichstellung des Geschäfts- oder Firmenwertes mit einem zeitlich begrenzt nutzbaren Vermögensgegenstand nach § 246 Abs. 1 S. 4 HGB dar[580].

Die planmäßige Abschreibung muss bereits im Zugangsjahr beginnen. Zu Beginn der Abschreibung ist ein Abschreibungsplan über den voraussichtlichen Entwertungsverlauf des Goodwill zu erstellen[581], in dem die betriebsgewöhnliche Nutzungsdauer und die Abschreibungsmethode[582] festgelegt werden (vgl. § 253 Abs. 3 S. 2 HGB; ebenso § 284 Abs. 2 Nr. 1 HGB). Für die Abschätzung

---

576 Vgl. RegE BilMoG, BT-Drucks. 16/10067 vom 30. Juli 2008, S. 48; sog. „Kombinationsmodell".

577 *Velte*, StuW 2008, S. 280.

578 Gesetz zur Umsetzung der Richtlinie 2013/34/EU des Europäischen Parlaments und des Rates vom 26. Juni 2013 über den Jahresabschluss, den konsolidierten Abschluss und damit verbundene Berichte von Unternehmen bestimmter Rechtsformen und zur Änderung der Richtlinie 2006/43/EG des Europäischen Parlaments und des Rates und zur Aufhebung der Richtlinien 78/660/EWG und 83/349/EWG des Rates (Bilanzrichtlinie-Umsetzungsgesetz - BilRUG) vom 17. Juli 2015 (BGBl. I 2015, S. 1245 ff.)

579 *Maier*, in: BeckLex, 42. Ed. 2018 (Stand: 01.01.2017), Geschäfts- oder Firmenwert, Rdnr. 13.

580 *Petersen/Zwirner/Boecker*, StuB 2011, S. 400; *Großfeld/Tönnes*, NZG 2010, S. 924.

581 *Adler/Düring/Schmaltz*, Rechnungslegung und Prüfung, 6. Aufl. 1995, § 255 HGB, Rdnr. 281 f.

582 Handelsrechtlich ist die lineare und, bei sachgerechter Abbildung der ökonomischen Verhältnisse, auch die degressive Abschreibungsmethode zulässig, *Broemel/Endert*, BBK 2013, S. 1109.

des Entwertungsverlaufs können auch eine im Rahmen der Kaufpreisfindung erfolgte Unternehmensbewertung und die darin getroffenen Annahmen relevant werden: Wurde beispielsweise eine gleichbleibende Ertragserwartung zugrunde gelegt und die zukünftigen Erträge im Sinne einer ewigen Rente abgezinst, spricht dies für eine gleichbleibende Verteilung des Goodwill und eine lineare Abschreibungsmethode[583].

Grundsätzlich lässt § 253 Abs. 3 S. 1 HGB die Abschreibung des Goodwill über die voraussichtliche Nutzungsdauer zu. Anhaltspunkte für die voraussichtliche Nutzungsdauer können beispielsweise Prognosen über die Bestandsdauer des erworbenen Unternehmens, die Stabilität der jeweiligen Branche, die Produktlebenszyklen, die Laufzeit wichtiger Beschaffungs- oder Absatzverträge, die (voraussichtliche) Tätigkeit von wichtigen Mitarbeitern oder Mitarbeitergruppen für das erworbene Unternehmen oder auch die (voraussichtliche) Dauer der Beherrschung des erworbenen Unternehmens liefern[584].

Allerdings wurde durch die Bestimmung zu den Pflichtangaben im Anhang in § 285 Nr. 13 HGB a.F. deutlich, dass der Gesetzgeber für den entgeltlich erworbenen Geschäfts- oder Firmenwert grundsätzlich nur eine betriebliche Nutzungsdauer von fünf Jahren vorsah[585]. Soweit dieser Planungszeitraum überschritten wurde, waren die Gründe hierfür zu rechtfertigen (vgl. § 285 Nr. 13 HGB a.F.)[586]. In der Literatur wurde daher teilweise auch von einer sog. „Regelnutzungsdauer" von fünf Jahren gesprochen[587].

---

583 *Adler/Düring/Schmaltz*, Rechnungslegung und Prüfung, 6. Aufl. 1995, § 255 HGB, Rdnr. 282.

584 Vgl. RegE BilMoG, BT-Drucks. 16/10067 vom 30. Juli 2008, S. 48; *Broemel/Endert*, BBK 2013, S. 1109. Kritisch hierzu *Moser*, nach dessen Ansicht die im RegE BilMoG angeführten Anhaltspunkte allenfalls in (seltenen) Ausnahmefällen einen Beitrag zur Bestimmung der Nutzungsdauer des Goodwill leisten können (*Moser*, Bewertung immaterieller Vermögenswerte, 2. Aufl. 2017, S. 570).

585 Siehe hierzu auch RegE BilMoG, BT-Drucks. 16/10067 vom 30. Juli 2008, S. 48, 70.

586 In der Anhangberichterstattung ist eine entsprechende Dokumentation aller unternehmensinternen und unternehmensexternen Faktoren sowie Nachweise erforderlich, um die gewählte Nutzungsdauer zu begründen (vgl. hierzu und zu den Anforderungen an die Dokumentation und entsprechende Nachweise: *Petersen/Zwirner/Boecker*, StuB 2011, S. 401 ff.).

587 *Wiechers*, BBK 2011, S. 737; *Neufang/Otto*, DStR 2012, S. 226 und *Petersen/Zwirner/Boecker*, StuB 2011, S. 400, 401 mit Anhaltspunkten zur Ermittlung der voraussichtlichen individuellen Nutzungsdauer des Goodwill.

Aus § 285 Nr. 13 HGB a.F. ließ sich somit schließen, dass der Gesetzgeber zum Schutz der Gläubiger davon ausging, dass ein derivativer Geschäfts- oder Firmenwert nach fünf Jahren regelmäßig verbraucht beziehungsweise wertlos sei[588].

Diese Einschätzung spiegelt sich in Risikoabschätzungen der Praxis wieder: So wird beispielsweise bei Akquisitionsfinanzierungen angestrebt, dass ein Kredit, soweit er auf die Finanzierung des derivativen Goodwill entfällt, innerhalb eines Zeitraumes von zwei bis vier Jahren zurückgeführt wird[589]. Diese Risikoabschätzung trägt auch dem Gedanken Rechnung, dass sich der Goodwill mit zunehmender Dauer verflüchtigen kann. Um dem vorzubeugen, sollten nach dem vorgenannten Zeitraum nur noch Kreditbeträge ausstehen, die durch tatsächliche Werte (insbesondere Kreditsicherheiten) gedeckt sind.

bb) Änderungen durch BilRUG

Am 23. Juli 2015 trat das Bilanzrichtlinie-Umsetzungsgesetz, kurz BilRUG in Kraft. Für die planmäßige Abschreibung des Goodwill ist insbesondere die im Zuge des BilRUG erfolgte Einfügung der § 253 Abs. 3 S. 3 und S. 4 HGB n.F. relevant[590]. Die erstmalige Anwendung der geänderten Bestimmungen ergibt sich aus Art. 75 Abs. 4 EGHGB: Demnach gilt die neue Rechtslage für immaterielle Vermögensgegenstände des Anlagevermögens, die nach dem 31. Dezember 2015 aktiviert werden (Fälle des § 253 Abs. 3 S. 3 HGB n.F.) bzw. für Geschäfts- oder Firmenwerte, die aus Erwerbsvorgängen herrühren, die in Geschäftsjahren erfolgt sind, die nach dem 31. Dezember 2015 begonnen haben (Fälle des § 253 Abs. 3 S. 4 HGB n.F.).

In der neuen Gesetzesfassung ist nunmehr vorgesehen, dass die Abschreibung von aktivierten Geschäfts- oder Firmenwerten sowie selbst geschaffenen immateriellen Vermögensgegenständen, deren Nutzungsdauer nicht verlässlich geschätzt werden kann, planmäßig über einen Zeitraum von zehn Jahren vorzunehmen ist[591]. Nach der neuen Gesetzeslage ist somit zunächst stets zu prüfen, ob die verbleibende Nutzungsdauer des Goodwill verlässlich geschätzt werden

---

588 Hierzu auch *Neufang/Otto*, DStR 2012, S. 226.

589 So beispielsweise *Diem*, Akquisitionsfinanzierungen, 3. Aufl. 2013, § 5, Rdnr. 7.

590 Zu sämtlichen Änderungen durch das BilRUG: *Haaker*, StuB 2015, S. 11 ff.

591 RegE BilRUG, BR-Drucks. 23/15 vom 23. Januar 2015, S. 1, 67; *Zwirner*, DStR 2015, S. 375. Die neue Regelung soll für den Goodwill aus Erwerbsvorgängen, die nach dem 31. Dezember 2015 begonnen haben, Wirkung entfalten (vgl. RegE BilRUG, BR-Drucks. 23/15 vom 23. Januar 2015, S. 31).

kann. Ist eine verlässliche Schätzung möglich, ist diese Nutzungsdauer auch für die Abschreibung zu Grunde zu legen. Ist eine verlässliche Schätzung hingegen im Einzelfall nicht möglich, ist die Abschreibung über zehn Jahre vorzunehmen[592]. Die Festlegung auf zehn Jahre soll nach der Begründung zum RegE BilRUG für den „Sonderfall" erfolgen, dass die Nutzungsdauer nicht verlässlich geschätzt werden kann[593]. Allerdings dürften in der Praxis diejenigen Fälle, in denen die Nutzungsdauer des Goodwill verlässlich und belastbar geschätzt werden kann, umgekehrt den Sonderfall und nicht den Regelfall darstellen[594].

Nach der Neufassung des § 285 Nr. 13 HGB n.F. soll im Anhang zum Jahresabschluss jeweils eine Erläuterung des Zeitraums angegeben werden, über den ein entgeltlich erworbener Geschäfts- oder Firmenwert abgeschrieben wird[595]. Dies soll unterschiedslos gelten, gleich ob die Abschreibung nach dem planmäßigen Abschreibungszeitraum des § 253 Abs. 3 S. 3 und S. 4 HGB oder von einem hiervon abweichenden Zeitraum erfolgt. Gegenüber der bisherigen Berichtspflicht sind damit auch die Abschreibungszeiträume von bis zu fünf Jahren anzugeben und zu begründen[596].

Der derivative Goodwill wird auch nach dem BilRUG weiterhin als ein sich mit der Zeit verflüchtigender Vermögensgegenstand behandelt. Der Gesetzgeber gibt in der neuen Fassung des § 253 Abs. 3 HGB auch zu erkennen, dass nach seiner Ansicht die „Lebensdauer" des Goodwill im Regelfall verlässlich geschätzt werden kann[597]. Dass im Zuge des BilRUG die „Regelnutzungsdauer" von ehemals fünf Jahren auf nunmehr zehn Jahre angehoben wurde, zeigt allerdings, wie beliebig der Abschreibungszeitraum gewählt wurde und dass dieser nicht dem tatsächlichen Werteverzehr des Goodwill Rechnung trägt.

cc) Außerplanmäßige Abschreibung

Bei einem außergewöhnlichen Wertverlust verbunden mit einer voraussichtlich dauernden Wertminderung des Goodwill sind nach geltendem Recht[598]

---

592 RegE BilRUG, BR-Drucks. 23/15 vom 23. Januar 2015, S. 67; *Merkt*, in: *Baumbach/Hopt*, HGB, 38. Aufl. 2018, § 253 HGB, Rdnr. 17.

593 RegE BilRUG, BR-Drucks. 23/15 vom 23. Januar 2015, S. 67.

594 Zu den praktischen Problemen der Goodwill-Bilanzierung siehe die Nachweise in Fn. 521 und 522.

595 RegE BilRUG, BR-Drucks. 23/15 vom 23. Januar 2015, S. 8.

596 *Zwirner*, DStR 2015, S. 377.

597 Mit scharfer Kritik an dieser Sichtweise: *Haaker*, StuB 2015, S. 12.

598 Auch vor dem Inkrafttreten des BilMoG (und damit zeitlich vor der Gleichstellung des Geschäfts- oder Firmenwertes mit einem Vermögenswert) wurden, gestützt auf

zwingend außerplanmäßige Abschreibungen auf den niedrigeren beizulegenden Wert vorzunehmen, vgl. § 253 Abs. 3 S. 5 HGB (sog. gemildertes Niederstwertprinzip). Hierfür muss der beizulegende Wert niedriger sein als der aus der planmäßigen Abschreibung folgende Buchwert[599]. Für eine dauerhafte Wertminderung selbst sind zahlreiche Gründe denkbar. In der Praxis dürfte meist das Nichteintreten allzu optimistischer Annahmen der Vertragsparteien über mögliche Synergieeffekte, Umsatzentwicklungen, Ertragsaussichten oder das Vorliegen bestimmter Goodwill-Werte des erworbenen Unternehmens Anlass zu außerplanmäßigen Abschreibungen auf den Goodwill geben[600].

Die Ermittlung des beizulegenden Zeitwertes ist in der Praxis jedoch mit erheblichen Schwierigkeiten verbunden. Der beizulegende Zeitwert entspricht gem. § 255 Abs. 4 S. 1 HGB dem Marktpreis[601]. Für den Goodwill, der nicht isoliert gehandelt werden kann, wird in Ermangelung eines aktiven Marktes[602] im Regelfall kein Marktpreis zu ermitteln sein[603]. Wie auch schon bei der Bewertung der Vermögensgegenstände im Rahmen des Bilanzansatzes ist der Zeitwert des Goodwill gem. § 255 Abs. 4 S. 2 HGB mit den bereits dargestellten Methoden der Unternehmensbewertung zu ermitteln[604].

Vor diesem Hintergrund wird deutlich, dass die außerplanmäßige Abschreibung des Goodwill einerseits mit erheblichen Unsicherheiten, andererseits aber auch mit Gestaltungsspielräumen verbunden ist.

---

das handelsrechtliche Vorsichtsprinzip und § 253 Abs. 2 S. 3 HGB a.F., außergewöhnliche Abschreibungen auf den Goodwill für zulässig erachtet (*Wiedmann*, Bilanzrecht, 1999, § 255 HGB, Rdnr. 48; *Adler/Düring/Schmaltz*, Rechnungslegung und Prüfung, 6. Aufl. 1995, § 255 HGB, Rdnr. 285).

599 *Maier*, in: BeckLex, 42. Ed. 2018 (Stand: 01.01.2017), Geschäfts- oder Firmenwert, Rdnr. 14.

600 *Broemel/Endert*, BBK 2013, S. 1110.

601 Dabei handelt es sich um den Betrag, zu dem zwischen sachverständigen, vertragswilligen und voneinander unabhängigen Geschäftspartnern ein Vermögensgegenstand getauscht oder eine Schuld beglichen werden kann (*Hayn/Waldersee*, IFRS/HGB im Vergleich, 8. Aufl. 2014, S. 98).

602 Siehe hierzu auch *Hoffmann*, in: *Hoffmann/Lüdenbach*, Bilanzierung, 9. Aufl. 2018, § 255, Rdnr. 213.

603 *Großfeld/Tönnes*, NZG 2010, S. 924.

604 Siehe hierzu auch *Mujkanovic*, StuB 2010, S. 172.

e) Wertaufholung des Goodwill nach außerplanmäßiger Abschreibung?

Mit der Einführung des BilMoG[605] hat mit § 253 Abs. 5 S. 1 HGB ein umfassendes und rechtsformunabhängiges Wertaufholungsgebot Eingang ins Gesetz gefunden[606]. Mit der Neufassung des § 253 Abs. 5 HGB wurde angestrebt, die handelsrechtliche Rechnungslegung an die Gepflogenheiten der internationalen Rechnungslegung anzunähern, insbesondere im Hinblick auf die Informationsfunktion des handelsrechtlichen Jahresabschlusses[607].

Von der verpflichtenden Wertaufholung ist der Geschäfts- oder Firmenwert demgegenüber nicht nur ausgenommen, sondern er wird gem. § 253 Abs. 5 S. 2 HGB vielmehr mit einem ausdrücklichen Wertaufholungsverbot belegt[608]. Der Gesetzgeber begründet dieses Zuschreibungsverbot damit, dass eintretende Werterholungen des Goodwill nach einer außerplanmäßigen Abschreibung unmittelbar auf der Geschäftstätigkeit desjenigen Unternehmens beruhen, das den vorher abgeschriebenen derivativen Goodwill erworben hat. Eine Wertaufholung beruhe nicht darauf, dass die Gründe der außerplanmäßigen Abschreibung zu einem späteren Zeitpunkt nicht mehr bestehen. Nach dem Gesetzgeber würde die Wertaufholung vielmehr eine (nach § 248 Abs. 2 S. 2 HGB verbotene) Aktivierung eines selbst geschaffenen Geschäfts- oder Firmenwertes darstellen[609].

Im Ergebnis stellt das gesetzliche Wertaufholungsverbot keine Neuerung dar, sondern ist lediglich die gesetzgeberische Umsetzung der herrschenden Ansicht in der Literatur[610]. Unabhängig von der Einordnung des bilanziellen Charakters

---

605 Vor Inkrafttreten des BilMoG bestand für Kapitalgesellschaften sowie für Personenhandels-gesellschaften im Sinne des § 264 a HGB a.F. ein Wertaufholungsgebot; für die übrigen Nicht-Kapitalgesellschaften bestand demgegenüber ein Wertaufholungswahlrecht (vgl. hierzu *Wiedmann*, Bilanzrecht, 1999, § 253 HGB, Rdnr. 107 ff.; *Herzig/Briesemeister*, DB 2009, S. 928).

606 RegE BilMoG, BT-Drucks. 16/10067 vom 30. Juli 2008, S. 57.

607 RegE BilMoG, BT-Drucks. 16/10067 vom 30. Juli 2008, S. 57.

608 RegE BilMoG, BT-Drucks. 16/10067 vom 30. Juli 2008, S. 57; *Engel-Ciric*, BC 2009, S. 28.

609 RegE BilMoG, BT-Drucks. 16/10067 vom 30. Juli 2008, S. 57.

610 Eine Zuschreibung wurde auch nach alter Rechtslage von der Literatur mit dem Hinweis auf das Vorsichtsprinzips ganz allgemein abgelehnt; *Adler/Düring/Schmaltz*, Rechnungslegung und Prüfung, 6. Aufl. 1995, § 255 HGB, Rdnr. 287; hierzu und mit weiteren Nachweisen *Schmidt*, Rechnungslegung zur Zahlungsbemessung und Informationsvermittlung, 2007, S. 76; ebenso mit weiteren Nachweisen: *Velte*, StuW 2008, S 283, Fn. 59.

des Goodwill[611] bestand auch schon vor Inkrafttreten des BilMoG in der Literatur weitestgehend Einigkeit darüber, dass eine Zuschreibung auf den Goodwill stets ausgeschlossen sein sollte[612].

An der Begründung des Gesetzgebers ist jedoch ein anderer Aspekt interessant: Indem klar zwischen originärem und derivativem Goodwill unterschieden wird, hat sich der Gesetzgeber, zumindest im Handelsrecht, ausdrücklich für die Geltung der Trennungstheorie ausgesprochen[613]. Der Gesetzgeber erkennt insgesamt an, dass sich der Goodwill verflüchtigen kann und es ein Nebeneinander von originärem und derivativem Goodwill gibt, die ein unterschiedliches Schicksal haben können.

f) Derivativer Goodwill und stille Reserven

Die bereits angesprochene Verbindung[614] zwischen Goodwill und stillen Reserven zeigt sich beim derivativen Goodwill vor allem in zwei Aspekten: Zum einen wird der Wert des derivativen Goodwill als Residualgröße aus der Differenz von Kaufpreis und bilanziellem Eigenkapital des erworbenen Unternehmens ermittelt[615]. Somit hängt der bilanzielle Wert des Goodwill unmittelbar davon ab, in welchem Umfang stillen Reserven in den übernommenen Vermögensgegenständen aufgedeckt werden[616].

Zum anderen können durch die planmäßige Abschreibung des derivativen Goodwill stille Reserven aufgebaut werden. Diese entstehen beispielsweise dann,

---

611 Siehe hierzu zuvor unter § 3 II. 1. b).

612 Hierzu statt vieler *Broemel/Endert*, BBK 2013, S. 1110; *Hayn/Waldersee/Benzel*, IFRS/HGB/HGB-BilMoG im Vergleich, 7. Aufl. 2008, S. 104; siehe auch *Adler/Düring/Schmaltz*, Rechnungslegung und Prüfung, 6. Aufl. 1995, § 255 HGB, Rdnr. 287; kritisch hierzu *Sigloch/Keller/Meffert*, in: *Michalski/Heidinger/Leible/J. Schmidt*, GmbHG, 3. Aufl. 2017, Anh. §§ 41-42a GmbHG, Rdnr. 657.

613 So auch *Herzig/Briesemeister*, die ein klares gesetzgeberisches Bekenntnis zur Trennungstheorie sehen und der verpflichtenden Trennung von originärem und derivativem Goodwill den Status eines Grundsatzes ordnungsmäßiger Buchführung beimessen (vgl. *Herzig/Briesemeister*, DB 2009, S. 928).

614 Zum Verhältnis von Goodwill und stillen Reserven siehe zuvor unter § 2 I. 6. b). Anders wohl *Becker*, der sich für eine klare Trennung zwischen Goodwill und stillen Reserven ausspricht (*Becker*, StuW 1931, Sp. 1415).

615 So bereits *Take*, Geschäfts- oder Firmenwert, 1939, S. 44; ähnlich auch *Velte*, Intangible Assets und Goodwill, 2008, S. 207, 208.

616 Siehe hierzu beispielsweise auch *Haaker*, Potential der Goodwill-Bilanzierung, 2008, S. 113; ähnlich auch *Küting*, AG 2000, S 98.

wenn planmäßige Abschreibungen auf den Goodwill vorgenommen werden (müssen), ohne dass ein tatsächlicher Wertverlust vorliegt[617].

g) Exkurs: Behandlung des negativen Goodwill im Einzelabschluss

Ebenso umstritten wie die Entstehung und Existenz des derivativen negativen Goodwill[618] ist auch seine bilanzielle Behandlung im Einzelabschluss des HGB. Anders als der positive Goodwill findet sein negatives *Pendant* im HGB in den für den Einzelabschluss geltenden Bestimmungen keine Berücksichtigung[619]. Anders verhält es sich im Konzernabschluss des HGB. Dort findet der negative Goodwill als „passiver Unterschiedsbetrag" in § 309 HGB ausdrücklich Erwähnung. Daraus lässt sich folgern, dass das HGB die Existenz eines negativen Goodwill zumindest dem Grunde nach anerkennt, auch wenn keine eigene Regelung für den Einzelabschluss vorgesehen ist[620].

Zunächst kann auch bei der Behandlung des negativen Goodwill im Einzelabschluss wieder im Hinblick auf den zugrunde liegenden Erwerbsvorgang differenziert werden, mithin zwischen *asset deal* und *share deal.*

aa) Negativer Goodwill aus einem asset deal

In Ermangelung einer gesetzlichen Regelung sind die in der Literatur diskutierten Lösungsansätze, wie mit dem negativen Goodwill im *asset deal* bilanziell umzugehen ist, entsprechend breit gefächert: Soweit die Existenz des negativen Goodwill nicht generell abgelehnt wird[621], reichen die vertretenen Ansätze von der Einordnung als sofortige Gewinnrealisierung über die Behandlung als

---

617 Dass dies nicht lediglich ein theoretische Problem ist, legt *Küting* dar. Demnach verflüchtigt sich der Goodwill statistisch betrachtet nicht so schnell wie die Abschreibung es erfordert. *Küting* nimmt daher an, dass ein *„Riesenpolster an stillen Reserven"* in deutschen Konzernen *„schlummert"* (*Küting*, DStR 2007, S. 2030).

618 Siehe hierzu zuvor unter § 3 I. 2. b).

619 *Sigloch/Keller/Meffert*, in: *Michalski/Heidinger/Leible/J. Schmidt*, GmbHG, 3. Aufl. 2017, Anh. §§ 41-42a GmbHG, Rdnr. 668.

620 So auch *Sigloch*, Rechnungslegung, 8. Aufl. 2011, S. 290.

621 Zum Teil wird die Existenz des negativen Goodwill wegen der fehlenden gesetzlichen Regelung gänzlich verneint. Vgl. hierzu und mit entsprechenden Nachweisen *Schmidt*, Rechnungslegung zur Zahlungsbemessung und Informationsvermittlung, 2007, S. 77, Fn. 367 und 368.

Verbindlichkeit oder Drohverlustrückstellung zu einer Abstockungs- und Passivierungslösung bis hin zu einer generellen und vollen Passivierung[622].

(1) Negativer Goodwill als sofort realisierter Gewinn?

Zum Teil[623] wird vorgeschlagen, den aus einem *asset deal* resultierenden negativen Unterschiedsbetrag als sofort gewinnerhöhend zu behandeln. Jedoch würde die sofortige ertragswirksame Vereinnahmung des Unterschiedsbetrages voraussetzen, dass dieser bereits im Zeitpunkt der Übernahme als realisierter Gewinn i.S.d. § 252 Abs. 1 Nr. 4 HGB qualifiziert werden kann[624]. Dem stehen jedoch das Vorsichts- und Realisationsprinzip entgegen, die gebieten, dass Gewinne am Bilanzstichtag erst dann zu berücksichtigen sind, wenn sie bereits realisiert wurden, mithin „so gut wie sicher sind". Im Falle eines negativen Goodwill kann diese Sicherheit allerdings erst dann angenommen werden, wenn der Minderkaufpreis keine künftigen Belastungen mehr enthält[625]. Weil sich der negative Goodwill aus unterschiedlichen negativen Goodwill-Werten zusammensetzt, wird man eine solche Sicherheit allerdings erst dann annehmen können, wenn dem Unternehmen schlicht kein negativer Goodwill mehr anhaftet. Gegen diesen Lösungsansatz lässt sich auch einwenden, dass bei einer sofortigen Gewinnrealisierung ansonsten Beträge ausgeschüttet würden, die eigentlich zum Ausgleich künftiger Verluste dienen sollten[626]. Für den Erwerber führt auch das Anschaffungskostenprinzip dazu, dass die Unternehmensübernahme in der Bilanz des Erwerbers als erfolgsneutrale Vermögensumschichtung behandelt wird[627].

Die sofortige ertragswirksame Vereinnahmung ist vor diesem Hintergrund als gravierender Verstoß gegen das Realisationsprinzip abzulehnen[628].

---

622 Abgelehnt wird die Erfassung des negativen Goodwill als Rechnungsabgrenzungsposten, da dies implizieren würde, dass der Einnahmenempfänger noch eine Leistung zu erbringen hat, die auf einen bestimmten Zeitraum nach dem Bilanzstichtag entfällt (statt vieler *Pusecker/Schruff*, BB 1996, S. 739).

623 *Pusecker/Schruff* wollen im Einzelfall eine sofortige ertragswirksame Vereinnahmung zulassen, wenn die vereinbarte Kaufpreisminderung auf nichtfinanzielle Einflussfaktoren zurückzuführen ist (*Pusecker/Schruff*, BB 1996, S. 736). *Siegel/Bareis* sprechen sich im Ergebnis für den Ausweis eines Erwerbsgewinns aus (*Siegel/Bareis*, BB 1993, S. 1484; *Siegel/Bareis*, BB 1994, S. 318).

624 Siehe hierzu *Möhrle*, DStR 1999, S. 1418; ebenso auch *Winnefeld*, in: *Winnefeld*, Bilanz-Handbuch, 5. Aufl. 2015, Kap. M, Rdnr. 481.

625 Zum Ganzen: *Preißer/Preißer*, DStR 2011, S. 134.

626 *Preißer/Preißer*, DStR 2011, S. 134.

627 *Preißer/Preißer*, DStR 2011, S. 134.

628 So auch *Möhrle*, DStR 1999, S. 1419.

(2) Behandlung als Verbindlichkeit oder Drohverlustrückstellung?

Daneben werden in der Literatur[629] verschiedene Passivierungslösungen diskutiert. Nach diesen kann der negative Goodwill entweder als Verbindlichkeit oder auch als Drohverlustrückstellung berücksichtigt werden.

Die Passivierung einer Verbindlichkeit passt allerdings für den negativen Goodwill nicht, da hier keine konkrete Verpflichtung gegenüber einem Dritten besteht[630]. Auch die Passivierung einer Drohverlustrückstellung kommt nicht in Betracht. Diese kann angesetzt werden, wenn konkrete Verpflichtungen eingegangen wurden, nicht aber für sich anbahnende oder zu erwartende, also noch nicht abgeschlossene Geschäfte[631]. Die Passivierungslösungen passen daher schon strukturell nicht zum negativen Goodwill.

(3) Lösung durch Abstockung und Passivierung?

Nach der überwiegenden Ansicht in der Literatur[632] soll das Problem des negativen Goodwill durch die Abstockung von Vermögenswerten und erforderlichenfalls dem Ansatz eines Passivpostens gelöst werden. Gedanklicher Ausgangspunkt für diese Ansicht ist die Annahme, dass bei einem Kaufpreis unterhalb des Substanzwertes die Anschaffungskosten für den einzelnen Vermögensgegenstand niedriger sind als die ermittelten Zeitwerte[633]. Konkret wird folgende Vorgehensweise vorgeschlagen: Zunächst soll der Differenzbetrag von Substanzwert und Kaufpreis auf die einzelnen Vermögensgegenstände (durch Abstockung der Aktiva auf einen niedrigeren beizulegenden Wert) und Schulden (durch Aufstockung ausgewiesener Schulden oder den Ansatz bislang nicht ausgewiesener Schulden) verteilt werden[634]. Sofern und soweit im Einzelfall ein Restbetrag verbleibt, beispielsweise weil nicht abschreibungsfähiges Vermögen vorliegt (bspw. Kasse) oder die Abschreibung einzelner Bilanzpositionen infolge

---

629 *Bachem*, BB 1993, S. 969, 970; *Bachem*, BB 1993, S. 1976, 1978; *Bachem*, BB 1995, S. 353; siehe hierzu mit weiteren Nachweisen: *Preißer/Preißer*, DStR 2011, S. 134, 135; *Velte*, StB 2011, S. 398;

630 *Preißer/Preißer*, DStR 2011, S. 134.

631 *Winnefeld*, in: *Winnefeld*, Bilanz-Handbuch, 5. Aufl. 2015, Kap. M, Rdnr. 481.

632 *Adler/Düring/Schmaltz*, Rechnungslegung und Prüfung, 6. Aufl. 1995, § 255 HGB, Rdnr. 294 f.; *Sigloch*, Rechnungslegung, 8. Aufl. 2011, S. 290; *Ellrott/Brendt*, in: Beck Bil-Komm, 6. Aufl. 2006 (Vorauflage), § 255 HGB, Rdnr. 516; wohl auch *Schubert/F. Huber*, in: Beck Bil-Komm, 11. Aufl. 2018, § 247 HGB, Rdnr. 407; a.A. *Ossadnik*, BB 1994, S. 752, der eine Abstockung ohne Passivierung vorschlägt.

633 Vgl. *Preißer/Preißer*, DStR 2011, S. 135.

634 *Sigloch*, Rechnungslegung, 8. Aufl. 2011, S. 290.

deren Werthaltigkeit nicht sinnvoll ist (bspw. Grundstücke)[635] soll ein „Sonderposten“[636], „ergänzendes Passivum“[637] oder ein „passiver Ausgleichposten“[638] in der Bilanz ausgewiesen werden. Die Position darf erst dann (gewinnerhöhend) aufgelöst werden, wenn die zugrundeliegenden negativen Erwartungen eingetreten oder entfallen sind[639].

Diesem Lösungsansatz wird entgegengehalten, dass dadurch die Aussagefähigkeit des Jahresabschlusses beeinträchtigt wird. Der Lösungsansatz verstoße auch gegen das Anschaffungskostenprinzip beim Unternehmenserwerb und führe dazu, dass die Wertansätze der Vermögensgegenstände unter den nach § 253 Abs. 2 S. 3 HGB beziehungsweise § 253 Abs. 3 S. 1 und S. 2 HGB geregelten Wert sinken würden[640]. Durch diese Bewertung entsteht auch ein systemimmanenter Konflikt mit dem Prinzip der Einzelbewertung[641] nach § 252 Abs. 1 Nr. 3 HGB[642]. Zudem wird angeführt, dass jeder Versuch einer Aufteilung des Kaufpreises zwangsläufig zu willkürlichen Ergebnissen führt[643].

(4) Volle Passivierung des negativen Goodwill

Um diese Probleme zu vermeiden, wird die Auffassung vertreten[644], den negativen Goodwill als solchen und in voller Höhe (und damit ohne vorherige Abstockung) auszuweisen. Für diese Auffassung führen ihre Vertreter insbesondere die Informationsfunktion der Bilanz an, die in diesem Fall den vollen Wert des

---

635 *Sigloch*, Rechnungslegung, 8. Aufl. 2011, S. 290.

636 *Heurung*, DB 1995, S. 388, 392.

637 *Adler/Düring/Schmaltz*, Rechnungslegung und Prüfung, 6. Aufl. 1995, § 255 HGB, Rdnr. 295.

638 Siehe hierzu auch *Preißer/Preißer*, DStR 2011, S. 137.

639 *Adler/Düring/Schmaltz*, Rechnungslegung und Prüfung, 6. Aufl. 1995, § 255 HGB, Rdnr. 295.

640 *Winnefeld*, in: *Winnefeld*, Bilanz-Handbuch, 5. Aufl. 2015, Kap. M, Rdnr. 484.

641 Das Prinzip der Einzelbewertung verlangt, dass die einzeln erfassten Vermögensgegenstände und Schulden auch einzeln zu bewerten sind. Die Einzelbewertung dient gerade dazu, Saldierungen zu vermeiden (vgl. hierzu *Sigloch*, Rechnungslegung, 8. Aufl. 2011, S. 116, 156).

642 Vgl. *Preißer/Preißer*, DStR 2011, S. 135.

643 Hierzu und mit weiteren Gegenargumenten: *Möhrle*, DStR 1999, S. 1418.

644 *Winnefeld*, in: *Winnefeld*, Bilanz-Handbuch, 5. Aufl. 2015, Kap. M, Rdnr. 485; im Ergebnis wohl auch *Pusecker/Schruff*, BB 1996, S. 741; *Velte*, StB 2011, S. 399; *Möhrle*, DStR 1999, S. 1419, 1420; ebenso wohl auch *Preißer/Preißer*, DStR 2011, S. 136.

negativen Goodwill ausweisen würde. Auch wird angeführt, dass nur auf diesem Weg die Vermögenswerte und Schulden unverzerrt ausgewiesen werden würden.

Nach dieser Ansicht hat der negative Goodwill einen den Drohverlustrückstellungen ähnlichen Charakter und ist bei Eintritt der erwarteten Verluste oder Aufwendungen ertragswirksam aufzulösen[645]. Der negative Goodwill ist dabei gesondert zwischen dem Eigenkapital und den Rückstellungen auszuweisen[646].

bb) Negativer Goodwill aus einem share deal

Das Problem eines negativen Goodwill kann auch bei einem *share deal* auftreten: In der Praxis ist es keine Seltenheit, dass die Anteile an einem Unternehmen zu einem symbolischen Preis veräußert werden und der Erwerber zudem eine Zuzahlung oder ein anderes Entgelt für die erworbene Beteiligung erhält[647]. Dieser Fall ist gegenüber einem *asset deal* ungleich problematischer, weil nur die Bilanzposition Beteiligung für eine Abstockungslösung zur Verfügung steht. Wurden die Anteile allerdings bereits für einen symbolischen Betrag veräußert, kann keine Abstockung mehr erfolgen und es muss sofort eine Lösung für den Unterschiedsbetrag gefunden werden[648].

In dieser Fallkonstellation werden in der Literatur im Wesentlichen die zuvor für den negativen Goodwill im *asset deal* dargestellten Ansätze vertreten. Die überwiegende Literatur geht im Falle des *share deals* jedoch davon aus, dass auf der Grundlage des Realisationsprinzips der Erwerbsvorgang nicht gewinnwirksam abzubilden ist und ein „Anschaffungsgewinn" nicht verbucht werden darf[649].

---

645 Vgl. hierzu und mit weiteren Nachweisen: *Schmidt*, Rechnungslegung zur Zahlungsbemessung und Informationsvermittlung, 2007, S. 78. Zur Rechtslage vor Inkrafttreten des BilMoG schlägt *Möhrle* in analoger Anwendung des § 255 Abs. 4 S. 2 HGB a. F. vor, eine pauschale Auflösung des negativen Goodwill über einen Zeitraum von 4 Jahren vorzunehmen (vgl. *Möhrle*, DStR 1999, S. 1420). Anders *Preißer/Preißer*, die vorschlagen den Passivposten im Zeitpunkt des Unternehmensverkaufs oder der Liquidation aufzulösen, da sich erst in diesem Zeitpunkt zeigt, ob die Prognose gerechtfertigt war (*Preißer/Preißer*, DStR 2011, S. 138).

646 *Winnefeld*, in: *Winnefeld*, Bilanz-Handbuch, 5. Aufl. 2015, Kap. M, Rdnr. 487.

647 *Preißer/Bressler*, BB 2011, S. 427.

648 Die Beteiligung kann allenfalls mit dem Erinnerungswert als Untergrenze bilanziert werden. Nach der Rechtsprechung des *BFH* ist ein negativer Ansatz der Beteiligung nicht möglich. Negative Anschaffungskosten lehnt der BGH ausdrücklich ab (hierzu auch *Preißer/Bressler*, BB 2011, S. 429).

649 Hierzu *Preißer/Bressler*, BB 2011, S. 428 f.

Allerdings gehen die Meinungen dahingehend auseinander, wie der Anschaffungsvorgang erfolgsneutral abzubilden ist: Diskutiert werden der Ansatz eines negativen Geschäftswertes oder alternativ eines passiven Ausgleichspostens. Die Ansätze unterscheiden sich im Hinblick auf ihre bilanzielle Erfassung als Aktiv- oder Passivposten[650].

(1) Bildung eines passiven Ausgleichspostens?

Eine Lösungsmöglichkeit besteht in der Bildung eines passiven Ausgleichspostens. Dieser vom *BFH* favorisierten Lösung[651] scheint auch die ganz überwiegende Ansicht in der Literatur ebenfalls folgen zu wollen[652].

(2) Bilanzierung eines negativen Goodwill?

Dem steht eine andere Ansicht in der Literatur entgegen, die den Unterschiedsbetrag als negativen Geschäfts- oder Firmenwert erfassen möchte[653]. Innerhalb dieser Ansicht wird noch unterschieden, ob der negative Geschäfts- oder Firmenwert erst nach einer Abstockung der Beteiligung zu bilden ist oder losgelöst davon. Unabhängig von dieser Differenzierung soll nach dieser Ansicht der negative Geschäfts- oder Firmenwert als Aktivposten erfasst werden können.

Gegen diese Ansicht spricht jedoch vor allem ein Argument: die Gleichbehandlung mit dem positiven Goodwill aus dem Erwerb einer Beteiligung. Es konnte zuvor[654] festgestellt werden, dass bei dem Erwerb einer Beteiligung im Einzelabschluss kein Goodwill bilanziert werden kann, sondern der Goodwill in voller Höhe im Beteiligungsbuchwert (mit-)bilanziert wird. Vor diesem Hintergrund und wohl aus Gründen der Gleichbehandlung von positivem und negativem Goodwill wird ein Bilanzansatz des negativen Goodwill abgelehnt[655].

Diese Argumentation überzeugt. Versteht man den negativen Goodwill im Kern als „normalen" Goodwill, dem schlicht mehrheitlich negative Goodwill-Werte zugrunde liegen und ihre Prägung geben, ist auch kein sachlicher Grund

---

650 Eingehend hierzu und zum Folgenden: *Preißer/Bressler*, BB 2011, S. 429 ff.

651 Siehe hierzu nachfolgend unter § 8 II. 2.

652 So wohl *Ernsting*, GmbHR 2007, S. 136; *Siegel/Bareis*, BB 1993, S. 1484; *Siegel/Bareis*, BB 1994, S. 319; *Pusecker/Schruff*, BB 1996, S. 741; Passivierung eines Sonderpostens *Heurung*, DB 1995, S. 386, 392.

653 So beispielsweise *Bachem*, BB 1993, S. 967, 970; *Gießler*, BB 1996, S. 1765; mit zahlreichen weiteren Nachweisen: *Schulze-Osterloh*, BB 2006, S. 1956.

654 Siehe hierzu zuvor unter § 7 I. 1. a) bb).

655 So wohl *Schulze-Osterloh*, BB 2006, S. 1956.

erkennbar, diese bilanziell unterschiedlich zu behandeln. Positiv ausgedrückt ist ein Gleichlauf in der Behandlung des positiven und negativen Goodwill zu verlangen und im Falle eines Beteiligungserwerbs ein separater Bilanzansatz abzulehnen.

cc) Würdigung

Unter dem Aspekt der Informationsfunktion – deren Stärkung eines der Hauptziele des BilMoG war[656] – kann nur die Auffassung überzeugen, die den vollen Ausweis des negativen Goodwill aus einem *asset deal* fordert. Nur auf diesem Weg kann ein den tatsächlichen Verhältnissen entsprechendes Bild des Unternehmens in der Bilanz abgebildet werden[657].

Anders ist die Situation im Falle eines *share deals*: Um eine einheitliche Behandlung von positivem und negativen Goodwill *de lege lata* sicherzustellen, ist hier auf den Ausweis eines eigenen Postens „negativer Geschäfts- oder Firmenwert" zugunsten eines „passiven Ausgleichspostens" zu verzichten.

Eine andere Frage ist, ob *de lege ferenda* der aus einem *share deal* resultierende positive oder negative Goodwill generell neben dem Beteiligungsbuchwert ausgewiesen werden sollte. Diese Frage wird nachfolgend[658] noch aufgegriffen.

2. Behandlung des derivativen Goodwill im Konzernabschluss

Ausgangspunkt für die Erstellung eines Konzernabschlusses ist § 290 Abs. 1 HGB. Demnach ist grundsätzlich[659] für eine Kapitalgesellschaft (das Mutterunternehmen) ein Konzernabschluss und ein Konzernlagebericht aufzustellen, wenn dieses auf ein anderes Unternehmen (das Tochterunternehmen) unmittelbar oder mittelbar einen beherrschenden Einfluss im Sinne des § 290 Abs. 2 HGB ausüben kann. Für den Goodwill ist im Konzernabschluss § 301 Abs. 3 S. 1 HGB die zentrale Vorschrift: Diese sieht für die Konzernbilanz vor, dass

> *„ein nach der Verrechnung verbleibender Unterschiedsbetrag [...], wenn er auf der Aktivseite entsteht, als Geschäfts- oder Firmenwert und,*

---

656 Siehe hierzu RegE BilMoG, BT-Drucks. 16/10067 vom 30. Juli 2008, S. 33 ff.

657 So im Ergebnis wohl auch *Preißer/Preißer*, DStR 2011, S. 136; *Velte*, StB 2011, S. 399; *Möhrle*, DStR 1999, S. 1420; *Winnefeld*, in: *Winnefeld*, Bilanz-Handbuch, 5. Aufl. 2015, Kap. M, Rdnr. 487.

658 Zur generellen Frage der Bilanzierung des Goodwill aus einem *share deal* siehe § 11 II. 2.

659 Zu möglichen Ausnahmen siehe unten Fn. 663.

wenn er auf der Passivseite entsteht, unter dem Posten „Unterschiedsbetrag aus der Kapitalkonsolidierung" nach dem Eigenkapital auszuweisen"

ist. Der Wortlaut des § 301 Abs. 3 S. 1 HGB macht deutlich, dass sich der Goodwill im Konzernabschluss, wie auch im Einzelabschluss, als rechnerische Differenz, als Residualgröße darstellt. Demgegenüber ist, anders als im Einzelabschluss, der negative Goodwill im Konzernabschluss als passivierter „Unterschiedsbetrag aus der Kapitalkonsolidierung" unmittelbar im Gesetz angelegt. Daher wird nachfolgend die Behandlung von positivem und negativem Goodwill gemeinsam dargestellt.

a) Erwerbsvorgang als Weichenstellung

Auch in der bilanziellen Abbildung des derivativen Goodwill im Konzernabschluss ist von Bedeutung, durch welchen Erwerbsvorgang ein Unternehmen erworben wurde: Hat ein i.S.d. §§ 300 ff. HGB voll zu konsolidierendes[660] Konzernunternehmen (Mutter- oder Tochterunternehmen) ein anderes Unternehmen

---

660 Von der vorliegend betrachteten Vollkonsolidierung i. S. d. §§ 300 ff. HGB zu unterscheiden ist die quotale Konsolidierung von Gemeinschaftsunternehmen (§ 310 HGB) und die Konsolidierung von assoziierten Unternehmen (§§ 311, 312 HGB).
Gemeinschaftsunternehmen stehen unter der Führung mindestens zweier Unternehmen, daher kann das Gemeinschaftsunternehmen nicht der Beherrschung eines einzelnen Unternehmens unterliegen, was die Voraussetzung für die Vollkonsolidierung ist (*Winkeljohann/Lewe,* in: Beck Bil-Komm, 11. Aufl. 2018, § 310 HGB, Rdnr. 5). Durch die Verweisung in § 310 Abs. 2 HGB kommen bei der anteiligen Konsolidierung (auch Quotenkonsolidierung genannt) im Wesentlichen die Vorschriften zur Vollkonsolidierung zur Anwendung. Im Unterschied zur Vollkonsolidierung werden bei der anteiligen Konsolidierung die Vermögensgegenstände und Schulden auch nur anteilig in den Konzernabschluss aufgenommen mit der Folge, dass die stillen Reserven und Lasten ebenfalls nur anteilig aufgedeckt werden (*Winkeljohann/Lewe,* in: Beck Bil-Komm, 11. Aufl. 2018, § 310 HGB, Rdnr. 60). Für die Abbildung des Goodwill ergeben sich dadurch keine Unterschiede (*Hoffmann/Lüdenbach,* in: *Hoffmann/Lüdenbach,* Bilanzierung, 9. Aufl. 2018, § 310 HGB, Rdnr. 23).
Bei der Konsolidierung von **assoziierten Unternehmen** ist nach § 312 HGB nach geltendem Recht nur die Buchwertmethode zulässig. Der Ansatz der Beteiligung in der Konzernbilanz erfolgt dabei mit den Anschaffungskosten. Anders als bei der Vollkonsolidierung wird die Kapitalkonsolidierung außerhalb des Konzernabschlusses vorgenommen. Weichen der Buchwert der Beteiligung und das anteilige bilanzielle Eigenkapital von einander ab, ergibt sich in Höhe dieser Differenz ein aktiver oder passiver Unterschiedsbetrag, der gem. § 312 Abs. 1 S. 2 HGB nur im Konzernanhang anzugeben ist; Geschäfts- oder Firmenwert und Unterschiedsbetrag erscheinen damit nicht in der Konzernbilanz sondern nur im Anhang (*Winkeljohann/Lewe,* in: Beck Bil-Komm, 11. Aufl. 2018, § 312 HGB, Rdnr. 7, 15; *Engel-Ciric,* BC 2009, S. 552).

im Wege eines *asset deal* übernommen, fließen die daraus resultierenden Buchwerte auch unmittelbar in den Konzernabschluss ein. Besonderheiten gegenüber der bilanziellen Abbildung im Einzelabschluss bestehen nicht. Mit anderen Worten: Die bilanzielle Abbildung des derivativen Goodwill bei einem *asset deal* ist im Einzel- und im Konzernabschluss identisch[661]. Daher kann insoweit auf Ausführungen zum Einzelabschluss verwiesen werden[662].

Etwas anders sieht es bei der Abbildung des Goodwill aus einem *share deal* aus. Im Einzelabschluss kann der aus einem *share deal* resultierende Goodwill keine Berücksichtigung finden. Jedoch wird durch den Erwerb der Anteile an einem Unternehmen regelmäßig eine Konzernbeziehung begründet, so dass die Verpflichtung zur Aufstellung eines Konzernabschlusses ausgelöst wird (vgl. §§ 290 Abs. 1, 294 Abs. 1 HGB)[663]. Daher kann der Unternehmenserwerb mittels eines *share deal* zu einem Geschäfts- oder Firmenwert oder einem Unterschiedsbetrag im Sinne des § 301 Abs. 3 S. 1 HGB führen. Der Goodwill selbst tritt durch die Durchführung der Kapitalkonsolidierung in Erscheinung.

b) Kapitalkonsolidierung und Bilanzansatz

Bei der Kapitalkonsolidierung im Sinne des § 301 Abs. 1 S. 1 und Abs. 3 S. 1 HGB wird der Goodwill zumeist in drei Schritten ermittelt: Im ersten Schritt wird das gesamte konsolidierungspflichtige Eigenkapital des einbezogenen Tochterunternehmens neu bewertet (vgl. §§ 297 Abs. 3 S. 1, 300 Abs. 1 S. 2 HGB) [664]. Dabei kommt verbindlich die Erwerbsmethode[665] zur Anwendung, der die Vorstellung zu Grunde liegt, dass mit der erstmaligen Einbeziehung eines Tochterunternehmens in den Konzernabschluss die auf die Anteile des Mutterunternehmens

---

661 *Theile*, BBK 2014, S. 251, 252.

662 Siehe hierzu zuvor unter § 7 I. 1.

663 *Schmidt*, Rechnungslegung zur Zahlungsbemessung und Informationsvermittlung, 2007, S. 90; *Theile*, BBK 2014, S. 251, 252. Die Verpflichtung zur Erstellung eines Konzernabschlusses gilt nicht ausnahmslos, Einschränkungen können sich bspw. durch größenabhängige Befreiungen aus § 293 Abs. 1 HGB ergeben oder aber nach § 315a HGB, der von der Aufstellung eines Konzernabschlusses nach dem HGB befreit, wenn ein Konzernabschluss nach IFRS i.V.m. ergänzenden handelsrechtlichen Vorschriften aufgestellt wird; vgl. hierzu auch *Engel-Ciric*, BC 2009, S. 549.

664 *Engel-Ciric*, BC 2009, S. 550.

665 Nach geltendem Recht ist nur die Anwendung der Erwerbsmethode (sog. *purchase method*) zulässig, die Interessenzusammenführungsmethode (sog. *pooling of interests method*) wurde zur Annäherung des HGB an die IFRS für Neuerwerbe ab dem 01.01.2000 aufgegeben; vgl. *Engel-Ciric*, BC 2009, S. 550.

(ggf. anteilig) entfallenden Vermögensgegenstände und Schulden des zu konsolidierenden Tochterunternehmens durch den Konzern einzeln erworben werden (Fiktion des Einzelerwerbs)[666]. Dementsprechend sind zur Berechnung des Eigenkapitals die in den Konzernabschluss aufzunehmenden Vermögensgegenstände, Schulden, Rechnungsabgrenzungsposten und Sonderposten des Tochterunternehmens mit dem zum Zeitpunkt der Unternehmensübernahme (vgl. § 301 Abs. 2 S. 1 HGB) beizulegenden Zeitwert (vgl. § 301 Abs. 1 S. 2 HGB) aufzunehmen (sog. Neubewertungsmethode)[667]. Durch die Neubewertung werden etwaige stille Reserven oder stille Lasten in voller Höhe aufgedeckt[668]. Das HGB macht durch die Neubewertung im Ergebnis somit aus einem *share deal* im Einzelabschluss einen *asset deal* im Konzernabschluss[669].

Im zweiten Schritt wird der Beteiligungsbuchwert der dem Mutterunternehmen gehörenden Anteile mit dem auf diese Anteile entfallenden Betrag des neubewerteten Eigenkapitals des Tochterunternehmens verrechnet[670]. Der positive oder negative Goodwill als Residualgröße ergibt sich als rechnerische Differenz dieser Verrechnung[671].

---

666 *Küting*, AG 2000, S. 97; *Winkeljohann/Deubert*, in: Beck Bil-Komm, 11. Aufl. 2018, § 301 HGB, Rdnr. 2.

667 Nach geltendem Recht ist (im Interesse der Annäherung der Bilanzierung nach HGB an die Regeln der IFRS) nur noch die Neubewertungsmethode zulässig, *Hoffmann*, in: *Hoffmann/Lüdenbach*, Bilanzierung, 9. Aufl. 2018, § 301 HGB, Rdnr. 11; *Hoffmann*, BC 2010, S. 257; *Engel-Ciric*, BC 2009, S. 550. Vgl. hierzu auch *Theile*, BBK 2014, S. 252, 253; bei der Ermittlung des Goodwill sind damit im Rahmen der Kapitalkonsolidierung im Vorfeld die gleichen Probleme zu lösen sind wie bei einem *asset deal*: Die einzelnen, identifizierbaren Vermögensgegenstände und Schulden sind zu bestimmen und zum beizulegenden Zeitwert zu bewerten.

668 „Idealtypisch soll der Goodwill keine einzeln zuzuordnenden stillen Reserven mehr enthalten" (*Eisolt*, zitiert nach *Küting*, AG 2000, S. 98). Vgl. hierzu auch *Engel-Ciric*, BC 2009, S. 550. Als Folge der vollen Aufdeckung der stillen Reserven und Lasten ist bei einer Beteiligung am Tochterunternehmen von weniger als 100% der auf Anteile anderer Gesellschafter entfallende Teilbetrag stiller Reserven/Lasten in einem Ausgleichsposten für Anteile anderer Gesellschafter (§ 307 Abs. 1 HGB) zu berücksichtigen (siehe hierzu auch *Adler/Düring/Schmaltz*, Rechnungslegung und Prüfung, 6. Aufl. 1996, § 301 HGB, Rdnr. 7; *Busse von Colbe/Orgelheide/ Gebhardt/Pellens*, Konzernabschlüsse, 9. Aufl. 2010, S. 205).

669 *Theile*, BBK 2014, S. 252; *Großfeld/Tönnes*, NZG 2010, S. 925; *Hayn/Waldersee*, IFRS/HGB im Vergleich, 8. Aufl. 2014, S. 308.

670 *Engel-Ciric*, BC 2009, S. 550.

671 Zur Kapitalkonsolidierung siehe auch *Küting/Stampa*, Geschäfts- oder Firmenwert, 2010, S. 3 f.

In einem dritten und letzten Schritt findet die Aktivierung oder Passivierung statt. Durch die Kapitalkonsolidierung (Verrechnung) ergibt sich ein (aktivischer) positiver Unterschiedsbetrag (Goodwill) immer dann, wenn die Anschaffungskosten der Beteiligung des Erwerbers (Mutterunternehmen) über dem buchmäßig anteiligen Eigenkapital des erworbenen Unternehmens (Tochterunternehmen) liegen und der Mehrbetrag nicht (mehr) auf andere materielle oder immaterielle Bilanzpositionen verteilt werden kann. Umgekehrt ergibt sich ein (passivischer) negativer Unterschiedsbetrag (negativer Goodwill), wenn die Anschaffungskosten der Beteiligung des Erwerbers unter dem buchmäßig anteiligen Eigenkapital des erworbenen Unternehmens liegen und der Minderbetrag nicht (mehr) auf andere materielle oder immaterielle Bilanzpositionen verteilt werden kann[672]. Für beide „Unterschiedsbeträge“ aus der Kapitalkonsolidierung besteht nach § 301 Abs. 3 S. 1 HGB eine Aktivierungs- bzw. Passivierungspflicht. Die Unterschiedsbeträge sind nach geltendem Recht[673] unsaldiert auszuweisen[674].

Nach § 301 Abs. 3 S. 1 HGB ist ein nach der Verrechnung verbleibender positiver Unterschiedsbetrag auf der Aktivseite als „Geschäfts- oder Firmenwert“[675], ein negativer Unterschiedsbetrag auf der Passivseite unter dem Posten „Unterschiedsbetrag aus der Kapitalkonsolidierung“ nach dem Eigenkapital auszuweisen. Der durch Kapitalkonsolidierung entstandene positive und negative Goodwill wird in der Literatur auch als Konsolidierungs-Goodwill (*consolidation goodwill*)[676] bezeichnet.

---

672 *Wiechers*, BBK 2011, S. 736; *Busse von Colbe/Orgelheide/Gebhardt/Pellens*, Konzernabschlüsse, 9. Aufl. 2010, S. 242.

673 Vor Inkrafttreten des BilMoG konnte der Geschäfts- oder Firmenwert im Jahr der Erstkonsolidierung (str.) gem. § 309 Abs. 1 S. 3 HGB a.F. offen mit den Gewinnrücklagen saldiert werden; vgl. hierzu bspw. *Adler/Düring/Schmaltz*, Rechnungslegung und Prüfung, 6. Aufl. 1996, § 301 HGB, Rdnr. 5, 29 ff.; *Wiedmann*, Bilanzrecht, 1999, § 309 HGB, Rdnr. 14 ff.

674 *Hayn/Waldersee*, IFRS/HGB im Vergleich, 8. Aufl. 2014, S. 308, 312. Vor Inkrafttreten des BilMoG war die Saldierung aktiver und passiver Unterschiedsbeträge noch zulässig, *Adler/Düring/Schmaltz*, Rechnungslegung und Prüfung, 6. Aufl. 1996, § 301 HGB, Rdnr. 137.

675 Der Geschäfts- oder Firmenwert aus der Kapitalkonsolidierung ist ebenfalls per Fiktion einem Vermögensgegenstand gleichgestellt; § 246 Abs. 1 S. 4 HGB findet über die Verweisung in § 298 Abs. 1 HGB auch im Konzernabschluss Anwendung.

676 *Schmidt*, Rechnungslegung zur Zahlungsbemessung und Informationsvermittlung, 2007, S. 62.

Im Falle des negativen Unterschiedsbetrags sind zudem nach § 301 Abs. 3 S. 2 HGB im Anhang der jeweilige Charakter (im Sinne seiner Entstehungsursache) und die wesentlichen Änderungen gegenüber dem Vorjahr zu erläutern[677].

c) Zeitpunkt der Erstkonsolidierung

Die Erstkonsolidierung hat zwingend auf den Erwerbszeitpunkt zu erfolgen (vgl. § 301 Abs. 2 S. 1 HGB). Wirtschaftlich betrachtet ist der Erwerbszeitpunkt der Tag, ab dem der Erwerber die Möglichkeit erlangt, die Finanz- und Geschäftspolitik eines Unternehmens zu bestimmen, um aus dessen Tätigkeit Nutzen zu ziehen (Zeitpunkt des Kontrollerwerbs)[678]. Das gilt auch im Falle eines unterjährigen Erwerbs für den nach geltendem Recht ein Zwischenabschluss zwingend aufzustellen ist[679].

d) Folgebehandlung der „Unterschiedsbeträge"

Die Folgebehandlung der „Unterschiedsbeträge" aus der Kapitalkonsolidierung richtet sich nach § 309 HGB, der ebenfalls zwischen positiven und negativen Unterschiedsbeträgen differenziert.

aa) Fall des positiven Goodwill

Die Folgebewertung des entgeltlich erworbenen Geschäfts- oder Firmenwertes im Konzernabschluss richtet sich nach § 309 Abs. 1 HGB, der auf die allgemeinen Vorschriften der §§ 238 ff. HGB verweist. Über § 298 Abs. 1 HGB i.V.m. § 246 Abs. 1 S. 4 HGB wird auch der aus einer Kapitalkonsolidierung resultierende Geschäfts- oder Firmenwert einem Vermögenswert gleichgestellt[680]. Der derivative Goodwill ist daher auch im Konzernabschluss planmäßig über die individuelle Nutzungsdauer und ggf. auch außerplanmäßig bei darüber hinausgehenden dauerhaften Wertminderungen abzuschreiben[681]. Insofern kann auf

---

677 Kritisch hierzu *Velte*, StB 2011, S. 399.

678 Vgl. *Engel-Ciric*, BC 2009, S. 549; *Hayn/Waldersee*, IFRS/HGB im Vergleich, 8. Aufl. 2014, S. 300.

679 Vgl. *Engel-Ciric*, BC 2009, S. 549.

680 Vgl. auch *Busse von Colbe/Orgelheide/Gebhardt/Pellens*, Konzernabschlüsse, 9. Aufl. 2010, S. 249, 250.

681 Vgl. *Wiechers*, BBK 2011, S. 738; *Großfeld/Tönnes*, NZG 2010, S. 925; *Hayn/Waldersee*, IFRS/HGB im Vergleich, 8. Aufl. 2014, S. 312.

die Ausführungen zur Folgebehandlung des derivativen Goodwill im Einzelabschluss verwiesen werden[682].

bb) Fall des negativen Goodwill

Mit dem Inkrafttreten des BilRUG haben sich auch für die Folgebehandlung des derivativen negativen Goodwill Änderungen ergeben. Nach Art. 75 Abs. 1 EGHGB sind die Änderungen grundsätzlich erstmals auf Jahres- und Konzernabschlüsse sowie Lage- und Konzernlageberichte für nach dem 31. Dezember 2015 beginnende Geschäftsjahre anzuwenden. Zur leichteren Vergleichbarkeit von bisheriger und geltender Rechtslage werden diese im Folgenden gegenübergestellt.

(1) Bisherige Rechtslage

Nach der bisherigen Rechtslage richtete sich die Folgebehandlung des negativen Unterschiedsbetrags nach seiner Entstehungsursache und war dementsprechend fortzuentwickeln[683].

Lag dem negativen Unterschiedsbetrag die Erwartung einer ungünstigen Entwicklung der künftigen Ertragslage zu Grunde (Fall des *badwill*) durfte diese Position gem. § 309 Abs. 2 Nr. 1 HGB a.F. erst dann aufgelöst werden, wenn die erwartete negative Entwicklung der Ertragslage tatsächlich eingetreten war oder zu diesem Zeitpunkt erwartete Aufwendungen zu berücksichtigen waren[684]. Die entsprechenden Aufwendungen oder Verluste mussten nach überwiegender Ansicht jedoch hinreichend identifizierbar und bestimmbar sein[685].

Lag dem Entstehen hingegen ein Kauf unter glücklichen Umständen (Fall des *bargain purchase/lucky buy*) zu Grunde, war der Unterschiedsbetrag gem. § 309 Abs. 2 Nr. 2 HGB a.F. erst dann ergebniswirksam aufzulösen, wenn am Abschlussstichtag feststand, dass dieser einem realisierten Gewinn entsprach[686].

---

682 Siehe hierzu die Darstellung zuvor unter § 7 I. 1. d). Gesondert geregelt sind in § 314 Abs. 1 Nr. 20 HGB die Berichtspflichten für den Geschäfts- oder Firmenwert im Anhang des Konzernabschlusses. Dem Wortlaut nach bezieht sich die Vorschrift nur auf die Kapitalkonsolidierung, also auf Fälle eines vorangegangenen *share deal*. Nach Ansicht der Literatur soll die Vorschrift allerdings auch im Fälle eines *asset deal* angewandt werden (vgl. *Theile*, BBK 2014, S. 252).

683 *Engel-Ciric*, BC 2009, S. 550; *Großfeld/Tönnes*, NZG 2010, S. 925.

684 Vgl. hierzu *Küting*, DStR 2010, S. 1857; *Küting/Stampa*, Geschäfts- oder Firmenwert, 2010, S. 13.

685 Hierzu und mit weiteren Nachweisen, *Velte*, StB 2011, S. 400.

686 Siehe hierzu auch: *Küting*, DStR 2010, S. 1857.

Vor dem Hintergrund des handelsbilanziellen Vorsichtsprinzips in der Ausprägung des Realisationsprinzips war der Unterschiedsbetrag im Zweifel erst im Zeitpunkt der Unternehmensveräußerung oder Unternehmenseinstellung aufzulösen[687].

(2) Änderungen durch BilRUG

Im Zuge des BilRUG wurde insbesondere der für die Bilanzierung des negativen Goodwill relevante § 309 Abs. 2 HGB geändert. In § 309 Abs. 2 HGB n.F. ist für den „auf der Passivseite auszuweisenden Unterschiedsbetrag" nunmehr ein ausdrückliches Wahlrecht zur ergebniswirksamen Auflösung vorgesehen. Der Gesetzgeber hat damit die frühere Unterscheidung zwischen dem Fall eines *bargain purchase/lucky buy* und dem Fall eines *badwill* aufgegeben[688]. Ein passivischer Unterschiedsbetrag kann nunmehr immer dann ergebniswirksam aufgelöst werden, wenn ein solches Vorgehen den Grundsätzen der §§ 297, 298 HGB in Verbindung mit den Vorschriften des ersten Abschnitts (§§ 238 ff. HGB) entspricht.

Durch diese Änderung werden der bilanziellen Abbildung des negativen Goodwill weitere Möglichkeiten eröffnet. Vom Wortlaut des § 309 Abs. 2 HGB n.F. ist die Behandlung nach den bisherigen Fallgruppen (*lucky buy/badwill*) abgedeckt. Denkbar ist nunmehr aber auch, dass der negative Goodwill durch Übertragung in eine Rücklage erfolgsneutral aufgelöst wird[689]. Aus dem Wortlaut des § 309 Abs. 2 HGB lässt sich auch ableiten, dass ein negativer Unterschiedsbetrag bis zur Entkonsolidierung der Beteiligung beibehalten werden kann[690].

e) Wertaufholung nach außerplanmäßiger Abschreibung?

Durch die Verweisung in § 309 Abs. 1 HGB auf die allgemeinen Vorschriften in §§ 238 ff. HGB bzw. durch die Verweisung in § 298 Abs. 1 HGB auf die §§ 246, 253 ff. HGB kommt das ausdrückliche Wertaufholungsverbot auch für den derivativen Goodwill gem. § 253 Abs. 5 S. 2 HGB im Konzernabschluss zur

---

687 *Velte*, StB 2011, S. 400; *Küting/Stampa*, Geschäfts- oder Firmenwert, 2010, S. 14.

688 *Zwirner*, DStR 2015, S. 379; *Lüdenbach/Freiberg*, BB 2014, S. 2219.

689 *Zwirner*, DStR 2015, S. 379, vgl. RegE BilRUG, BR-Drucks. 23/15 vom 23. Januar 2015, S. 88.

690 *Zwirner*, DStR 2015, S. 379; noch zum Referentenentwurf *Lüdenbach/Freiberg*, BB 2014, S. 2223.

Anwendung[691]. Insofern kann auf die vorstehenden Ausführungen[692] verwiesen werden.

II. Bilanzierung nach den IAS und IFRS

Für die Bilanzierung des derivativen Goodwill sind im Wesentlichen die Standards IFRS 3 *Business Combinations* (in der Neufassung aus dem Jahr 2008) und IAS 36 *Impairment of Assets* (in der überarbeiteten Fassung aus dem Jahr 2004) maßgeblich[693]. IFRS 3 erfasst sämtliche Formen der *business combinations* und findet daher neben dem *share deal* als Hauptanwendungsfall auch auf den *asset deal*[694] und andere Formen von Unternehmenszusammenschlüssen (bspw. *legal merger*) Anwendung (vgl. insbesondere IFRS 3.B6)[695]. Im Unterschied zum Handelsbilanzrecht sind die Bilanzierungsvorschriften der IFRS 3 zudem grundsätzlich für Einzel- und Konzernabschlüsse gleichermaßen gültig[696], soweit nicht einzelne Vorschriften explizit auf ein Rechenwerk abstellen[697]. IFRS 3

691 *Busse von Colbe/Orgelheide/Gebhardt/Pellens*, Konzernabschlüsse, 9. Aufl. 2010, S. 251.

692 Siehe hierzu zuvor unter § 7 I. 1. e).

693 IAS 38 ist aufgrund der klaren Regelungen in IAS 38.2 lit. (a) und IAS 38.3 lit. (f) auf den im Rahmen eines Unternehmenszusammenschlusses erworbenen Goodwill nicht anwendbar.

694 Neben den nachfolgend dargestellten Voraussetzungen für die Aktivierung des derivativen Goodwill muss die im Rahmen des *asset deals* die übertragene Sachgesamtheit die Voraussetzungen eines „Geschäftsbetriebes" (*business*) im Sinne von IFRS 3 erfüllen (*Hayn/Waldersee*, IFRS/HGB im Vergleich, 8. Aufl. 2014, S. 151). Ähnliche Einschränkungen gelten auch für den *share deal*, hier sind bspw. lediglich vermögensverwaltende oder in Gründung befindliche Unternehmen auszusondern, da in diesen Fällen ebenfalls mangels „*business*" an der Unternehmensqualität fehlt (*Lüdenbach/Hoffmann/Freiberg*, IFRS-Kommentar, 16. Aufl. 2018, § 31, Rdnr. 16 ff., 224). Dafür ist stets eine Beurteilung im Einzelfall erforderlich.

695 Der wesentliche Unterschied der bilanziellen Abbildung des *asset deals* gegenüber dem *share deal* besteht darin, dass die Kaufpreisverteilung nicht erst im Rahmen der Konzernabschlusserstellung sichtbar, sondern bereits im Rahmen des Einzelabschlusses bilanziert wird (hierzu *Senger/Brune*, in: Beck'sches IFRS-Handbuch, 5. Aufl. 2016, § 34, Rdnr. 41, 175). Für die Bilanzierung des *share deals* im Einzelabschlusse kommt hingegen IAS 27.10 zur Anwendung (*Lüdenbach/Hoffmann/Freiberg*, IFRS-Kommentar, 16. Aufl. 2018, § 31, Rdnr. 1, 6).

696 Statt vieler *Velte*, StB 2011, S. 400; *Lüdenbach/Hoffmann/Freiberg*, IFRS-Kommentar, 16. Aufl. 2018, § 31, Rdnr. 1, 224).

697 Tendenziell sind die IFRS allerdings etwas deutlicher auf Konzernabschlüsse ausgerichtet, *Hayn/Waldersee*, IFRS/HGB im Vergleich, 8. Aufl. 2014, S. 57.

deckt die Behandlung des Goodwill gleichermaßen für den Einzel- und den Konzernabschluss ab[698].

1. *Bilanzansatz (Erstkonsolidierung)*

Für die Ermittlung des Bilanzansatzes kommt nach IFRS 3 nunmehr ausschließlich die Erwerbsmethode (*acquisition method*) zur Anwendung (vgl. IFRS 3.4)[699]. Im Gegensatz zu der früher geltenden Interessenzusammenführungsmethode (*pooling of interests method*)[700] wird nun bei jeder Art des Unternehmenszusammenschlusses – so beispielsweise auch bei der horizontalen Zusammenlegung der Geschäftsbetriebe zweier Unternehmen – stets ein Erwerber bestimmt (vgl. IFRS 3.6)[701].

Ausgangspunkt und zugleich Kernproblem der bilanziellen Abbildung des Unternehmenserwerbs – und damit auch die des derivativen Goodwill – ist die Kaufpreisallokation (*purchase price allocation*)[702]. Zur Ermittlung des Goodwill im Rahmen der Erstkonsolidierung[703] hat der Erwerber in einem ersten Schritt die erworbenen identifizierbaren Vermögenswerte, die übernommenen Schulden und alle nicht beherrschenden Anteile an dem erworbenen Unternehmen getrennt vom Goodwill anzusetzen (IFRS 3.10). In diesem Schritt, der beim *asset deal* und *share deal* gleichermaßen[704] vorzunehmen ist, sind auch

---

698 *Lüdenbach/Hoffmann/Freiberg*, IFRS-Kommentar, 16. Aufl. 2018, § 31, Rdnr. 5.

699 *Großfeld/Tönnes*, NZG 2010, S. 925; *Hachmeister*, IRZ 2008, S. 115, 116.

700 Nach der *pooling of interests*-Methode konnten Unternehmensfusionen, die eher als Verschmelzung zweier gleichberechtigter Einheiten denn als Erwerb des einen Unternehmens durch das andere zu qualifizieren waren, als einfacher Verschmelzungsvorgang, d.h. mit Buchwertfortführung (und somit ohne Aufdeckung der stillen Reserven) in der Rechnungslegung abgebildet werden (vgl. auch *Kuhner*, in: *Ballwieser/Beyer/Zelger*, Unternehmenskauf nach IFRS und HGB, 3. Aufl. 2014, S. 2, 11).

701 *Hachmeister*, IRZ 2008, S. 116. Zu den einzelnen Kriterien und Indizien für die Bestimmung des Erwerbers vgl. IFRS 3.B13 ff.

702 *Lüdenbach/Hoffmann/Freiberg*, IFRS-Kommentar, 16. Aufl. 2018, § 31, Rdnr. 11.

703 Die nachfolgenden Ausführungen müssen sich, um die Darstellung der IFRS nicht zu überfrachten, im Wesentlichen auf die Vollkonsolidierung von Beteiligungen beschränken. Die bilanzielle Behandlung von Minderheitenanteilen wird an ausgewählten, signifikanten Punkten angesprochen.

704 Bei dem *share deal* gilt hier die sog. Einzelerwerbsfiktion, d.h. es werden die hinter der erworbenen Beteiligung stehenden Vermögenswerte, Schulden einschließlich eines etwaigen Goodwill betrachtet (*Lüdenbach/Hoffmann/Freiberg*, IFRS-Kommentar, 16. Aufl. 2018, § 31, Rdnr. 12, 182).

Vermögenswerte und Schulden zu identifizieren und zu berücksichtigen, die das erworbene Unternehmen zuvor nicht in seinem Abschluss angesetzt hatte (vgl. IFRS 3.13 S. 1). Ebenso wie bei der Bilanzierung nach dem HGB sind insbesondere auch immaterielle Vermögenswerte zu identifizieren (bspw. Markennamen, Patente oder Kundenbeziehungen), die das erworbene Unternehmen nicht als Vermögenswerte in seinem Abschluss angesetzt hatte, da es diese intern entwickelt und die zugehörigen Kosten als Aufwendungen zu erfassen hatte (vgl. IFRS 3.13 S. 2; IAS 38.63)[705]. Somit ist das erworbene Nettovermögen im Hinblick auf die Bilanzierungsfähigkeit und Bewertung aus Sicht des Erwerbers neu zu beurteilen[706]. Tendenziell zielen auch die IFRS darauf ab, möglichst viele immaterielle Vermögenswerte – zu Lasten des bilanziellen Goodwill als Residualposition – zu aktivieren[707]. Dreh- und Angelpunkt der Beurteilung ist dabei das Merkmal der Identifizierbarkeit, das voraussetzt, dass ein (immaterieller) Vermögenswert auf einer vertraglich-rechtlichen Grundlage beruht (sog. *contractual-legal*-Kriterium) oder unabhängig vom Unternehmen selbstständig verkehrsfähig ist (sog. *separability*-Kriterium)[708].

Die einzelnen Vermögenswerte und Schulden sind in einem zweiten Schritt mit dem beizulegenden Zeitwert (*fair value*) zum Erwerbszeitpunkt anzusetzen (IFRS 3.18). Darunter ist nach den IFRS der Preis zu verstehen, „*that would be received to sell an asset or paid to transfer a liability in an orderly transaction between market participants at the measurement date*“ (vgl. IFRS 3 Appendix A; ebenso IFRS 13.9). Diese am *fair value* orientierte Bilanzierung stellt einen Kernaspekt von IFRS 3 dar, denn nach deren geltender Fassung soll die Identifizierung und Neubewertung des Reinvermögens des erworbenen Unternehmens in den Mittelpunkt gerückt werden[709]. Der *fair value* eines Vermögenswertes oder einer Schuld ergibt sich bei Notierung an einer Börse oder Handel an einem

---

705 Hierzu auch *Ramscheid*, in: Beck'sches IFRS-Handbuch, 5. Aufl. 2016, § 4, Rdnr. 35.

706 *Lüdenbach/Hoffmann/Freiberg*, IFRS-Kommentar, 16. Aufl. 2018, § 31, Rdnr. 71.

707 *Kuhner*, in: *Ballwieser/Beyer/Zelger*, Unternehmenskauf nach IFRS und HGB, 3. Aufl. 2014, S. 19; *Schmidt*, Rechnungslegung zur Zahlungsbemessung und Informationsvermittlung, 2007, S. 117.

708 *Moser*, Bewertung immaterieller Vermögenswerte, 2. Aufl. 2017, S. 10, 12 f., 403 f. auch mit einer Einteilung und Aufstellung immaterieller Vermögenwerte für Zwecke der Kaufpreisallokation nach IFRS 3; vgl. auch *Lüdenbach/Hoffmann/Freiberg*, IFRS-Kommentar, 16. Aufl. 2018, § 31, Rdnr. 77, 80. Die **US-GAAP** sehen dieses Konzept in FASB ASC 805-20-25-01 ff. und ASC 805-20-55-02 ff. vor.

709 *Hachmeister*, IRZ 2008, S. 122.

anderen aktiven Markt aus dem Marktpreis. In den meisten anderen Fällen kann der *fair value* nur über Bewertungstechniken ermittelt werden[710].

Der derivative Goodwill ergibt sich in einem letzten Schritt als rechnerische Differenz zwischen der Summe der zum Erwerbszeitpunkt ermittelten beizulegenden Zeitwerte der übertragenen Gegenleistung (in der Regel ist dies der Kaufpreis[711]) und der Summe der zum Erwerbszeitpunkt ermittelten beizulegenden Zeitwerte der erworbenen identifizierbaren Vermögenswerte und der übernommenen Schulden (IFRS 3.32). Soweit sich ein positiver Differenzbetrag ergibt, handelt es sich um einen positiven Goodwill; ergibt sich ein negativer Differenzbetrag, handelt es sich um einen negativen Goodwill[712].

Als positiver Unterschiedsbetrag stellt der Goodwill nach dem Verständnis der IFRS

> *„an asset representing the future economic benefits arising from other assets acquired in a business combination that are not individually identified and separately recognised"*

dar (vgl. IFRS 3 Appendix A; ebenso IAS 36.81) und ist zwingend zu aktivieren[713]. Der Goodwill ist als Residualgröße separat „als"[714] Vermögenswert anzusetzen.

---

710 In der Praxis kommen dabei insbesondere am *discounted cash-flow* orientierte Verfahren für immaterielle Vermögenswerte und kostenorientierte Verfahren für Sachanlagegüter und Rohstoffe zur Anwendung; hierzu *Lüdenbach/Hoffmann/Freiberg*, IFRS-Kommentar, 16. Aufl. 2018, § 31, Rdnr. 103.

711 In den Kaufpreis fließen in erheblichen Umfang Anschaffungsnebenkosten, wie bspw. Honorare für Wirtschaftsprüfer, Rechtsberater, Gutachter etc. und andere im Zusammenhang mit dem Unternehmenserwerb tätige Berater mit ein; auch Kosten einer *due diligence* gehören bspw. zu den Anschaffungskosten ebenso Grunderwerbsteuern (*Lüdenbach/Hoffmann/Freiberg*, IFRS-Kommentar, 16. Aufl. 2018, § 31, Rdnr. 41).

712 Vgl. *Hayn/Waldersee*, IFRS/HGB im Vergleich, 8. Aufl. 2014, S. 313; die Behandlung des negativen Goodwill wird nachfolgend unter § 7 II. 6. beschrieben.

713 Eine Besonderheit ergibt sich hier für den aus einem *asset deal* resultierenden Goodwill: Dieser ist nur dann zu aktivieren, sofern die erworbene Sachgesamtheit die Voraussetzungen eines Geschäftsbetriebes (*business*) erfüllt (IFRS 3.32 f.). Liegen diese Voraussetzungen nicht vor, entsteht auch kein Goodwill (*Hayn/Waldersee*, IFRS/HGB im Vergleich, 8. Aufl. 2014, S. 151). Strukturell kann dieser Punkt auch als Vorfrage im Rahmen der Kaufpreisallokation vorgezogen werden (bspw. *Lüdenbach/Hoffmann/Freiberg*, IFRS-Kommentar, 16. Aufl. 2018, § 31, Rdnr. 14).

714 IFRS 3 ist im Hinblick auf die Einordnung des Goodwill nicht ganz konsistent: einerseits wird der Goodwill ausdrücklich als *„asset"* definiert, andererseits fehlt dem Goodwill gerade die Identifizierbarkeit als wesentliches Element eines *„assets"* (vgl. IAS 38.8, IAS 38.12 lit. (b)). Dieser Konflikt wird in den IFRS 3 zumindest nicht

An dieser Stelle hören die Gemeinsamkeiten mit der bilanziellen Abbildung des Goodwill im HGB auf: Abweichend vom HGB-Abschluss wird bei den IFRS der Goodwill nicht dem erworbenen Unternehmen als Ganzem zugeordnet, sondern aufgeteilt auf (eine oder mehrere) sog. „*cash generating units*“ (CGU; vgl. IAS 36.80) denen der Firmenwert nachvollziehbar und sachgerecht zugeordnet werden kann[715] und die einen Nutzenzufluss aus den Synergien des Unternehmenszusammen-schlusses erwarten lassen[716]. Bei diesen „zahlungsmittelgenerierenden Einheiten“ handelt es sich nach dem Verständnis der IFRS um die kleinste identifizierbare Gruppe von Vermögenswerten, die durch fortgeführte Nutzung ihrerseits wieder Liquiditätszuflüsse schaffen und weitgehend unabhängig von den Geldzuflüssen anderer Vermögenswerte sind[717]. Dies ist die hierarchisch niedrigste Ebene, auf welcher der Goodwill für Managementzwecke überwacht und kontrolliert wird[718]. Das können Tochterunternehmen sein oder auch selbständig geführte Betriebsteile oder Betriebsstätten (vgl. IAS 36.66-68, IAS 36.80-87)[719]. Der Goodwill ist nach IAS 36.80 vom Übernahmetag an (spätestens aber zum Ende der auf den Unternehmenszusammenschluss folgenden Periode (vgl. IAS 36.84)) derjenigen CGU (oder Gruppe von CGUs) zuzuordnen, die vermutlich von den Synergieeffekten des Unternehmenszusammenschlusses profitiert[720]. Dabei stellen die Unternehmenssegmente die Obergrenze für die Abgrenzung der CGUs dar[721].

Diese zwingende Aufteilung bzw. Aufspaltung des Goodwill hat erhebliche Auswirkungen auf die Folgebehandlung des Goodwill und wird in diesem Zusammenhang näher dargestellt[722].

---

ausdrücklich gelöst, bspw. durch eine Fiktion wie in § 246 Abs. 1 S. 4 HGB, sondern ohne weitere Erklärung hingenommen.

715 *Wiechers*, BBK 2011, S. 740; *Großfeld/Tönnes*, NZG 2010, S. 926.

716 *Hayn/Waldersee*, IFRS/HGB im Vergleich, 8. Aufl. 2014, S. 105. Die **US-GAAP** (vgl. FASB ASC 350-20-35-41) gehen hier ähnlich vor und verteilen den Goodwill auf solche *reporting units*, die erwartbar von den Synergien des Unternehmenszusammenschlusses profitieren werden.

717 *Lüdenbach/Hoffmann/Freiberg*, IFRS-Kommentar, 16. Aufl. 2018, § 11, Rdnr. 102.

718 Tettenborn/Rohleder/Rogler, CFB 2013, S. 34.

719 *Großfeld/Tönnes*, NZG 2010, S. 926.

720 *Lüdenbach/Hoffmann/Freiberg*, IFRS-Kommentar, 16. Aufl. 2018, § 11, Rdnr. 147.

721 *Velte*, StuW 2008, S. 285.

722 Zur Folgenbehandlung siehe nachfolgend unter § 7 II. 3. a).

Daneben warten die IFRS noch mit einer weiteren Besonderheit[723] im Rahmen der Goodwill-Bilanzierung auf: der Bilanzierung von Minderheitenanteilen (*non-controlling interests*). Hat ein Unternehmen im Rahmen einer *business combination* einen Mehrheitsanteil erworben, besteht in IFRS 3.19 das Wahlrecht[724], entweder die Beteiligung unter Anwendung der Neubewertungsmethode proportional zu berücksichtigen (sog. *purchased* oder *partial goodwill approach*)[725] (IFRS 3.19 lit. (b))[726] oder aber auch die nicht beherrschenden Anteile hochzurechnen und zum *fair value* zu bewerten und damit auch den auf die Minderheiten entfallenden Goodwill zu aktivieren (sog. *full goodwill method*)[727] (vgl. IFRS 3.19 lit. (a)). Die beiden Ansätze sind inhaltlich im Wesentlichen identisch. Allerdings führt die Anwendung der *full goodwill*-Methode dazu, dass korrespondierend zu der Aktivierung des vollen Goodwill auch das auf die Minderheitenbeteiligung entfallende Eigenkapital hochzurechnen und (in voller Höhe) zum Zeitwert zu passivieren ist. Gegenüber der Neubewertungsmethode führt die *full goodwill*-Methode zunächst zu einer höheren Bilanzsumme und einem höheren Minderheitenanteil am Eigenkapital[728].

Vom Standpunkt des handelsrechtlichen Bilanzrechts aus[729] erscheint der Ansatz des auf alle Gesellschafter bezogenen Goodwill nach der *full goodwill*-Methode zunächst ungewöhnlich[730]. Die *full-goodwill* Methode bringt in der

---

723 Zu der unterschiedlichen Herangehensweise von HGB und IFRS siehe *Förschle/K. Hoffmann*, in: Beck Bil-Komm, 9. Aufl. 2014 (Vorauflage), § 307 HGB, Rdnr. 26 (für HGB) und Rdnr. 92 f. (für IFRS).

724 Die **US-GAAP** sehen derzeit ausschließlich und verbindlich die *full goodwill*-Methode für die Bilanzierung von Minderheitenanteilen vor, FASB ASC 805-20-30-01 und 805-30-30-01.

725 Hierzu *Moser*, Bewertung immaterieller Vermögenswerte, 2. Aufl. 2017, S. 511, 516.

726 Im Ergebnis wird bei der Neubewertungsmethode nur der auf die konsolidierten Eigentümer entfallende Goodwill aktiviert; *Hachmeister*, IRZ 2008, S. 121.

727 *Hachmeister*, IRZ 2008, S. 121; *Lüdenbach/Hoffmann/Freiberg*, IFRS-Kommentar, 16. Aufl. 2018, § 31, Rdnr. 126, 132, 136; *Hayn/Waldersee*, IFRS/HGB im Vergleich, 8. Aufl. 2014, S. 313.

728 *Hachmeister*, IRZ 2008, S. 121.

729 Nach § 301 Abs. 1 HGB ist ausschließlich die *purchased goodwill*-Methode zulässig.

730 In der Literatur ist diese Methode auf teilweise scharfe Kritik gestoßen („markanter Bruch mit traditionellen Rechnungslegungskonzeptionen"; hierzu und mit Nachweisen: *Kuhner*, in: *Ballwieser/Beyer/Zelger*, Unternehmenskauf nach IFRS und HGB, 3. Aufl. 2014, S. 4; zur Argumentation siehe auch *Busse von Colbe/Orgelheide/Gebhardt/Pellens*, Konzernabschlüsse, 9. Aufl. 2010, S. 239 f.). Demgegenüber ist die *full goodwill*-Methode in den **US-GAAP** nicht nur etabliert, sondern sogar die einzig zulässige Methode (vgl. zuvor Fn. 724).

Praxis auch Probleme mit sich, da der Zeitwert der Minderheitenanteile in der Regel nur mit erheblichen Schwierigkeiten und Unsicherheiten ermittelt werden kann. Die lineare Hochrechnung der Anschaffungskosten wird nur in wenigen Fällen der Realität gerecht werden können: So werden die Anschaffungskosten zur Erlangung beherrschender Anteile zumeist deutlich höher sein (als sog. Kontrollprämie) als für nicht-beherrschende Anteile (wegen sog. Minderheitenabschläge), so dass für die Ermittlung der Zeitwerte Auf- und Abschläge zu berücksichtigen sind und eine sachgerechte Ermittlung erschwert wird[731].

Allerdings dient diese Methode im Ergebnis gerade dazu, die Zielsetzung der IFRS zu verwirklichen, verlässliche Informationen für Investoren am Kapitalmarkt bereit zu stellen. Durch die *full goodwill*-Methode wird das volle Potential des Goodwills des erworbenen Unternehmens in der Bilanz des beherrschenden Unternehmens auf den ersten Blick sichtbar. Gerade vor dem Hintergrund, dass Minderheitenanteile in der Regel Beteiligungen verkörpern, mit denen praktisch keine nennenswerten Entscheidungs- und Mitspracherechte verknüpft sind, erscheint es durchaus sachgerecht, auch diese Anteile bilanziell dem herrschenden Unternehmen „zuzuschlagen". Die Kontrolle und Gestaltungsfreiheit liegt in der Regel bei dem herrschenden Unternehmen, daher kann auch nur dieses das volle Potential des vorhandenen Goodwill ausschöpfen[732].

2. *Zeitpunkt der Aktivierung*

Der Goodwill ist im Erwerbszeitpunkt zu bilanzieren. Nach dem Verständnis von IFRS 3.8 ist darunter der Zeitpunkt zu verstehen, an dem das erwerbende Unternehmen die Beherrschung über das erworbene Unternehmen erlangt. Es kommt damit auf den Zeitpunkt an, an dem der Erwerber tatsächlich die Möglichkeit erlangt, die relevanten Aktivitäten des erworbenen Unternehmens zu bestimmen. Der dingliche Abschluss einer Transaktion ist dafür nicht erforderlich[733]. Im Regelfall dürfte dies der Tag sein, an dem der Erwerber die

731 Dieses Problem wird auch in den IFRS angesprochen (vgl. IFRS 3.B45) jedoch nicht gelöst.

732 Im Ergebnis für die *full goodwill*-Methode, jedoch mit anderer Argumentation: *Busse von Colbe/Orgelheide/Gebhardt/Pellens*, Konzernabschlüsse, 9. Aufl. 2010, S. 238 f. die in der Bilanzierung des anteiligen Minderheitenwertes die Umsetzung der Einheitstheorie sehen.

733 *Lüdenbach/Hoffmann/Freiberg*, IFRS-Kommentar, 16. Aufl. 2018, § 31, Rdnr. 31; *Senger/Brune*, in: Beck'sches IFRS-Handbuch, 5. Aufl. 2016, § 34, Rdnr. 58.

Gegenleistung rechtsgültig transferiert, die Vermögenswerte erhält und die Schulden des erworbenen Unternehmens übernimmt (vgl. IFRS 3.9).

3. Folgebehandlung des derivativen Goodwill (Folgekonsolidierung)

Bei der Folgebehandlung des derivativen Goodwill ergeben sich zwischen den regulären IFRS (sog. „*full IFRS*") und den IFRS für kleine und mittelgroße Unternehmen (sog. „*IFRS for SMEs*") erhebliche Unterschiede. Die Unterschiede zwischen diesen Standards und insbesondere der Anwendungsbereich und Regelungsgehalt der *IFRS for SMEs* werden nachfolgend dargestellt.

a) Reguläre IFRS

Bei der Folgebehandlung des derivativen Goodwill nach den regulären IFRS wird eine weitere erhebliche Abweichung zum Bilanzrecht des HGB offenbar: Nach des IFRS handelt es sich bei dem derivativen Goodwill um einen immateriellen Vermögenswert mit nicht bestimmbarer und grundsätzlich unbegrenzter Nutzungsdauer (vgl. IAS 38.88)[734]. Nach dem Verständnis der IFRS hat ein immaterieller Vermögenswert eine zeitlich unbegrenzte Nutzungsdauer, wenn auch unter Berücksichtigung aller Faktoren keine Zeitspanne vorherzusehen ist, während der der immaterielle Vermögenswert einen künftigen Nettomittelzufluss für das Unternehmen generieren wird (IAS 38.88 S. 2). Nur immaterielle Vermögenswerte mit einer zeitlich begrenzten Nutzungsdauer sind planmäßig über ihre geschätzte Nutzungsdauer abzuschreiben (IAS 38. 89 und 38.97)[735]. Der Goodwill wird als Vermögenswert mit nicht abzuschätzender Nutzungsdauer qualifiziert, da sich die einzelnen Goodwill-Werte schlicht unterschiedlich schnell abbauen und daher keine einheitliche Nutzungsdauer der Goodwill-Werte vorliegt.

Eine planmäßige Abschreibung des derivativen Goodwill kennen die IFRS deshalb nicht (mehr)[736]. An die Stelle der planmäßigen Abschreibung ist ein

---

734 Siehe hierzu auch *Busse von Colbe/Orgelheide/Gebhardt/Pellens*, Konzernabschlüsse, 9. Aufl. 2010, S. 248; *Velte*, StuW 2008, S. 285; *Schmidt*, Rechnungslegung zur Zahlungsbemessung und Informationsvermittlung, 2007, S. 117; *Wiechers*, BBK 2011, S. 740.

735 Siehe auch *Hayn/Waldersee*, IFRS/HGB im Vergleich, 8. Aufl. 2014, S. 147.

736 Nach IAS 22.44 war der derivative Goodwill über eine widerlegbare Nutzungsdauer von 20 Jahren planmäßig abzuschreiben. Zum 31.03.2004 wurde das bisherige Kombinationsmodell aus plan- und außerplanmäßiger Abschreibung zugunsten des jährlichen, indikatorengestützten Werthaltigkeitstests aufgegeben; vgl. auch *Velte*, StuW 2008, S. 284, 285. Gleiches gilt für die **US-GAAP**: Die planmäßige Abschreibung

Werthaltigkeitstest (*impairment test*) getreten, der gemäß IAS 36.90 mindestens jährlich oder bei Anzeichen[737] für eine Wertminderung auch früher durchzuführen ist[738]. Eine außerplanmäßige Abschreibung (*impairment loss*) ist gem. IAS 36.59 vorzunehmen bzw. Wertminderungsaufwand zu verbuchen, wenn der erzielbare Betrag (*recoverable amount*) eines Vermögenswertes geringer als sein Buchwert (*carrying amount*) ist. Der Buchwert des Vermögenswerts ist dann auf seinen erzielbaren Betrag zu verringern. Der erzielbare Betrag eines Vermögenswertes oder einer CGU selbst ist gem. IAS 36.6 definiert als der höhere der beiden Beträge aus beizulegendem Zeitwert abzüglich der Kosten der Veräußerung (*fair value less costs of disposal*) und Nutzungswert (*value in use*)[739]. Solange keine verlässlichen Anzeichen für Wertminderungen vorliegen, ist die Zugangsaktivierung auch der Höhe nach beizubehalten[740] (*asset impairment only approach*).

Speziell für den Goodwill ist die potenzielle Notwendigkeit einer außerplanmäßigen Abschreibung nach IAS 36.90 auf der Grundlage der CGUs zu beurteilen, denen der Goodwill zugeordnet wurde[741]. Bei dem vorzunehmenden Niederstwerttest ist der Buchwert der CGU einschließlich des Goodwill mit dem erzielbaren Betrag der CGU zu vergleichen (IAS 36.90 S. 1)[742]. Darin wird auch die Bedeutung deutlich, die der Goodwill-Allokation auf die CGUs zukommt: Diese hat wesentlichen Einfluss darauf, ob eine Wertminderung des Goodwill erforderlich ist oder nicht[743].

Der *impairment test* stellt insgesamt ein sehr aufwendiges und kompliziertes Verfahren dar[744]. Denn anders als bei der Kaufpreisallokation unmittelbar nach einem Unternehmenserwerb kann in der Regel nicht mehr der Kaufpreis als

---

des Goodwill über maximal 40 Jahre nach SFAS 142 wurde gestrichen und durch den *impairment only approach* ersetzt, vgl. auch *Pfauth*, Goodwillbilanzierung nach US-GAAP, 2008, S. 44 f.

737 Mit Beispielen für externe und interne Indikatoren, *Velte*, StuW 2008, S. 284.

738 *Wiechers*, BBK 2011, S. 740; *Hayn/Waldersee*, IFRS/HGB im Vergleich, 8. Aufl. 2014, S. 105.

739 Zum beizulegenden Zeitwert nach IFRS und Nutzungswert und deren Ermittlung: *Lüdenbach/Hoffmann/Freiberg*, IFRS-Kommentar, 16. Aufl. 2018, § 11, Rdnr. 6, 7.

740 *Wiechers*, BBK 2011, S. 740.

741 *Wiechers*, BBK 2011, S. 740.

742 *Hayn/Waldersee*, IFRS/HGB im Vergleich, 8. Aufl. 2014, S. 105.

743 *Moser*, Bewertung immaterieller Vermögenswerte, 2. Aufl. 2017, S. 546.

744 Ausführlich zu den einzelnen Prüfungsschritten: *Erb/Eyck/Jonas/Thomas*, in: Beck'sches IFRS-Handbuch, 5. Aufl. 2016, § 27, Rdnr. 21 ff.

Berechnungsgrundlage herangezogen werden[745]. Vielmehr sind andere Wertansätze zu bemühen. Im Ergebnis kommt es beim quantitativen Werthaltigkeitstest für den Goodwill zwingend zu einer Teil-Unternehmensbewertung auf Ebene der entsprechenden CGU, sodass die technische Abwicklung des Wertminderungstests für den Goodwill aus einem Unternehmenszusammenschluss auf der Grundlage von zukunftsorientierten Verfahren der Unternehmensbewertung (bspw. dem *DCF*-Verfahren) vorgenommen werden muss[746]. Liegt der so festgestellte erzielbare Betrag der CGU unter dem Buchwert der CGU, dann ist der Wertminderungsaufwand gem. IAS 36.90 S. 3 i.V.m. IAS 36.104 zunächst durch Kürzung des Goodwill und, soweit erforderlich, durch anteilige Kürzung der Vermögenswerte der CGU auf Basis der Buchwerte zu verteilen[747]. In

745 *Lüdenbach/Hoffmann/Freiberg*, IFRS-Kommentar, 16. Aufl. 2018, § 11, Rdnr. 143, 144. Von diesem Grundsatz wird für den Goodwill eine Erleichterung in IAS 36.99 zugelassen: Haben sich die Vermögenswerte und Schulden einer CGU seit der letzten Berechnung des erzielbaren Betrages nicht wesentlich geändert, ist in der letzten Berechnung des erzielbaren Betrages eine Bewertungsreserve enthalten und haben sich die wirtschaftlichen Rahmenbedingungen des Unternehmens nicht wesentlich verändert, kann im Einzelfall der Wertansatz der vorhergehenden Periode zu Grunde gelegt werden. Jedoch birgt diese Befreiungsvorschrift birgt zusätzliches bilanzpolitisches Potenzial und erhebliche Defizite im Hinblick auf die Verlässlichkeit und Nachprüfbarkeit der Werte i.R.d. *impairment test*, hierzu *Pottgießer/Velte/Weber*, DStR 2005, S. 1752.

746 *Lüdenbach/Hoffmann/Freiberg*, IFRS-Kommentar, 16. Aufl. 2018, § 11, Rdnr. 9, 145.

747 *Hayn/Waldersee*, IFRS/HGB im Vergleich, 8. Aufl. 2014, S. 105, 107. Die **US-GAAP** beschreiten einen geringfügig anderen Weg für den *impairment test*, denn nach FASB ASC 350-20-35-03 ff. wird diese Reihenfolge gerade umgedreht: Hier wird dem zweistufigen Wertminderungstest zunächst eine qualitative Beurteilung vorangestellt. Danach ist der Wertminderungstest nur noch erforderlich, wenn anhand qualitativer Faktoren die Existenz eines Wertminderungsbedarfs eher wahrscheinlich als unwahrscheinlich (*more likely than not*-Schwelle, FASB ASC 350-20-35-03A) erscheint. Wird diese Hürde genommen, schließt sich ein zweistufiger *impairment test* an. Dabei wird zunächst der Buchwert einer Berichtseinheit (einschließlich des Goodwill) dem *fair value* gegenüber gestellt. Liegt der Vergleichswert der Berichtseinheit unter dem Buchwert wird in einem zweiten Schritt der beizulegende Zeitwert im Rahmen einer fiktiven Kaufpreisallokation auf die Vermögenswerte und Schulden aufgeteilt. Der Restbetrag bildet den impliziten beizulegenden Zeitwert des Goodwills. Soweit dieser unter dem Buchwert liegt, ist auf den impliziten beizulegenden Zeitwert erfolgswirksam abzuschreiben (siehe hierzu FASB ASC 350-20-35-04 bis FASB ASC 350-20-35-19; vgl. hierzu *Hayn/Waldersee*, IFRS/HGB im Vergleich, 8. Aufl. 2014, S. 107; *Lüdenbach/Hoffmann/Freiberg*, IFRS-Kommentar, 16. Aufl. 2018, § 11, Rdnr. 142).

Höhe des jeweiligen Differenzbetrages ist eine außerplanmäßige Abschreibung vorzunehmen.

Dieser kurze Überblick über das Vorgehen im Rahmen des *impairment only approach* verdeutlicht, wie aufwendig die Ermittlung des derivativen Goodwill einerseits ist und mit welchem bilanzpolitischen Gestaltungspotential andererseits dieser Ansatz verbunden ist. Es liegt auf der Hand, dass die außerplanmäßige Abschreibung sehr von der subjektiven Einschätzung des Managements abhängig ist. In der Einschätzung der Dauerhaftigkeit von Wertminderungen liegt für das Management erkennbar erhebliches bilanzpolitisches Gestaltungspotential[748]: Durch eine geschickte Abgrenzung und Variation der CGU(s) kann eine außerplanmäßige Abschreibung vermieden werden, so dass der Goodwill den Charakter eines „Dauerwerts" besitzen kann[749]. In der Literatur ist der *impairment only approach* daher scharfer Kritik ausgesetzt, insbesondere auch wegen der hohen Fehleranfälligkeit seiner Anwendung[750]. Auf zwei besonders problematische Aspekte des *impairment only approach*, die fehlende Objektivierbarkeit und die mögliche Teilaktivierung des originären Goodwill wird nachfolgend[751] noch vertieft eingegangen.

b) „Spezialfall" der IFRS für kleinere und mittlere Unternehmen

Einen anderen Weg in der Folgebehandlung des derivativen Goodwill beschreiten die IFRS für kleine und mittelgroße Unternehmen (sog. *IFRS for Small and Medium-sized Entities - IFRS for SMEs*). Die IFRS for SMEs wurden entwickelt, um dem zunehmendem Bedarf an internationalen Rechnungslegungsstandards für international ausgerichtete, aber nicht kapitalmarktorientierte, kleine und mittlere Unternehmen gerecht zu werden. Die IFRS for SMEs haben grundsätzlich dieselbe konzeptionelle Basis wie die IFRS[752]. Da die Anwendung der IFRS für kleine und mittelgroße Unternehmen teilweise mit sehr großen Schwierigkeiten und erheblichen Kosten verbunden ist, ist es das Ziel der IFRS for SMEs, die Komplexität der IFRS zu verringern, Erleichterungen in Bilanzierung,

---

748 Siehe hierzu *Pottgießer/Velte/Weber*, DStR 2005, S. 1750, 1751; vgl. auch *Wiechers*, BBK 2011, S. 740.

749 *Velte*, StuW 2008, S. 286.

750 Hierzu mit weiteren Nachweisen: *Beyer*, IRZ 2014, S. 279, 280.

751 Siehe hierzu nachfolgend in diesem Abschnitt unter Ziffer 5. und zudem unter § 12 I. 1. und 2.

752 *Beyer*, IRZ 2014, S. 283; vgl. auch *Hayn/Waldersee*, IFRS/HGB im Vergleich, 8. Aufl. 2014, S. 19.

Bewertung, Ausweis und Konsolidierung zu bieten, die Anhangangaben zu reduzieren[753] und dennoch ein einheitliches Regelwerk hochwertiger, verständlicher und durchsetzbarer Rechnungslegungsstandards zu schaffen, das weltweit von kleinen und mittelgroßen Unternehmen angewandt werden kann[754].

Für Zwecke der vorliegenden Arbeit ist vor allem eine Abweichung von den „regulären" IFRS bedeutsam: Die IFRS for SMEs sehen neben der außerplanmäßigen Abschreibung für den derivativen Goodwill eine planmäßige Abschreibungsmöglichkeit vor: Nach IFRS-SME 19.23 lit. (a) i.V.m. IFRS-SME 18.19 gilt der derivative Goodwill als immaterieller Vermögenswert mit begrenzter Nutzungsdauer und kann daher gem. IFRS-SME 19.23 lit. (a) planmäßig abgeschrieben werden. Ist eine verlässliche Schätzung der Nutzungsdauer nicht möglich, kann der derivative Goodwill über einen Zeitraum von zehn Jahren abgeschrieben werden (vgl. IFRS-SME 19.23 lit. (a))[755].

Fraglich ist daher, ob die IFRS insgesamt bei der Frage nach der Nutzungsdauer des derivativen Goodwill gespalten sind und hierin eine Inkonsistenz zu sehen ist. Vor dem Hintergrund der zuvor genannten Zielsetzung der IFRS for SMEs wird man aus der unterschiedlichen Behandlung nicht zwingend eine Inkonsistenz ableiten können. Die IFRS erkennen vielmehr an, dass die zeitliche Bemessung der Nutzungsdauer des derivativen Goodwill oftmals schwierig ist. Vor dem Hintergrund der mit dem *impairment only approach* verbundenen Kosten spricht auch das Kosten-Nutzen-Kalkül für die planmäßige Abschreibung[756]. Es kann daher angenommen werden, dass die IFRS in ihrem Grundkonzept an der Vorstellung des Goodwill als nicht abnutzbarem immateriellem Vermögenswert mit grds. unbeschränkter Nutzungsdauer festhalten

753 Vgl. *Lüdenbach/Hoffmann/Freiberg*, IFRS-Kommentar, 16. Aufl. 2018, § 50, Rdnr. 1.

754 Vgl. *Hayn/Waldersee*, IFRS/HGB im Vergleich, 8. Aufl. 2014, S. 19, 20. Die praktische Bedeutung der IFRS for SMEs in Deutschland ist gegenwärtig indes gering: Diese können nur freiwillig und ohne befreiende Wirkung von gesetzlichen Rechnungslegungspflichten zur Anwendung gelangen. Ein Anreiz zur freiwilligen Anwendung der IFRS for SMEs besteht kaum, da sie weder eine Grundlage der Steuerbilanzierung liefern noch der Feststellung des gesellschaftsrechtlich ausschüttungsfähigen Gewinns (fehlende Zahlungsbemessungsfunktion) dienen und ihnen im Hinblick auf die verbleibende Informationsfunktion im Verhältnis zu den „regulären" IFRS der Makel der „B-Klasse" anhaftet (*Lüdenbach/Hoffmann/Freiberg*, IFRS-Kommentar, 16. Aufl. 2018, § 50, Rdnr. 5).

755 *Lüdenbach/Hoffmann/Freiberg*, IFRS-Kommentar, 16. Aufl. 2018, § 50, Rdnr. 12.

756 So auch *Beyer*, IRZ 2014, S. 283.

und lediglich Arbeitserleichterungen für kleine und mittelgroße Unternehmen schaffen wollen[757].

4. *Wertaufholung nach außerplanmäßiger Abschreibung?*

Nach den IFRS ist für Vermögenswerte an jedem Bilanzstichtag zu prüfen, ob Anhaltspunkte dafür vorliegen, dass ein in Vorperioden erfasster Wertminderungsaufwand nicht mehr besteht oder sich dieser vermindert haben könnte. Hierfür sind die externen und internen Informationsquellen analog zu prüfen (vgl. IAS 36.111)[758]. Bei den einzelnen Vermögenswerten besteht nur dann eine Zuschreibungspflicht, wenn sich eine Änderung in den Schätzungen ergeben hat, die bei der Bestimmung des erzielbaren Betrags herangezogen werden. In diesem Fall ist der Buchwert des Vermögensgegenstandes erfolgswirksam auf den erzielbaren Betrag zu erhöhen, maximal jedoch auf seinen fortgeführten Buchwert ohne Erfassung eines Wertminderungsverlustes (IAS 36.114 und 36.117)[759].

Von diesem Grundsatz gilt jedoch auch nach den IFRS eine Ausnahme für den derivativen Goodwill. Eine spätere Wertaufholung ist nach den IFRS nicht zulässig[760]. In IAS 36.124 ist ein ausdrückliches Wertaufholungsverbot verankert:

„An impairment loss recognised for goodwill shall not be reversed in a subsequent period".

Bemerkenswert ist in diesem Zusammenhang die Begründung in IAS 36.125:

„IAS 38 Intangible Assets prohibits the recognition of internally generated goodwill. Any increase in the recoverable amount of goodwill in the periods following

757 Einen ganz ähnlichen Weg beschreiten auch die **US-GAAP**: für Rechnungslegungszeiträume ab dem 16. Dezember 2014 dürfen *private companies* (im Sinne von FASB ASC 350-20-15-04) den Goodwill alternativ zu dem *impairment only approach* planmäßig über einen Zeitraum von bis zu zehn Jahren abschreiben (FASB ASC 350-20-35-62 ff.). Diese Möglichkeit wurde vom FASB gerade im Hinblick auf die mit dem *impairment only approach* verbundenen Kosten und Komplexität ermöglicht (FASB ASU No. 2014-02, S. 4, 23, 28).

758 *Hayn/Waldersee*, IFRS/HGB im Vergleich, 8. Aufl. 2014, S. 107.

759 *Hayn/Waldersee*, IFRS/HGB im Vergleich, 8. Aufl. 2014, S. 107.

760 *Erb/Eyck/Jonas/Thomas*, in: Beck'sches IFRS-Handbuch, 5. Aufl. 2016, § 27, Rdnr. 14; *Wiechers*, BBK 2011, S. 740. Eine ähnliche Regelung ist auch in den **US-GAAP** enthalten: Nach FASB ASC 350-20-35-13 und ASC 350-20-35-78 besteht für den Goodwill ein Zuschreibungsverbot.

the recognition of an impairment loss for that goodwill is likely to be an increase in internally generated goodwill, rather than a reversal of the impairment loss recognised for the acquired goodwill".

Die IFRS wollen mit dem Wertaufholungsverbot die Nachaktivierung originärer Goodwill-Bestandteile verhindern[761]. Die Begründung in IAS 36.125 liegt dabei auf einer Linie mit der bereits dargestellten und nachfolgend noch genauer betrachteten Einheitstheorie des *RFH* und *BFH*[762]. Beim *impairment only approach* wird in der Literatur daher teilweise auch von einer „*Renaissance*" der steuerrechtlichen Einheitstheorie gesprochen[763].

5. *Problemstellungen im Rahmen des* impairment only approach

Der *impairment only approach* war schon bei seiner Einführung in IFRS und US-GAAP massiver Kritik in der Literatur[764] ausgesetzt. Nicht zuletzt wegen anhaltender Schwierigkeiten in der Praxis der Goodwill-Bilanzierung kommt die Kritik am *impairment only approach* nicht zum Verstummen[765]. Die Kritik gründet zum einen auf den erheblichen bilanzpolitischen Spielräumen, die durch die Anwendung des *impairment only approach* eröffnet werden. Zum anderen steht der *impairment only approach* im Verdacht, die Teilaktivierung originären Goodwill-Bestandteile zu ermöglichen.

a) Fehlende Objektivierbarkeit

Dem *impairment only approach* wird vor allem der Mangel an Objektivierbarkeit entgegengehalten. Die Bestimmung des relevanten Bewertungsmaßstabs und der erzielbare Betrag der CGUs basierten nur auf Schätzungen des Managements bspw. von zukünftigen Cashflows, Zinsen und der Berücksichtigung der

---

761 So auch *Velte*, StuW 2008, S. 286.

762 Siehe auch *Schmidt*, Rechnungslegung zur Zahlungsbemessung und Informationsvermittlung, 2007, S. 119; zur Einheitstheorie siehe auch zuvor unter § 3 II. 2. a). und nachfolgend unter § 8 I. 2. d) bb); zur konzeptionellen Nähe von *impairment only approach* und Einheitstheorie siehe auch *Velte*, StuW 2008, S. 286, 287.

763 Bspw. *Velte*, StuW 2008, S. 286, 287; *Waldhoff*, in: *Kirchhof/Söhn/Mellinghoff*, EStG, 202. EL Oktober 2009, § 7 EStG, Rdnr. B 165b.

764 So wurde die Einführung des *impairment only approach* in den **US-GAAP** von massiver Kritik in der Literatur begleitet, vgl. nur *Busse v. Colbe*, DB 2001, S. 877; Hommel, BB 2001, S. 1947, 1949; siehe auch *Beyer*, IRZ 2014, S. 279, 283; *Pellens/Sellhorn*, DB 2001, S. 714 ff.; *Pellens/Sellhorn*, DB 2001, S. 1685.

765 Mit scharfer Kritik bspw. *Schildbach*, IRZ 2007, S. 12.

Unsicherheit. Daneben könne des Management bei der Festlegung von Diskontierungszinssätzen, der Höhe und dem zeitlichen Anfall von Zahlungsmittelrückflüssen und auch durch die Wahl des Zeitpunktes der Durchführung des *impairment*-Testes Einfluss auf die Goodwillabschreibungen nehmen[766]. Aufgrund des erheblichen Ermessensspielraums[767] sei sowohl der Goodwill als auch seine Wertminderung quasi nicht nachprüfbar[768].

Diese Einschätzung der Literatur deckt sich mit den Ergebnissen aus zahlreichen empirischen Studien[769]. Diese belegen auffallend niedrige Abschreibungen auf den derivativen Goodwill, gerade auch zur Zeit der Hochphase der Finanzmarktkrise[770]. Besonders in dieser Phase wäre, gerade vor einer Hintergrund eines stark gefallenen Marktwert/Buchwert-Verhältnisses vieler Unternehmen, mit tendenziell höheren Abschreibungen zu rechnen gewesen[771]. Dieser Effekt wird insbesondere auf das Bestreben des Managements zurückgeführt, die eigene Leistungsbilanz nicht durch Abschreibungen auf den Goodwill (die unmittelbar das Jahresergebnis belasten würden) schmälern zu wollen und so die eigene Außendarstellung zu verbessern[772].

Auch wenn in der Literatur[773] komplexe Allokationsregeln erarbeitet wurden, um der Gefahr willkürlicher Goodwill-Allokationen zu begegnen, die Ermessensausübung (zumindest) in Grundzügen im Anlagespiegel[774] und den Anhangangaben[775] dargelegt werden muss und so ein Mindestanspruch auf die Objektivierbarkeit verbleibt, besteht durch den *impairment only approach* im

766 Ausführlich zu den Auswirkungen eines Managementswechsels auf die Goodwillabschreibungen *Tettenborn/Rohleder/Rogler*, CFB 2013, S. 34 f.; *Pottgießer/Velte/Weber*, DStR 2005, S. 1750.

767 *Lüdenbach/Hoffmann/Freiberg*, IFRS-Kommentar, 16. Aufl. 2018, § 11, Rdnr. 11, 12.

768 Mit Nachweisen *Beyer*, IRZ 2014, S. 281; das DPR fordert daher auch eine Rückkehr zur planmäßigen Abschreibung des Goodwill.

769 Mit einer Auswahl an Studien und empirischen Befunden und weiteren Einzelheiten: *Kuhner*, in: *Ballwieser/Beyer/Zelger*, Unternehmenskauf nach IFRS und HGB, 3. Aufl. 2014, S. 28 ff.

770 hierzu *Tettenborn/Rohleder/Rogler*, CFB 2013, S. 33.

771 *Kuhner*, in: *Ballwieser/Beyer/Zelger*, Unternehmenskauf nach IFRS und HGB, 3. Aufl. 2014, S. 28.

772 Hierzu und zum sog. „*big bath accounting*": *Tettenborn/Rohleder/Rogler*, CFB 2013, S. 33 ff., 40.

773 So bspw. die von *Moser* vorgeschlagene Allokation des Goodwill (*Moser*, Bewertung immaterieller Vermögenswerte, 2. Aufl. 2017, S. 546 ff.).

774 Hierzu beispielsweise IAS 36.126 i.V.m. IAS 36.130.

775 Hierzu beispielsweise IFRS 3.62 i.V.m. IFRS 3.B67.

Ergebnis ein erheblicher Gestaltungsspielraum. Der bilanzielle Goodwill wird dadurch zum Spielball der Bilanzpolitik des Managements. Auf das Vorliegen und den tatsächlichen Wert des Goodwill kann nur im Einzelfall ein Rückschluss gezogen werden.

Vor dem Hintergrund, dass der Goodwill sich aus heterogenen immateriellen Goodwill-Werten zusammensetzt, ist es sehr schwierig, die Werthaltigkeit und den Werteverzehr des Goodwill zu objektivieren. Dennoch ist denkbar, dass durch die systematische Wertermittlung anhand der einzelnen Goodwill-Werte die Objektivität erhöht werden kann. Ein solcher Lösungsansatz wird nachfolgend[776] vorgestellt.

b) *Teilaktivierung des originären Goodwill?*

Als besonders problematisch wird dem *impairment only approach* entgegengehalten, dass dieser Ansatz über den Schleichweg[777] die Teilaktivierung originärer Goodwill-Bestandteile ermögliche[778]. Möglich wird dies dadurch, dass bei ausreichend hohen Reinvestitionen in Goodwill-Werte wie etwa Reputations- oder Imagefaktoren eine Abschreibung des derivativen Goodwill unterbleiben kann, obwohl, bei Lichte betrachtet, davon auszugehen ist, dass originärer Goodwill derivativen Goodwill ersetzt hat[779]. Nach dieser Überlegung wird der im ursprünglichen Unternehmenskaufpreis enthaltene Gegenwert für derivative Goodwill-Werte mit der Zeit aufgezehrt und durch Reinvestitionen in diese Werte, wie bspw. durch laufende Werbeausgaben, Forschungs- und Entwicklungsausgaben, Ausgaben für Mitarbeiterfortbildung etc., die für sich genommen

---

776 Ein möglicher Lösungsansatz zur systematischen Abschreibung des derivativen Goodwill anhand der einzelnen Goodwill-Werte wird nachfolgend unter § 12 I. 2. vorgestellt.

777 Sogenannte „backdoor capitalization of internally generated goodwill“, vgl. Hommel, BB 2001, S. 1948.

778 Mit Kritik hierzu *Velte*, StuW 2008, S. 285, 287; *Pottgießer/Velte/Weber*, DStR 2005, S. 1752; *Wiechers*, BBK 2011, S. 740; zu der identischen Situation bei *impairment only approach* in den US-GAAP: *Hommel*, BB 2001, S. 1947, 1948; *Pellens/Sellhorn*, DB 2001, S. 714, 720; *Pellens/Sellhorn*, DB 2001, S. 1685.

779 *Busse v. Colbe*, DB 2001, S. 877, 879, mit Kritik am *nonamortization-impairment approach* der **US-GAAP**, der hier einen „scharfen Bruch“ mit bisherigen Rechnungslegungsprinzipien sieht; vgl. hierzu auch *Kuhner*, in: *Ballwieser/Beyer/Zelger*, Unternehmenskauf nach IFRS und HGB, 3. Aufl. 2014, S. 3, 21 f. der dem *impairment only approach* im Ergebnis aber zugute hält, dass die IFRS primär auf die Vermittlung entscheidungsnützlicher Informationen ausgerichtet sind.

nicht aktivierbar sind und in den Kernbereich des originären Goodwill fallen, ersetzt[780]. Eine außerplanmäßige Abschreibung kommt nach dem *impairment only approach* letztlich nur in Betracht, wenn der Goodwill in seiner Gesamtheit einschließlich der jeweiligen CGUs im Wert gemindert ist. Darin zeigt sich eine Parallele zur Einheitstheorie des Steuerrechts[781].

Damit lässt sich der Goodwill als Bilanzposition trotz Verflüchtigung der derivativen Goodwill-Bestandteile durch den Aufbau originärer Goodwill-Bestandteile im Wert erhalten (sog. *goodwill shield*), so dass im Ergebnis auch keine Abschreibung möglich ist und der Goodwill den Charakter eines „Dauerwertes" in der Bilanz hat[782].

Vor dem Hintergrund, dass die IFRS eigentlich ein klares Bekenntnis zur Nichtaktivierung des originären Goodwill und originärer Goodwill-Bestandteile enthalten, das u. a. durch das Wertaufholungsgebot verwirklicht wird, ist dem System mit dem *impairment only approach* ein Widerspruch immanent, der sich nur durch (Wieder-) Einführung einer zusätzlichen planmäßigen Abschreibung oder der Aktivierbarkeit des originären Goodwill lösen lässt[783].

Gleichwohl ist es zugleich einer Überlegung wert, ob das Verbot der Bilanzierung des originären Goodwill nicht aufgegeben werden sollte. Diese Überlegung wird nachfolgend aufgegriffen[784].

6. *Exkurs: Behandlung des negativen Goodwill*

Ergibt die zuvor[785] dargestellte Differenzrechnung nach IFRS 3.32 einen negativen Unterschiedsbetrag, handelt es sich dabei um einen negativen Goodwill. Der negative Goodwill wird in IFRS 3 als

„gain from a bargain purchase"

---

780 *Kuhner*, in: *Ballwieser/Beyer/Zelger*, Unternehmenskauf nach IFRS und HGB, 3. Aufl. 2014, S. 3 f., 21.

781 *Velte*, StuW 2008, S. 286.

782 *Velte*, StuW 2008, S. 285, 286.

783 Str., vgl. *Pottgießer/Velte/Weber*, DStR 2005, S. 1751; a.A. bspw. *Kuhner*, in: *Ballwieser/Beyer/Zelger*, Unternehmenskauf nach IFRS und HGB, 3. Aufl. 2014, S. 22, siehe hierzu auch Fn. 779. Ein möglicher Lösungsansatz durch ein modifiziertes Kombinationsmodell unter Berücksichtigung der Goodwill-Werte wird nachfolgend unter § 12 I. 2. vorgestellt.

784 Siehe hierzu nachfolgend unter § 12 I. 1.

785 Siehe hierzu zuvor unter § 7 II. 1.

angesehen (vgl. IFRS 3.1 lit (b); IFRS 3.5 lit (d); IFRS 3.34 f.). Die IFRS in der geltenden Fassung erkennen die Existenz eines negativen Goodwill im Einzel- und Konzernabschluss damit zwar ausdrücklich an[786], verweigern allerdings dessen Berücksichtigung durch eine eigene Bilanzposition[787].

Näher konkretisiert wird die Behandlung des negativen Goodwill in IFRS 3.34 S. 2 und IFRS 3.36: Im Kern verlangen die IFRS darin, dass die Kaufpreisallokation, die ja im Ergebnis zu einem negativen Goodwill geführt hat, nochmals durchgeführt wird. Mit anderen Worten gehen die IFRS beim Vorliegen eines negativen Goodwill davon aus, dass bei der Kaufpreisallokation Fehler unterlaufen sind: Die Vermögenswerte sind zu hoch und/oder Schulden zu niedrig bewertet worden[788]. Dementsprechend wird in IFRS 3.36 zunächst eine kritische Überprüfung (*reassessment*) der Wertansätze gefordert. In der Praxis sollte dies ein rein formaler (und damit zugleich unnötiger) Akt sein, da sich bei einer erneuten Durchführung der Kaufpreisallokation unter gleichen Prämissen schlicht kein anderer Wert ergeben sollte[789]. Verbleibt nach diesem *reassessment* dennoch ein negativer Unterschiedsbetrag aus der Kapitalkonsolidierung, so ist dieser nach IFRS 3.34 von dem Erwerber sofort erfolgswirksam als Gewinn[790] aus dem Erwerb zu einem Preis unter Marktwert (Fall des *bargain purchase*) zu erfassen[791]. Dadurch, dass der negative Goodwill bereits bei der Erstkonsolidierung ertragswirksam zu erfassen ist, sind auch keine Regelungen für die Folgebehandlung erforderlich[792].

---

786 In diesem Aspekt unterscheiden sich die IFRS vom HGB, das nur Regelungen für den Konzernabschluss bereithält; vgl. hierzu auch *Lüdenbach/Hoffmann/Freiberg*, IFRS-Kommentar, 12. Aufl. 2014 (Vorauflage), § 31, Rdnr. 224.

787 Hierzu *Bieker/Esser*, StuB 2004, S. 457; anders noch IAS 22 (als Vorläuferstandard von IFRS 3), der den Ausweis eines negativen Goodwill als eigene Bilanzposition noch anerkannt hatte.

788 So auch *Bieker/Esser*, StuB 2004, S. 457.

789 Siehe hierzu mit Nachweisen *Lüdenbach/Hoffmann/Freiberg*, IFRS-Kommentar, 16. Aufl. 2018, § 31, Rdnr. 144.

790 Vgl. nur *Busse von Colbe/Orgelheide/Gebhardt/Pellens*, Konzernabschlüsse, 9. Aufl. 2010, S. 245.

791 Eine ganz ähnliche Vorgehensweise ist auch in den **US-GAAP** vorgesehen, vgl. hierzu bspw. FASB ASC 805-30-25-04 und ASC 805-30-30-05.

792 *Lüdenbach/Hoffmann/Freiberg*, IFRS-Kommentar, 16. Aufl. 2018, § 31, Rdnr. 150. Im Anhang sind Grund und Höhe des negativen Unterschiedsbetrags gem. IFRS 3.B64 lit. (n) darzulegen.

Im Ergebnis erkennen die IFRS als Entstehungsursache für den negativen Goodwill nur das Vorliegen glücklicher Umstände beim Kauf (im Sinne eines *bargain purchase*) oder Anwendung zugelassener Abweichungen von den allgemeinen bilanziellen Ansatz- und Bewertungsvorschriften an. Dass dem negativen Goodwill schlicht negative Zukunftsaussichten (i.S.e. *badwill*) oder andere Entstehungsursachen zu Grunde liegen können, wird demgegenüber nicht in Betracht gezogen[793].

Die zuvor dargestellte *full goodwill*-Methode hat auch Auswirkungen auf die Behandlung des negativen Goodwill. Wird unter Anwendung der *full goodwill*-Methode der Minderheitenanteil zum *fair value* bewertet, kommt es, analog zum Ausweis des positiven Goodwill, zu einem höheren Ausweis des negativen Goodwill. Dieser negative Unterschiedsbetrag ist gem. IFRS 3.34 S. 3 in voller Höhe bei dem Erwerber, in diesem Fall dem Mehrheitsgesellschafter, zu erfassen. Vor dem Hintergrund, dass die IFRS keine Ausschüttungsfunktion und nur in eingeschränktem Umfang eine Zahlungsbemessungsfunktion verfolgen[794], erscheint es durchaus sachgerecht, den vollen Effekt des negativen Goodwill (Gewinn durch glücklichen Kauf) bei dem Mehrheitsgesellschafter zu erfassen[795].

§ 8 Behandlung des derivativen Goodwill im Steuerrecht

Nicht minder umfangreich wird der derivative Goodwill in Literatur und Rechtsprechung zum Steuerrecht berücksichtigt: Auch in diesem Bereich liegt eine Fülle an diesbezüglichen Kommentaren, Abhandlungen und Gerichtsentscheidungen vor. Die steuerbilanzielle Behandlung des derivativen Goodwill wird im nachfolgenden Abschnitt dargestellt. Dabei wird auch auf Besonderheiten der Übertragung von Anteilen an Personengesellschaften und auf Besonderheiten bei der Behandlung des Praxiswertes eingegangen.

Im Anschluss daran wird die Berücksichtigung des derivativen Goodwill im materiellen Ertragsteuerrecht behandelt. Anknüpfungspunkt für diese Darstellung ist die Übertragung eines Unternehmens mitsamt seines Goodwill im Wege

793 *Hachmeister*, IRZ 2008, S. 120, 121.

794 Zur Ausschüttungsbemessung *Lüdenbach/Hoffmann/Freiberg*, IFRS-Kommentar, 16. Aufl. 2018, § 1, Rdnr. 16; zur Zahlungsbemessung *Schmidt*, Rechnungslegung zur Zahlungsbemessung und Informationsvermittlung, 2007, S. 107.

795 Str., a.A. für den Fall, dass Mehr- und Minderheitsgesellschafter zeitgleich ihre Beteiligung erwerben *Lüdenbach/Hoffmann/Freiberg*, IFRS-Kommentar, 16. Aufl. 2018, § 31, Rdnr. 141.

eines *asset deals* und eines *share deals*. Dabei werden sowohl die Auswirkungen aus Sicht des Verkäufers als auch aus Sicht des Käufers näher beleuchtet.

Im Anschluss an die Besteuerung der Unternehmenstransaktion werden noch Aspekte des derivativen Goodwill in weiteren Einzelsteuergesetzen betrachtet, insbesondere im Rahmen des Umsatzsteuergesetzes. Außerhalb von diesen Bereichen hat der Goodwill im geltendem materiellen Steuerrecht keine eigenständige Bedeutung erlangt.

I. Steuerbilanzielle Behandlung im EStG

Anders als das Handelsbilanzrecht des HGB hält das Steuerbilanzrecht des EStG keine Legaldefinition für den Goodwill bereit[796]. Ebensowenig ist eine ausdrückliche Bestimmung zum Bilanzansatz des derivativen Goodwill enthalten. Dass das EStG die Existenz des derivativen Geschäfts- oder Firmenwertes grundsätzlich anerkennt, wird durch dessen Berücksichtigung in den Bestimmungen zur Absetzung für Abnutzung oder Substanzverringerung und im Rahmen der Zinsschranke deutlich[797]. Durch die Geltung des Maßgeblichkeitsprinzips[798] gemäß § 5 Abs. 1 S. 1 EStG ist eine ausdrückliche Regelung für den Goodwill auch nicht zwingend erforderlich. Denn das Maßgeblichkeitsprinzip führt dazu, dass die steuerbilanzielle Behandlung des derivativen Goodwill weitgehend der des Handelsbilanzrechts folgt. Dennoch sind im Steuerbilanzrecht einige Besonderheiten zu beachten, die mitunter zu erheblichen Unterschieden in der Behandlung des derivativen Goodwill führen können. Ob sich für den derivativen Goodwill hierdurch ein Wertungswiderspruch ergibt, wird im Folgenden näher betrachtet. Im Anschluss daran wird abermals auf die steuerbilanzielle Behandlung des Praxiswertes Bezug genommen.

1. Erwerbsvorgang als Weichenstellung

Bei der steuerbilanziellen Behandlung des derivativen Goodwill ist der zu Grunde liegende Erwerbsvorgang von entscheidender Bedeutung: Ähnlich wie bei der handelsbilanziellen Beurteilung kann ein derivativer Goodwill grundsätzlich nur dann bilanziert werden, wenn der Unternehmenserwerb, aus Sicht

796 Siehe hierzu die von Rechtsprechung und Literatur erarbeitete Definition zuvor unter § 2 II. 2.

797 § 4h Abs. 2 S. 5 EStG und § 7 Abs. 1 S. 3 EStG.

798 *Broemel/Endert*, BBK 2013, S. 1108; differenzierter und mit Nachweisen *Velte*, StuW 2010, S. 97.

des Steuerbilanzrechts, durch Erwerb der einzelnen Wirtschaftsgüter im Wege eines *asset deals* erfolgt ist. Wird ein Unternehmen über dessen Kapitalgesellschaftsanteile im Wege eines *share deal* erworben, werden diese in der Steuerbilanz (ebenso wie in der Handelsbilanz) mit den vollen Anschaffungskosten der Gesellschaftsanteile angesetzt. Der Goodwill ist in diesem Fall im Beteiligungsbuchwert verkörpert. Für die separate Bilanzierung eines derivativen Goodwill ist auch im Steuerbilanzrecht kein Raum mehr[799].

Ähnlich wie im Handelsbilanzrecht nimmt auch im Steuerbilanzrecht der Erwerb eines Unternehmens über die Personengesellschaftsanteile eine Zwischenstellung ein und ist zwischen den Polen „*asset deal*" und „*share deal*" angesiedelt: Zivilrechtlich werden die Anteile an der Personengesellschaft übertragen (dies entspricht einem *share deal*), die einen selbständigen Vermögensgegenstand darstellen[800]. Das Steuerbilanzrecht bildet die Übertragung von Anteilen an einer Personengesellschaft jedoch anders ab. Zunächst ist auch aus Sicht des Steuerbilanzrechts danach zu unterscheiden, ob sämtliche Anteile an einen einzelnen Erwerber oder aber einzelne Anteile an einen oder mehrere Erwerber übertragen werden.

Werden sämtliche Anteile an einer Personengesellschaft an einen einzelnen Erwerber übertragen, geht mit diesen auch das Unternehmen mitsamt seines Goodwill auf den einzelnen Erwerber über. In diesem Fall vereinigen sich sämtliche Anteile in der Hand des Erwerbers (Anwachsung), der damit *uno actu* und *ipso iure*, nämlich allein durch Übertragung der Anteile, Inhaber des Unternehmens und dessen gesamten Vermögens wird[801]. Die Personengesellschaft als solche erlischt dabei[802]. Aus Sicht des Steuerbilanzrechts ergeben sich in diesem

---

799 Handelsbilanziell würde ein gesonderter Ausweis in der Bilanz des Erwerbers der Beteiligung an einer Kapitalgesellschaft neben bzw. losgelöst von der Position der Beteiligung gegen das Trennungsprinzip verstoßen, da sämtliche (immateriellen) Vermögensgegenstände der Beteiligungs-Kapitalgesellschaft bereits auf der Ebene der haltenden Kapitalgesellschaft ausgewiesen werden. Sämtliche Elemente, die den Wert der Beteiligung ausmachen, sind daher einheitlich in der Position „Beteiligung" abzubilden (hierzu, auch mit weiteren Nachweisen: *Preißer/Bressler*, BB 2011, S. 429, 430). In der Steuerbilanz sind diese Grundsätze wegen des (materiellen) Maßgeblichkeitsprinzips ebenfalls zur Anwendung zu bringen.

800 *Gröger*, in: *Hölters*, Unternehmenskauf, 8. Aufl. 2015, Rdnr. 4.133.

801 Statt vieler *Canaris*, Handelsrecht, 24. Aufl. 2006, § 8, Rdnr. 4 f.

802 Statt vieler *Grunewald*, Gesellschaftsrecht, 10. Aufl. 2017, § 1, Rdnr. 197.

Fall keine Unterschiede zu der Übertragung eines Unternehmens im Wege eines *asset deals*[803].

Werden demgegenüber einzelne Gesellschaftsanteile an einen oder mehrere Erwerber übertragen, rückt dieser Erwerber schlicht in die Position des bisherigen Gesellschafters ein[804]. Am Bestand der Personengesellschaft selbst ändert sich nichts. In der Konsequenz wird grundsätzlich auch kein Goodwill übertragen. Das Steuerbilanzrecht behandelt die Beteiligung an einer Personengesellschaft als eine steuerliche Mitunternehmerschaft. Der Erwerb eines Mitunternehmeranteils ist im Einkommensteuerrecht grundsätzlich nicht anders zu behandeln als der Erwerb eines Einzelunternehmens[805]; dementsprechend wird aus Sicht des Steuerbilanzrechts ein Anteil an den aktiven und passiven Wirtschaftsgütern der Personengesellschaft erworben (dies entspricht einem *asset deal*)[806]. In der steuerbilanziellen Abbildung des Goodwill bei Eintritt in eine Mitunternehmerschaft gelten jedoch Besonderheiten, die im Folgenden ebenfalls thematisiert werden[807].

2. *Behandlung des Goodwill beim asset deal*

a) *Entgeltlicher Erwerbsvorgang als Voraussetzung für den Bilanzansatz*

Grundvoraussetzung für die steuerbilanzielle Berücksichtigung des derivativen Goodwill ist, dass dieser aus einem entgeltlichen Erwerbsvorgang resultiert. Für den entgeltlich erworbenen Geschäfts- oder Firmenwert als immateriellem Wirtschaftsgut wird aus § 5 Abs. 2 EStG ein Aktivierungsgebot hergeleitet[808]. Demgegenüber kann der unentgeltlich erworbene Geschäfts- oder Firmenwert

---

803 Hierzu auch *Gröger*, in: *Hölters*, Unternehmenskauf, 8. Aufl. 2015, Rdnr. 4.137; *Schüppen/Walz*, in: *Ballwieser/Beyer/Zelger*, Unternehmenskauf nach IFRS und HGB 3. Aufl. 2014, S. 57.

804 *Reiß* in: *Kirchhof*, EStG, 17. Aufl. 2018, § 16 EStG, Rdnr. 159.

805 Vgl. BFH, Urteil v. 21.04.1994 - IV R 70/92, unter 3., BStBl. II 1994, S. 745 = BB 1994, S. 1602.

806 Eher bildlich gesprochen, stellt der Personengesellschaftsanteil ein transparentes Wirtschaftsgut dar, *Gröger*, in: *Hölters*, Unternehmenskauf, 8. Aufl. 2015, Rdnr. 4.133; *Büsching*, in: *Römermann*, MAH GmbHR, 3. Aufl. 2014, § 1, Rdnr. 165.

807 Siehe hierzu nachfolgend unter § 8 I. 3.

808 *Weber-Grellet*, in: *Schmidt*, EStG, 37. Aufl. 2018, § 5 EStG, Rdnr. 222; *Broemel/Endert*, BBK 2013, S. 1108; *Wiechers*, BBK 2011, S. 738; *Schmidt*, Rechnungslegung zur Zahlungsbemessung und Informationsvermittlung, 2007, S. 79; beispielsweise leitet *Velte* das Aktivierungsgebot auch aus dem Maßgeblichkeitsprinzip her, so bspw. *Velte*, StuW 2010, S. 97.

in der Steuerbilanz aufgrund des ausdrücklichen Wortlauts des § 5 Abs. 2 EStG nicht berücksichtigt werden. Für diesen besteht ein Aktivierungsverbot[809].

b) Aktivierung dem Grunde und der Höhe nach

Der Bilanzansatz richtet sich im Steuerbilanzrecht nach den allgemeinen Vorschriften des § 6 Abs. 1 Nr. 1 S. 1 EStG[810]. Die Aktivierung von Anschaffungskosten für den entgeltlich erworbenen derivativen Goodwill setzt voraus, dass das Gesamtentgelt für den Erwerb eines Unternehmens höher ist als die Summe der Teilwerte aller übrigen materiellen und immateriellen (bilanzierten wie nicht bilanzierten) Wirtschaftsgüter dieses Unternehmens abzüglich der Verbindlichkeiten[811]. Der *BFH* hat in seiner Rechtsprechung hierfür eine Prüfungsreihenfolge herausgearbeitet, die stark an die Vorgehensweise der handelsbilanziellen Aktivierungsprüfung angelehnt ist[812], aber durch zusätzliche Prüfungsschritte noch darüber hinaus geht.

Für die Ermittlung der zu bilanzierenden Anschaffungskosten des Goodwill sind zunächst die vom Erwerber aufgewandten Anschaffungskosten[813] bestimmen[814]. In einem weiteren Schritt sind sämtliche auf den Erwerber übertragenen Wirtschaftsgüter zu identifizieren und festzustellen, welcher Teilwert[815] ihnen

---

809 *Weber-Grellet*, in: *Schmidt*, EStG, 37. Aufl. 2018, § 5 EStG, Rdnr. 222; *Maier*, in: BeckLex, 42. Ed. 2018 (Stand: 01.01.2017), Geschäfts- oder Firmenwert, Rdnr. 20.

810 *Broemel/Endert*, BBK 2013, S. 1108.

811 *Ehmcke*, in: *Blümich*, EStG/KStG/GewStG, 133. EL Juli 2016, § 6 EStG, Rdnr. 758; so auch *Gröger*, in: *Hölters*, Unternehmenskauf, 8. Aufl. 2015, Teil 4, Rdnr. 4.105 mit Nachweisen zum Meinungsstand.

812 Zur Prüfungsreihenfolge im Handelsbilanzrecht siehe zuvor unter § 7 I. 1. b); vgl. auch *Schmidt*, Rechnungslegung zur Zahlungsbemessung und Informationsvermittlung, 2007, S. 79, 80; *Wacker*, in: *Schmidt*, EStG, 37. Aufl. 2018, § 16 EStG, Rdnr. 487 ff.; *Gröger*, in: *Hölters*, Unternehmenskauf, 8. Aufl. 2015, Teil 4, Rdnr. 4.105.

813 Ob und in welchem Umfang auch Anschaffungsnebenkosten (bspw. Anwalts- und Notargebühren, Kosten für betriebswirtschaftliche Beratungen, *due diligence*-Prüfungen, Wertgutachten etc.) aktiviert werden müssen ist ein häufiger Streitpunkt. Nach der Rspr. sollen die Aufwendungen, die ab dem Zeitpunkt einer grundsätzlich gefassten Erwerbsentscheidung entstehen, aktivierungspflichtig sein; hierzu *Kröner*, BB 2012, S. 2406, 2407; *Broemel/Endert*, BBK 2013, S. 1108.

814 *Broemel/Endert*, BBK 2013, S. 1108.

815 Gem. § 6 Abs. 1 Nr. 1 S. 3 EStG ist unter Teilwert der Betrag zu verstehen, den ein Erwerber des ganzen Betriebs im Rahmen des Gesamtkaufpreises für das einzelne Wirtschaftsgut ansetzen würde; dabei ist davon auszugehen, dass der Erwerber den Betrieb fortführt (*going concern*). Im Regelfall entspricht der Teilwert dem

im Zeitpunkt der Übernahme beizulegen ist[816]. Dadurch werden die stillen Reserven der bilanzierten Wirtschaftsgüter aufgedeckt. Übersteigt der Kaufpreis dennoch die Summe der Teilwerte der vom Veräußerer aktivierten Wirtschaftsgüter, ist in einem weiteren Schritt zu prüfen, ob vom Veräußerer selbst geschaffene immaterielle Wirtschaftsgüter veräußert wurden, die bisher keiner Bilanzierung zugänglich waren[817]. Erst wenn nach dieser Überprüfung feststeht, dass der Kaufpreis die Teilwerte aller materiellen und immateriellen Einzelwirtschaftsgüter übersteigt, und nicht etwa für bestimmte einzelne Wirtschaftsgüter bezahlt wurde[818], kommt die Aktivierung eines Goodwill in Höhe des überschießenden Betrags in Betracht[819].

Kann nach den vorgenannten Prüfungsschritten im Ergebnis kein überschießender Betrag ermittelt werden, da der gezahlte Kaufpreis nicht die Summe der Teilwerte aller auf den Erwerber übergegangenen materiellen und immateriellen Einzelwirtschaftsgüter übersteigt, kann der Erwerber zwar einen Goodwill erworben haben; da auf diesen aber kein Kaufpreisanteil entfällt, gilt dieser als unentgeltlich erworben und unterliegt in der Folge dem Ansatzverbot aus § 5 Abs. 2 EStG[820].

Verkehrswert oder Marktpreis und stimmt mit dem beizulegenden Wert im Handelsbilanzrecht überein.

816 *Ehmcke*, in: *Blümich*, EStG/KStG/GewStG, 133. EL Juli 2016, § 6 EStG, Rdnr. 758.

817 Sog. Drei-Stufen-Theorie. Daneben wird auch die Ansicht vertreten, dass die Verteilung auf sämtliche bilanzierten immateriellen Einzelwirtschaftsgütern gleichmäßig und proportional durchzuführen ist (sog. modifizierte Stufentheorie). Bedeutsam wird die Unterscheidung zwischen den beiden Theorien allerdings nur, wenn der Gesamtkaufpreis nicht sämtliche stille Reserven in bilanzierten und bisher nicht bilanzierten materiellen und immateriellen Wirtschaftsgütern vergüten sollte (*Gröger*, in: *Hölters*, Unternehmenskauf, 8. Aufl. 2015, Teil 4, Rdnr. 4.105); siehe hierzu auch *Wacker*, in: *Schmidt*, EStG, 37. Aufl. 2018, § 16 EStG, Rdnr. 487 ff; *Maier*, in: BeckLex, 42. Ed. 2018 (Stand: 01.01.2017, Geschäfts- oder Firmenwert, Rdnr. 19.

818 Ob Aufwendungen für bestimmte einzelne Wirtschaftsgüter oder einen Goodwill geleistet wurden, bestimmt sich in erster Linie nach ihrer Zweckrichtung und damit dem erklärten Willen der Vertragspartner; hierzu eingehend *Krumm*, in: *Blümich*, EStG/KStG/GewStG, 129. EL August 2015, § 5 EStG, Rdnr. 615c, 615d.

819 *Ehmcke*, in: *Blümich*, EStG/KStG/GewStG, 133. EL Juli 2016, § 6 EStG, Rdnr. 758, 759; *Maier*, in: BeckLex, 42. Ed. 2018 (Stand: 01.01.2017), Geschäfts- oder Firmenwert, Rdnr. 19; *Gröger*, in: *Hölters*, Unternehmenskauf, 8. Aufl. 2015, Rdnr. 4.105, 4.112.

820 Vgl. *Ehmcke*, in: *Blümich*, EStG/KStG/GewStG, 133. EL Juli 2016, § 6 EStG, Rdnr. 758, 759.

Kann nach diesen Prüfungsschritten demgegenüber ein überschießender Betrag ermittelt werden, muss dieser dennoch nicht zwingend auf einen Goodwill geleistet worden sein, sondern kann durch andere betriebliche Gründe motiviert sein: So kann dieser Betrag beispielsweise geleistet worden sein, um querulatorische Gesellschafter abzufinden[821] oder kann schlicht das Ergebnis einer unternehmerischen Fehlentscheidung darstellen[822]. In diesen Fällen ist im Steuerbilanzrecht, anders als im Handelsbilanzrecht, kein Goodwill zu aktivieren. Der überschießende Betrag ist als sofort abziehbare Betriebsausgabe zu betrachten[823]. Gleiches gilt, wenn das erworbene Unternehmen nicht fortgeführt, sondern zerschlagen oder stillgelegt werden soll[824] oder aber ein lästiger Wettbewerber vom Markt genommen werden soll[825]. War der überschießende Betrag durch private Gründe motiviert, liegt in dieser Höhe eine Privatentnahme vor[826].

Durch diese Berücksichtigung externer Motive in der Ermittlung eines bilanzierbaren Goodwill können die Wertansätze in Handels- und Steuerbilanz erheblich auseinanderfallen[827]. Es ist daher stets anhand des Ertragswertes des Unternehmens zu untersuchen, ob ein Goodwill vorhanden ist[828].

---

821 *Schmidt*, Rechnungslegung zur Zahlungsbemessung und Informationsvermittlung, 2007, S. 80; *Wacker*, in: *Schmidt*, EStG, 37. Aufl. 2018, § 16 EStG, Rdnr. 491.

822 *Maier*, in: BeckLex, 42. Ed. 2018 (Stand: 01.01.2017), Geschäfts- oder Firmenwert, Rdnr. 19.

823 *Weber-Grellet*, Bilanzsteuerrecht, 16. Aufl. 2018, Rdnr. 343; *Gröger*, in: *Hölters*, Unternehmenskauf, 8. Aufl. 2015, Rdnr. 4.138.

824 In diesem Fall wird angenommen, dass die auf den Erwerb des untergehenden Goodwill entfallenden Kosten auf die Verbesserung des eigenen Goodwill geleistet werden und somit dem Aktivierungsverbot des § 5 Abs. 2 EStG unterliegen; vgl. *Krumm*, in: *Blümich*, EStG/KStG/GewStG, 129. EL August 2015, § 5 EStG, Rdnr. 620, 622; *Schubert/F. Huber*, in: Beck Bil-Komm, 11. Aufl. 2018, § 247, Rdnr. 421. Vgl. auch *Gröger*, in: *Hölters*, Unternehmenskauf, 8. Aufl. 2015, Rdnr. 4.109.

825 *Gröger*, in: *Hölters*, Unternehmenskauf, 8. Aufl. 2015, Rdnr. 4.139.

826 *Maier*, in: BeckLex, 42. Ed. 2018 (Stand: 01.01.2017), Geschäfts- oder Firmenwert, Rdnr. 19. Die Privatentnahme hat gem. § 4 Abs. 1 S. 1 EStG zur Folge, dass der Gewinn im Umfang der Privatentnahme erhöht wird.

827 Siehe hierzu auch mit weiteren Nachweisen: *Schmidt*, Rechnungslegung zur Zahlungsbemessung und Informationsvermittlung, 2007, S. 80, Fn. 389.

828 Siehe hierzu und auch mit Nachweisen aus der Rechtsprechung: *Winkeljohann/Kropp/Siemers*, in: *Winkeljohann/Förschle/Deubert*, Sonderbilanzen, 5. Aufl. 2016, Kap. C, Rdnr. 207.

Kann nach diesen letzten Prüfungsschritten dennoch festgestellt werden, dass ein überschießender Betrag auf den Goodwill des Unternehmens gezahlt wurde und tatsächlich auch ein Goodwill im Unternehmen vorhanden ist[829], kann dieser Kaufpreisanteil als Anschaffungskosten für den Goodwill angesetzt werden.

c) Zeitpunkt der Aktivierung

Der entgeltlich erworbene Goodwill ist in dem Zeitpunkt zu aktivieren, in dem das wirtschaftliche Eigentum an dem Unternehmen auf den Erwerber übergeht. Da der Erwerb eines Unternehmens ein betrieblicher Vorgang ist, gelten die Grundsätze der periodengerechten Gewinnermittlung. Auf die Zahlung des Kaufpreises kommt es daher nicht an[830].

d) Folgebehandlung des Goodwill

Bis zum Inkrafttreten des BiRiLiG am 1. Januar 1986 war die Abschreibung des Geschäfts- oder Firmenwertes steuerrechtlich nicht zulässig[831]. Zumindest bis zu diesem Zeitpunkt war der Gesetzgeber damit im Steuerbilanzrecht der Einheitstheorie gefolgt. Nach der Vorstellung des Gesetzgebers handelte es sich bei dem Geschäfts- oder Firmenwert um ein nicht abnutzbares Wirtschaftsgut[832]. Im Zuge des BiRiLiG wurde der Geschäfts- oder Firmenwert aus dem Katalog nicht abnutzbarer Wirtschaftsgüter in § 6 Abs. 1 Nr. 2 Satz 1 EStG a.F. gestrichen und zugleich die Möglichkeit der linearen Abschreibung eingeführt[833]. Ob der Gesetzgeber damit zugleich von der Einheitstheorie abgerückt ist, wird in Literatur und Rechtsprechung kontrovers diskutiert und im Folgenden noch näher betrachtet.

Steuerrechtlich stehen nach geltendem Recht damit für den derivativen Geschäfts- oder Firmenwert grundsätzlich die planmäßige Abschreibung[834] und die Teilwertabschreibung auf den niedrigeren Teilwert zur Verfügung.

---

829 *Ehmcke*, in: *Blümich*, EStG/KStG/GewStG, 133. EL Juli 2016, § 6 EStG, Rdnr. 760, 761.

830 *Maier*, in: BeckLex, 42. Ed. 2018 (Stand: 01.01.2017), Geschäfts- oder Firmenwert, Rdnr. 10.

831 Vgl. bspw. *BFH*, Urteil v. 13.03.1991 – I R 83/89, unter II. 2. a), BFHE 164, S. 61 = DB 1991, S. 1357.

832 Siehe zur Einheitstheorie zuvor unter § 3 II. 2. a).

833 *Maier*, in: BeckLex, 42. Ed. 2018 (Stand: 01.01.2017), Geschäfts- oder Firmenwert, Rdnr. 22.

834 Daneben ist für den Goodwill als abnutzbarem Wirtschaftsgut grds. auch eine Absetzung für außergewöhnliche wirtschaftliche Abnutzung i. S. d. § 7 Abs. 1 S. 7 EStG denkbar. Allerdings reichen hierfür, in Abgrenzung zur Teilwertabschreibung, nicht

aa) Planmäßige Abschreibung

Das EStG sieht für die planmäßige Abschreibung des entgeltlich erworbenen Geschäfts- oder Firmenwerts mit § 7 Abs. 1 S. 1 und S. 3 EStG eine relativ starre und unflexible Regelung vor: Demnach ist der entgeltlich erworbene Geschäfts- oder Firmenwert, beginnend im Jahr der Anschaffung (vgl. § 7 Abs. 1 S. 4 EStG), über einen Zeitraum von 15 Jahren linear abzuschreiben. Dieser Abschreibungszeitraum ist eine rein fiskalische Größe; dem tatsächlichen Wert und Wertverlauf des Goodwill wird dadurch in der Regel nicht Rechnung getragen[835].

Von diesem Abschreibungszeitraum ist nach Einschätzung des *BMF*[836] auch dann auszugehen, wenn tatsächliche Anhaltspunkte für eine kürzere Nutzungsdauer vorliegen und in der Handelsbilanz aus diesem Grund schneller abgeschrieben wird[837]. Lediglich dann, wenn eine Abschreibung über einen Zeitraum von 15 Jahren zu einer offensichtlich unzutreffenden Besteuerung führt, hält der *BFH* Ausnahmen für denkbar[838]. In der Praxis hat dies im Regelfall ein Auseinanderfallen des Abschreibungshorizontes in Handels- und Steuerbilanz zur Folge, da die unternehmensindividuelle betriebsgewöhnliche Nutzungsdauer für Zwecke der handelsrechtlichen Bewertung regelmäßig hiervon abweichen wird[839]. Durch die Abweichung von Handels- und Steuerbilanz ergeben sich isoliert in diesem Bereich aktive latente Steuern[840]. Für die aktive latente Steuerabgrenzung besteht nach § 274 Abs. 1 S. 2 HGB ein Aktivierungswahlrecht. Diese sind dann im weiteren Verlauf während des Zeitraums jeweils anteilig aufzulösen, in dem der betreffende Geschäfts- oder Firmenwert planmäßig abgeschrieben wird[841].

---

bloße Wertminderungen des Wirtschaftsguts aus; hierzu *Brandis*, in: *Blümich*, EStG/KStG/GewStG, 133. EL Juli 2016, § 7 EStG, Rdnr. 387.

835 *Neufang/Otto*, DStR 2012, S. 226; *Velte*, StuW 2008, S. 283, 284.

836 Vgl. hierzu *BMF*, Schreiben vom 20.11.1986, BStBl. I 1986, S. 532.

837 *Velte*, StuW 2008, S. 283.

838 *Kulosa*, in: *Schmidt*, EStG, 37. Aufl. 2018, § 7 EStG, Rdnr. 171 (mit Nachweisen zur Rechtsprechung); *Pfirrmann*, in: *Kirchhof*, EStG, 17. Aufl. 2018, § 7 EStG, Rdnr. 55.

839 *Petersen/Zwirner/Boecker*, StuB 2011, S. 401; a.A. *Neufang/Otto*, die davon ausgehen, dass § 7 Abs. 1 S. 3 EStG gegenstandslos wird und ein Gleichlauf von Handels- und Steuerbilanz über die steuerliche Teilwertabschreibung hergestellt werden kann; vgl. *Neufang/Otto*, DStR 2012, S. 227.

840 Hierzu *Wiechers*, BBK 2011, S. 738; *Broemel/Endert*, BBK 2013, S. 1111.

841 Petersen/Zwirner/Boecker, StuB 2011, S. 401.

bb) Teilwertabschreibung

Neben der planmäßigen Abschreibung ist, bei Vorliegen einer voraussichtlich dauernden Wertminderung des Goodwill, auch die Abschreibung auf den niedrigeren Teilwert zulässig. Als gesetzlicher Anknüpfungspunkt für die Zulässigkeit der Teilwertabschreibung des Geschäfts- oder Firmenwertes wird § 6 Abs. 1 Nr. 1 S. 2 EStG herangezogen[842]. An dieser Stelle tritt der Streit zwischen den Vertretern der Einheitstheorie und der Trennungstheorie offen zu Tage.

(1) Position und Argumente der Einheitstheorie

Nach der Einheitstheorie ist für die Schätzung des Teilwerts eines aktivierten Goodwill der gesamte Goodwill des Unternehmens als Bewertungseinheit anzusehen. Begründet wird dies damit, dass sich im Zeitablauf selbst geschaffene und erworbene Bestandteile des Goodwill *de facto* nicht mehr unterscheidbar trennen lassen und eine Aufspaltung unter Objektivierungsgesichtspunkten abzulehnen ist[843]. Der Teilwert darf aus diesem Grund nicht nur auf Grundlage des vorhandenen „Rests“ des entgeltlich erworbenen Goodwill unter Außerachtlassung des selbst geschaffenen Teils ermittelt werden[844].

Die Vertreter der Einheitstheorie sehen in der Einführung der planmäßigen Abschreibung in § 7 Abs. 1 S. 3 EStG auch keinen Widerspruch zur Einheitstheorie, denn allein die Abschreibungsfähigkeit des Goodwill könne an dieser Betrachtungsweise nichts ändern[845]. Folgt man der Einheitstheorie und nimmt an, dass ein Unternehmen nur einen einheitlichen Goodwill hat, so ist eine Teilwertabschreibung nur dann möglich, wenn der Goodwill des Unternehmens in seiner Gesamtheit im Wert unter den planmäßig abgeschriebenen Betrag gesunken ist[846]. Die Einheitstheorie hat zur Konsequenz, dass eine Teilwertabschreibung des derivativen Goodwill solange nicht möglich sein soll, wie der originäre Goodwill in gleichem Umfang angewachsen ist, so dass der Goodwill insgesamt unverändert bleibt. Die Einheitstheorie kann dazu führen, dass der Goodwill

---

842 *Broemel/Endert*, BBK 2013, S. 1111; *Neufang/Otto*, DStR 2012, S. 226.

843 Vgl. *Velte*, StuW 2008, S. 286.

844 *Kulosa*, in: *Schmidt*, EStG, 37. Aufl. 2018, § 6 EStG, Rdnr. 313.

845 So bspw. zum Geschäfts- und Praxiswert *BFH*, Beschluss v. 30.10.2008 – VIII B 172/07 unter 2. b) (verfügbar u. a. bei juris); *Kulosa*, in: *Schmidt*, EStG, 37. Aufl. 2018, § 6 EStG, Rdnr. 313; ebenso *Ehmcke*, in: *Blümich*, EStG/KStG/GewStG, 133. EL Juli 2016, § 6 EStG, Rdnr. 766.

846 Vgl. hierzu auch *Waldhoff*, in: *Kirchhof/Söhn/Mellinghoff*, EStG, 202. EL Oktober 2009, § 7 EStG, Rdnr. B 165a.

bilanziell den Charakter eines „Dauerwertes" annimmt[847]. Im Ergebnis kommt nach der Einheitstheorie eine Teilwertabschreibung nur dann in Betracht, wenn sich aus der wirtschaftlichen Entwicklung des Unternehmens seit dem Erwerbszeitpunkt Anhaltspunkte[848] dafür ergeben, dass der Teilwert in der Folgezeit durch Minderung aller oder einzelner geschäftswertbildender Faktoren gesunken oder nicht mehr vorhanden ist. Liegen entsprechende Anhaltpunkte vor, soll der Abschreibungsbedarf zusätzlich mit Hilfe von anerkannten Berechnungsmethoden[849] kontrolliert werden[850].

(2) Position und Argumente der Trennungstheorie

Demgegenüber kann mit der Trennungstheorie der derivative Goodwill isoliert auf seine Werthaltigkeit hin überprüft werden. Dessen Schicksal wird unabhängig von einem etwaigen originären Goodwill des erwerbenden Unternehmens betrachtet.

Die Vertreter der Trennungstheorie[851] sehen mit der Einführung der planmäßigen Abschreibung in § 7 Abs. 1 S. 3 EStG der Einheitstheorie insgesamt den Boden entzogen[852]. Nach der Trennungstheorie ist für die Teilwertschätzung nur der entgeltlich erworbene Teil des gesamten Goodwill maßgeblich[853]. Gegen die Einheitstheorie wird dabei vor allem vorgebracht, dass die Vermengung und Saldierung von entgeltlich erworbenem Goodwill und selbst geschaffenem Goodwill im Rahmen der Teilwertbestimmung gegen § 5 Abs. 2 EStG verstoßen würde, der die Aktivierung des selbst geschaffenen Goodwill gerade verbietet[854].

847 *Velte*, StuW 2008, S. 286.

848 Solche Anhaltspunkte werden bspw. darin gesehen, dass Rentabilität des Unternehmens aufgrund stagnierender Umsätze und Gewinne während eines längeren Zeitraums gemindert wird und das Unternehmen hinter der allgemeinen wirtschaftlichen Entwicklung zurückbleibt; vgl. hierzu *Ehmcke*, in: *Blümich*, EStG/KStG/GewStG, 133. EL Juli 2016, § 6 EStG, Rdnr. 766; *Neufang/Otto*, DStR 2012, S. 226.

849 Siehe hierzu die unter § 4 III. dargestellten Methoden zur Ermittlung und Bewertung des Goodwill.

850 *Ehmcke*, in: *Blümich*, EStG/KStG/GewStG, 133. EL Juli 2016, § 6 EStG, Rdnr. 766; *Neufang/Otto*, DStR 2012, S. 226.

851 Dieser Ansicht sind *Schubert/Andrejewski*, in: Beck Bil-Komm, 11. Aufl. 2018, § 253 HGB, Rdnr. 675; wohl auch *Neufang/Otto*, DStR 2012, S. 226; *Velte*, StuW 2008, S. 283.

852 Von der „Aufgabe der Einheitstheorie" spricht bspw. *BFH*, Urteil v. 28.05.1998 – IV R 48/97, unter 1. b), BFHE 186, S. 268 = DStR 1998, S. 1892.

853 *Neufang/Otto*, DStR 2012, S. 226.

854 *Schubert/Andrejewski*, in: Beck Bil-Komm, 11. Aufl. 2018, § 253 HGB, Rdnr. 675.

Für die Trennungstheorie spricht dabei, dass die Unterscheidung zwischen originärem und derivativem Goodwill gesetzlich im Steuerbilanzrecht[855] und Handelsbilanzrecht verankert ist. Die Literaturansicht will dabei vor allem auch den Gleichlauf von steuer- und handelsrechtlicher Abschreibung auf den Teilwert bzw. niedrigeren beizulegenden Wert wahren.

In der Konsequenz ist mit der Trennungstheorie eine Teilwertabschreibung möglich, sobald sich Bestimmungsfaktoren, die den Wert des entgeltlich erworbenen Goodwill im Zeitpunkt des Erwerbs ausgemacht haben, nachteilig verändert haben und der tatsächliche Wert des erworbenen Goodwill aufgrund einer dauernden Wertminderung niedriger ist als die (fortgeführten) Anschaffungskosten[856].

(3) Würdigung und Entscheidung

Beide Theorien erkennen an, dass sich der Goodwill eines Unternehmens mit der Zeit verflüchtigen kann, und tragen dieser Verflüchtigung durch planmäßige Abschreibungen und Teilwertabschreibungen Rechnung. Der Unterschied besteht im Wesentlichen darin, dass die Einheitstheorie eine Teilwertabschreibung wesentlich restriktiver zulässt.

Jedoch ist der Trennungstheorie grundsätzlich der Vorzug zu geben: Der Einheitstheorie kann eine gewisse Überzeugungskraft nicht abgesprochen werden, wenn diese unterstellt, dass ein Unternehmen stets nur einen Goodwill haben kann. Sie scheint damit den Goodwill lebensnah abbilden zu können. Denn zumeist wird, nach erfolgter Unternehmensübernahme und Integration der unternehmerischen Sphären, das neue (Gesamt-)Unternehmen am Markt als Einheit wahrgenommen werden. In diesem Fall spricht einiges dafür, dass sich zumindest einige Gruppen von Goodwill-Werten der Unternehmen bereits vermengt haben (bspw. die Gruppen von Goodwill-Werten *Unternehmensruf, Absatzmarkt & Vertrieb*).

Gleichwohl ist das treibende Motiv hinter der Einheitstheorie nicht die zutreffende Abbildung des Goodwill. Das bringt auch *Becker* als Begründer der

---

855 Siehe hierzu die vorstehenden Ausführungen und insbesondere § 5 Abs. 2 EStG und § 246 Abs. 1 S. 4 HGB.

856 Zu dieser Ansicht *Schubert/Andrejewski*, in: Beck Bil-Komm, 11. Aufl. 2018, § 253 HGB, Rdnr. 675; *Waldhoff*, in: *Kirchhof/Söhn/Mellinghoff*, EStG, 202. EL Oktober 2009, § 7 EStG, Rdnr. B 165a; noch weitergehend *Neufang/Otto*, die zur Begründung der steuerlichen Teilwertabschreibung eine kürzere handelsrechtliche Abschreibungsdauer genügen lassen wollen (*Neufang/Otto*, DStR 2012, S. 227).

Einheitstheorie deutlich zum Ausdruck, indem er diese ganz überwiegend mit fiskalpolitischen und wettbewerbsrechtlichen Erwägungen begründet[857]. Auch misst die Einheitstheorie dem Umstand, dass sich einzelne Goodwill-Werte verflüchtigen können oder einem Werteverzehr unterliegen, keine Bedeutung bei. Der Goodwill bleibt auch in diesem Fall grundsätzlich in voller Höhe in der Bilanz stehen. Dass mit diesem Ansatz originäre Goodwill-Bestandteile aktiviert werden, stellt für die Einheitstheorie eine gewollte Folge dar: Die Einheitstheorie will aus fiskalischen Gründen gerade den Bilanzansatz des originären Goodwill herbeiführen. Schon *Becker* hat jedoch erkannt, dass der Bilanzsansatz des originären Goodwill mit der Rechtsordnung nur schwer in Einklang zu bringen ist. Vor diesem Hintergrund sollen an sich gebotene Aktivierungen unterbleiben dürfen, wenn diese „*nach kaufmännischer Auffassung ungewöhnlich oder befremdend wären*"[858].

Im Kern erkennt die Einheitstheorie damit an, dass sie mit der Realität des Bilanzrechts nicht vereinbar ist und keine kohärente Lösung anbieten kann, die sich umfänglich in das Rechtssystem einfügt.

Demgegenüber bietet die Trennungstheorie den Vorteil, dass mit einer planmäßigen Abschreibung dem Werteverzehr der Goodwill Rechnung getragen wird und die Aktivierung des originären Goodwill erschwert wird. Damit fügt sich die Trennungstheorie in das Gesamtkonzept des geltenden Bilanzrechts ein und ist daher insgesamt vorzugswürdig.

e) Wertaufholung nach Teilwertabschreibung?

Sind die Gründe für die Teilwertabschreibung des derivativen Goodwill zu einem späteren Bewertungsstichtag entfallen, postuliert § 6 Abs. 1 Nr. 1 S. 4 EStG ein striktes Wertaufholungsgebot im Steuerrecht[859]. Dieses Wertaufholungsgebot steht allerdings in Widerspruch zu dem handelsrechtlichen Zuschreibungsverbot für den entgeltlich erworbenen Geschäfts- oder Firmenwert in § 253 Abs. 5 S. 2 HGB. An dieser Stelle kommt es zur Kollision zweier Rechtsprinzipien: Das handelsrechtliche Vorsichtsprinzip kollidiert mit dem steuerrechtlichen Leistungsfähigkeitsprinzip[860].

---

857 Siehe hierzu *Becker*, StuW 1931, Sp. 1413 ff.

858 *Becker*, StuW 1931, Sp. 1413 ff.; so auch *Take*, Geschäfts- oder Firmenwert, 1939, S. 98, 100.

859 Vgl. *Velte*, StuW 2008, S. 283; *Wiechers*, BBK 2011, S. 739; *Broemel/Endert*, BBK 2013, S. 1110.

860 Von einer „Überlagerung"' des handelsrechtlichen Vorsichtsprinzips durch das steuerrechtliche Leistungsfähigkeitsprinzips spricht *Velte*, StuW 2008, S. 283, 284.

Fraglich und umstritten ist daher, ob das steuerrechtliche Wertaufholungsgebot im Hinblick auf das handelsrechtliche Maßgeblichkeitsprinzip auch umgesetzt werden kann. Nach einer Ansicht in der Literatur[861] ist eine Teilwertzuschreibung zwingend geboten, soweit die Gründe für die Teilwertabschreibung wieder weggefallen sind oder aber der Nachweis des niedrigeren Teilwertes nicht auf andere Weise gelingt. Nach der ganz überwiegenden Ansicht im Schrifttum[862] soll in diesem Fall das handelsrechtliche Wertaufholungsverbot, als Ausprägung der handelsrechtlichen Grundsätze ordnungsmäßiger Buchführung, auf dem Wege des in § 5 Abs. 1 S. 1 EStG verankerten Maßgeblichkeitsprinzips, vorgehen. Ergänzend wird auch das Aktivierungsverbot in § 5 Abs. 2 EStG als Begründung angeführt. Gerade letzteres Argument steht auch im Einklang mit der Begründung des Gesetzgebers zum handelsrechtlichen Wertaufholungsverbot[863]: Demnach soll mit diesem gerade vermieden werden, dass durch die Wertaufholung eine (verbotene) Aktivierung eines selbst geschaffenen Goodwill erfolgt. Damit hat sich der Gesetzgeber im Handelsbilanzrecht ausdrücklich für die Geltung der Trennungstheorie ausgesprochen[864].

Mit der überwiegenden Ansicht kommt eine steuerliche Wertaufholung nach § 6 Abs. 1 Nr. 1 S. 4 EStG für den derivativen Geschäfts- oder Firmenwert nur noch in Fällen in Betracht, in denen bei isolierter Betrachtung für den derivativen Geschäfts- oder Firmenwert der Nachweis des weiterhin niedrigeren Teilwerts nicht möglich wäre[865]. Diese Fallgestaltung kommt allenfalls dann in Betracht, wenn die Gründe, die zur Teilwertabschreibung geführt haben, ohne eigenes Zutun des Unternehmens entfallen. Insofern wird die steuerliche Wertaufholung auf wenige Ausnahmefälle beschränkt sein[866].

---

861 Diese Ansicht teilen bspw. *Werndl*, in: *Kirchhof/Söhn/Mellinghoff*, EStG, 200. EL August 2009, § 6 EStG, Rdnr. B 491; *Sigloch*, Rechnungslegung, 8. Aufl. 2011, S. 282; im Ergebnis wohl auch dieser Ansicht *Kaminski*, Stbg 2009, S. 202.

862 In diesem Sinne bspw. *Kulosa*, in: *Schmidt*, EStG, 37. Aufl. 2018, § 6 EStG, Rdnr. 312; *Wiechers*, BBK 2011, S. 739; *Herzig/Briesemeister*, DB 2009, S. 928; *Schubert/Andrejewski*, in: Beck Bil-Komm, 11. Aufl. 2018, § 253 HGB, Rdnr. 676.

863 Vgl. hierzu RegE BilMoG, BT-Drucks. 16/10067 vom 30. Juli 2008, S. 57.

864 Siehe hierzu auch zuvor unter § 7 I. 1. e).

865 *Herzig/Briesemeister*, DB 2009, S. 928, 929.

866 *Herzig/Briesemeister*, DB 2009, S. 929.

3. *Behandlung des Goodwill bei Anteilen an Personengesellschaften*

Werden nur einzelne Anteile an einer Personengesellschaften übertragen, rückt der Erwerber in die Position des bisherigen Gesellschafters ein. Diese Änderung der Anteilsverhältnisse hat auf Ebene der Gesellschaft in der Gesamthandsbilanz bzw. der steuerrechtlichen Hauptbilanz keine Auswirkungen. Eine Neubewertung der Wirtschaftsgüter findet nicht statt[867].

Anders sieht es auf Ebene des Gesellschafters in dessen Ergänzungsbilanz aus[868]: Gehen Anteile an einer Personengesellschaft auf andere Gesellschafter über, ist dies in einer Ergänzungsbilanz abzubilden[869]. In der Ergänzungsbilanz werden die Vermögensgegenstände und Schulden der Gesamthandsbilanz ganz oder teilweise abgebildet, soweit im Einzelnen Korrekturen erforderlich sind. Dogmatisch handelt es sich um Korrekturposten zu den Vermögensgegenständen und Schulden der Gesamthandsbilanz[870].

a) *Berücksichtigung des Goodwill in der Ergänzungsbilanz*

Aus Sicht des Steuerbilanzrechts werden bei Erwerb von Personengesellschaftsanteilen nicht Gesellschaftsanteile, sondern anteiliges Miteigentum an den einzelnen, zum Gesamthandsvermögen der Mitunternehmerschaft gehörenden aktiven und passiven Wirtschaftsgütern, einschließlich eines etwaigen originären Goodwill übertragen[871]. Daher hat der Erwerber einer Beteiligung an einer Personengesellschaft die anteilig erworbenen Wirtschaftsgüter mit den Anschaffungskosten zu aktivieren[872]. Übersteigt oder unterschreitet[873] der auf die Beteiligung geleistete Kaufpreis das erworbene, anteilige steuerrechtliche

---

867 *Gröger*, in: *Hölters*, Unternehmenskauf, 8. Aufl. 2015, Teil 4, Rdnr. 4.133.

868 Zur Prüfungsreihenfolge des *BFH* nach der Stufentheorie und der modifizierten Stufentheorie, bspw. auch *Wacker*, in: *Schmidt*, EStG, 37. Aufl. 2018, § 16 EStG, Rdnr. 487 ff.

869 Hierzu auch *Winkeljohann/Kropp/Siemers*, in: *Winkeljohann/Förschle/Deubert*, Sonderbilanzen, 5. Aufl. 2016, Kap. C, Rdnr. 201; *Düll*, in: *Reichert*, GmbH & Co. KG, 7. Aufl. 2015, § 5, Rdnr. 42.

870 *Düll*, in: *Reichert*, GmbH & Co. KG, 7. Aufl. 2015, § 5, Rdnr. 41.

871 *BFH*, Urteil v. 06.07.1995 – IV R 30/93, unter 1., BFHE 178, S. 176 = BStBl. II 1995, S. 831; *Kulosa*, in: *Schmidt*, EStG, 37. Aufl. 2018, § 6 EStG, Rdnr. 140, 404; kritisch *Reiß* in: *Kirchhof*, EStG, 17. Aufl. 2018, § 16 EStG, Rdnr. 133; *Kröner*, BB 2012, S. 2408; ebenso auch *Werndl*, in: *Kirchhof/Söhn/Mellinghoff*, EStG, 213. EL Oktober 2010, § 6 EStG, Rdnr. B 480; *Gröger*, in: *Hölters*, Unternehmenskauf, 8. Aufl. 2015, Rdnr. 4.133.

872 *Büsching*, in: *Römermann*, MAH GmbHR, 3. Aufl. 2014, § 1, Rdnr. 165.

873 Der Fall des Unterschreitens der Buchwerte wird nachfolgend unter § 8 II. 3. betrachtet.

Buchvermögen der Hauptbilanz, ist die Differenz in einer positiven oder negativen Ergänzungsbilanz des erwerbenden Gesellschafters auszuweisen[874]. Übersteigt daher der Kaufpreis den Wert der in der steuerlichen Hauptbilanz ausgewiesenen (und bis zu den Teilwerten anteilig aufgestockten) materiellen und immateriellen Wirtschaftsgüter und bisher nicht bilanzierter immaterieller Wirtschaftsgüter, kann in der Ergänzungsbilanz des Erwerbers ein (positiver) derivativer Goodwill aktiviert werden[875]. Ein möglicher Bilanzansatz des Goodwill steht allerdings unter dem weiteren Vorbehalt, dass der Mehrbetrag nicht für das Ausscheiden eines lästigen Gesellschafters gezahlt wird[876]. Ist auch das nicht der Fall und wird auch diese Hürde für den Bilanzsansatz genommen, kann dem hinzutretenden Gesellschafter in dessen Ergänzungsbilanz der Goodwill anteilig zugerechnet werden (vgl. auch § 39 Abs. 2 Nr. 2 AO)[877].

In der Folgezeit kann sowohl der aufgestockte Betrag der materiellen und immateriellen Wirtschaftsgüter als auch der derivative Goodwill steuermindernd abgeschrieben werden. Gegenüber dem Erwerb von Anteilen an einer Kapitalgesellschaft stellt dies einen klaren Vorteil dar[878].

b) Würdigung: Begriff des „derivativen" Goodwill

Die Behandlung des Goodwill ist an dieser Stelle in verschiedener Hinsicht interessant: Zum einen wird offenbar, dass der Goodwill einer Personengesellschaft den Gesellschaftern, in deren jeweiligen Ergänzungsbilanzen, anteilig zugerechnet werden kann. Der Goodwill kann damit, zumindest rechnerisch, losgelöst vom gesamten Unternehmen dem einzelnen Gesellschafter zugeordnet werden.

Zum anderen ist ein weiterer Aspekt von Interesse: An dem Umstand, dass nach einer Übertragung auch eines einzelnen Gesellschaftsanteils der anteilige Goodwill gebucht werden kann, kann eine Bestätigung dafür gesehen werden, dass in Literatur und Rechtsprechung zum Steuerbilanzrecht hinter dem Begriff „derivativ" nicht der von „einem anderen Unternehmen abgeleitete" Goodwill

---

874 Siehe hierzu und zum Folgenden: *Gröger*, in: *Hölters*, Unternehmenskauf, 8. Aufl. 2015, Rdnr. 4.134.

875 *Büsching*, in: *Römermann*, MAH GmbHR, 3. Aufl. 2014, § 1, Rdnr. 165; *Gröger*, in: *Hölters*, Unternehmenskauf, 8. Aufl. 2015, Rdnr. 4.134.

876 Siehe hierzu zuvor unter § 8 I. 2. b). Siehe auch *Gröger*, in: *Hölters*, Unternehmenskauf, 8. Aufl. 2015, Rdnr. 4.138 f.; *Winkeljohann/Kropp/Siemers*, in: *Winkeljohann/Förschle/Deubert*, Sonderbilanzen, 5. Aufl. 2016, Kap. C, Rdnr. 207; siehe hierzu auch *Reiß* in: *Kirchhof*, EStG, 17. Aufl. 2018, § 16 EStG, Rdnr. 160.

877 *Ehmcke*, in: *Blümich*, EStG/KStG/GewStG, 133. EL Juli 2016, § 5 EStG, Rdnr. 754.

878 So auch *Büsching*, in: *Römermann*, MAH GmbHR, 3. Aufl. 2014, § 1, Rdnr. 165.

sondern schlicht der entgeltlich (anteilig) erworbene Goodwill zu verstehen ist. Denn bei dem anteiligen Erwerb geht kein Goodwill auf ein anderes Unternehmen über. Der Goodwill des Unternehmens bleibt ein originärer. Der neue Gesellschafter erwirbt lediglich anteilig und entgeltlich (derivativ) einen Anteil am (originären) Goodwill. Das stellt einen klaren Beleg dafür dar, dass nach dem Sprachverständnis in Literatur und Rechtsprechung unter „derivativ" schlicht „aus dem Kaufpreis abgeleitet" zu verstehen ist.

Zudem verdient ein weiterer Aspekt Aufmerksamkeit: Die vorgenannten Eckpunkte verdeutlichen, dass der Begriff des derivativen Goodwill im Handelsbilanzrecht und im Steuerbilanzrecht teilweise unterschiedlich gebraucht wird: Ist im Einzelabschluss des Handelsbilanzrechts die „Übernahme eines Unternehmens" Voraussetzung für den Bilanzansatz des derivativen Goodwill, so lässt das Steuerbilanzrecht bereits die Übertragung einzelner Anteile am Unternehmen genügen, soweit und solange diese gegen Entgelt übertragen wurden. Die Anforderungen an den steuerrechtlichen Begriff des derivativen Goodwill sind unter diesem Aspekt daher deutlich niedriger und der begriffliche Anwendungsbereich in der Konsequenz deutlich weiter.

Noch weiter geht das begriffliche Verständnis der IFRS: Indem mit der *full goodwill*-Methode auch die auf Minderheitengesellschafter entfallenden Goodwill-Anteile bei dem Mehrheitsgesellschafter bilanziert werden dürfen, wird das Merkmal „*acquired*" deutlich weiter ausgelegt. Hier werden auch Anteile am Goodwill in Ansatz gebracht, die dem Mehrheitsgesellschafter rechtlich nicht zustehen. Vor diesem Hintergrund ist unter dem Definitionsmerkmal „*acquired*" weniger „erworben" als vielmehr „zugerechnet" zu verstehen.

Insgesamt lässt sich an diesem Punkt feststellen, dass dem Begriff des derivativen Goodwill ein unterschiedlicher Bedeutungsgehalt im Bilanzrecht des HGB und der IFRS einerseits und des Steuerbilanzrechts auf der anderen Seite beigemessen wird.

4. *Steuerbilanzielle Behandlung des Praxiswertes*

Die steuerbilanzielle Behandlung des derivativen Praxiswertes entspricht im Wesentlichen derjenigen des Goodwill.

Wurde bei dem Erwerb einer freiberuflichen Praxis ein Mehrwert gegenüber der dem Substanzwert der materiellen und immateriellen Wirtschaftsgüter gezahlt, kann dieser überschießende Betrag als Praxiswert aktiviert werden[879].

879 *Ehmcke*, in: *Blümich*, EStG/KStG/GewStG, 133. EL Juli 2016, § 6 EStG, Rdnr. 770, 775.

Der Praxiswert ist ein immaterielles Wirtschaftsgut und beruht hauptsächlich auf dem persönlichen Vertrauensverhältnis der Mandanten zum bisherigen Praxisinhaber[880], ist nicht selbständig verkehrsfähig und (nur) zusammen mit der freiberuflichen Praxis übertragbar[881].

Aufgrund der personenbezogenen Prägung neigt der Praxiswert dazu, sich mit dem Ausscheiden des bisherigen Praxisinhabers rasch zu verflüchtigen[882]. Dem Risiko der Verflüchtigung trägt die Rechtsprechung[883] dadurch Rechnung, dass der Praxiswert als abnutzbares Wirtschaftsgut eingestuft wird. Zudem soll die betriebsgewöhnliche Nutzungsdauer im Einzelfall geschätzt und daher die 15-jährige Nutzungsdauer des Geschäfts- oder Firmenwertes in § 7 Abs. 1 S. 3 EStG nicht auf den Praxiswert übertragen werden[884]. Als Nutzungsdauer des Praxiswertes wird daher in der Regel ein vergleichsweise kurzer Zeitraum von drei bis fünf Jahren bei Einzelpraxen und ein Zeitraum von sechs bis zehn Jahren bei Sozietäten angesetzt[885]. Der verlängerte Abschreibungszeitraum von sechs bis zehn Jahren soll gerade dann zur Anwendung kommen, wenn der oder die bisherigen Praxisinhaber weiterhin in der Sozietät tätig bleiben[886].

Neben der planmäßigen Abschreibung wird, bei einer voraussichtlich dauerhaften Wertminderung des Praxiswertes, auch eine Teilwertabschreibung zugelassen. Dabei werden grundsätzlich dieselben Kriterien[887] wie bei dem

---

880 *Maier*, in: BeckLex, 42. Ed. 2018 (Stand: 01.12.2016), Praxiswert, Rdnr. 3; *Ehmcke*, in: *Blümich*, EStG/KStG/GewStG, 133. EL Juli 2016, § 6 EStG, Rdnr. 770; *Hutter*, in: *Blümich*, EStG/KStG/GewStG, 140. EL Januar 2018, § 18 EStG, Rdnr. 243, 245; *Pupeter*, in: *Holzapfel/Pöllath*, Unternehmenskauf, 15. Aufl. 2017, Rdnr. 216.

881 *BFH*, Urteil v. 14.12.1993 – VIII R 13/93, unter II. 1., BFHE 174, S. 503 = DB 1994, S. 1852; siehe auch *Hutter*, in: *Blümich*, EStG/KStG/GewStG, 140. EL Januar 2018, § 18 EStG, Rdnr. 243.

882 Im Gegensatz zum Goodwill wird bei dem Praxiswert u. a. die Anwendbarkeit der Einheitstheorie klar abgelehnt, vgl. *Ehmcke*, in: *Blümich*, EStG/KStG/GewStG, 133. EL Juli 2016, § 6 EStG, Rdnr. 772.

883 *BFH*, Urteil v. 13.03.1991 – I R 83/89, unter II. 1. a), BFHE 164, S. 61 = BB 1991, S. 1156.

884 *Ehmcke*, in: *Blümich*, EStG/KStG/GewStG, 133. EL Juli 2016, § 6 EStG, Rdnr. 774.

885 *Wiechers*, BBK 2011, S. 739; *Weber-Grellet*, Bilanzsteuerrecht, 16. Aufl. 2018, Rdnr. 345; *Waldhoff*, in: *Kirchhof/Söhn/Mellinghoff*, EStG, 202. EL Oktober 2009, § 7 EStG, Rdnr. B 169; mit Nachweisen *Maier*, in: BeckLex, 42. Ed. 2018 (Stand: 01.12.2016), Praxiswert, Rdnr. 5.

886 Zum sog. Sozietätspraxiswert: *BFH*, Urteil v. 24.02.1994 - IV R 33/93, unter 4., DStR 1994, S. 1227; *Hutter*, in: *Blümich*, EStG/KStG/GewStG, 140. EL Januar 2018, § 18 EStG, Rdnr. 247.

887 Siehe hierzu zuvor unter § 8 I 2 d) bb).

derivativen Goodwill herangezogen. Allerdings herrscht insoweit Konsens, dass die Einheitstheorie auf den Praxiswert nicht anwendbar ist[888].

II. Exkurs: Steuerbilanzielle Behandlung des negativen Goodwill

Ob und wie ein negativer derivativer Goodwill in steuerbilanzieller Hinsicht zu berücksichtigen ist, ist in der Literatur zum Steuerbilanzrecht nach wie vor sehr umstritten. Der handelsbilanzielle Diskurs zur Behandlung des negativen Goodwill ist aufgrund des Maßgeblichkeitsprinzips in § 8 Abs. 1 KStG, § 5 Abs. 1 S. 1 EStG auch im Steuerbilanzrecht relevant[889]. Daher kann für das Steuerbilanzrecht auf die Ausführungen zum negativen Goodwill im Handelsbilanzrecht verwiesen werden[890]. Darüber hinaus liegen zur steuerbilanziellen Behandlung des negativen Goodwill einzelne Entscheidungen der Finanzgerichtsbarkeit vor, so dass deren Standpunkte ebenfalls berücksichtigt werden können und für einen Gewinn an Rechtssicherheit sorgen.

Auch im Steuerbilanzrecht kann für den negativen Goodwill zwischen verschiedenen Konstellationen unterschieden werden: Dem Unternehmenserwerb im Wege eines *asset deal*, dem *share deal* über Anteile an einer Kapitalgesellschaft und zusätzlich auch dem *share deal* über Anteile an einer Personengesellschaft.

1. Negativer Goodwill aus einem asset deal

Mangels einer gesetzlichen Regelung wurde in der Steuerrechtsprechung die Existenz des negativen Goodwill lange Zeit abgelehnt[891]. Auch wurde die sofortige erfolgswirksame Berücksichtigung abgelehnt und stattdessen eine Abstockung (der Aktiva auf einen niedrigeren Wert) und Aufstockung (bisher nicht bilanziell erfasster oder unterbewerteter Passiva) der Wirtschaftsgüter vorgenommen[892]. Für den Fall, dass kein abstockungsfähiges Vermögen mehr vorliegt und dennoch ein Restbetrag zu verteilen war, hat die Finanzgerichtsbarkeit

---

888 *Ehmcke*, in: *Blümich*, EStG/KStG/GewStG, 133. EL Juli 2016, § 6 EStG, Rdnr. 772, 775.

889 *Preißer/ Preißer*, DStR 2011, S. 137.

890 Zum negativen Goodwill im Handelsbilanzrecht siehe zuvor unter § 7 I. 1. g). So auch *Schmidt*, Rechnungslegung zur Zahlungsbemessung und Informationsvermittlung, 2007, S. 81.

891 Hierzu mit Nachweisen: *Preißer/Preißer*, DStR 2011, S. 135, Fn. 34; *Schmidt*, Rechnungslegung zur Zahlungsbemessung und Informationsvermittlung, 2007, S. 81.

892 *Sigloch*, Rechnungslegung, 8. Aufl. 2011, S. 290; *Krumm*, in: *Blümich*, EStG/KStG/GewStG, 129. EL August 2015, § 5 EStG, Rdnr. 626.

verschiedene Formen der Passivierung vorgenommen[893]: So hat das *FG Niedersachsen*[894] in einem solchen Fall die Passivierung eines „negativen Geschäftswertes" ausdrücklich zugelassen. Die Entscheidung des *FG Niedersachsen* wurde vom *BFH*[895] in der Revision zwar aufgehoben, jedoch hat der *BFH* stattdessen einen „passiven Ausgleichsposten" zugelassen, der erst bei Eintritt der erwarteten Verluste beziehungsweise Abgang der Beteiligung aufzulösen sei[896]. In der Sache ergibt sich trotz unterschiedlicher Diktion kein Unterschied. Denn auch der *BFH* lässt eine Passivierung und künftige erfolgswirksame Verrechnung gegen künftige Verlustanteile zu[897].

Im Ergebnis kann von einer faktischen Passivierungspflicht eines negativen Goodwill – wenn auch unter anderer Bezeichnung – in der Steuerbilanz ausgegangen werden, die nach einer pauschalen Abstockung der Aktiva und Aufstockung der Schulden greift[898]. Dieser methodische Ansatz wird auch von der überwiegenden steuerrechtlichen Literatur geteilt[899].

2. *Negativer Goodwill aus einem share deal*

Auch zum negativen Goodwill aus einem *share deal* liegt eine Entscheidung des *BFH* als Orientierungshilfe vor. Zwar hatte der *BFH* in dem entsprechenden Urteil[900] keine Entscheidung im Hinblick auf die Behandlung des negativen Goodwill treffen müssen, denn der *BFH* konnte diesen Punkt ausdrücklich offen lassen und das Verfahren an das zuständige *FG Schleswig-Holstein* zur

---

893 Siehe hierzu auch *Preißer/Preißer*, DStR 2011, S. 135 ff.

894 *FG Niedersachsen*, Urteil v. 24.10.1991 - XII 706/84, EFG 1993, S. 15 = DB 1993, S. 68.

895 *Schmidt*, Rechnungslegung zur Zahlungsbemessung und Informationsvermittlung, 2007, S. 82.

896 *BFH*, Urteil v. 21.04.1994 - IV R 70/92, DB 1994, S. 1756 = BB 1994, S. 1602.

897 *Sigloch*, Rechnungslegung, 8. Aufl. 2011, S. 291.

898 *Schmidt*, Rechnungslegung zur Zahlungsbemessung und Informationsvermittlung, 2007, S. 82.

899 Siehe hierzu *Weber-Grellet*, in: *Schmidt*, EStG, 37. Aufl. 2018, § 5 EStG, Rdnr. 226; *Weber-Grellet*, Bilanzsteuerrecht, 16. Aufl. 2018, Rdnr. 155; ebenso *Gröger*, in: *Hölters*, Unternehmenskauf, 8. Aufl. 2015, Rdnr. 4.113 f.; *Krumm*, in: *Blümich*, EStG/KStG/GewStG, 129. EL August 2015, § 5 EStG, Rdnr. 627; a.A. sind *Meier/Geberth* die alternativ eine Aufstockungslösung verbunden mit der Bildung eines passiven Ausgleichspostens vorschlagen (*Meier/Geberth*, DStR 2011, S. 734); a.A. auch *Klumpp*, der nur eine Abstockung der Wirtschaftsgüter vornehmen möchte (*Klumpp*, in: *Beisel/Klumpp*, Unternehmenskauf, 7. Aufl. 2016, § 15, Rdnr. 1.

900 *BFH*, Urteil v. 26.04.2006 - I R 49, 50/04, BB 2006, S. 1957 = DStR 2006, S. 1313.

Sachverhaltsaufklärung zurückverweisen. Dennoch hat sich der *BFH* in diesem Urteil für eine erfolgsneutrale Behandlung des Anschaffungsvorgangs in der Bilanz und die Bildung eines „passiven Ausgleichspostens" ausgesprochen und dabei auch Bezug auf seine zuvor genannte Entscheidung[901] zur Bildung eines passiven Ausgleichspostens nach einem *asset deal* genommen. Darin kann, auch ohne eine Entscheidung in der Sache, eine klare Tendenz des *BFH* zu diesem Lösungsansatz gesehen werden. Diesem Lösungsansatz folgt auch die überwiegende Ansicht in der Literatur[902].

3. Negativer Goodwill aus einer Beteiligung an Personengesellschaften

Wird eine Beteiligung an einer Personengesellschaft zu einem Kaufpreis erworben, der unter dem zugehörigen positiven Kapitalkonto der Gesamthandsbilanz liegt, verlagert sich die Problematik des negativen Goodwill in die Ergänzungsbilanz des Erwerbers[903]. In der Ergänzungsbilanz stellen sich die gleichen Fragen wie bei der bilanziellen Abbildung des negativen Goodwill im *asset deal.* Insofern kann darauf verwiesen werden[904].

Im Ergebnis sind nach der Rechtsprechung[905] und der Literatur[906] in einer negativen Ergänzungsbilanz des Erwerbers die erworbenen Wirtschaftsgüter abzustocken bzw. aufzustocken. Ein verbleibender Unterschiedsbetrag ist im Wege eines „passiven Ausgleichpostens" zu berücksichtigen.

III. Behandlung des Goodwill im materiellen Steuerrecht

Im folgenden Abschnitt wird der Goodwill im materiellen Steuerrecht betrachtet, somit außerhalb seiner steuerbilanziellen Behandlung. Dabei werden

---

901 Siehe hierzu Fn. 896.

902 *Schulze-Osterloh*, BB 2006, S. 1956; wohl auch *Hoffmann*, DStR 2006, S. 1316; *Krumm*, in: *Blümich*, EStG/KStG/GewStG, 129. EL August 2015, § 5 EStG, Rdnr. 628; so auch *Preißer/Bressler*, BB 2011, S. 430.

903 *Preißer/Preißer*, DStR 2011, S. 134 ff.; *Preißer/Bressler*, BB 2011, S. 427 ff.; Kröner, BB 2012, S. 2408.

904 Siehe hierzu zuvor unter § 8 II. 1.

905 *BFH*, Urteil v. 21.04.1994 - IV R 70/92, DB 1994, S. 1756 = BB 1994, S. 1602.

906 Statt vieler *Krumm*, in: *Blümich*, EStG/KStG/GewStG, 129. EL August 2015, § 5 EStG, Rdnr. 626; *Gröger*, in: *Hölters*, Unternehmenskauf, 8. Aufl. 2015, Rdnr. 4.134; Kröner, BB 2012, S. 2408.

insbesondere Aspekte des Ertragsteuerrechts[907] berücksichtigt. Ebenso werden einzelne Aspekte in verschiedenen weiteren Einzelsteuergesetzen aufgezeigt.

1. Steuerliche Folgen der Unternehmenskaufs im Ertragsteuerrecht

Die ertragsteuerliche Behandlung des Goodwill ist unmittelbar mit dem zu Grunde liegenden Unternehmenskauf verknüpft und daher Ausfluss der steuerlichen Behandlung der jeweiligen Erwerbsform. Zentrale Weichenstellung ist damit erneut die rechtliche Umsetzung des zu Grunde liegenden Erwerbsvorgangs, mithin, ob das Unternehmen durch einen *asset deal* oder *share deal* übertragen wurde.

Innerhalb dieser Grobgliederung kann weiter nach der Perspektive und Person des Veräußerers und Erwerbers differenziert werden. Aus Sicht des Veräußerers eines Unternehmens ist in der Regel der originäre Goodwill, aus Sicht des Erwerbers des Unternehmens der derivative Goodwill Gegenstand der Besteuerung[908]. Für den Veräußerer ist in steuerlicher Hinsicht bei dem Unternehmens(ver)kauf von erheblicher Bedeutung, die aus dem Veräußerungserlös folgende Steuerlast so niedrig wie möglich zu halten. Für den Erwerber ist ein wesentliches Interesse, den Kaufpreis im Wege von Abschreibungen bestmöglich steuerlich geltend zu machen und in Abschreibungsvolumen zu transferieren[909].

Je nachdem, welche Rechtsform Veräußerer und Erwerber haben, welchen steuerlichen Status sie haben und wo sie ansässig sind, sind vielfältige Varianten möglich. Die nachfolgenden Ausführungen müssen sich notwendigerweise auf „typische" Konstellationen beschränken. Für die folgende Betrachtung wird daher unterstellt, dass Veräußerer und Erwerber im Inland unbeschränkt ertragsteuerpflichtig sind.

Es konnte bereits festgehalten werden, dass der Goodwill unmittelbar mit dem Unternehmen als Ganzem verbunden ist. Die Betrachtung beschränkt sich daher grundsätzlich auf die steuerlichen Auswirkungen einer Unternehmensübertragung im Ganzen. Die teilweise Übertragung und die Übertragung von Kleinbeteiligungen bleiben im Folgenden daher unberücksichtigt.

Eine Ausnahme wird bei der Behandlung von Personengesellschaften gemacht: Da die Personengesellschaft als solche untergeht, wenn alle Anteile in

---

907 Betrachtet werden dabei die wesentlichen Bestimmungen aus dem EStG, KStG und GewStG.

908 Siehe hierzu auch die Anmerkung in Fn. 486.

909 *Büsching*, in: *Römermann*, MAH GmbHR, 3. Aufl. 2014, § 1, Rdnr. 161, 162.

der Hand eines Erwerbers zusammengeführt werden[910] (Fall der Anwachsung), wird nachfolgend bei Personengesellschaften unterstellt, dass entweder nur einzelne Anteile an einen Erwerber übertragen werden oder aber sämtliche Anteile an verschiedene Erwerber übertragen werden und so die Identität der Personengesellschaft als solche gewahrt bleibt.

a) Unternehmensübertragung in Form eines share deal...

Wurde ein Unternehmen durch einen *share deal* übertragen, ist die Rechtsform des übertragenen Unternehmens maßgeblich: Es kann danach unterschieden werden, ob Anteile an einer Kapitalgesellschaft oder an einer Personengesellschaft übertragen wurden.

aa) ...über Anteile an einer Kapitalgesellschaft...

Wurden im Wege eines *share deal* Anteile an einer Kapitalgesellschaft übertragen, ist nach der Perspektive von Veräußerer und Erwerber zu unterscheiden. Innerhalb dieser Unterscheidung erfolgt eine weitere Differenzierung danach, ob es sich bei Veräußerer und Erwerber um natürliche oder juristische Personen handelt.

Diese vielfältigen Differenzierungen sind die Folge des in §§ 3 Nr. 40, 3c Abs. 2 EStG und § 8b KStG geregelten sog. Teileinkünfte- und Freistellungsverfahren, das zum Ziel hat, die mehrfache steuerliche Berücksichtigung von Realisierungsgewinnen bzw. Realisierungsverlusten aus Beteiligungen an Kapitalgesellschaften auf Ebene der Kapitalgesellschaft und des Anteilseigners zu verhindern, bzw. zu mindern[911].

---

910 Aus Sicht des Steuerrechts ist dieser Vorgang als Anschaffung sämtlicher Wirtschaftsgüter des Gesellschaftsvermögens des Veräußerers zu beurteilen (vgl. *BFH*, Urteil v. 08.09.2005 - IV R 52/03, unter 2. c), BFHE 211, S. 202 = BStBl. II 2006, S. 128). Das Steuerbilanzrecht behandelt den Erwerb von sämtlichen Personengesellschaftsanteilen daher wie einen *asset deal* (hierzu *Schüppen/Walz*, in: *Ballwieser/Beyer/Zelger*, Unternehmenskauf nach IFRS und HGB 3. Aufl. 2014, S. 57; *Gröger*, in: *Hölters*, Unternehmenskauf, 8. Aufl. 2015, Rdnr. 4.138). Insofern kann für diesen Fall auf die Darstellung der steuerlichen Behandlung des *asset deals* verwiesen werden.

911 *Kröner*, BB 2012, S. 2403.

(1) ...aus Sicht des Veräußerers, ...

(i) ...falls der Veräußerer eine Körperschaft ist

Veräußert eine Körperschaft i.S.d. § 1 Abs. 1 KStG Anteile an einer Kapitalgesellschaft, richtet sich die Behandlung des Veräußerungsgewinns (bzw. –verlustes) nach den Bestimmungen des KStG, insbesondere nach § 8b Abs. 2 und 3 KStG.

Das Grundkonzept zur Ermittlung des körperschaftsteuerlichen Einkommens sieht dabei folgendermaßen aus: Durch die Veräußerung von Anteilen an einer Kapitalgesellschaft werden die mit diesen Wirtschaftsgütern verbundenen stillen Reserven oder stillen Lasten realisiert. Die grundsätzlich ertragswirksame Aktivierung des Veräußerungserlöses und die aufwandswirksame Ausbuchung des Buchwerts der Anteile führt zu einem handels- und steuerbilanziellen Gewinn oder Verlust aus der Veräußerung. Dieser steuerbilanzielle Gewinn oder Verlust ist bei dem Veräußerer zunächst Ausgangsgröße für die Ermittlung des steuerpflichtigen Einkommens[912].

Von diesem Grundkonzept zur Ermittlung des körperschaftssteuerlichen Einkommens sehen (u. a.) §§ 8b Abs. 2 und 3 KStG Abweichungen vor: Nach § 8b Abs. 2 S. 1 KStG bleiben bei der Ermittlung des steuerpflichtigen Einkommens Gewinne aus der Veräußerung eines Anteils an einer Körperschaft oder Personenvereinigung außer Acht. Die Anwendbarkeit der Vorschrift erfordert in der vorliegend betrachteten Konstellation einen Gewinn aus der Veräußerung einer Kapitalgesellschaft durch eine Körperschaft. Zum Begriff der „Veräußerung" schweigt das Gesetz. Allerdings ist nach unstreitiger Ansicht in der Literatur darunter jede entgeltliche Übertragung des rechtlichen oder wirtschaftlichen Eigentums an einem Anteil anzusehen, etwa durch einen Kauf, Tausch oder ein tauschähnliches Geschäft[913]. Demgegenüber wird der Begriff „Veräußerungsgewinn" in § 8b Abs. 2 S. 2 KStG legal definiert als „*der Betrag, um den der Veräußerungspreis oder der an dessen Stelle tretende Wert nach Abzug der Veräußerungskosten den Wert übersteigt, der sich nach den Vorschriften über die steuerliche Gewinnermittlung im Zeitpunkt der Veräußerung ergibt (Buchwert)*".

Damit umfasst der Veräußerungsgewinn im Wesentlichen Zahlungen die auf den originären Goodwill und die stillen Reserven des Unternehmens geleistet wurden[914]. Der Veräußerungsgewinn, und damit auch die auf den (in der Regel)

---

912 Zum Vorstehenden *Kröner*, BB 2012, S. 2403.

913 Statt vieler: *Rengers*, in: *Blümich*, EStG/KStG/GewStG, 132. EL Mai 2016, § 8b KStG, Rdnr. 220.

914 Siehe zur Berechnung des Goodwill zuvor unter § 4 III. 1. und 2. Der rechnerische Wert des Goodwill ergibt sich nach einhelliger Ansicht als Residualgröße aus

originären Goodwill geleisteten Zahlungen, bleibt gem. § 8b Abs. 2 S. 1 KStG grundsätzlich[915] bei der Ermittlung des körperschaftsteuerlichen Einkommens außer Ansatz. Im Ergebnis werden Veräußerungsgewinne allerdings nicht vollständig steuerfrei gestellt: Nach § 8b Abs. 3 S. 1 KStG wird fingiert, dass ein Betrag von 5% des Veräußerungsgewinns eine nichtabziehbare Betriebsausgabe darstellt (Abgeltungspauschale), die dadurch das körperschaftsteuerliche Einkommen erhöht und der Besteuerung unterworfen wird[916]. Die körperschaftsteuerliche Freistellung bzw. Nichtabziehbarkeit wird auch für Zwecke der Gewerbesteuer übernommen (§ 7 Abs. 1 S. 1 GewStG) und nicht wieder korrigiert[917].

Grundsätzlich[918] sind damit im Ergebnis sind 95% des Veräußerungsgewinns von der Körperschaftsteuer und Gewerbesteuer freigestellt[919]. Soweit der Veräußerungsgewinn auf den Goodwill entfällt, sind die entsprechenden Anteile ebenfalls zu 95% steuerfrei gestellt.

Kaufpreis abzüglich des Substanzwertes des Unternehmens. Der Substanzwert setzt sich dabei aus dem Buchwert und den stillen Reserven des Unternehmens zusammen.

915 Diese Rechtsfolge gilt nach herrschender Ansicht auch für die Teile des Veräußerungserlöses, die als verdeckte Gewinnausschüttungen zu qualifizieren sind, vgl. § 8b Abs. 2 S. 6 KStG (*Binnewies*, in: *Streck*, KStG, 9. Aufl. 2018, § 8b KStG, Rdnr. 56). Bei vorangegangenen Teilwertabschreibungen wird die Steuerfreiheit allerdings nur in Höhe der steuerunwirksam gebliebenen Teilwertabschreibung gewährt (§ 8b Abs. 2 S. 4 KStG).

916 *Kröner*, BB 2012, S. 2404; *Schüppen/Walz*, in: *Ballwieser/Beyer/Zelger*, Unternehmenskauf nach IFRS und HGB 3. Aufl. 2014, S. 55; *Klumpp*, in: *Beisel/Klumpp*, Unternehmenskauf, 7. Aufl. 2016, § 15, Rdnr. 93.

917 *Kröner*, BB 2012, S. 2405; *Kröner*, BB 2013, S. 2711.

918 Abweichend von diesem Grundsatz gibt es zahlreiche Ausnahmen und Gegenausnahmen: bspw. bei Organschaften (die Bestimmungen des § 8b kommen hier erst auf Ebene des Organträgers zur Anwendung, vgl. § 15 S. 1 Nr. 2 KStG), für bestimmte institutionelle Anleger wie Kredit- und Finanzdienstleistungsinstitute, sofern die veräußerten Anteile deren Handelsbuch zuzurechnen waren (Veräußerungsgewinne und –verluste werden voll steuerlich berücksichtigt, vgl. § 8 Abs. 7 KStG) oder aber für unter dem gemeinen Wert eingebrachte Anteile (steuerpflichtig innerhalb von sieben Jahren nach Einbringung, vgl. §§ 22 Abs. 1 S. 1, 20 Abs. 2 S. 2 UmwStG). Vgl. hierzu *Schüppen/Walz*, in: *Ballwieser/Beyer/Zelger*, Unternehmenskauf nach IFRS und HGB, 3. Aufl. 2014, S. 55; *Kröner*, BB 2012, S. 2405; *Gröger*, in: *Hölters*, Unternehmenskauf, 8. Aufl. 2015, Rdnr. 4.31.

919 *Gröger*, in: *Hölters*, Unternehmenskauf, 8. Aufl. 2015, Rdnr. 4.30.

Diese Steuerfreistellung zeigt allerdings ihre Kehrseite im Falle eines negativen Goodwill: Spiegelbildlich zur Steuerfreistellung von Veräußerungsgewinnen ist in § 8b Abs. 3 S. 3 KStG ein Abzugsverbot für Veräußerungsverluste vorgesehen[920]. Dieses Abzugsverbot weicht allerdings zusätzlich nachteilig von der 95%-igen Freistellung von Veräußerungsgewinnen ab, indem Veräußerungsverluste gänzlich vom Abzug ausgeschlossen werden[921]. Der aus der Veräußerung zu einem „negativen" Kaufpreis resultierende negative Goodwill führt daher nur zu einer Erhöhung des Veräußerungsverlustes gem. § 8b Abs. 3 S. 3 KStG und bleibt steuerlich unberücksichtigt[922].

(ii) ...falls der Veräußerer eine natürliche Person ist

Ist der Veräußerer von Kapitalgesellschaftsanteilen demgegenüber eine natürliche Person[923] und wurden die Anteile im Betriebsvermögen[924] gehalten, so sieht das Teileinkünfteverfahren gemäß § 3 Nr. 40 lit. a) EStG eine reduzierte steuerliche Belastung für Veräußerungsgewinne vor: in diesem Fall sind grundsätzlich[925] 40% der Einnahmen aus der Veräußerung steuerfrei gestellt, nur die verbleibenden 60% unterliegen der Besteuerung[926].

Allerdings wird das Veräußerungsergebnis bei natürlichen Personen nicht wie im Rahmen des § 8b KStG als Nettogröße ermittelt und dann entweder steuerfrei oder nicht abzugsfähig behandelt, sondern es werden die Bestandteile des Brutto-Veräußerungsergebnisses einzeln betrachtet[927]. Das hat zur

---

920 *Gröger*, in: *Hölters*, Unternehmenskauf, 8. Aufl. 2015, Rdnr. 4.32.

921 *Kröner*, BB 2012, S. 2304, 2404; *Binnewies*, in: *Streck*, KStG, 9. Aufl. 2018, § 8b KStG, Rdnr. 81.

922 Hierzu auch *Ernsting*, GmbHR 2007, S. 136; *Preißer/Preißer*, DStR 2011, S. 134; *Preißer/Bressler*, BB 2011, S. 432.

923 Gleiches gilt bei der Veräußerung durch eine Personengesellschaft (*Büsching*, in: *Römermann*, MAH GmbHR, 3. Aufl. 2014, § 1, Rdnr. 173).

924 Wurden die Anteile im Betriebsvermögen gehalten, errechnet sich der Veräußerungsgewinn aus der Differenz von Veräußerungspreis nach Abzug der Veräußerungskosten und dem auf den Übertragungsstichtag bezogenen Buchwert der veräußerten Anteile (vgl. *Gröger*, in: *Hölters*, Unternehmenskauf, 8. Aufl. 2015, Rdnr. 4.27).

925 Ausnahmen ergeben sich beispielsweise bei früheren Teilwertabschreibungen, hier wird die Steuerbefreiung nur in Höhe des steuerunwirksam gebliebenen Teilwertabschreibungen gewährt (vgl. § 3 Nr. 40 lit. a) S. 2 EStG); siehe hierzu auch Fn. 915.

926 *Klumpp*, in: *Beisel/Klumpp*, Unternehmenskauf, 7. Aufl. 2016, § 15, Rdnr. 101; *Schüppen/Walz*, in: *Ballwieser/Beyer/Zelger*, Unternehmenskauf nach IFRS und HGB 3. Aufl. 2014, S. 55; *Kröner*, BB 2012, S. 2406.

927 Hierzu und zum Folgenden *Kröner*, BB 2012, S. 2406.

Folge, dass die Einnahmen und die Ausgaben in Zusammenhang mit der Veräußerung gesondert zu betrachten sind. Dementsprechend wird in § 3c Abs. 2 EStG geregelt, dass Betriebsvermögensminderungen, Betriebsausgaben, Veräußerungskosten oder Werbungskosten, die mit den nach § 3 Nr. 40 lit. a) EStG zu 60% steuerpflichtigen Einnahmen in wirtschaftlichem Zusammenhang stehen, ebenfalls nur zu 60% abgezogen werden dürfen[928]. Diese einkommensteuerliche Behandlung wird auch bei natürlichen Personen über § 7 Abs. 1 S. 1 GewStG für Zwecke der Bemessung der Gewerbesteuer übernommen[929].

Durch die Anknüpfung an das Brutto-Veräußerungsergebnis werden somit diejenigen Kaufpreisanteile, die aus Sicht des Veräußerers auf den originären Goodwill entfallen, ebenfalls zu 40% steuerfrei gestellt und ansonsten voll besteuert[930].

Realisiert sich durch die Veräußerung unter dem Buchwert der Anteile ein negativer Goodwill, hat die 40%-ige Steuerfreistellung als Kehrseite zur Folge, dass der negative Goodwill nur in Höhe von 60% steuermindernd berücksichtigt wird[931].

Wurden die Kapitalgesellschaftsanteile im Privatvermögen[932] gehalten, treten über § 3 Nr. 40 lit. c) die zuvor beschriebenen Rechtsfolgen ein, soweit die Voraussetzungen einer „wesentlichen Beteiligung“[933] im Sinne des § 17 Abs. 1 S. 1

---

928 *Levedag*, in: *Schmidt*, EStG, 37. Aufl. 2018, § 3c EStG, Rdnr. 13; *Gröger*, in: *Hölters*, Unternehmenskauf, 8. Aufl. 2015, Rdnr. 4.34; *Büsching*, in: *Römermann*, MAH GmbHR, 3. Aufl. 2014, § 1, Rdnr. 173.

929 Siehe auch *Kröner*, BB 2012, S. 2406; *Gröger*, in: *Hölters*, Unternehmenskauf, 8. Aufl. 2015, Rdnr. 4.38.

930 Isoliert betrachtet stellt dies gegenüber der Besteuerung von Kapitalgesellschaften eine klare Benachteiligung der natürlichen Personen für einen rechtlich und wirtschaftlich identischen Sachverhalt dar. Dieser vermeintliche Nachteil wird nach der *Ratio* des § 8b KStG allerdings dann ausgeglichen, wenn eine zuvor „begünstigte“ Kapitalgesellschaft eine Ausschüttung an eine im Inland steuerpflichtige natürliche Person vornimmt und auf dieser Ebene dann die Besteuerung erfolgt.

931 Zur Veräußerung unter dem Buchwert: *Kröner*, BB 2012, S. 2403; *Büsching*, in: *Römermann*, MAH GmbHR, 3. Aufl. 2014, § 1, Rdnr. 174.

932 Wurden die Anteile im Privatvermögen gehalten, errechnet sich der Veräußerungsgewinn nach § 20 Abs. 4 EStG als Unterschiedsbetrag zwischen den Einnahmen aus der Veräußerung nach Abzug der Aufwendungen, die im unmittelbaren sachlichen Zusammenhang mit dem Veräußerungsgeschäft stehen und den Anschaffungskosten (*Gröger*, in: *Hölters*, Unternehmenskauf, 8. Aufl. 2015, Rdnr. 4.41).

933 Eine wesentliche Beteiligung nach § 17 Abs. 1 S. 1 EStG liegt vor, wenn der Veräußerer innerhalb der letzten fünf Jahre am Kapital der Gesellschaft zu mindestens 1% mittelbar oder unmittelbar beteiligt war.

EStG erfüllt werden[934]. Eine wesentliche Beteiligung liegt dann vor, wenn der Veräußerer innerhalb der letzten fünf Jahre am Kapital der Gesellschaft zu mindestens 1% mittelbar oder unmittelbar beteiligt war. Liegen die Voraussetzungen des § 17 Abs. 1 S. 1 EStG nicht vor, werden Veräußerungsgewinne nach § 20 Abs. 2 S. 1 Nr. 1 EStG als Einkünfte aus Kapitalvermögen besteuert[935].

(2) aus Sicht des Erwerbers

Aus Erwerbersicht ist es der derivative Goodwill, der Gegenstand der steuerlichen Behandlung ist. Für juristische und natürliche Personen beschränken sich die steuerlichen Auswirkungen beim Erwerb von Kapitalgesellschaftsanteilen im Wesentlichen auf die steuerbilanzielle Behandlung. Der bilanzierende Erwerber muss, wie bereits dargestellt[936], den vollen Wert der Beteiligung in der Steuerbilanz aktivieren (vgl. § 5 Abs. 1 S. 1 EStG i.V.m. § 253 Abs. 1 S. 1 HGB, § 6 Abs. 1 Nr. 2 S. 1 EStG)[937]. Ein separater Goodwill wird im Falle eines *share deal* nicht angesetzt.

Die Beteiligung an der Kapitalgesellschaft unterliegt zudem keiner planmäßigen Abschreibung[938]. Diese kann bei einer voraussichtlich dauernden Wertminderung lediglich auf den Teilwert abgeschrieben werden (vgl. § 6 Abs. 1 Nr. 2 S. 1 und S. 2 EStG). Die Teilwertabschreibung wird dabei nur in engen Grenzen zugelassen, wenn der Anteilswert der Beteiligung unter die Anschaffungskosten gesunken ist[939]. Allerdings ist eine Teilwertabschreibung aufgrund der klaren Regelung in § 8b Abs. 3 S. 3 KStG bei der Ermittlung des Einkommens nicht zu berücksichtigen[940].

934 Siehe hierzu auch *Gröger*, in: *Hölters*, Unternehmenskauf, 8. Aufl. 2015, Rdnr. 4.40 f.

935 Hier kommt in der Regel nach § 32d Abs. 1 ein Steuersatz von 25% zuzüglich Solidaritätszuschlag zur Anwendung (sog. „Abgeltungssteuer"). Diese Konstellation bleibt jedoch unberücksichtigt, da in diesem Fall der Kleinbeteiligung kein Goodwill übertragen wird.

936 Siehe hierzu die Darstellung zuvor in § 8 I. 1.

937 *Kröner*, BB 2012, S. 2406.

938 Statt vieler: *Gröger*, in: *Hölters*, Unternehmenskauf, 8. Aufl. 2015, Rdnr. 4.148; *Büsching*, in: *Römermann*, MAH GmbHR, 3. Aufl. 2014, § 1, Rdnr. 163.

939 Die Teilwertabschreibung wird nur im Falle einer anhaltenden Verlustsituation zugelassen, wenn sich die Anschaffung als Fehlmaßnahme darstellt oder wenn Substanzwertminderungen aufgrund von Gewinnausschüttungen eintreten; vgl. *Büsching*, in: *Römermann*, MAH GmbHR, 3. Aufl. 2014, § 1, Rdnr. 163.

940 Hierzu und zum Folgenden auch *Schüppen/Walz*, in: *Ballwieser/Beyer/Zelger*, Unternehmenskauf nach IFRS und HGB 3. Aufl. 2014, S. 56.

Daher kann der Kaufpreis kaum für steuerliches Abschreibungspotential nutzbar gemacht werden[941]. Dieses Schicksal teilen auch diejenigen Kaufpreisanteile, die auf den derivativen Goodwill geleistet wurden (aber durch den Ansatz einer Beteiligung bilanziell nicht separat in Erscheinung treten können). Damit besteht bei Erwerb einer Beteiligung keine Möglichkeit, ein „schleichendes" Verschwinden des derivativen Goodwill als steuerliches Abschreibungspotential nutzbar zu machen. Gegenüber dem Unternehmenserwerb in Form des *asset deals* stellt dies eine klare steuerliche Benachteiligung für den Erwerber dar.

Wird der Unternehmenserwerb fremdfinanziert, können die darauf entfallenden Finanzierungskosten (in den durch die Zinsschranke gesetzten Grenzen, § 4h EStG) steuerlich teilweise geltend gemacht werden. Zwischen juristischen und natürlichen Personen bestehen dabei jedoch erhebliche Unterschiede. Für juristische Personen ist dabei grundsätzlich die volle Geltendmachung der Finanzierungskosten eröffnet [942]. Werden die Kapitalgesellschaftsanteile von einer natürlichen Person im Betriebsvermögen gehalten, wird in § 3c Abs. 2 i.V.m. § 3 Nr. 40 lit. d) und lit. e) EStG zumindest teilweise Geltendmachung iHv. 60% der Finanzierungskosten eröffnet[943]. Noch nachteiliger gestaltet sich die Situation, wenn die Kapitalgesellschaftsanteile von einer natürlichen Person im Privatvermögen gehalten werden. In diesem Fall unterliegen etwaige Einkünfte dem Abgeltungssteuersystem[944]. Korrespondierend dazu wird nach § 20 Abs. 9 S. 1 EStG der Abzug von Werbungskosten außerhalb des Werbungskostenpauschbetrags ausgeschlossen[945]. Die steuerliche Geltendmachung von tatsächlichen Finanzierungsaufwendungen ist in diesem Fall nicht möglich[946].

Damit werden natürliche Personen im Hinblick auf Finanzierungskosten, die auf den Erwerb des Goodwill entfallen, gegenüber Körperschaften schlechter gestellt.

941 Bspw. *Büsching*, in: *Römermann*, MAH GmbHR, 3. Aufl. 2014, § 1, Rdnr. 163.

942 Hierzu und zu Ausnahmen: *Gröger*, in: *Hölters*, Unternehmenskauf, 8. Aufl. 2015, Rdnr. 4.149a.

943 Hierzu *Gröger*, in: *Hölters*, Unternehmenskauf, 8. Aufl. 2015, Rdnr. 4.152.

944 Siehe hierzu auch die Anmerkungen in Fn. 935.

945 Hierzu und zum Folgenden: *Gröger*, in: *Hölters*, Unternehmenskauf, 8. Aufl. 2015, Rdnr. 4.154; *Klumpp*, in: *Beisel/Klumpp*, Unternehmenskauf, 7. Aufl. 2016, § 15, Rdnr. 137.

946 Diese nachteilige Behandlung wird allerdings dadurch abgemildert, dass im Abgeltungssteuersystem nach § 32d EStG ein gesonderter Steuertarif von 25% zur Anwendung kommt.

bb) ...Anteile an einer Personengesellschaft...

Die Übertragung von Anteilen an einer Personengesellschaft wird im Vergleich zu Kapitalgesellschaften im Ertragsteuerrecht grundlegend anders behandelt. Das zuvor dargestellte Teileinkünfteverfahren findet bei diesen keine Anwendung. Die Beteiligung an einer Personengesellschaft wird steuerrechtlich als Mitunternehmerschaft behandelt, soweit in der Person des Gesellschafters die Voraussetzungen[947] des § 15 Abs. 1 S. 1 Nr. 2 EStG erfüllt sind. Als unmittelbare Folge davon kommen in erster Linie die Bestimmungen zur Mitunternehmerschaft nach §§ 15 ff. EStG zur Anwendung.

(1) ...aus Sicht des Veräußerers

Zu den gewerblichen Einkünften aus Mitunternehmerschaft gehören auch Einkünfte, die durch die Veräußerung des Anteils eines Gesellschafters an einem Unternehmen erzielt wurden (§ 16 Abs. 1 S. 1 EStG[948]). Der Gewinn wird im Zeitpunkt der Veräußerung[949] nach § 16 Abs. 2 S. 1 EStG ermittelt als der Betrag, um den der Veräußerungspreis nach Abzug der Veräußerungskosten den Wert des Betriebsvermögens (also dem steuerlichen Buchwert des Mitunternehmeranteils) übersteigt[950]. Für die steuerliche Behandlung des Gewinns aus der Veräußerung ergeben sich für juristische und natürliche Personen geringfügige Unterschiede.

Veräußert eine körperschaftsteuerpflichtige juristische Person ihre Beteiligung an einer Personengesellschaft, unterliegt der Gewinn aus der Veräußerung in voller Höhe der Körperschaftsteuer (gem. § 8 Abs. 1 S. 1 KStG i.V.m. § 16 Abs. 1 S. 1 Nr. 2 EStG[951]) und nach § 7 S. 2 Nr. 2 GewStG als Gewerbeertrag auch der

947 In der Personengesellschaft muss für jeden Gesellschafter einzeln überprüft werden, ob dieser Mitunternehmer ist. Mitunternehmer ist nach der Rspr., wer Mitunternehmerrisiko (also Teilhabe am Gewinn und Verlust, den stillen Reserven einschließlich eines etwaigen Geschäftswerts) trägt und Mitunternehmerinitiative (also Teilhabe an unternehmerischen Entscheidungen) entfalten kann (vgl. *BFH GrS* v. 25.6.1984, BStBl. II, 751; *Jakob*, Einkommensteuer, 4. Aufl. 2008, Rdnr. 1042 ff.).

948 § 16 EStG gilt dabei grds. auch für Körperschaften, die dem KStG unterliegen, *Wacker*, in: *Schmidt*, EStG, 37. Aufl. 2018, § 16 EStG, Rdnr. 11.

949 *Wacker*, in: *Schmidt*, EStG, 37. Aufl. 2018, § 16 EStG, Rdnr. 454.

950 *Kröner*, BB 2012, S. 2408; *Gröger*, in: *Hölters*, Unternehmenskauf, 8. Aufl. 2015, Rdnr. 4.20.

951 § 16 Abs. 1 S. 1 Nr. 2 EStG ist auch einschlägig, wenn alle Gesellschafter gleichzeitig ihre Anteile an denselben Erwerber mit Untergang der Personengesellschaft veräußern; vgl. *Wacker*, in: *Schmidt*, EStG, 37. Aufl. 2018, § 16 EStG, Rdnr. 424.

Gewerbesteuer[952].

Handelt es sich bei dem Veräußerer um eine natürliche Person, unterliegt der Gewinn aus der Veräußerung grundsätzlich[953] in voller Höhe der tariflichen Einkommensteuer[954]. Die Veräußerung der gesamten Beteiligung wird allerdings regelmäßig als Veräußerungsgewinn anzusehen sein mit der Folge, dass dieser gem. § 7 S. 2 a.E. GewStG nicht der Gewerbesteuer unterliegt[955].

In der Konsequenz werden bei natürlichen und juristischen Personen die Gewinnanteile, die auf den originären Goodwill entfallen, in der Regel in voller Höhe steuerlich belastet. Entsteht durch den Verkauf der Beteiligung unter dem Buchwert ein Verlust und realisiert sich so im Einzelfall ein negativer Goodwill, ist dieser steuerlich ebenfalls beachtlich[956]. Allerdings bestehen mit §§ 10d und 15a EStG sowie § 8c KStG gegebenenfalls Einschränkungen für die steuerliche Berücksichtigung der Verluste[957].

(2) aus Sicht des Erwerbers

Werden einzelne Anteile an einer Personengesellschaft übertragen[958], rückt der Erwerber in die Position des bisherigen Gesellschafters ein. Diese Änderung hat

---

952 Hierzu *Kröner*, BB 2012, S. 2408; *Büsching*, in: *Römermann*, MAH GmbHR, 3. Aufl. 2014, § 1, Rdnr. 170; *Gröger*, in: *Hölters*, Unternehmenskauf, 8. Aufl. 2015, Rdnr. 4.21. Die durchschnittliche Gesamtsteuerbelastung einschließlich der Gewerbesteuer beträgt in diesem Fall etwa 30% des Veräußerungsgewinns (*Gröger*, in: *Hölters*, Unternehmenskauf, 8. Aufl. 2015, Rdnr. 4.26).

953 Ausnahmen ergeben sich bspw. dann, wenn der Veräußerungsgewinn durch Anwendung des Freibetrags in §§ 16 Abs. 4 und des ermäßigten Steuersatzes in § 34 EStG begünstigt wird (hierzu auch *Kröner*, BB 2012, S. 2408; *Gröger*, in: *Hölters*, Unternehmenskauf, 8. Aufl. 2015, Rdnr. 4.25).

954 Vgl. *Wacker*, in: *Schmidt*, EStG, 37. Aufl. 2018, § 16 EStG, Rdnr. 410 f.; *Kröner*, BB 2012, S. 2408.

955 Anders im Fall der teilweisen Veräußerung einer Beteiligung: Dieser Fall wird in der Regel nach § 16 Abs. 1 S. 2 (oder ggf. auch nach § 16 Abs. 2 S. 3 EStG) als „laufender Gewinn" umqualifiziert und der Regelbesteuerung unterworfen. In diesem Fall wird der Veräußerungsgewinn als Gewerbeertrag von § 7 S. 2 Nr. 2 GewStG erfasst und ist auch gewerbesteuerpflichtig (hierzu *Kröner*, BB 2012, S. 2408; *Wacker*, in: *Schmidt*, EStG, 37. Aufl. 2018, § 16 EStG, Rdnr. 410; *Büsching*, in: *Römermann*, MAH GmbHR, 3. Aufl. 2014, § 1, Rdnr. 166).

956 Siehe auch *Preißer/Preißer*, DStR 2011, S. 134.

957 Hierzu *Kröner*, BB 2012, S. 2408.

958 Werden sämtliche Anteile an einer Personengesellschaft an einen Gesellschafter übertragen und vereinigen sich somit alle Anteile in einer Hand, führt dies zur Auflösung der Gesellschaft. Für den Erwerber gelten die gleichen Steuerfolgen wie bei

auf Ebene der Gesellschaft in der Gesamthandsbilanz keine Auswirkungen. Eine Neubewertung der Wirtschaftsgüter findet nicht statt[959]. Stattdessen wird die Übertragung der Anteile auf Ebene des Gesellschafters in dessen Ergänzungsbilanz abgebildet: Übersteigt der Kaufpreis das anteilige Buchvermögen der Hauptbilanz wird ein positiver Goodwill in der Ergänzungsbilanz abgebildet. Umgekehrt ist ein „negativer Goodwill" in der Ergänzungsbilanz abzubilden, wenn der Kaufpreis das anteilige Buchvermögen der Hauptbilanz unterschreitet[960]. Insoweit kann auf die Darstellung der steuerbilanziellen Abbildung verwiesen werden[961].

Wird der Erwerb der Personengesellschaftsanteile fremdfinanziert, können die darauf entfallenden Finanzierungskosten (in den durch die Zinsschranke gesetzten Grenzen, § 4h EStG) zumindest im Grundsatz steuerlich geltend gemacht werden[962]. Auch bei Personengesellschaften ist für juristische Personen dabei in § 8b Abs. 3 S. 2 KStG die volle, für natürliche Personen in § 3c Abs. 2 i.V.m. § 3 Nr. 40 lit. a) EStG die teilweise Geltendmachung iHv. 60% der Finanzierungskosten eröffnet[963]. Damit können auch die auf den Erwerb des Goodwill entfallenden Finanzierungskosten nur teilweise steuerlich berücksichtigt werden.

b) Unternehmensübertragung in Form eines asset deal

Ein *asset deal* liegt aus der Perspektive des Steuerrechts dann vor, wenn das gesamte wirtschaftliche Eigentum an den aktiven und passiven Wirtschaftsgütern eines Unternehmens an einen neuen Rechtsträger übertragen wird[964].

aa) Steuerliche Wirkungen aus Sicht des Veräußerers

Aus Sicht des Steuerrechts ist die zentrale Größe und Bemessungsgrundlage bei einem Unternehmensverkauf der Veräußerungsgewinn[965]. Der

---

dem Erwerb sämtlicher Aktiva und Passiva, also wie bei einem *asset deal* (*Gröger*, in: *Hölters*, Unternehmenskauf, 8. Aufl. 2015, Rdnr. 4.137).

959 *Gröger*, in: *Hölters*, Unternehmenskauf, 8. Aufl. 2015, Teil 4, Rdnr. 4.133.

960 Siehe hierzu auch *Gröger*, in: *Hölters*, Unternehmenskauf, 8. Aufl. 2015, Teil 4, Rdnr. 4.134.

961 Siehe hierzu zuvor unter § 8 I. 3. a).

962 *Gröger*, in: *Hölters*, Unternehmenskauf, 8. Aufl. 2015, Rdnr. 4.140.

963 *Gröger*, in: *Hölters*, Unternehmenskauf, 8. Aufl. 2015, Rdnr. 4.140.

964 *Gröger*, in: *Hölters*, Unternehmenskauf, 8. Aufl. 2015, Rdnr. 4.12.

965 *Wacker*, in: *Schmidt*, EStG, 37. Aufl. 2018, § 16 EStG, Rdnr. 210.

Veräußerungsgewinn oder auch Veräußerungsverlust wird nach § 16 Abs. 2 EStG im Falle eines *asset deals* errechnet als Unterschiedsbetrag zwischen dem Veräußerungspreis und dem auf den Veräußerungszeitpunkt[966] nach den allgemeinen Gewinnermittlungsvorschriften ermitteltem Betriebsvermögen zu Buchwerten abzüglich der Veräußerungskosten[967].

Als Veräußerungspreis ist dabei alles zu berücksichtigen, was der Veräußerer vom Erwerber oder einem Dritten für die Übertragung des Unternehmens erhält. Neben dem Veräußerungserlös in Geld gehört dazu auch die Übernahme von Schulden oder anderen Wirtschaftsgüter[968]. Soweit ein originärer Goodwill im Unternehmen vorhanden ist, wird dieser in der Regel auch im Veräußerungspreis abgegolten. Da der originäre Goodwill kein bilanzierungsfähiges Wirtschaftsgut darstellt, gibt es auch keinen berücksichtigungsfähigen Buchwert. In der Folge wird der originäre Goodwill in voller Höhe als Bestandteil des Veräußerungsgewinns besteuert.

Entsteht ein Veräußerungsverlust, kann dieser im Rahmen des horizontalen Verlustausgleichs gegen laufenden Gewinn verrechnet werden. Soweit der Verlust nicht ausgeglichen werden kann, ist dieser nach Maßgabe des § 10d EStG im Wege eines Verlustrücktrags oder Verlustvortrags zu berücksichtigen.

Wird ein Veräußerungsgewinn durch eine körperschaftsteuerpflichtige juristische Person erzielt, unterliegt dieser der Gewerbesteuer und der Körperschaftsteuer[969].

Wird der Veräußerungsgewinn demgegenüber durch eine natürliche Person oder eine Personengesellschaft[970] erzielt, unterliegt dieser nicht der Gewerbesteuer (§ 7 S. 2 GewStG a.E.)[971]. Unter den Voraussetzungen des § 16 Abs. 4 EStG

---

966 Der Veräußerungszeitpunkt entspricht dem Übergang des wirtschaftlichen Eigentums an den wesentlichen Betriebsgrundlagen (*Wacker*, in: *Schmidt*, EStG, 37. Aufl. 2018, § 16 EStG, Rdnr. 214).

967 *Gröger*, in: *Hölters*, Unternehmenskauf, 8. Aufl. 2015, Rdnr. 4.13; *Wacker*, in: *Schmidt*, EStG, 37. Aufl. 2018, § 16 EStG, Rdnr. 210.

968 *Gröger*, in: *Hölters*, Unternehmenskauf, 8. Aufl. 2015, Rdnr. 4.13.

969 Bei einem Körperschaftsteuersatz von 15% beträgt die Gesamtsteuerbelastung für Kapitalgesellschaften (abhängig vom jeweiligen Hebesatz der Gewerbesteuer) einschließlich des Solidaritätszuschlags etwa 30% des Veräußerungsgewinns (zum Vorstehenden: *Gröger*, in: *Hölters*, Unternehmenskauf, 8. Aufl. 2015, Rdnr. 4.17; siehe auch *Klumpp*, in: *Beisel/Klumpp*, Unternehmenskauf, 7. Aufl. 2016, § 15, Rdnr. 122).

970 Betrachtet wird der Fall, dass natürliche Personen unmittelbar als Mitunternehmer beteiligt sind.

971 *Klumpp*, in: *Beisel/Klumpp*, Unternehmenskauf, 7. Aufl. 2016, § 15, Rdnr. 122 f.

kann bei den darin beschriebenen steuerpflichtigen Personen gegebenenfalls noch ein Freibetrag in Ansatz gebracht werden. Unter den Voraussetzungen des § 34 EStG kann zudem noch die sog. „Fünftelungsregelung“ oder ein ermäßigter Steuersatz Berücksichtigung finden.

Damit führt die Veräußerung des Unternehmens (abgesehen von den Ausnahmen in §§ 16 Abs. 4 und 34 EStG) zu der vollen Besteuerung des originären Goodwill auf Veräußererseite. Dieses Ergebnis ist folgerichtig, denn der originäre Goodwill wurde gerade durch unternehmerische Investitionen aufgebaut, die im Zeitpunkt ihrer Zahlung nicht aktiviert werden konnten und somit sofort aufwandswirksam waren. Insofern ist es konsequent, wenn die (volle) Besteuerung des originären Goodwill als Teil des Veräußerungsgewinns im Zeitpunkt der Veräußerung des Unternehmens erfolgt.

bb) Steuerliche Wirkungen aus Sicht des Erwerbers

Aus Erwerbersicht ist es der derivative Goodwill, der Gegenstand der Besteuerung ist. Aus Sicht des Erwerbers ist die zuvor dargestellte steuerbilanzielle Behandlung[972] des Unternehmenserwerbs der wichtigste steuerliche Aspekt. Der bilanzierende Erwerber muss die erworbenen Wirtschaftsgüter in der Steuerbilanz aktivieren (vgl. § 5 Abs. 1 S. 1 EStG i.V.m. § 253 Abs. 1 S. 1 HGB, § 6 Abs. 1 EStG). Dem Erwerber ist daran gelegen, im Rahmen der Kaufpreisallokation stille Reserven in unterbewerteten abnutzbaren Wirtschaftsgütern aufzudecken und diese möglichst hoch zu bewerten[973], um seine Anschaffungskosten in Abschreibungsvolumen zu transferieren[974] (sog. „*step-up*“). Sofern der gezahlte Kaufpreis die Summe der Teilwerte der erworbenen materiellen und immateriellen Wirtschaftsgüter übersteigt, kann ein positiver Goodwill als Residualgröße aktiviert und über die betriebsgewöhnliche Nutzungsdauer von 15 Jahren abgeschrieben werden[975]. Soweit der Kaufpreis die Teilwerte unterschreitet (Fall des negativen Goodwill), ist nach der Rechtsprechung des *BFH* ein passiver Ausgleichsposten anzusetzen[976].

---

972 Siehe hierzu die Darstellung zuvor unter § 8 I. 2.

973 *Gröger*, in: *Hölters*, Unternehmenskauf, 8. Aufl. 2015, Rdnr. 4.104.

974 *Büsching*, in: *Römermann*, MAH GmbHR, 3. Aufl. 2014, § 1, Rdnr. 161 f.; *Gröger*, in: *Hölters*, Unternehmenskauf, 8. Aufl. 2015, Rdnr. 4.8.

975 *Gröger*, in: *Hölters*, Unternehmenskauf, 8. Aufl. 2015, Rdnr. 4.112; *Klumpp*, in: *Beisel/Klumpp*, Unternehmenskauf, 7. Aufl. 2016, § 15, Rdnr. 128, 130.

976 Zum negativen Goodwill siehe zuvor unter § 8 II. 1.

Wird der Unternehmenserwerb fremdfinanziert, können die darauf entfallenden Finanzierungskosten (in den durch die Zinsschranke gesetzten Grenzen, § 4h EStG) steuerlich geltend gemacht werden. Für juristische Personen ist dabei in § 8b Abs. 3 S. 2 KStG die volle, für natürliche Personen in § 3c Abs. 2 i.V.m. § 3 Nr. 40 lit. a) EStG die teilweise Geltendmachung iHv. 60% der Finanzierungskosten eröffnet[977]. Damit können natürliche Personen die auf den Erwerb des Goodwill entfallenden Finanzierungskosten nur teilweise steuerlich geltend machen.

2. Steuerliche (Folge-)Behandlung des Goodwill in weiteren materiellen Einzelsteuergesetzen

Außerhalb des Steuerbilanzrechts und in Zusammenhang mit Unternehmenskäufen findet der Goodwill als solcher im materiellen Steuerrecht nur fragmentarisch Erwähnung. Konkret betrifft dies im Wesentlichen einzelne Aspekte des Einkommensteuerrechts und des Umsatzsteuerrecht. Im Übrigen hat der Goodwill im materiellen Steuerrecht keine eigenständige Bedeutung erlangt. Findet der derivative Goodwill dennoch Erwähnung, wie beispielsweise im Erbschaft- und Schenkungsteuerrecht, dann zumeist in Zusammenhang mit der Frage, ob und wie dieser bei der Berechnung des Unternehmenswertes zu berücksichtigen ist[978]. Weitere Erkenntnisgewinne über den Goodwill lassen sich dadurch nicht erzielen. Daher werden diese Aspekte im Folgenden unberücksichtigt gelassen.

a) Einzelne Aspekte der Behandlung des Goodwill nach dem EStG

aa) Betriebsverpachtung und Betriebsaufspaltung

In der Rechtsprechung und Literatur ist anerkannt, dass der derivative Goodwill im Rahmen einer Betriebsaufspaltung oder Betriebsverpachtung eigens zu berücksichtigen ist.

Im Falle einer Betriebsaufspaltung geht der derivative Goodwill in der Regel[979] nicht in das Betriebsvermögen des Betriebsunternehmens über, sondern verbleibt im Besitzunternehmen und wird dem Betriebsunternehmen lediglich zur Nutzung überlassen[980]. Das gilt insbesondere dann, wenn alle wesentlichen

---

977 Hierzu *Gröger*, in: *Hölters*, Unternehmenskauf, 8. Aufl. 2015, Rdnr. 4.119.

978 So bspw. *Gebel*, in: *Troll/Gebel/Jülicher/Gottschalk*, ErbStG, 44. EL März 2012, ErbStG, § 12 ErbStG, Rdnr. 728.

979 Gegen eine schematische Zuordnung des Goodwill und für eine Zuordnung im jeweiligen Einzelfall: *BFH*, Urteil v. 27.03.2001 - I R 42/00, BFHE 195, S. 536 = DStR 2001, S. 1748.

980 *Ehmcke*, in: *Blümich*, EStG/KStG/GewStG, 133. EL Juli 2016, § 6 EStG, Rdnr. 753; *Reiß*, in: *Kirchhof*, EStG, 17. Aufl. 2018, § 15 EStG, Rdnr. 107.

Betriebsgrundlagen an die Betriebsgesellschaft nur verpachtet werden[981]. Jedoch geht der Goodwill dann auf die Betriebsgesellschaft über, falls nur eine (von mehreren) wesentlichen Betriebsgrundlagen der Betriebsgesellschaft zur Nutzung überlassen und die übrigen Wirtschaftsgüter auf die Betriebsgesellschaft übertragen werden[982]. In diesem Fall folgt der Goodwill den Wirtschaftsgütern, die durch ihr Zusammenwirken den Goodwill gerade zum Entstehen gebracht haben, zu dem Betriebsunternehmen[983].

Ähnliches gilt im Falle einer Betriebsverpachtung: Hier ist der derivative Goodwill weiterhin dem Betriebsvermögen des Verpachtungsunternehmens zuzurechnen[984].

Dies ist eine Bestätigung des Eingangsbefundes, dass der Goodwill an den Betrieb oder Teilbetrieb gebunden ist, dessen Schicksal er teilt und mit dem er übergeht.

bb) Entnahme- und Einlagefähigkeit des Goodwill

Die unmittelbare Verbindung des derivativen Goodwill mit dem Betrieb führt auch dazu, dass dieser nach herrschender Ansicht nicht isoliert, sondern nur zusammen mit dem lebenden Betrieb, Teilbetrieb oder Mitunternehmeranteil entnommen oder eingelegt werden kann[985]. Der Goodwill folgt stets dem jeweiligen Betrieb, Teilbetrieb oder Mitunternehmeranteil und ist nur in Zusammenhang mit diesem übertragbar[986].

---

981 *Rengers*, in: *Blümich*, EStG/KStG/GewStG, 140. EL Januar 2018, § 8 KStG, Rdnr. 862.

982 *BFH*, Urteil v. 27.03.2001 - I R 42/00, BFHE 195, S. 536 = DStR 2001, S. 1748; mit weiteren Rechtsprechungsnachweisen: *Rengers*, in: *Blümich*, EStG/KStG/GewStG, 140. EL Januar 2018, § 8 KStG, Rdnr. 862; *Krumm*, in: *Blümich*, EStG/KStG/GewStG, 129. EL August 2015, § 5 EStG, Rdnr. 621; *Ehmcke*, in: *Blümich*, EStG/KStG/GewStG, 133. EL Juli 2016, § 6 EStG, Rdnr. 753.

983 So beispielsweise: *Werndl*, in: *Kirchhof/Söhn/Mellinghoff*, EStG, 213. EL Oktober 2010, § 6 EStG, Rdnr. B 482.

984 Statt vieler: *BFH*, Urteil v. 30.01.2002 – X R 56/99, BFHE 197, S. 535, DStR 2002, S. 754; *Schindler*, in: *Kirchhof*, EStG, 17. Aufl. 2018, § 6 EStG, Rdnr. 121; *Reiß*, in: *Kirchhof*, EStG, 17. Aufl. 2018, § 16 EStG, Rdnr. 225; *Ehmcke*, in: *Blümich*, EStG/KStG/GewStG, 133. EL Juli 2016, § 6 EStG, Rdnr. 753; *Loschelder*, in: *Schmidt*, EStG, 37. Aufl. 2018, § 4 EStG, Rdnr. 262; *Winnefeld*, in: *Winnefeld*, Bilanz-Handbuch, 5. Aufl. 2015, Kap. M, Rdnr. 456.

985 Mit weiteren Nachweisen *Ehmcke*, in: *Blümich*, EStG/KStG/GewStG, 133. EL Juli 2016, § 6 EStG, Rdnr. 753; mit zahlreichen Rechtsprechungsnachweisen: *Werndl*, in: *Kirchhof/Söhn/Mellinghoff*, EStG, 54. EL Juli 1994, § 6 EStG, Rdnr. F 90; *Schindler*, in: *Kirchhof*, EStG, 17. Aufl. 2018, § 6 EStG, Rdnr. 121.

986 *Werndl*, in: *Kirchhof/Söhn/Mellinghoff*, EStG, 147. EL Oktober 2004, § 6 EStG, Rdnr. E 120.

Darin ist eine weitere Bestätigung des Eingangsbefundes zu sehen, dass der Goodwill unmittelbar mit dem jeweiligen Unternehmen verbunden ist[987].

b) Behandlung des Goodwill im Umsatzsteuerrecht

Eine eigenständige Behandlung erfährt der derivative Goodwill auch im Umsatzsteuerrecht. War für den originären Goodwill der Anwendungsbereich des UStG mangels Leistungsaustauschs noch nicht eröffnet, liegt mit der Übertragung eines Unternehmens mitsamt seinem Goodwill nunmehr ein Leistungsaustausch zwischen zwei Rechtssubjekten vor. Damit ist der Anwendungsbereich des UStG im Hinblick auf den derivativen Goodwill eröffnet.

Die Besteuerung der Übertragung des Goodwill nach dem UStG setzt voraus, dass mit der Übertragung des Goodwill ein steuerbarer Leistungsaustausch in Form einer Lieferung oder sonstigen Leistung (§ 1 Abs. 1 Nr. 1 UStG)[988] vorliegt und keine Steuerbefreiung im Sinne des § 4 UStG eingreift.

aa) Übertragung des Goodwill als Lieferung oder sonstige Leistung?

Gerade die umsatzsteuerrechtliche Einordnung des Goodwill und des Praxiswertes[989] unter die Begrifflichkeiten „Lieferung" oder „sonstige Leistung" hat in jüngerer Vergangenheit eine erhebliche Änderung erfahren.

Nach dem bisherigen Verständnis des *BFH*[990], der Finanzverwaltung[991] und der Literatur[992] stellte die Übertragung des Goodwill einen Leistungsaustausch

---

987 Siehe hierzu die Definition im Steuerbilanzrecht zuvor unter § 2 II. 2.

988 Unberücksichtigt bleiben mangels Relevanz für den Goodwill die Umsatzsteuertatbestände der Einfuhr (§ 1 Abs. 1 Nr. 4 UStG) und des innergemeinschaftlichen Erwerbs (§ 1 Abs. 1 Nr. 5 UStG). Im Folgenden wird zudem unterstellt, dass Veräußerer und Erwerber jeweils als Unternehmer im Sinne des § 2 UStG anzusehen sind. Der Erwerb eines Unternehmens einschließlich Goodwill durch einen umsatzsteuerrechtlichen Nicht-Unternehmer wird praktisch den absoluten Ausnahmefall darstellen.

989 In Zusammenhang mit dem UStG wird vom BFH typischerweise nicht zwischen Goodwill und Praxiswert unterschieden; vgl. bspw. *Leonard*, in: *Bunjes/Geist*, UStG, 9. Aufl. 2009, § 3 UStG, Rdnr. 40.

990 *BFH*, Urteil v. 21.12.1988 - V R 24/87, BFHE 156, 273 = BB 1989, S. 972; ebenso auch *BFH*, Urteil v. 05.12.1997 - V B 17/97, BFH/NV 1998, S. 888.

991 *BMF*, Abschnitt 24 zur UStR 2000 in der Fassung vom 10.12.1999.

992 *Leonard*, in: *Bunjes/Geist*, UStG, 9. Aufl. 2009, § 3 UStG, Rdnr. 40; *Klenk/Martin*, in: *Sölch/Ringleb*, UStG, 66. EL September 2011 (Vorauflage), § 3 UStG, Rdnr. 49; *Jakob*, Umsatzsteuer, 4. Aufl. 2008, Rdnr. 256; eingehend hierzu und auch mit weiteren Nachweisen zur Rechtsprechung und Finanzverwaltung: *Seer*, UR 1990, S. 298 ff.; ebenso auch *Raczinski/Rademacher*, BB 1989, S. 2231, 2235.

in Form einer Lieferung gem. §§ 1 Abs. 1 Nr. 1, 3 Abs. 1 UStG dar. Eine Lieferung im Sinne des § 3 Abs. 1 UStG liegt vor, wenn einem anderen die (tatsächliche) Verfügungsmacht über einen Gegenstand verschafft wird. Von dem Begriff des Gegenstands werden in erster Linie körperliche Gegenstände erfasst, daneben aber auch Sachgesamtheiten und solche Wirtschaftsgüter, die im Wirtschaftsverkehr wie körperliche Sachen behandelt werden[993]. Darunter wurden von *BFH*, *BMF* und der Literatur auch der Goodwill und der Praxiswert subsumiert[994]. Sie wurden damit systematisch in eine Reihe mit körperlichen Gegenständen und Sachgesamtheiten gestellt.

Dieses Verständnis hat sich durch das Urteil des *EuGH*[995] in der Rechtssache C-242/08 „*Swiss Re Germany Holding*"grundlegend gewandelt. Dieses Verfahren betraf in erster Linie die Übertragung von Lebensversicherungsverträgen, die vom *EuGH* als unkörperliche Gegenstände eingestuft wurden. In der Folge waren diese fortan umsatzsteuerlich als „sonstige Leistung" und nicht mehr als „Lieferung" einzustufen. In diesem Zusammenhang hatte der *EuGH* jedoch auch festgestellt, dass die Abtretung eines Vertrags (als unkörperlicher Gegenstand) als sonstige Leistung zu beurteilen sei, unabhängig davon, ob dieser in einer Urkunde verbrieft ist oder nicht[996]. Diese Feststellung wirkt sich auf die Übertragung und Einordnung anderer immaterieller Wirtschaftsgüter wie den Goodwill aus[997]. In der Literatur[998] und der

---

993 *Leonard*, in: *Bunjes/Geist*, UStG, 9. Aufl. 2009, § 3 UStG, Rdnr. 36 f., 39.

994 *BFH*, Urteil v. 21.12.1988 - V R 24/87, BFHE 156, S. 273 = BB 1989, S. 972; ebenso auch *BFH*, Urteil v. 05.12.1997 - V B 17/97, BFH/NV 1998, S. 888; *BMF*, Abschnitt 24 Abs. 1 S. 2 zur UStR 2000 in der Fassung v. 10.12.1999; *Klenk/Martin*, in: *Sölch/Ringleb*, UStG, 66. EL September 2011 (Vorauflage), § 3 UStG, Rdnr. 49.

995 *EuGH*, Urteil v. 22.10.2009 - C-242/08 (*Swiss Re Germany Holding*), DStR 2009, S. 2245.

996 *EuGH*, Urteil v. 22.10.2009 - C-242/08 (*Swiss Re Germany Holding*), DStR 2009, S. 2246, Rdnr. 27.

997 *Maier*, in: BeckLex, 42. Ed. 2018 (Stand: 01.01.2017), Geschäfts- oder Firmenwert, Rdnr. 25.

998 *Martin*, in: *Sölch/Ringleb*, UStG, 82. EL März 2018, § 3 UStG, Rdnr. 45; *Leonard*, in: *Bunjes*, UStG, 16. Aufl. 2017, § 3 UStG, Rdnr. 40; *Nieskens*, in: *Rau/Dürrwächter*, UStG, 155. EL Juli 2013, § 3 UStG, Anm. 630 (Stichwort „Firmenwert/Praxiswert") und 159. EL Juli 2014, § 3 UStG, Anm. 3821 (Stichwort „Firmenwert"); nunmehr auch dieser Auffassung *Slapio*, in: *Birkenfeld/Wäger*, USt-Handbuch, 77. EL November 2017, § 3 Abs. 1 UStG, Rdnr. 28; dies ausdrücklich offen lassend *Stadie*, UStG, 3. Aufl. 2015, § 3 UStG, Rdnr. 9; im Ergebnis dies ebenfalls offen lassend: *Tehler*, in: *Rau/Dürrwächter*, UStG, 154. EL April 2013, § 4 Nr. 28 UStG, Anm. 45 f.

Finanzverwaltung[999] besteht Einigkeit darüber, dass aufgrund der Entscheidung des *EuGH* auch der Goodwill und Praxiswert nunmehr als sonstige Leistung im Sinne des § 3 Abs. 9 S. 1 UStG anzusehen sind.

Die Übertragung des Goodwill und Praxiswertes ist damit nunmehr als eine sonstige Leistung zu behandeln und stellt grundsätzlich einen steuerbaren Tatbestand im Sinne des §§ 1 Abs. 1 Nr. 1, 3 Abs. 9 S. 1 UStG dar.

bb) Ausnahmetatbestand des § 1 Abs. 1a UStG

Eine Ausnahme von der Steuerbarkeit des Goodwill und Praxiswertes kann sich durch § 1 Abs. 1a UStG ergeben: Demnach unterliegen Umsätze im Rahmen einer Geschäftsveräußerung nicht der Umsatzsteuer. Eine Geschäftsveräußerung liegt nach der Legaldefinition in § 1 Abs. 1a S. 2 UStG vor, wenn ein Unternehmen oder ein in der Gliederung eines Unternehmens gesondert geführter Betrieb im Ganzen entgeltlich oder unentgeltlich übereignet[1000] oder in eine Gesellschaft eingebracht wird. Voraussetzung für die Anwendbarkeit des Ausnahmetatbestands ist somit, dass die wesentlichen Betriebsgrundlagen übertragen werden, so dass die Fortsetzung der bisher durch den Veräußerer ausgeübten Tätigkeit ermöglicht wird[1001]. Der Erwerber des Unternehmens rückt hier in die Position des Veräußerers ein (vgl. § 1 Abs. 1a S. 3 UStG). Ein Leistungsaustausch im Sinne des Umsatzsteuerrechts findet nicht statt.

Diese Ausnahme von der Steuerbarkeit stellt bei der Übertragung des Goodwill den Regelfall dar[1002]. Wie bereits zuvor dargestellt[1003], konnte festgehalten werden, dass der Goodwill untrennbar mit dem Unternehmen (oder ggf. einem selbständigen Unternehmensteil) verbunden ist und nur mit diesem zusammen übertragen werden kann.

---

999 *BMF*-Schreiben v. 08.06.2011 - IV D 2, BStBl. I S. 582; siehe auch UStAE 3.1 Abs. 4 S. 2.

1000 Nach Ansicht der Literatur ist § 1 Abs. 1a UStG auch auf Umwandlungen und Verschmelzungen anzuwenden; statt vieler: *Oelmaier*, in: *Sölch/Ringleb*, UStG, 80. EL Juni 2017, § 1 UStG, Rdnr. 196.

1001 *Robisch*, in: *Bunjes*, UStG, 16. Aufl. 2017, § 1 UStG, Rdnr. 121; hierzu mit Einzelheiten, im Ergebnis jedoch teilweise abweichender Ansicht, *Oelmaier*, in: *Sölch/Ringleb*, UStG, 80. EL Juni 2017, § 1 UStG, Rdnr. 182 ff.; *Klumpp*, in: *Beisel/Klumpp*, Unternehmenskauf, 7. Aufl. 2016, § 15, Rdnr. 1.

1002 So auch *Tehler*, in: *Rau/Dürrwächter*, UStG, 154. EL April 2013, § 4 Nr. 28 UStG, Anm. 46.

1003 Siehe hierzu die Definitionen im Handelsbilanzrecht und Steuerbilanzrecht zuvor unter § 2 II. 1. und 2.

Allerdings setzt die Geschäftsveräußerung im Sinne des § 1 Abs. 1a UStG nach überwiegender Ansicht[1004] voraus, dass das Unternehmen im Wege eines *asset deal* übertragen wird. Ob auch Unternehmensübertragungen im Wege eines *share deal* hiervon erfasst werden, ist mit der wechselhaften Rechtsprechung von *EuGH* und *BFH* gegenwärtig nur für den konkreten Einzelfall zu beurteilen[1005]. Tendenziell ist aber wohl bei einer Veräußerung sämtlicher Anteile an einer Gesellschaft eine Unternehmensveräußerung im Ganzen anzunehmen und der Anwendungsbereich des § 1 Abs. 1a UStG auch bei einem *share deal* eröffnet.

cc) Steuerbefreiung nach § 4 Nr. 8 lit. f UStG

Selbst wenn man jedoch mit der Rechtsprechung zu dem Ergebnis gelangt, dass die Geschäftsveräußerung im Wege eines *share deal* nicht von § 1 Abs. 1a UStG erfasst wird und so eine steuerbare Leistung annimmt, liegt mit § 4 Nr. 8 lit. f UStG eine Befreiungsvorschrift für die Übertragung von Gesellschaftsanteilen vor. Die Veräußerung von Anteilen an Kapitalgesellschaften und an Personengesellschaften ist damit steuerbar, aber nach § 4 Nr. 8 lit. f UStG steuerbefreit[1006]. Der Goodwill, der über den Kaufpreis mitabgegolten wird, wird von der Befreiung miterfasst.

dd) Bedeutung der Unterscheidung

Im Ergebnis soll umsatzsteuerrechtlich die Veräußerung des Unternehmens und – als Folge davon – des Goodwill grundsätzlich steuerneutral gestellt werden[1007]. Die Einordnung unter § 1 Abs. 1a UStG oder § 4 Nr. 8 lit. f UStG hat Auswirkungen auf den Vorsteuerabzug von Aufwendungen, die unmittelbar mit der Veräußerung verbunden sind: Bei der Geschäftsveräußerung im Ganzen (Fall des *asset deal*) richtet sich der Vorsteuerabzug nach der operativen Tätigkeit des übertragenen Unternehmens. Demgegenüber kommt bei der Einstufung

---

1004 Siehe bspw. *Robisch*, in: *Bunjes*, UStG, 16. Aufl. 2017, § 1 UStG, Rdnr. 135; *Klumpp*, in: *Beisel/Klumpp*, Unternehmenskauf, 7. Aufl. 2016, § 15, Rdnr. 1.

1005 Für die Annahme einer Unternehmensveräußerung im Ganzen bei einem *share deal* über sämtliche Anteile der Gesellschaft: vgl. *BFH*, Urteil v. 27.01.2011 - V R 38/09, BStBl. II 2012, S. 68; eher einschränkend *EuGH*, Urteil v. 30.05. 2013, Rs. C-651/11, DStR 2013, S. 1166; zur Entwicklung der Rechtsprechung *Oelmaier*, in: *Sölch/Ringleb*, UStG, 80. EL Juni 2017, § 1 UStG, Rdnr. 188.

1006 *Klumpp*, in: *Beisel/Klumpp*, Unternehmenskauf, 7. Aufl. 2016, § 15, Rdnr. 4.

1007 Siehe hierzu auch *Nieskens*, in: *Rau/Dürrwächter*, UStG, 155. EL Juli 2013, § 3 UStG, Anm. 555.

als Anteilsübertragung (Fall des *share deal*) die Umsatzsteuerbefreiung nach § 4 Abs. 8 lit. f UStG in Betracht, weshalb (vorbehaltlich der Option nach § 9 Abs. 1 UStG[1008]) der Vorsteuerausschluss, (bspw.) auch für Beratungsleistungen, die in direkten und unmittelbaren Zusammenhang mit der steuerfreien Anteilsübertragung stehen, droht[1009].

1008 Im Falle der Steuerbefreiung nach § 4 Nr. 8 lit. f UStG besteht mit § 9 Abs. 1 UStG die Option auf die Umsatzsteuerbefreiung zu verzichten, was bspw. dann sinnvoll ist, wenn der Veräußerer Aufwendungen in Form von Transaktionskosten hatte und deren Umsatzsteueranteile als Vorsteuer geltend machen möchte. Der Verzicht kann allerdings nach der Rechtsprechung des BFH nur im ersten Kaufvertrag erklärt werden (vgl. hierzu und mit Nachweis zur Rechtsprechung: *Bellheim* et. al., in: *Sinewe*, Unternehmenskauf, 2. Aufl. 2018, S. 107 f.).

1009 Siehe hierzu auch *Robisch*, in: *Bunjes*, UStG, 16. Aufl. 2017, § 1 UStG, Rdnr. 135 a.E.; *Klumpp*, in: *Beisel/Klumpp*, Unternehmenskauf, 7. Aufl. 2016, § 15, Rdnr. 6.

4. Teil - Exkurs: Goodwill im Privatrecht

Nachdem in den vorangegangenen Teilen der Begriff des Goodwill erläutert und dessen Bilanzierung und Besteuerung dargestellt wurde, wird in dem nun folgenden Exkurs die Bedeutung und Behandlung des Goodwill im Privatrecht in den Blickpunkt gerückt.

Der Goodwill ist im Privatrecht weder gesetzlich definiert noch Gegenstand gesetzlicher Regelungen. Vor diesem Hintergrund ist es an der Literatur und Rechtsprechung, den Goodwill rechtlich einzuordnen und diesem Konturen zu verleihen. In diesem Sinne wird der Goodwill in der Literatur und Rechtsprechung zum Privatrecht in verschiedenen Bereichen und zahlreichen Zusammenhängen zum Thema gemacht. Dennoch bleibt die Erwähnung des Goodwill nur fragmentarisch.

Im Folgenden wird daher eine Bestandsaufnahme des Goodwill „quer" durch das Privatrecht vorgenommen. Dabei werden (nur) solche Auszüge aus der Literatur und Rechtsprechung herausgegriffen, in denen der Goodwill ausdrücklich angesprochen wird und zudem Aussagen zum Goodwill getroffen werden. Zur Strukturierung dieser Textfragmente wird im Folgenden an die „Merkmale" des Goodwill angeknüpft: Für den Goodwill konnten in Zusammenhang mit der Bilanzierung und Besteuerung verschiedene Merkmale, gleich einem kleinstem gemeinsamen Nenner, festgehalten werden. Demnach ist der Goodwill:

1. vermögenswerte Position eines Unternehmens
2. Mehrwert gegenüber dem Substanz eines Unternehmens
3. Ausdruck einer positiven Zukunftserwartung an das Unternehmen
4. immaterieller Gesamtvermögenswert bestehend aus heterogenen vermögenswerten Positionen
5. nicht in anderen Vermögensgegenständen verkörpert
6. unmittelbar und untrennbar mit dem Unternehmen verbunden
7. grundsätzlich von unbegrenzter Nutzungsdauer und einer im Einzelfall zu bestimmenden Abnutzung unterworfen.

Ob sich diese Merkmale für den Goodwill auch im Privatrecht feststellen lassen und damit ein „Abgleich" der Merkmale des Goodwill in den verschiedenen Rechtsgebieten gelingt, ist Gegenstand des folgenden Abschnitts (§ 9). Dazu werden die einzelnen Merkmale beispielhaft ausgewählten Bereichen des Privatrechts gegenübergestellt, in denen das jeweilige Merkmal in der Literatur und/ oder Rechtsprechung besondere Beachtung gefunden hat. Losgelöst von den

Merkmalen des Goodwill werden nach diesem Abgleich signifikante Abweichungen in der Behandlung des Goodwill im Privatrecht angesprochen. In einem letzten Gliederungspunkt dieses Abschnitts wird die Rolle des Goodwill im Immaterialgüterrecht thematisiert.

Neben den Merkmalen des Goodwill wird in einem weiteren Abschnitt (§ 10) die Definition des Goodwill und dessen Rechtsnatur im älteren und neueren Schrifttum zum Privatrecht thematisiert. Dabei wird der Frage nachgegangen, welche Ansichten zur Rechtsnatur des Goodwill vertreten werden und ob die Rechtsnatur des Goodwill im Privatrecht klar bestimmt ist. Im Anschluss daran werden weitere Aspekte des Goodwill dargestellt, die (im Wesentlichen) nur im Privatrecht relevant werden und im Rahmen der Bilanzierung und Besteuerung des Goodwill noch keine Beachtung gefunden haben oder finden konnten. Den Abschluss dieses Teiles bildet eine kurze Würdigung zur Behandlung des Goodwill im Privatrecht.

§ 9 Wesentliche Merkmale des Goodwill im Privatrecht

Die unterschiedliche Zielsetzung von Bilanz- und Steuerrecht auf der einen Seite und des Privatrechts auf der anderen Seite bringt es notwendigerweise mit sich, dass der Goodwill in diesen Bereichen des Rechts eine unterschiedliche Behandlung erfahren hat. Im Folgenden werden in einem ersten Schritt die Gemeinsamkeiten beleuchtet, um in einem zweiten Schritt wesentliche Unterschiede in der Behandlung oder Bedeutung des Goodwill zu behandeln.

I. Gemeinsamkeiten in der Behandlung des Goodwill

1. Merkmal: Vermögenswerte Position eines Unternehmens

Zu beginnen ist mit dem bedeutendstem Merkmal des Goodwill: dem Goodwill als vermögenswerter Position. Gleich einem kleinsten gemeinsamen Nenner wird der Goodwill in zahlreichen Bereichen des Privatrechts als Vermögenswert oder als vermögenswerter Bestandteil eines Unternehmens oder einer freiberuflichen Praxis behandelt. Deutlich wird dies im Zusammenhang mit bereicherungsrechtlichen Ansprüchen. Dies zeigt sich aber gerade auch in Ausgleichsansprüchen in den exemplarisch dargestellten Rechtsbereichen: Hier wird der Wert des Goodwill als vermögenswerte Positionen gegenüber dem jeweiligen Berechtigten in solchen Fällen abgegolten, in denen der Goodwill bei dem jeweiligen Unternehmen verbleibt.

a) Bereicherungsrechtliche Ansprüche

Im Bereicherungsrecht wird der Goodwill im Rahmen des Kondiktionsanspruchs aus § 812 BGB relevant. Ein bereicherungsrechtlicher Anspruch aus § 812 Abs. 1 S. 1 BGB setzt das Vorliegen eines Bereicherungstatbestands voraus. Dieser kann dann erfüllt sein, wenn der Anspruchsgegner durch eine Leistung (§ 812 Abs. 1 S. 1 Alt. 1 BGB) oder auch auf andere Weise (§ 812 Abs. 1 S. 1 Alt. 2 BGB) „etwas erlangt" hat und dadurch bereichert wurde. Das Merkmal „erlangt" ist jedenfalls dann erfüllt, wenn sich auf Grund des Bereicherungsvorgangs etwas im Vermögen des Bereicherten konkret manifestiert hat und sich dadurch die Vermögenslage des Bereicherten verbessert hat[1010].

Für die Behandlung des Goodwill ist der Anknüpfungspunkt das Merkmal dieses erlangten „Etwas". Der Begriff des erlangten „Etwas" wird zwar nicht einheitlich definiert, jedoch werden darunter überwiegend vorteilhafte Rechte, Rechtsstellungen und Positionen verstanden, die das Vermögen des Begünstigten irgendwie vermehrt haben[1011]. In Literatur[1012] und Rechtsprechung[1013] ist dabei anerkannt, dass der Goodwill ein solches vermögenswertes „Etwas" darstellt. Soweit eine weitere Zuordnung erfolgt, wird der Goodwill teilweise[1014] unter das Merkmal „vorteilhafte Rechtstellung und Positionen", teilweise[1015] als Vermögensgegenstand eingeordnet.

b) Familien- und erbrechtliche Ausgleichsansprüche

Im Familienrecht und im Erbrecht tritt der Goodwill ebenso als vermögenswerte Position in Erscheinung.

1010 Zum Vorstehenden: *Sprau*, in: *Palandt*, BGB, 77. Aufl. 2018, § 812 BGB, Rdnr. 8; *Wendehorst*, in: *Bamberger/Roth/Hau/Poseck*, BeckOK-BGB, 45. Ed. 2018 (Stand: 01.11.2017), § 812 BGB, Rdnr. 54.

1011 *Martinek*, in: *Herberger/Martinek/Rüßmann/Weth/Würdinger*, jurisPK-BGB, 8. Aufl. 2017, § 812 BGB, Rdnr. 13, 17.

1012 *Sprau*, in: Palandt, BGB, 77. Aufl. 2018, § 812 BGB, Rdnr. 9; *Wiese/Schulze*, in: *Schulze*, BGB, 9. Aufl. 2017, § 812 BGB, Rdnr. 3; ähnlich *Schwab*, in: MünchKomm-BGB, 7. Aufl. 2017, § 812 BGB, Rdnr. 23.

1013 So bspw. *BGH*, Urteil v. 05.07.2006 - VIII ZR 172/05, NJW 2006, S. 2847; *OLG Karlsruhe*, Urteil v. 24.05.1989 – 1 U 311/88, WM 1989, 1229 f.; *BGH*, Urteil v. 13.11.1990 - KZR 2/89, BB 1991, S. 444.

1014 Siehe hierzu beispielsweise *Sprau*, in: Palandt, BGB, 77. Aufl. 2018, § 812 BGB, Rdnr. 9.

1015 *Martinek*, in: *Herberger/Martinek/Rüßmann/Weth/Würdinger*, jurisPK-BGB, 8. Aufl. 2017, § 812 BGB, Rdnr. 20.

Anknüpfungspunkt für den Goodwill im Familienrecht sind die Bestimmungen zur Wertermittlung des Zugewinnausgleichs aus einer Zugewinngemeinschaft. Die Zugewinngemeinschaft nach § 1363 Abs. 1 BGB stellt den gesetzlichen Regelfall des ehelichen Güterstandes dar[1016]. Wird eine Ehe mit einer Zugewinngemeinschaft als ehelichem Güterstand geschieden, so steht demjenigen Ehegatten, dessen Zugewinn den des anderen Ehegatten unterschreitet, ein Ausgleichsanspruch in der Höhe der hälftigen Differenz der Zugewinne zu (vgl. §§ 1372, 1378 Abs. 1 BGB). Der Zugewinn selbst ergibt sich nach § 1373 BGB durch eine Saldierung von Endvermögen (§ 1375 BGB) und Anfangsvermögen (§ 1374 BGB) eines Ehegatten. Der Goodwill wird dabei in Zusammenhang mit der Wertermittlung des Anfangs- und Endvermögens nach § 1376 Abs. 1 und 2 BGB relevant. Das Vermögen wird in § 1376 BGB lediglich als Rechengröße betrachtet, zu dem alle rechtlich geschützten Positionen von wirtschaftlichen Wert gezählt werden. Dazu gehören Sachen ebenso wie alle objektiv bewertbaren Rechte[1017]. In der Rechtsprechung[1018] und Literatur[1019] ist nunmehr[1020] anerkannt, dass bei der Wertermittlung von Unternehmen und freiberuflichen Praxen ein über den Substanzwert hinausgehender Goodwill im Vermögen zu berücksichtigen ist. Unterschiede bestehen in der Bewertung des Unternehmens bzw. der freiberuflichen Praxis, jedoch besteht Einigkeit darüber, dass der Goodwill als vermögenswerte Position zu berücksichtigen ist.

Ganz ähnlich wie bei der Berechnung des Zugewinnausgleichs verhält es sich auch im Erbrecht bei der Berechnung des Nachlasswertes für Zwecke des

1016 *Brudermüller*, in: *Palandt*, BGB, 77. Aufl. 2018, § 1363 BGB, Rdnr. 1.

1017 Statt vieler: *Brudermüller*, in: *Palandt*, BGB, 77. Aufl. 2018, § 1376 BGB, Rdnr. 2.

1018 *BGH*, Urteil v. 09.02.2011 - XII ZR 40/09, NJW-Spezial 2011, S. 197; *BGH*, Urteil v. 06.02.2008 – XII ZR 45/06 (dort Rz. 18 f.), BGHZ 175, S. 207 ff. = NJW 2008, S. 1221 ff.; *BGH*, Urteil v. 25.11.1998 – XII ZR 84/97, NJW 1999, S. 784; *OLG Brandenburg*: Beschluss v. 09.07.2010 - 9 WF 292/08 (dort Rz. 34, zitiert nach juris); ablehnend bspw. *AG Münster*, Urteil v. 09.01.2007 - 46 F 858/05, NJW 2007, S. 2645.

1019 *Roth*, in: *Herberger/Martinek/Rüßmann/Weth/Würdinger*, jurisPK-BGB, 8. Aufl. 2017, § 1376 BGB, Rdnr. 13; *Cziupka*, in: *Bamberger/Roth/Hau/Poseck*, BeckOK-BGB, 45. Ed. 2018 (Stand: 01.11.2017), § 1376 BGB, Rdnr. 18 ff. mit weiteren Nachweisen zur Rechtsprechung; *Brudermüller*, in: *Palandt*, BGB, 77. Aufl. 2018, § 1376 BGB, Rdnr. 44 ff.; *Hauß/Schulz*, in: *Schulz/Hauß*, Vermögensauseinandersetzung, 6. Aufl. 2015, Kap. 1 Rdnr. 338; *Carlberg*, in: *Scholz/Kleffmann/Doering-Striening*, Familienrecht, 30. EL Februar 2016, Teil B, Rdnr. 40; *Olbrich/Olbrich*, DB 2008, S. 1483 ff.

1020 Zu den Änderungen der Rechtsprechung zum Goodwill bspw. *Kogel*, NJW 2007, S. 556 ff.

Pflichtteils gem. § 2311 BGB. Mit dem Pflichtteilsanspruch sollen Verwandte des Erblassers, die durch Verfügung von Todes wegen von der Erbfolge ausgeschlossen wurden (vgl. § 2303 Abs. 1 S. 1 BGB), eine grundsätzlich unentziehbare Teilhabe am Nachlass haben. Den Pflichtteilsberechtigten soll eine Mindestbeteiligung am Nachlass gesichert werden[1021]. Die Höhe des Pflichtteilsanspruchs wird durch den Bestand und den Wert des Nachlasses im Zeitpunkt des Erbfalls festgelegt[1022]. Sofern sich im Nachlass ein Unternehmen oder eine freiberufliche Praxis befindet, ist in der Literatur[1023] und der Rechtsprechung[1024] gleichermaßen anerkannt, dass grundsätzlich dessen wahrer Wert zu ermitteln ist. Der Goodwill ist dementsprechend bei der Berechnung des Nachlasswertes als vermögenswerte Position stets anzusetzen und auf diesem Weg auch bei der Berechnung des Pflichtteils zu berücksichtigen[1025].

Ob der Goodwill demgegenüber auch bei Teilungsanordnungen eines Erblassers gem. § 2048 BGB zu berücksichtigen ist, ist der Literatur und Rechtsprechung nicht eindeutig zu entnehmen. Teilungsanordnungen werden immer dann relevant, wenn der Erblasser mehrere gleichrangige Erben mit unterschiedlichen Erbquoten einsetzt, oder einem Miterben vom Erblasser einzelne Gegenstände zugesprochen werden[1026]. Die Teilungsanordnung führt dazu, dass die Miterben bei Erbauseinandersetzung verpflichtet sind, bestimmte Gegenstände einzelnen von ihnen unter Anrechnung auf die Nachlassquote zu übertragen[1027]. Für den jeweiligen Gegenstand ist der objektive Verkehrswert zu ermitteln[1028]. Ist ein Unternehmen Gegenstand der Teilungsanordnung, so ist

---

1021 *G. Müller*, in: *Burandt/Rojahn*, Erbrecht, 2. Aufl. 2014, § 2303 BGB, Rdnr. 2; *Lange*, in: MünchKomm-BGB, 7. Aufl. 2017, § 2303 BGB, Rdnr. 1; *Weidlich*, in: *Palandt*, BGB, 77. Aufl. 2018, § 2303 BGB, Rdnr. 1.

1022 *Weidlich*, in: *Palandt*, BGB, 77. Aufl. 2018, § 2311 BGB, Rdnr. 1.

1023 *von Große-Wilde*, MDR 2011, S. 772; *Weidlich*, in: *Palandt*, BGB, 77. Aufl. 2018, § 2311 BGB, Rdnr. 9; *Lange*, in: MünchKomm-BGB, 7. Aufl. 2017, § 2311 BGB, Rdnr. 39, 42; *Birkenheier*, in: *Herberger/Martinek/Rüßmann/Weth/Würdinger*, jurisPK-BGB, 8. Aufl. 2017, § 2311 BGB, Rdnr. 62; *Stürner*, in: *Jauernig*, BGB, 16. Aufl. 2015, § 2311, Rdnr. 4; *Hoeren*, in: *Schulze*, BGB, 9. Aufl. 2017, § 2311 BGB, Rdnr. 14.

1024 Statt vieler: *BGH*, Urteil v. 30.09.1981 - IVa ZR 127/80, NJW 1982, S. 575 (insbesondere auch zum Mittelwertverfahren als Berechnungsmethode).

1025 So ausdrücklich: *BGH*, Beschluss v. 18.09.1985 – IVa ZR 26/85, NJW-RR 1986, S. 163.

1026 In einem solchen Fall erben die Begünstigten den gesamten Nachlass und bilden als Miterben eine Erbengemeinschaft (§ 2032 Abs. 1 BGB).

1027 *Hoeren*, in: *Schulze*, BGB, 9. Aufl. 2017, § 2048 BGB, Rdnr. 1.

1028 *Ann*, in: MünchKomm-BGB, 7. Aufl. 2017, § 2048 BGB, Rdnr. 21; *Lohmann*, in: *Bamberger/Roth/Hau/Poseck*, BeckOK-BGB, 45. Ed. 2018 (Stand: 01.11.2017), § 2048

nach weit verbreiteter Ansicht[1029] der Goodwill im Rahmen der Wertermittlung nicht zu berücksichtigen. Jedoch wird auch nach dieser Ansicht gefordert, dass für die Wertermittlung die Mittelwertmethode heranzuziehen ist. Wie bereits zuvor[1030] dargelegt, wird der Goodwill bei der Mittelwertmethode zwar nicht in voller Höhe berücksichtigt. Jedoch kommt dieser durch den (unterschiedlichen) Ansatz von Ertragswert und Substanzwert zumindest als Bestandteil des Ertragswertes mittelbar zur Geltung. Damit lässt auch diese (missverständliche) Ansicht im Ergebnis den Ansatz des Goodwill zu, wenngleich nicht in voller Höhe und nicht als eigene Position. Im Ergebnis kommt somit auch bei Teilungsanordnungen der Goodwill als vermögenswerte Position im Rahmen des Ertragswertes (mittelbar) zur Geltung.

c) Ausgleichsanspruch des Handelsvertreters

Auch in Zusammenhang mit dem Ausgleichanspruch eines Handelsvertreters[1031] aus § 89b HGB wird der Goodwill als vermögenswerte Position behandelt. Der Ausgleichanspruch zielt im Wesentlichen auf die Wertsteigerung des Goodwill für den Goodwill-Wert „Kundenstamm", mithin auf den Ausbau und die Vertiefungen der Kundenbeziehungen des Unternehmens[1032]. Nach der Rechtsprechung des BGH erfüllt der Anspruch aus § 89b HGB eine Vergütungsfunktion und auch eine (soziale) Schutzfunktion[1033]: Der Handelsvertreter soll zum einen

---

BGB, Rdnr. 5; *Weidlich*, in: *Palandt*, BGB, 77. Aufl. 2018, § 2048 BGB, Rdnr. 5.; *Schütte*, in: *Herberger/Martinek/Rüßmann/Weth/Würdinger*, jurisPK-BGB, 8. Aufl. 2017, § 2048 BGB, Rdnr. 20.

1029 *Ann*, in: MünchKomm-BGB, 7. Aufl. 2017, § 2048 BGB, Rdnr. 21; *BGH*, Urteil v. 30.09.1981 – IVa ZR 127/80, NJW 1982, S. 575 f.; ebenso *Lohmann*, in: *Bamberger/Roth/Hau/Poseck*, BeckOK-BGB, 45. Ed. 2018 (Stand: 01.11.2017), § 2048 BGB, Rdnr. 5.

1030 Zur Mittelwertmethode siehe zuvor unter § 4 III. 3.

1031 In der Literatur wird zudem die analoge Anwendung des § 89b HGB auf weitere Absatzmittlungsverhältnisse diskutiert, bspw. auf Vertragshändler, Kommissionsagenten und Franchisenehmer (vgl. hierzu *Flohr*, in: *Martinek/Semler/Flohr*, Vertriebsrecht, 4. Aufl. 2016, § 32, Rdnr. 146, 148 ff.; *Löwisch*, in: *Ebenroth/Boujong/Joost/Strohn*, HGB, 3. Aufl. 2014, § 89b HGB, Rdnr. 213; *Hopt*, in: *Baumbach/Hopt*, HGB, 38. Aufl. 2018, § 89b HGB, Rdnr. 4).

1032 Statt vieler: *Hopt*, in: *Baumbach/Hopt*, HGB, 38. Aufl. 2018, § 89b HGB, Rdnr. 1 ff.

1033 Zur Entwicklung der Rechtsprechung siehe *Flohr*, in: *Martinek/Semler/Flohr*, Vertriebsrecht, 4. Aufl. 2016, § 32, Rdnr. 145 f.; *Canaris*, Handelsrecht, 24. Aufl. 2006, § 15, Rdnr. 98 ff.; anders *Hopt*, der in dem Anspruch eine Gegenleistung und keinen Versorgungsanspruch sieht (*Hopt*, in: *Baumbach/Hopt*, HGB, 38. Aufl. 2018, § 89b

mit einem zusätzlichen Entgelt dafür vergütet werden, dass er durch seinen Einsatz in der Absatzförderung den Goodwill-Wert „Kundenstamm" aufgebaut hat und diesen bei Vertragsende dem Unternehmer zur weiteren wirtschaftlichen Nutzung zurücklassen muss[1034]. Daneben verfolgt der Ausgleichsanspruch auch eine Schutzfunktion, da der Handelsvertreter bei einer Vertragsbeendigung den im Unternehmen aufgebauten Goodwill nicht „mitnehmen" kann und so typischerweise seine Existenzgrundlage verliert und erst eine neue wirtschaftliche Existenz aufbauen muss. Der Unternehmer profitiert demgegenüber von den weiterwirkenden Akquisitionsleistungen und der Steigerung des Goodwill des ausgeschiedenen Vertreters, so dass die Vergütung für erarbeiteten und fortwirkenden Goodwill erfolgt[1035].

d) *Gesellschaftsrechtliche Ausgleichsansprüche*

Ein ganz ähnliches Bild zeichnet sich auch im Gesellschaftsrecht ab: Auch hier kommt der Goodwill als vermögenswerte Position eines Unternehmens insbesondere bei Ansprüchen ausscheidender Gesellschafter zum Tragen.

Für die GbR ergibt sich der Abfindungsanspruch unmittelbar aus § 738 Abs. 1 S. 2 BGB, für die oHG und die KG über die Verweisungen in § 105 Abs. 3 HGB[1036] bzw. §§ 161 Abs. 2, 105 Abs. 3 HGB[1037]: Demnach steht dem ausscheidenden Gesellschafter ein Anspruch auf Ermittlung und Auszahlung eines Abfindungsguthabens zu. Der ausscheidende Gesellschafter soll mit der Abfindung so gestellt

---

HGB, Rdnr. 2); allerdings will *Hopt* darin auch keinen reinen Vergütungsanspruch sehen, da der Ausgleichanspruch nach Entstehung und Bemessung durch Gesichtspunkte der Billigkeit bestimmt wird (*Hopt*, in: *Baumbach/Hopt*, HGB, 38. Aufl. 2018, § 89b HGB, Rdnr. 3).

1034 Ständige Rechtsprechung des *BGH*: *BGH*, Urteil v. 13.05.1957 – II ZR 318/56, NJW 1957, S. 1029; *BGH*, Urteil v. 11.12.1958 – II ZR 73/57, NJW 1959, S. 144; *BGH*, Urteil v. 30.06.1966 – II ZR 124/65, NJW 1966, S. 1965; *Hopt*, in: *Baumbach/Hopt*, HGB, 38. Aufl. 2018, § 89b HGB, Rdnr. 2; so im Ergebnis auch *Thume*, der zudem auf branchenverschiedene Besonderheiten hinweist, die zur „Mitnahme" des Kundenstammes durch den Handelsvertreter führen können (*Thume*, BB 2009, S. 1027, 1028).

1035 *Flohr*, in: *Martinek/Semler/Flohr*, Vertriebsrecht, 4. Aufl. 2016, § 32, Rdnr. 147; ebenso auch *Hopt*, in: *Baumbach/Hopt*, HGB, 38. Aufl. 2018, § 89b HGB, Rdnr. 1 f.; *von Hoyningen-Huene*, in: MünchKomm-HGB, 4. Aufl. 2016, § 89b HGB, Rdnr. 129; *Busche*, in: *Oetker*, HGB, 5. Aufl. 2017, § 89b HGB, Rdnr. 25.

1036 Zur oHG: *Roth*, in: *Baumbach/Hopt*, HGB, 38. Aufl. 2018, § 105 HGB, Rdnr. 16, § 131 HGB, Rdnr. 38.

1037 Zur KG: *Roth*, in: *Baumbach/Hopt*, HGB, 38. Aufl. 2018, § 161 HGB, Rdnr. 15.

werden, wie er bei einer Auseinandersetzung stünde, wenn die Gesellschaft zur Zeit des Ausscheidens aufgelöst worden wäre. Daher ist anerkannt, dass dieser Anspruch, vorbehaltlich anderweitiger Reglungen im Gesellschaftsvertrag, ein vollwertiges Äquivalent für den Verlust der Mitgliedschaft sein soll[1038]. Aus diesem Grund ist der volle wirtschaftliche Wert des Unternehmens unter Berücksichtigung des Goodwill anzusetzen[1039].

Ähnliches gilt bei Abfindungs- oder Ausgleichansprüchen der Gesellschafter einer GmbH[1040] oder einer AG[1041]. Auch hier wird für den Anspruch des Gesellschafters stets auf den vollen wirtschaftlichen Wert der Beteiligung unter Einbeziehung des Goodwill abgestellt[1042].

2. *Merkmal: Mehrwert gegenüber der Substanz eines Unternehmens*

a) *Goodwill als Vermögenswert indiziert Mehrwert*

Das Merkmal „Mehrwert gegenüber der Substanz eines Unternehmens“ wird auch in den soeben dargestellten Rechtsbereichen[1043] thematisiert. Der Goodwill wird nicht nur als vermögenswerte Position eines Unternehmens behandelt, sondern es wird in diesem Zusammenhang zumeist auch festgestellt, dass

---

1038 *BGH*, Urteil v. 18.04.2002 – IX ZR 72/99, ZIP 2002, S. 1144, 1148; *Schöne*, in: *Bamberger/Roth/Hau/Poseck*, BeckOK-BGB, 45. Ed. 2018 (Stand: 01.11.2017), § 738 BGB, Rdnr. 22; *Sprau*, in: *Palandt*, BGB, 77. Aufl. 2018, § 738 BGB, Rdnr. 4.

1039 *Schöne*, in: *Bamberger/Roth/Hau/Poseck*, BeckOK-BGB, 45. Ed. 2018 (Stand: 01.11.2017), § 738 BGB, Rdnr. 22; *Sprau*, in: *Palandt*, BGB, 77. Aufl. 2018, § 738 BGB, Rdnr. 5; *Saenger*, in: *Schulze*, BGB, 9. Aufl. 2017, § 738 BGB, Rdnr. 5; *Trost*, in: *Herberger/Martinek/Rüßmann/Weth/Würdinger*, jurisPK-BGB, 8. Aufl. 2017, § 730 BGB, Rdnr. 36; *Roth*, in: *Baumbach/Hopt*, HGB, 38. Aufl. 2018, § 131 HGB, Rdnr. 49.

1040 Für die Gesellschafter einer GmbH ergibt sich dieser Anspruch beispielsweise im Zusammenhang mit der Einziehung von Gesellschaftsanteilen gem. § 34 GmbHG.

1041 Für die Gesellschafter einer AG ergeben sich Abfindungsansprüche beispielsweise aus § 305 Abs. 3 AktG oder auch aus § 327b Abs. 1 S. 1 AktG.

1042 Siehe hierzu beispielswiese: *Fastrich*, in: *Baumbach/Hueck*, GmbHG, 21. Aufl. 2017, § 34 GmbHG, Rdnr. 22; *Schindler*, in: *Ziemons/Jaeger*, BeckOK-GmbHG, 34. Ed. 2018 (Stand: 01.02.2018), § 34 GmbHG, Rdnr. 81; auf den *„volle[n] Wert“* des Unternehmens stellt auch *Koch* ab: *Koch*, in: *Hüffer/Koch*, AktG, 13. Aufl. 2018, § 305 AktG, Rdnr. 23; *Koch*, in: *Hüffer/Koch*, AktG, 13. Aufl. 2018, § 327b AktG, Rdnr. 5.

1043 Siehe hierzu die Textstellen zuvor unter § 9 I. 1. Dieser Aspekt wird vertieft bei den verschiedenen Ausgleichsansprüchen des Familien-, Erb und Gesellschaftsrechts thematisiert.

der Substanzwert den Wert eines Unternehmens nur unzureichend berücksichtigt. Erst durch die Berücksichtigung des Goodwill als Mehrwert gegenüber der Substanz eines Unternehmens kann dessen „wahrer" Wert abgebildet werden. Sofern der Goodwill als Vermögenswert angesehen wird, wird der Goodwill entweder inzident oder ausdrücklich als Mehrwert eines Unternehmens behandelt.

Besonders deutlich wird dies im Familien- und Erbrecht und im Gesellschaftsrecht. Im Rahmen der dort behandelten Ausgleichsansprüche soll gerade der „volle, wirkliche" Wert[1044] des Unternehmens ermittelt und abgebildet werden. Der Wert der Sachsubstanz bildet den Wert des gesamten Unternehmens nur unzureichend ab. Der tatsächliche Unternehmenswert erfordert daher im Ergebnis die Berücksichtigung des (vollen) Wertes des Goodwill.

b) *Goodwill als Gegenstand der Überschuldungsprüfung im Insolvenzrecht*

Ob der Goodwill als Mehrwert gegenüber der Substanz eines Unternehmens zu berücksichtigen ist, ist Gegenstand einer anhaltenden und lebhaften Diskussion in Literatur und Rechtsprechung zum Insolvenzrecht. Inhaltlich angesiedelt ist die Diskussion bei der Überschuldung als Insolvenzgrund juristischer Personen. Hier steht in Frage, ob der Goodwill im Rahmen einer Überschuldungsprüfung nach § 19 Abs. 2 InsO zu berücksichtigen ist. Praktisch bedeutsam wird dies, wenn bei der konkreten Vermögenssituation der Gesellschaft eine Entscheidung über die Stellung eines Insolvenzantrages nach §§ 15 ff. InsO zu treffen ist.

Nach geltendem Recht[1045] liegt nach dem modifiziert zweistufigen Überschuldungsbegriff in § 19 Abs. 2 S. 1 InsO eine Überschuldung vor, wenn das schuldnerische Vermögen die bestehenden Verbindlichkeiten nicht mehr deckt, es sei denn, die Fortführung des Unternehmens ist nach den Umständen überwiegend wahrscheinlich. Nach überwiegender Ansicht ist zur Prüfung der

---

1044 *BGH*, Urteil v. 06.02.2008 – XII ZR 45/06, BGHZ 175, S. 207 ff. = NJW 2008, S. 1221 ff.; *Birkenheier*, in: *Herberger/Martinek/Rüßmann/Weth/Würdinger*, jurisPK-BGB, 8. Aufl. 2017, § 2311 BGB, Rdnr. 62

1045 Der Überschuldungsbegriff des § 19 InsO wurde durch das FMStG erheblich geändert: Indem eine positive Fortführungsprognose nach geltendem Recht dazu führt, dass keine Insolvenzantragspflicht besteht wurde nach einer Literaturansicht die „*Überschuldungsprüfung vom Kopf auf die Füße*" gestellt (so *Mönning* in verschiedenen Vorauflagen: *Mönning*, in: *Nerlich/Römermann*, InsO, 16. EL Januar 2009, § 19 InsO, Rdnr. 13). Nach alter Rechtslage war die Fortführungsprognose für die in der Überschuldungsbilanz anzuwendenden Wertansätze entscheidend (Liquidationswerte oder Fortführungswerte).

Überschuldung in einem ersten Schritt zu ermitteln, ob die Finanzkraft der Gesellschaft mittelfristig zur Fortführung ausreicht (Fortführungsprognose). Nur falls dies nicht der Fall ist, ist in einem zweiten Schritt weiter zu fragen, ob das Vermögen der Gesellschaft bei Ansatz von Liquidationswerten die bestehenden Verbindlichkeiten nicht mehr deckt (rechnerische Überschuldung).

Ist die Fortführung des Unternehmens überwiegend wahrscheinlich[1046] und die Fortführungsprognose[1047] damit positiv, liegt nach geltendem Recht auch keine Überschuldung nach § 19 InsO vor. Die Überschuldungsprüfung ist nach überwiegender Ansicht[1048] an dieser Stelle beendet. Nur wenn die Fortführungsprognose negativ oder zumindest nicht überwiegend wahrscheinlich ist, schließt sich die Prüfung der rechnerischen Überschuldung an[1049]. Hier stellt sich die Frage, ob und wie der Goodwill zu berücksichtigen ist.

Die rechnerische Überschuldung wird durch Gegenüberstellung der Aktiva und Passiva in einem sog. bilanziellen Überschuldungsstatus ermittelt[1050]. Für

---

1046 Dies ist dann der Fall, wenn in dem Betrachtungszeitraum ein Liquiditätsüberschuss zu erwarten ist, oder technisch ausgedrückt, wenn der Finanzplanüberschuss als Netto-Cash-Flow positiv ist (siehe auch *Reischl*, Insolvenzrecht, 4. Aufl. 2016, Rdnr. 126).

1047 Die Fortführungsprognose (teilweise auch als Fortbestehensprognose bezeichnet) beinhaltet im Wesentlichen eine Zahlungsfähigkeitsprognose (*Reischl*, Insolvenzrecht, 4. Aufl. 2016, Rdnr. 123 f.), die auf die Finanzkraft des Unternehmens gerichtet ist (vgl. *IDW*, Positionspapier zur Fortbestehensprognose, 2012, Rdnr. 33). Eine positive insolvenzrechtliche Fortbestehensprognose liegt vor, wenn mit überwiegender Wahrscheinlichkeit die Einzahlungen mittelfristig die Auszahlungen decken. Der Prognosezeitraum hat dabei nach überwiegender Ansicht (nur) einen Zeitraum zu umfassen, der eine betriebswirtschaftlich belastbare Kalkulation ermöglicht; regelmäßig ist der Prognosezeitraum daher auf das laufende und das folgende Geschäftsjahr zu beziehen (so bspw. *Kaiser*, ZIP 2012, S. 2486; *Wuschek*, ZInsO 2011, S. 1738; *Bußhardt*, in: *Braun*, InsO, 7. Aufl. 2017, § 19 InsO, Rdnr. 32; *IDW*, Positionspapier zur Fortbestehensprognose, 2012, Rdnr. 27, 39).

1048 *Wuschek*, ZInsO 2011, S. 1735; *Reischl*, Insolvenzrecht, 4. Aufl. 2016, Rdnr. 127; ebenso auch *K. Schmidt*, ZIP 2013, S. 489, der von einer "*Prädominanz der Prognose*" ausgeht; *Drukarczyk/Schüler*, in: MünchKomm-InsO, 3. Aufl. 2013, § 19, Rdnr. 55; *Mönning*, in: *Nerlich/Römermann*, InsO, 27. EL August 2014, § 19 InsO, Rdnr. 13; *Pape*, in: *Kübler/Prütting/Bork*, InsO, 41. EL August 2010, § 19 InsO, Rdnr. 37.

1049 *Penzlin*, NZG 2000, S. 467; *Reischl*, Insolvenzrecht, 4. Aufl. 2016, Rdnr. 127.

1050 *Bußhardt*, in: *Braun*, InsO, 7. Aufl. 2017, § 19 InsO, Rdnr. 10, 17; *Reischl*, Insolvenzrecht, 4. Aufl. 2016, Rdnr. 127; *Neumaier/Hänel*, in: *Heussen/Hamm*, BeckAnwaltshandbuch, 11. Aufl. 2016, § 46, Rdnr. 28. Die Begriffe Überschuldungsstatus und Überschuldungsbilanz werden in der Literatur synonym verwendet (vgl. *Reischl*, Insolvenzrecht, 4. Aufl. 2016, Rdnr. 127 f.).

die Erstellung der Überschuldungsbilanz kann die Handelsbilanz allenfalls als Ausgangspunkt herangezogen werden, dieser ist nur indizielle Bedeutung beizumessen[1051]. Denn Ziel der insolvenzrechtlichen Überschuldungsbilanz ist die Feststellung der tatsächlichen Werte, um das Schuldendeckungspotential zu ermitteln und voreilige Insolvenzeröffnungen zu vermeiden[1052]. Daher sind stille Reserven aufzudecken und auch selbstgeschaffene immaterielle Wirtschaftsgüter zu berücksichtigen[1053]. Vor diesem Hintergrund besteht zumindest Einigkeit, dass keine Unterscheidung zwischen originärem und derivativem Goodwill zu treffen ist[1054].

Umstritten ist jedoch, ob der Goodwill bei der Überschuldungsprüfung überhaupt zu berücksichtigen ist[1055]. Das Meinungsspektrum reicht dabei von der Forderung nach einer generellen Berücksichtigung bis zu einer pauschalen Ablehnung des Goodwill in der Überschuldungsbilanz.

Die Befürworter[1056] einer generellen Berücksichtigung des Goodwill begründen dies teilweise mit einem Vergleich zu der Behandlung von stillen Reserven in der Überschuldungsbilanz: Stille Reserven in materiellen Vermögensgegenständen sind stets aufzudecken, unabhängig von einer Veräußerungsabsicht. Entscheidend ist, ob stille Reserven oder ein Goodwill nachweisbar vorhanden sind oder nicht[1057]. Im Ergebnis stimmt diese Ansicht wohl auch mit dem Willen

---

1051 *BGH*, Urteil v. 02.04.2001 – II ZR 261/99, BB 2001, S. 1005 = ZIP 2001, S. 839; *Drukarczyk/Schüler*, in: MünchKomm-InsO, 3. Aufl. 2013, § 19 InsO, Rdnr. 105; *Pape*, in: *Kübler/Prütting/Bork*, InsO, 41. EL August 2010, § 19 InsO, Rdnr. 52, 55; *Mönning*, in: *Nerlich/Römermann*, InsO, 27. EL August 2014, § 19 InsO, Rdnr. 28 f.; ebenso *Wuschek*, ZInsO 2011, S. 1735, nach dem die Handelsbilanz *„lediglich als Gerüst und als Anhaltspunkt"* dienen kann.

1052 *Steinrötter/Meier*, NZI 2015, S. 919 f.; *Drukarczyk/Schüler*, in: MünchKomm-InsO, 3. Aufl. 2013, § 19 InsO, Rdnr. 105 f.

1053 *Kallmeyer*, GmbHR 1999, S. 17; *Drukarczyk/Schüler*, in: MünchKomm-InsO, 3. Aufl. 2013, § 19 InsO, Rdnr. 110; *Gundlach*, in: *Gottwald*, Insolvenzrechts-Handbuch, 5. Aufl. 2015, § 6, Rdnr. 46.

1054 Statt vieler: *Mock*, in: *Uhlenbruck*, InsO, 14. Auflage 2015, § 19 InsO, Rdnr. 83; *Ampferl/Kilper*, in: *Beck/Depré*, Praxis der Insolvenz, 3. Aufl. 2017, § 2, Rdnr. 160; *Drukarczyk/Schüler*, in: MünchKomm-InsO, 3. Aufl. 2013, § 19 InsO, Rdnr. 110 (noch ausdrücklich zum Goodwill in der Vorauflage, siehe § 19 InsO, Rdnr. 93); *Gundlach*, in: *Gottwald*, Insolvenzrechts-Handbuch, 5. Aufl. 2015, § 6, Rdnr. 46.

1055 *Bußhardt*, in *Braun*, InsO, 7. Aufl. 2017, § 19 InsO, Rdnr. 26.

1056 *Wolf/Kurz*, StuB 2005, S. 485, 487; so wohl auch *Mönning*, in: *Nerlich/Römermann*, InsO, 27. EL August 2014, § 19 InsO, Rdnr. 36; *Ulmer*, in: *Hachenburg*, Großkommentar GmbHG, 8. Aufl. 1997, § 63 GmbHG, Rdnr. 41 f.; wohl auch *Reischl*, Insolvenzrecht, 4. Aufl. 2016, Rdnr. 133.

1057 So beispielsweise *Wolf/Kurz*, StuB 2005, S. 485.

des Gesetzgebers des FMStG überein. Denn in der Begründung des Entwurfs des FMStG wird ausdrücklich ausgeführt, dass zwingend ein Insolvenzantrag zu stellen ist, wenn es dem Unternehmen nicht gelingt *„auch unter Einbeziehung der stillen Reserven, des Firmenwertes und des „good will" eine ausgeglichene Bilanz darzustellen"*[1058]. Dem kann entnommen werden, dass der Goodwill im Überschuldungsstatus stets zu berücksichtigen ist.

Demgegenüber stützen die Vertreter[1059] der generell ablehnenden Haltung ihre Ansicht vorwiegend auf Gläubigerschutzgedanken. Demnach gibt § 19 InsO eine zurückhaltende Bewertung vor und steht so einer Aktivierung entgegen. Der Ansatz des Goodwill bei der Überschuldungsbemessung wird teilweise als „Umgehungsmechanismus" wahrgenommen und aus diesem Grund abgelehnt[1060].

Zwischen diesen beiden Polen ist die wohl überwiegende Ansicht[1061] angesiedelt, nach welcher der Goodwill in der Überschuldungsbilanz grundsätzlich nicht angesetzt wird. Von dieser Grundregel wird eine Ausnahme und damit der Ansatz des Goodwill lediglich dann zugelassen, wenn konkrete Aussichten bestehen, das Unternehmen oder Unternehmensteile zu veräußern und einen die Summe der Einzelveräußerungserlöse übersteigenden Mehrerlös zu erzielen[1062].

Dadurch, dass nach geltendem Recht bei der Überschuldungsprüfung nach § 19 Abs. 2 InsO die Prüfung der Fortführungsprognose der Prüfung der

---

1058 So der Wortlaut im RegE FMStG, S. 13. Zu dem begrifflichen „Nebeneinander" von Firmenwert und Goodwill in dem zitierten Entwurf siehe zuvor unter § 2 I. 4.

1059 *K. Schmidt*, in: *K. Schmidt*, InsO, 19. Aufl. 2016, § 19 InsO, Rdnr. 25, 27; wohl auch *Wuschek*, ZInsO 2011, S. 1737; wohl ebenso *Tetzlaff*, KommJur 2006, S. 129; siehe hierzu auch *Bitter/Hommerich*, Zukunft des Überschuldungsbegriffs, Mai 2012, S. 14.

1060 *Bitter/Hommerich*, Zukunft des Überschuldungsbegriffs, Mai 2012, S. 14.

1061 So beispielsweise *Kallmeyer*, GmbHR 1999, S. 17; *Drukarczyk/Schüler*, in: MünchKomm-InsO, 3. Aufl. 2013, § 19 InsO, Rdnr. 110; *Bußhardt*, in *Braun*, InsO, 7. Aufl. 2017, § 19 InsO, Rdnr. 26; *Pape*, in: *Kübler/Prütting/Bork*, InsO, 41. EL August 2010, § 19 InsO, Rdnr. 62; *Gundlach*, in: *Gottwald*, Insolvenzrechts-Handbuch, 5. Aufl. 2015, § 6, Rdnr. 46; *Ampferl/Kilper*, in: *Beck/Depré*, Praxis der Insolvenz, 3. Aufl. 2017, § 2, Rdnr. 160; *Neumaier/Händel*, in: *Heussen/Hamm*, BeckAnwaltshandbuch, 11. Aufl. 2016, § 46, Rdnr. 28; *Mock*, in: *Uhlenbruck*, InsO, 14. Aufl. 2015, § 19 InsO, Rdnr. 82 f.; *Müller*, in: *Jaeger*, Großkommentar InsO, 2004, § 19 InsO, Rdnr. 51 f.; *Mock*, in: *Uhlenbruck*, InsO, 14. Auflage 2015, § 19 InsO, Rdnr. 83; *Bußhardt*, in *Braun*, InsO, 7. Aufl. 2017, § 19 InsO, Rdnr. 26; so auch die Rechtsprechung des *BFH*: *BFH*, Urteil v. 31.03.2004 - I R 65/03, DStR 2004, S. 1209, 1211.

1062 Statt vieler zu diesen Argumenten: *Mock*, in: *Uhlenbruck*, InsO, 14. Aufl. 2015, § 19 InsO, Rdnr. 82 f.

rechnerischen Überschuldung vorgeschaltet ist, ist die praktische Bedeutung dieses Streits limitiert. Dennoch kommen die vorgestellten Auffassungen zu erheblich unterschiedlichen Lösungen, so dass eine Lösung des Problems nicht offen bleiben kann. Richtigerweise müsste für die Frage der Berücksichtigung des Goodwill zunächst die Frage gestellt werden, warum das Unternehmen in die Krise geraten ist. In einem zweiten Schritt wäre der Goodwill des Unternehmens zu untersuchen und die Goodwill-Werte des Unternehmens zu identifizieren. Die identifizierten Goodwill-Werte wären in einem dritten Schritt mit den Krisenfaktoren abzugleichen, um feststellen zu können, ob und in welchem Umfang die Goodwill-Werte noch erhalten sind. Wurde die Krise beispielsweise durch einen Rückgang in der Nachfrage nach Dienstleistungen oder Produkten des Unternehmens ausgelöst, und setzt sich der Goodwill hauptsächlich aus absatzmarkt- und vertriebsorientierten Goodwill-Werten zusammen, dann dürfte in einem solchen Fall der Goodwill nicht mehr vorhanden oder werthaltig sein. Die Berücksichtigung des Goodwill in der Überschuldungsbilanz wäre dann abzulehnen.

Im Regelfall wird man auch mit dieser Vorgehensweise zu dem Ergebnis kommen, dass der Goodwill des Unternehmens nur teilweise oder überhaupt nicht mehr vorhanden ist und somit ein Ansatz in der Überschuldungsbilanz abzulehnen ist. Insgesamt kann jedoch festgestellt werden, dass mit der Überschuldungsbilanz andere Zielsetzungen als im Bilanz- und Steuerrecht verfolgt werden und damit die Behandlung des Goodwill eigenen und abweichenden Regeln unterworfen ist.

3. Merkmal: Ausdruck einer positiven Zukunftserwartung

Das Merkmal des Goodwill, Ausdruck einer positiven Zukunftserwartung an das Unternehmen und dessen Fortbestehen zu sein, wird im Privatrecht in Literatur und Rechtsprechung nicht ausdrücklich hervorgehoben. Vielmehr wird dieser Aspekt des Goodwill gerade vorausgesetzt. Das zeigt sich vor allem darin, dass im Privatrecht neben den vermögenswerten Aspekten des Goodwill gerade auch dessen Schutz[1063] durch das Gesetz thematisiert wird.

Im Umkehrschluss zeigt sich das auch im Insolvenzrecht: Mit der herrschenden Ansicht ist der Goodwill in der Überschuldungsbilanz nicht anzusetzen. Die Erstellung einer Überschuldungsbilanz wird immer erst dann relevant, wenn die Fortführungsprognose des Unternehmens verneint wurde. In dieser Situation

1063 Siehe hierzu nachfolgend unter § 10 IV.

ist die Insolvenz des Unternehmens wahrscheinlicher als dessen Fortbestehen. Daher ist es nur folgerichtig, dass der Goodwill, als Ausdruck einer positiven Zukunftserwartung des Unternehmens, gerade nicht mehr berücksichtig wird.

4. Merkmal: Immaterieller Gesamtvermögenswert

Ganz ähnlich wie bei dem Merkmal der positiven Zukunftserwartung verhält es sich mit dem Merkmal des Goodwill als immaterieller Gesamtvermögenswert, der aus verschiedenen heterogenen und vermögenswerten Positionen besteht. Dieses Merkmal wird in Literatur und Rechtsprechung in der überwiegenden Zahl der Fälle offensichtlich als gegeben vorausgesetzt und nicht thematisiert. Nur vereinzelt wird dieses Merkmal ausdrücklich angesprochen[1064], beispielsweise in Zusammenhang mit dem Gegenstandsbegriff des BGB oder auch im Schadensersatzrecht des UN-Kaufrecht.

a) Goodwill als immaterieller Gegenstand im BGB

Dass es sich bei dem Goodwill um einen immateriellen Vermögensgegenstand handelt, wird in der Literatur im BGB in Zusammenhang mit dem Begriff der Sache gem. § 90 BGB thematisiert. Dabei besteht insoweit Einigkeit[1065], dass der Goodwill vom engen Sachbegriff des § 90 BGB, der *per definitionem* nur körperliche Gegenstände einschließt, nicht erfasst wird[1066]. Vielmehr wird der Goodwill in der nächsthöheren Begriffsebene, dem Gegenstand, angesiedelt. Eine Legaldefinition für den Begriff des Gegenstands ist im BGB nicht enthalten, jedoch umfasst dieser nach herrschender Ansicht[1067] als Oberbegriff sowohl körperliche als auch unkörperliche

---

1064 *Kreutzahler*, Rechtsnatur der Chancen eines Handelsgewerbes, 1926, S. 2; *Fabis*, Firma und good will, 1953, S. 29; *Flume*, Vermögenstransfer und Haftung, 2008, S. 27; *Kallmeyer*, GmbHR 1999, S. 17; *Thume*, BB 2009, S. 1026; *Koch*, in: MünchKomm-BGB, 7. Aufl. 2017, § 1376 BGB, Rdnr. 25.

1065 Ausdrücklich dazu: *Kreutzahler*, Rechtsnatur der Chancen eines Handelsgewerbes, 1926, S. 20.

1066 Charakteristisch für eine Sache sind ihre Körperlichkeit und ihre körperliche Abgrenzbarkeit im Raum, so dass diese auch sinnlich wahrnehmbar ist (so beispielsweise *Stieper*, in: *Staudinger*, BGB, Neubearb. 2017, § 90 BGB, Rdnr. 7; *Ellenberger*, in: *Palandt*, BGB, 77. Aufl. 2018, Überblick vor § 90 BGB, Rdnr. 1; *Köhler*, BGB AT, 41. Aufl. 2017, § 23, Rdnr. 2). Diese Charakteristika können im Einzelfall auf einzelne Goodwill-Werte zutreffen, jedoch nicht auf den Goodwill als Konglomerat von heterogenen Goodwill-Werten.

1067 *Stresemann*, in: MünchKomm-BGB, 7. Aufl. 2015, § 90 BGB, Rdnr. 1.

Gegenstände. Nach einer in der Literatur[1068] verbreiteten Definition sind als Gegenstand alle individualisierbaren, vermögenswerten Objekte und Güter anzusehen, über die Rechtsmacht im Sinne von Herrschafts- oder Nutzungsrechten ausgeübt werden kann[1069], kurzum alles, was Objekt von Rechten sein kann[1070].

Im Rahmen dieser Definition wird der Goodwill in Literatur und Rechtsprechung überwiegend als immaterieller Gegenstand im Sinne des BGB eingeordnet[1071]. Diese Einordnung führt in der Systematik des BGB zu verschiedenen Konsequenzen: So kann am Goodwill beispielsweise weder Eigentum, Besitz noch ein sonstiges dingliches Recht bestehen, denn Eigentum, Besitz oder sonstige dingliche Rechte können nur an einer Sache bestehen[1072]. Ebenso kann der Goodwill auch nicht Gegenstand einer Verpfändung sein[1073].

b) Goodwill als immaterieller Wert im UN-Kaufrecht

Im UN-Kaufrecht[1074] hat der Goodwill in Rechtsprechung und Literatur im Hinblick auf die Frage der Ersatzfähigkeit der Schäden am Goodwill eine eigenständige Bedeutung erlangt.

Kommt das UN-Kaufrecht zur Anwendung[1075] und liegen die Voraussetzungen für einen Schadensersatzanspruch nach Art. 74 CISG vor, gewährt das

---

1068 Mit einem Überblick zum den vertretenen Definitionen und Meinungsstand siehe *Stieper*, in: *Staudinger*, BGB, Neubearb. 2017, Vorb. zu §§ 90 ff. BGB, Rdnr. 4 ff.

1069 *Stresemann*, in: MünchKomm-BGB, 7. Aufl. 2015, § 90 BGB, Rdnr. 1.

1070 *Ellenberger*, in: *Palandt*, BGB, 77. Aufl. 2018, Überblick vor § 90 BGB, Rdnr. 2.

1071 So bereits *RG*, Urteil v. 16.10.1941 – II 71/41, DR 1942, S. 465 = BeckRS 1941, 3; *Stresemann*, in: MünchKomm-BGB, 7. Aufl. 2015, § 90 BGB, Rdnr. 6 mit Hinweis auf die Rechtsprechung des RG; *Armbrüster*, in: MünchKomm-BGB, 7. Aufl. 2015, § 135 BGB, Rdnr. 3; *Fritzsche*, in: *Bamberger/Roth/Hau/Poseck*, BeckOK-BGB, 45. Ed. 2018 (Stand: 01.11.2017), § 90 BGB, Rdnr. 28, § 97 BGB, Rdnr. 3; *Lorenz*, in: *Bamberger/Roth/Hau/Poseck*, BeckOK-BGB, 45. Ed. 2018 (Stand: 01.11.2017), § 260 BGB, Rdnr. 4. Vereinzelt wird der Goodwill darüber hinaus auch als Immaterialgüterrecht angesehen; siehe hierzu nachfolgend unter § 10 II. 2. a).

1072 Siehe hierzu *Ellenberger*, in: *Palandt*, BGB, 77. Aufl. 2018, § 90 BGB, Rdnr. 4.

1073 *Damrau*, in: MünchKomm-BGB, 7. Aufl. 2017, § 1204 BGB, Rdnr. 10, § 1273 BGB, Rdnr. 2.

1074 Wiener UN-Übereinkommen über Verträge über den internationalen Warenkauf vom 11. April 1980, BGBl. II 1989, S. 588, ber. BGBl. II 1990, S. 1699, engl. *United Nations Convention on Contracts for the International Sale of Goods* (CISG).

1075 Das UN-Kaufrecht kommt als Bestandteil des deutschen Rechts und Sonderrecht für Unternehmen (*Mankowski*, in: MünchKomm-HGB, 4. Aufl. 2018, Art. 74 CISG, Rdnr. 41) in sachlicher Hinsicht zur Anwendung, wenn ein Kaufvertrag über Waren (Art. 1 CISG) oder herzustellende Waren (Art. 3 CISG) geschlossen wird und kein

UN-Kaufrecht auf der Rechtsfolgenseite einen weitreichenden Schadensausgleich: Art. 74 S. 1 CISG liegt der Grundsatz der Totalreparation zugrunde[1076], so dass grundsätzlich[1077] alle durch die Vertragsverletzung zugefügten Nachteile durch Schadensersatz in Geld ersatzfähig sind[1078]. Der Schadensersatzanspruch erfasst sowohl das Erfüllungs- als auch das Integritätsinteresse[1079].

Der Schaden selbst ist durch Differenzrechnung zu ermitteln, der Gläubiger ist so zu stellen, wie er bei ordentlicher Erfüllung des Vertrages stehen würde. Im Rahmen der Differenzrechnung[1080] sind in erster Linie materielle Werte zu

---

Fall eines Anwendungsausschlusses durch Gesetz (Art. 2 lit. a - f CISG, Art. 3 Abs. 2 CISG, Art. 5 CISG) oder durch Parteiabrede (Art. 6 CISG) vorliegt. Der räumliche Anwendungsbereich des UN-Kaufrechts ist bei internationalen Kaufverträgen eröffnet, wenn die vertragsschließenden Parteien ihre Niederlassung in verschiedenen Staaten haben und die jeweiligen Staaten Vertragsstaaten des Übereinkommens sind (autonome Anknüpfung, Art. 1 Abs. 1 lit. a CISG) oder die Regeln des internationalen Privatrechts zur Anwendung des Rechts eines Vertragsstaates führen (kollisionsrechtliche Anknüpfung, Art. 1 Abs. 1 lit. b CISG).

1076 Vgl. *Saenger*, in: *Bamberger/Roth/Hau/Poseck*, BeckOK-BGB, 45. Ed. 2018 (Stand: 01.11.2017), Art. 74 CISG, Rdnr. 1; *Mankowski*, in: MünchKomm-HGB, 4. Aufl. 2018, Art. 74 CISG, Rdnr. 2, 10; *Magnus*, in: *Staudinger*, CISG, Neubearb. 2018, Art. 74 CISG, Rdnr. 19; *Schwenzer*, in: *Schlechtriem/Schwenzer*, CISG, 6. Aufl. 2013, Art. 74, Rdnr. 2, 3; *Huber*, in: *Huber/Mullis*, CISG, 2007, S. 268; *Roßmeier*, RIW 2000, S. 408, 409.

1077 Einschränkt wird dieser Grundsatz bspw. durch die Beschränkung auf voraussehbare Schäden in Art. 74 S. 2 CISG (*Saenger*, in: *Bamberger/Roth/Hau/Poseck*, BeckOK-BGB, 45. Ed. 2018 (Stand: 01.11.2017), Art. 74 CISG, Rdnr. 1).

1078 *Saenger*, in: *Bamberger/Roth/Hau/Poseck*, BeckOK-BGB, 45. Ed. 2018 (Stand: 01.11.2017), Art. 74 CISG, Rdnr. 1, 2; *Huber*, in: MünchKomm-BGB, 7. Aufl. 2016, Art. 74 CISG, Rdnr. 19; *Schwenzer*, in: *Schlechtriem/Schwenzer*, CISG, 6. Aufl. 2013, Art. 74, Rdnr. 17; *Djordjević*, in: *Kröll/Mistelis/Viscasillas*, 2. Aufl. 2018, CISG, Art. 74, Rdnr. 21.

1079 *Magnus*, in: *Staudinger*, CISG, Neubearb. 2018, Art. 74 CISG, Rdnr. 20; *Schönle/Koller*, in: *Honsell*, CISG, 2. Aufl. 2010, Art. 74 CISG, Rdnr. 15; *Mankowski*, in: MünchKomm-HGB, 4. Aufl. 2018, Art. 74 CISG, Rdnr. 11.

1080 Bei der Differenzrechnung sind zu vergleichen die tatsächliche Vermögenslage des Geschädigten nach dem Schadenseintritt und diejenige (hypothetische) Vermögenslage, die bestünde, wenn das schädigende Ereignis nicht eingetreten wäre; *Huber*, in: MünchKomm-BGB, 7. Aufl. 2016, Art. 74 CISG, Rdnr. 16, 22; *Roßmeier*, RIW 2000, S. 408; a.A., gegen eine Schadensberechnung nach der Differenzhypothese: *Schwenzer*, in: *Schlechtriem/Schwenzer*, CISG, 6. Aufl. 2013, Art. 74 CISG, Rdnr. 5 ff.

berücksichtigen, immaterielle Werte demgegenüber nur dann, wenn diese einen wirtschaftlichen Wert haben[1081]. Ob der Goodwill als materieller Wert oder immaterieller Wert einzuordnen ist und damit generell oder nur im Einzelfall zu berücksichtigen ist, wird in der Literatur kontrovers diskutiert.

Nach der wohl überwiegenden Ansicht[1082] kommen als berücksichtigungsfähige Posten grundsätzlich alle Positionen in Betracht, die im Handels- und Geschäftsverkehr wirtschaftlichen Wert oder wirtschaftliche Bedeutung haben; dazu können auch kommerzialisierbare immaterielle Rechtsgüter gehören[1083]. Der Goodwill wird nach dieser Ansicht als immaterielles Rechtsgut behandelt und ist dann zu berücksichtigen, wenn dieser einen wirtschaftlichen Wert hat. Der hierfür anzusetzende Wert ist durch Schätzung zu ermitteln[1084].

Demgegenüber ist nach einer vereinzelten Ansicht[1085] der Schaden am Goodwill als Schaden an materiellen Rechtsgütern anzusehen und soll damit generell ersatzfähig sein. Begründet wird diese Einordnung im Wesentlichen mit der ökonomischen Bedeutung des Goodwill für das betroffene Unternehmen[1086].

Zwischen den beiden vorstehenden Auffassungen besteht nur scheinbar ein Disput. Die Vertreter beider Lager sind sich insoweit einig, dass der Goodwill für ein Unternehmen eine signifikante ökonomische Bedeutung haben kann

1081 *Mankowski*, in: MünchKomm-HGB, 4. Aufl. 2018, Art. 74 CISG, Rdnr. 11; a.A., gegen die Berücksichtigung immaterieller Werte *Schönle/Koller*, in: *Honsell*, CISG, 2. Aufl. 2010, Art. 74 CISG, Rdnr. 7.

1082 *Magnus*, in: *Staudinger*, CISG, Neubearb. 2018, Art. 74 CISG, Rdnr. 27; *Huber*, in: MünchKomm-BGB, 7. Aufl. 2016, Art. 74 CISG, Rdnr. 22; *Mankowski*, in: MünchKomm-HGB, 4. Aufl. 2018, Art. 74 CISG, Rdnr. 11, 17, 42; wohl auch *Saenger*, in: *Bamberger/Roth/Hau/Poseck*, BeckOK-BGB, 45. Ed. 2018 (Stand: 01.11.2017), Art. 74 CISG, Rdnr. 2; *Huber*, in: *Huber/Mullis*, CISG, 2007, S. 270, 279; *Djordjević*, in: *Kröll/Mistelis/Viscasillas*, 2. Aufl. 2018, CISG, Art. 74, Rdnr. 81; *Gotanda*, Calculation of Damages under CISG Article 74, 2006, Rdnr. 7.1; *Janal*, in: *Herberger/Martinek/Rüßmann/Weth/Würdinger*, jurisPK-BGB, 8. Aufl. 2017, Art. 74 CISG, Rdnr. 12.

1083 *Huber*, in: MünchKomm-BGB, 7. Aufl. 2016, Art. 74 CISG, Rdnr. 22; *Roßmeier*, RIW 2000, S. 409.

1084 *Mankowski*, in: MünchKomm-HGB, 4. Aufl. 2018, Art. 74 CISG, Rdnr. 17.

1085 *Schwenzer*, in: *Schlechtriem/Schwenzer*, CISG, 6. Aufl. 2013, Art. 74 CISG, Rdnr. 34, 39; gegen die Berücksichtigung immaterieller Werte im Rahmen des Art. 74 CISG, jedoch für eine Ausnahme bei Schäden am Goodwill: *Schönle/Koller*, in: *Honsell*, CISG, 2. Aufl. 2010, Art. 74 CISG, Rdnr. 7.

1086 *Schwenzer*, in: *Schlechtriem/Schwenzer*, CISG, 6. Aufl. 2013, Art. 74, Rdnr. 34.

und Schäden an einem werthaltigen Goodwill ersatzfähig sein sollen[1087]. Wenn ein Schaden am Goodwill demnach als materieller Schaden eingeordnet wird, steht hier wohl die Entscheidung zugunsten der Ersatzfähigkeit der Goodwill-Schäden im Vordergrund. Da nach der Grundvorstellung des UN-Kaufrechts der Ersatz von Schäden an immateriellen Rechtsgütern den Ausnahmefall darstellt, ist diese Auffassung eher von Zweckmäßigkeitserwägungen geleitet und ist als pragmatische Lösung zu verstehen. Diejenigen Vertreter, die hier einen immateriellen (und gleichwohl ersatzfähigen) Schaden sehen wollen, gelangen demgegenüber nur durch die Annahme eines Ausnahmefalls zu der gleichermaßen gewollten Ersatzfähigkeit der Schäden am Goodwill.

Im Ergebnis ist die Einordnung des Goodwill als materielles oder immaterielles Rechtsgut hier lediglich Ausfluss zweier Lösungswege, die in den meisten Fällen zum gleichen Ergebnis kommen. Ein Schaden am Goodwill soll nach Art. 74 CISG ersatzfähig sein[1088]. An der grundsätzlichen Zuordnung des Goodwill zu den immateriellen Werten ergibt sich dadurch keine Änderung.

5. *Merkmal: Nicht in anderen Vermögensgegenständen verkörpert*

Das einschränkende Merkmal, dass der Goodwill erst dann zu berücksichtigen ist, wenn dieser nicht bereits in anderen Vermögensgegenständen verkörpert ist, findet im Privatrecht keine Entsprechung. Vergegenwärtigt man sich,

---

1087 Statt vieler: *Schwenzer*, in: *Schlechtriem/Schwenzer*, CISG, 6. Aufl. 2013, Art. 74, Rdnr. 34; *Djordjević*, in: *Kröll/Mistelis/Viscasillas*, 2. Aufl. 2018, CISG, Art. 74, Rdnr. 81.

1088 Mit zahlreichen Nachweisen zur internationalen Rechtsprechung: *UNCITRAL Digest of case law on the United Nations Convention on the International Sale of Goods*, 2012, hier insbesondere Rdnr. 19 und Fn. 29, abrufbar unter www.cisg.law.pace.edu/cisg/text/digest-2012-74.html (Datum des letzten Abrufs 1. Juni 2018). Unterschiedliche Ansichten bestehen in Literatur und Rechtsprechung im Hinblick auf den zu erbringenden Beweis einer Goodwill-Verletzung. Teilweise wird hier gefordert, dass Schäden *„must be substantiated and explained concretely"*, also erhöhte Anforderungen an den Beweis und die Beweisführung gestellt werden. Derartige Erschwerungen werden von der überwiegenden Meinung in der Literatur mit Blick auf das in Art. 74 CISG verankerte Prinzip der Totalreparation abgelehnt (siehe *Gotanda*, Calculation of Damages under CISG Article 74, 2006, Rdnr. 7.3; mit weiteren Nachweisen zur Rechtsprechung: *Djordjević*, in: *Kröll/Mistelis/Viscasillas*, 2. Aufl. 2018, CISG, Art. 74, Rdnr. 83). Die Ersatzfähigkeit von Schäden am Goodwill unter Art. 74 CISG generell ablehnend: *LG München*, Urteil v. 30.08.2001, 12 HKO 5593/01, CISG-Online Nr. 668.

welche *Ratio* hinter diesem „Merkmal" im Bilanz- und Steuerrechts steht, ist dieser Befund allerdings nur logisch: Mit dieser Einschränkung soll sichergestellt werden, dass der Goodwill als Residualgröße erst dann und nur so weit aktiviert werden darf, wenn zuvor alle anderen in Frage kommenden Vermögensgegenstände (in voller Höhe) bilanziert wurden. Dieses „Merkmal" ist somit erkennbar bilanz- und steuerrechtlich motiviert und stellt lediglich ein spezielles (gleichwohl notwendiges) Kriterium zur Selektion und Eingrenzung für den Goodwill in diesen Bereichen dar.

6. *Merkmal: Unmittelbar und untrennbar mit dem Unternehmen verbunden*

Dass der Goodwill unmittelbar und untrennbar mit dem Unternehmen verbunden ist, zeigt sich im Bürgerlichen Recht insbesondere in den Bereichen Kaufrecht, Pachtrecht und Erbrecht. Dieses Merkmal des Goodwill wird darüber hinaus in Zusammenhang mit dem Firmenrecht relevant.

a) Übertragung des Goodwill im Rahmen eines Unternehmenskaufs

Wie bereits zuvor[1089] dargestellt, kann ein Unternehmen auf Ebene des Sachenrechts durch Einzelübertragung sämtlicher zum Unternehmen gehörender Gegenstände, Betriebseinrichtungen und Schulden (*asset deal*) oder durch Übertragung sämtlicher Anteile[1090] an der unternehmenstragenden Gesellschaft

---

1089 Siehe hierzu die Einführung vor § 7.

1090 Der *share deal* ist grundsätzlich ein Rechtskauf im Sinne des § 453 Abs. 1 BGB. Von einem Unternehmenskauf wird erst dann gesprochen, wenn sich der Kaufvertrag auf den Erwerb sämtlicher Anteile an der unternehmenstragenden Gesellschaft erstreckt. In diesem Fall wird der Käufer faktisch zum Inhaber des Unternehmens. Darüber hinaus liegt nach herrschender Ansicht auch dann ein Unternehmenskauf vor, wenn zwar nicht sämtliche Gesellschaftsanteile erworben werden, die fehlenden Anteile aber so geringfügig sind, dass sie die Verfügungsbefugnis des Käufers über das erworbene Unternehmen nicht beeinträchtigen, sofern der Wille der Parteien auf den Erwerb des Unternehmens als Ganzes gerichtet ist. Der konkrete Umfang der zu erwerbenden Anteile ist dabei umstritten, teilweise werden 75% zum Erreichen der satzungsändernden Mehrheit (vgl. § 53 Abs. 2 S. 1 GmbHG, § 179 Abs. 2 S. 1 AktG), teilweise mindestens 90% der Anteile (§ 50 Abs. 1 GmbHG; Ausschluss von Minderheitsrechte) oder auch 95% (§ 327a AktG; Schwelle für den aktienrechtlichen *squeeze-out*) zu Erreichen der verlangt. Zum Vorstehenden vgl. *Vossler*, in: *Oetker*, HGB, 5. Aufl. 2017, Anh. zu §§ 25-28 HGB, Rdnr. 12.

(*share deal*) übertragen werden[1091]. In Literatur[1092] und Rechtsprechung[1093] ist dabei anerkannt, dass der Goodwill grundsätzlich[1094] unmittelbar mit dem jeweiligen Unternehmen übergeht.

Gleichwohl wird beim *asset deal* in der Vertragspraxis der Goodwill häufig als einzelner, zu übertragender Vermögenswert ausdrücklich angesprochen. So finden sich in Standardverträgen in deutscher Sprache Formulierungen wie die folgende[1095]:

> *„Der Verkäufer verkauft sein gesamtes (...) Unternehmen mit allen Aktiva und Passiva und dem Recht, die Firma fortzuführen (...).*
>
> *Verkauft sind sämtliche Vermögensgegenstände im Sinne des § 266 Abs. 2 HGB, die am Stichtag wirtschaftlich dem Unternehmen zuzurechnen sind, insbesondere (...) alle immateriellen Vermögensgegenstände, d. h. (...) der Geschäfts- oder Firmenwert (goodwill), (...)“.*

Ganz ähnliche Formulierungen finden sich auch in der englischen Sprachfassung entsprechender Unternehmenskaufverträge[1096]:

1091 Siehe hierzu auch *Beisel*, in: *Beisel/Klumpp*, Unternehmenskauf, 7. Aufl. 2016, § 4, Rdnr. 5.

1092 *Kreutzahler*, Rechtsnatur der Chancen eines Handelsgewerbes, 1926, S. 33; *Fabis*, Firma und good will, 1953, S. 67 (differenzierend zwischen sachlichen und persönlichen Goodwill-Werten); dieser Ansicht wohl auch *Callmann*, GRUR 1968, S. 520; zur Akzessorietät des Goodwill: *Arnold*, Bilanzierung des Geschäfts- oder Firmenwerts, 1997, S. 42; *Schmidt*, Rechnungslegung zur Zahlungsbemessung und Informationsvermittlung, 2007, S. 57; mit einem Überblick zu verschiedenen Erklärungs- und Lösungsansätzen zur Übertragung und Übergang des Goodwill: *Flume*, Vermögenstransfer und Haftung, 2008, S. 58 ff. („*Der Goodwill geht auf den Erwerber über oder auch nicht*“).

1093 *BGH*, Urteil v. 09.02.2011 – XII ZR 40/09 (Rz. 8), BGHZ 188, S. 282-301 = NJW 2011, S. 999; *BGH*, Urteil v. 02.02.2011 – XII ZR 185/08, BGHZ 188, S. 249 = NJW 2011, S. 2572; *OLG Hamm*, Beschluss v. 14.04.2016 – II-14 UF 237/15, FamRZ 2016, S. 1931.

1094 Von diesem Grundsatz wird zumeist eine Einschränkung im Hinblick auf personenbezogene Goodwill-Werte vorgenommen, die nicht, oder nicht ohne Weiteres auf den Erwerber übertragen werden können; so bspw. und statt vieler: *BGH*, Urteil v. 02.02.2011 – XII ZR 185/08, BGHZ 188, S. 249 = NJW 2011, S. 2572.

1095 Mit diesem Formulierungsvorschlag: *Sammet*, in: *Weise/Krauß*, BeckOF-Vertrag, 43. Ed. 2018 (Stand: 01.12.2017), *Asset Deal*, Form. Nr. 20.4, Zitat entnommen aus „*§ 2 Verkauf von Vermögensgegenständen*“.

1096 Auszug aus *Meyer-Sparenberg*, in: Beck'sches FB BHW, 12. Aufl. 2016, Unternehmenskaufvertrag (*Asset Deal*), Form. Nr. 19, Zitat entnommen aus „*§ 1 Sale of Assets*“.

„The Seller hereby sells to the Purchaser with effect as of the Closing Date (...) all assets pertaining to the Business (including the assets reflected in the balance sheet of the Seller as of which have not been disposed of since the balance sheet date in the ordinary course of business), (...).

The assets sold to the Purchaser pursuant to this Agreement (...) shall, in particular, include the following assets: (...) all intangible assets of the Seller, including the goodwill associated with the Business (...)".

Diese vertraglichen Bestimmungen stehen dennoch nicht in Widerspruch zu der Aussage, dass der Goodwill grundsätzlich „automatisch" mit dem Unternehmen übergeht: Die ausdrückliche Erwähnung des Goodwill kann einerseits der Klarstellung dienen. Dies wird beispielsweise dann relevant, wenn die Übertragung des Unternehmens mit Wettbewerbsverboten zu Lasten des Verkäufers abgesichert wird. Mit der ausdrücklichen Nennung kann der übertragene Geschäftsbereich näher beschrieben werden. Andererseits kann die ausdrückliche Erwähnung des Goodwill auch dazu dienen, die Kaufpreisallokation[1097] zu erleichtern, etwa wenn dem Goodwill ein bestimmter Anteil an dem Gesamtkaufpreis zugewiesen wird[1098]. Die ausdrückliche Nennung des Goodwill hat vor diesem Hintergrund aus Sicht des deutschen Rechts lediglich deklaratorischen, bestenfalls beschreibenden Charakter.

Unabhängig davon schuldet der Verkäufer bei einem *asset deal*, wie auch bei einem *share deal* nicht nur die Übertragung der einzelnen Vermögengegenstände oder Anteile an der Gesellschaft, sondern darüber hinaus auch die Übertragung des Unternehmens als betriebsfähige Einheit[1099]. Daher ist der Verkäufer bei *asset deal* und *share deal* zu einer Übergabe des Unternehmens verpflichtet (§§ 433 Abs. 1 S. 1, 453 Abs. 1 BGB). Der Käufer muss in die Lage versetzt werden, das Unternehmen so fortzuführen wie er es beim Verkäufer vorfand. Hierzu ist eine Einweisung in den Tätigkeitsbereich des Unternehmens erforderlich. Diese Einweisung beinhaltet beispielsweise die Vermittlung technischer, kaufmännischer und sonstiger Kenntnisse über das jeweilige Unternehmen und

---

1097 Zur Kaufpreisallokation siehe zuvor unter § 7 I. 1. b) und § 7 II. 1.

1098 So beispielsweise die Kaufpreisallokation von *Meyer-Sparenberg*, in: Beck'sches FB BHW, 12. Aufl. 2016, Kaufvertrag über einen Betrieb/Geschäftsbereich, Form. Nr. 20: *„Section 5 Purchase Price: (1) The purchase price for the assets sold hereunder shall be equal to EUR [•] and shall be allocated to the assets sold hereunder as follows: (...) d) the goodwill related to the Business: EUR [•]; (...)".*

1099 Zum Folgenden: *Vossler*, in: *Oetker*, HGB, 5. Aufl. 2017, Anh. zu §§ 25-28 HGB, Rdnr. 10, 23.

die Einführung in die Beziehungen zu Lieferanten, Kunden und Kreditgebern. Daneben ist in der Literatur[1100] anerkannt, dass auch die Einweisung in den Goodwill erforderlich ist.

b) Zuordnung des Goodwill in der Unternehmenspacht

Ein Unternehmen kann nicht nur Gegenstand eines Kaufvertrages sein, sondern kann als Rechtsgesamtheit auch Gegenstand eines Unternehmenspachtvertrages sein[1101]. Die Unternehmenspacht stellt einen Unterfall des Pachtvertrages im Sinne der §§ 581 ff. BGB dar und umfasst das Unternehmen als Ganzes mitsamt seinem Anlage- und Umlaufvermögen und dem Goodwill[1102]. Auch im Fall der Unternehmenspacht ist der Pächter tatsächlich in das Unternehmen mitsamt seinem Goodwill einzuweisen[1103]. Die Gebrauchsüberlassung erfolgt auf Zeit, daher ist der Pachtgegenstand nach Ablauf der Pachtzeit dem Verpächter zurückzugewähren (vgl. § 584b S. 1 BGB). An dieser Stelle knüpfen Rechtsprechung und Literatur zur Bedeutung des Goodwill an[1104]: Demnach steht der Goodwill bei Pachtende dem Verpächter zu, wobei keine Vergütung oder Ausgleich an den Pächter zu zahlen ist[1105]. Darin wird erneut deutlich, dass der Goodwill unmittelbar mit dem Unternehmen verknüpft ist. Auch wenn der Unternehmenspächter durch eigene Leistung und Investitionen den Goodwill

1100 *Hopt*, in: *Baumbach/Hopt*, HGB, 38. Aufl. 2018, Einl. v. § 1 HGB, Rdnr. 42; *Peukert*, Güterzuordnung als Rechtsprinzip, 2008, S. 631; so auch schon *Fabis*, Firma und good will, 1953, S. 67.

1101 *Hopt*, in: *Baumbach/Hopt*, HGB, 38. Aufl. 2018, Einl. v. § 1 HGB, Rdnr. 49, 42; *Eckert*, in: MünchKomm-InsO, 3. Aufl. 2013, § 108 InsO, Rdnr. 44 auch mit weiteren Nachweisen. So bereits auch *BGH*, Urteil v. 13.01.1982 – VIII ZR 225/80, WM 1982, S. 431. Zu den steuerlichen Auswirkungen einer Unternehmenspacht siehe zuvor unter § 8 III. 2. a) aa).

1102 *Stinn*, NWB 2011, S. 404.

1103 *Hopt*, in: *Baumbach/Hopt*, HGB, 38. Aufl. 2018, Einl. v. § 1 HGB, Rdnr. 49, 42; *Vossler*, in: *Oetker*, HGB, 5. Aufl. 2017, Anh. zu §§ 25-28 HGB, Rdnr. 56.

1104 *BGH*, Urteil v. 12.05.1986 – II ZR 11/86, NJW 1986, S. 2306; *Hopt*, in: *Baumbach/Hopt*, HGB, 38. Aufl. 2018, Einl. v. § 1 HGB, Rdnr. 49; *Weidenkaff*, in: *Palandt*, BGB, 77. Aufl. 2018, § 581 BGB, Rdnr. 9.

1105 *Vossler*, in: *Oetker*, HGB, 5. Aufl. 2017, Anh. §§ 25-28 HGB, Rdnr. 59. Eine andere Literaturansicht will dem Pächter demgegenüber einen Anspruch auf Ausgleich seiner Aufwendungen auf den Goodwill zugestehen. Gestützt wird diese Ansicht auf die in § 539 Abs. 1 BGB enthaltene Verweisung auf die Bestimmungen der Geschäftsführung ohne Auftrag (*Harke*, in: MünchKomm-BGB, 7. Aufl. 2016, § 581 BGB, Rdnr. 60).

des gepachteten Unternehmens mehrt, so steht dieser nach Pachtende zusammen mit dem Unternehmen ausschließlich dem Verpächter zu.

c) Universalsukzession im Erbrecht

Dass der Goodwill unmittelbar mit dem Unternehmen verknüpft ist, zeigt sich auch in der erbrechtlichen Universalsukzession. Nach § 1922 Abs. 1 BGB geht mit dem Tod einer Person (der Erbfall) deren Vermögen (die Erbschaft) als Ganzes auf eine oder mehrere andere Personen (die Erben) über. Die Erbschaft umfasst somit die Gesamtheit der Rechtsverhältnisse des Erblassers[1106] zum Zeitpunkt des Erbfalles. Zu dieser Gesamtheit der Rechtsverhältnisse gehören auch ein Handelsgeschäft oder ein sonstiges Unternehmen, dass zum Vermögen des Erblassers gehört hat[1107]. Im Wege der Universalsukzession gehen daher gesamte Geschäfts- und Betriebsvermögen, einschließlich des Goodwill und der gewerblichen Schutzrechte auf den Erben über[1108].

d) Verbindung von Firma, Goodwill und Unternehmen im Handelsrecht

Dafür, dass der Goodwill unmittelbar mit dem Unternehmen verbunden ist[1109], findet sich auch ein weiterer Beleg in dem Verhältnis von der Firma zum Unternehmen. In der Literatur ist anerkannt, dass mit der Firma auch der Goodwill des Unternehmens verknüpft ist[1110] beziehungsweise, dass die Firma der (teilweisen) Materialisierung des Goodwill dient[1111]. Dass Unternehmen, Firma und Goodwill als eine rechtliche Einheit zu betrachten sind, wird durch die Regelung

1106 *Weidlich*, in: *Palandt*, BGB, 77. Aufl. 2018, § 1922 BGB, Rdnr. 7.

1107 Eine Ausnahme wird dann gemacht, wenn das Handelsgeschäft oder Unternehmen so eng mit der Person des Inhabers verknüpft ist, dass der Erbe die wirtschaftliche Identität nicht mehr wahren könnte, wenn er das Handelsgeschäft oder Unternehmen fortsetzt (siehe hierzu mit Nachweisen zur Rechtsprechung *M. Schmidt*, in: *Herberger/Martinek/Rüßmann/Weth/Würdinger*, jurisPK-BGB, 8. Aufl. 2017, § 1922 BGB, Rdnr. 60; *Leipold*, in: MünchKomm-BGB, 7. Aufl. 2017, § 1922 BGB, Rdnr. 75).

1108 *M. Schmidt*, in: *Herberger/Martinek/Rüßmann/Weth/Würdinger*, jurisPK-BGB, 8. Aufl. 2017, § 1922 BGB, Rdnr. 60; *Leipold*, in: MünchKomm-BGB, 7. Aufl. 2017, § 1922 BGB, Rdnr. 74; *Müller-Christmann*, in: *Bamberger/Roth/Hau/Poseck*, BeckOK-BGB, 45. Ed. 2018 (Stand: 01.11.2017), § 1922 BGB, Rdnr. 72.

1109 So beispielsweise und statt vieler: *Lettl*, Handelsrecht, 4. Aufl. 2018, § 4, Rdnr. 108.

1110 *Canaris*, Handelsrecht, 24. Aufl. 2006, § 10, Rdnr. 7; *Lettl*, Handelsrecht, 4. Aufl. 2018, § 4, Rdnr. 47; *Hübner*, Handelsrecht, 5. Aufl. 2004, Rdnr. 181.

1111 So beispielsweise *Flume*, Vermögenstransfer und Haftung, 2008, S. 60.

in § 23 HGB bestätigt: Demnach kann die Firma nicht ohne das Unternehmen[1112], für welches sie geführt wird, veräußert werden[1113]. Firma und Goodwill teilen daher dasselbe rechtliche Schicksal wie das Unternehmen.

7. Merkmal: Nutzungsdauer und Abnutzung des Goodwill

Ob der Goodwill einer Abnutzung unterworfen ist und welche Nutzungsdauer dem Goodwill in diesem Fall zugeschrieben wird, wird in Literatur und Rechtsprechung im Privatrecht nicht thematisiert. Dieses Merkmal hat in den betrachteten Bereichen des Privatrechts keine Bedeutung.

Dieser Befund ist erneut mit den unterschiedlichen Zielsetzungen von Bilanz- und Steuerrecht einerseits und Privatrecht andererseits zu erklären. Während für das Bilanz- und Steuerrecht bedeutsam ist, den Wert eines Vermögensgegenstandes auf den voraussichtlichen Zeitraum seiner Nutzbarkeit zu verteilen, steht im Privatrecht, insbesondere für Zwecke der Wertermittlung von Ausgleichsansprüchen, eine stichtagsbezogene Betrachtung im Vordergrund. Der Wert des Goodwill soll zu einem bestimmten Zeitpunkt ermittelt und die jeweiligen Abfindungsansprüche daraus abgeleitet werden. Die periodengerechte Verteilung des Wertes des Goodwill ist im Privatrecht daher nicht von Bedeutung.

II. Abweichungen in der Behandlung des Goodwill

Der „Abgleich“ der Merkmale des Goodwill im Bilanz- und Steuerrecht mit denen des Privatrechts macht deutlich, dass im Privatrecht nur vereinzelte Merkmale des Goodwill eine Rolle spielen. Ganz ähnlich verhält es sich auch mit den verschiedenen Goodwill-Begriffen. Auch hier spielen verschiedene Abgrenzungen keine oder nur eine untergeordnete Bedeutung. Zu nennen sind beispielsweise die Unterscheidung zwischen originärem und derivativem Goodwill und die Unterscheidung zwischen positivem und negativem Goodwill.

1112 *Hopt*, in: *Baumbach/Hopt*, HGB, 38. Aufl. 2018, § 23 HGB, Rdnr. 2; *Heidinger*, in: MünchKomm-HGB, 4. Aufl. 2016, § 23 HGB, Rdnr. 14; *Riedel*, in: *Vorwerk/Wolf*, BeckOK-ZPO, 28. Ed. 2018 (Stand: 01.03.2018), § 857 ZPO, Rdnr. 27. Nach dem Wortlaut des § 23 HGB geht die Firma mit dem „Handelsgeschäft“ über; der Begriff Handelsgeschäft ist jedoch veraltet (vgl. *Flume*, Vermögenstransfer und Haftung, 2008, S. 53) und wird synonym zu dem Begriff Unternehmen gebraucht (siehe hierzu auch zuvor unter § 2 I. 6. a)).

1113 Umgekehrt kann jedoch ein Unternehmen auch ohne Firma übertragen werden, vgl. § 22 HGB.

1. Unterscheidung zwischen originärem und derivativem Goodwill

Die Differenzierung zwischen originärem und derivativem Goodwill spielt im Privatrecht eine völlig untergeordnete Rolle. Grundsätzlich richtet sich im Privatrecht der Blick stets auf „den" Goodwill als vermögenswerte Position eines Unternehmens, ohne dass eine Unterscheidung zwischen dem originären und derivativen Goodwill getroffen wird. Deutlich wird dies insbesondere bei den zuvor dargestellten Ausgleichansprüchen[1114], die, losgelöst von handelsrechtlichen Ansatz- und Bewertungsmethoden, auf die Ermittlung des Unternehmenswertes einschließlich des Goodwill gerichtet sind. Originärer und derivativer Goodwill sollen dabei unterschiedslos berücksichtigt werden[1115].

Die Unterscheidung zwischen originärem und derivativem Goodwill wird im Privatrecht nur an wenigen Stellen und auch nur dann thematisiert, wenn an die bilanzielle Behandlung des Goodwill angeknüpft wird: Beispielhaft zu nennen ist das Insolvenzrecht im Rahmen der bilanziellen Überschuldungsprüfung[1116]. Soweit der Ansatz des Goodwill in der Überschuldungsbilanz zugelassen wird, soll dies unterschiedslos für den originären wie für den derivativen Goodwill gelten. Entscheidend für den Ansatz ist allein die konkrete Verwertungschance und damit die Aussicht, dass bei einer potentiellen Veräußerung des Unternehmens oder einzelner Unternehmensteile ein Mehrerlös durch den Goodwill erzielt wird[1117]. Im Ergebnis ist auch hier alleine der vermögenswerte Aspekt des Goodwill von Interesse.

Dadurch, dass im Privatrecht keine Unterscheidung zwischen originärem und derivativem Goodwill getroffen wird, folgt das Privatrecht in diesem Punkt der steuerrechtlichen Einheitstheorie: Im Privatrecht gibt es nur „den einen" Goodwill eines Unternehmens.

2. Unterscheidung zwischen positivem und negativem Goodwill

Auch die Unterscheidung zwischen positivem und negativem Goodwill spielt im Privatrecht eine völlig untergeordnete Rolle. Der bedeutendste Aspekt des Goodwill im Privatrecht ist, dass dieser einen Vermögenswert im Sinne eines Unternehmens*mehr*wertes darstellt. Für den negativen Goodwill im Sinne eines

---

1114 Siehe zuvor unter § 9 I. 1. b) bis d).

1115 Broglie/Hartmann, in: Terbille/Clausen/Schroeder-Printzen, MAH MedR, 2. Aufl. 2013, § 9, Rdnr. 273.

1116 Siehe zuvor unter § 9 I. 2. b).

1117 *Drukarczyk/Schüler*, in: MünchKomm-InsO, 3. Aufl. 2013, § 19 InsO, Rdnr. 110.

Unternehmens*minder*wertes verbleibt dabei nur ein enger Anwendungsbereich: Dieser kann bei der Berechnung des Unternehmenswertes im Rahmen von Ausgleichsansprüchen[1118] relevant werden[1119] oder aber auch bei der Kaufpreisbemessung im Rahmen von Unternehmenskaufverträgen[1120].

Die fehlende Bedeutung des negativen Goodwill lässt sich auch damit erklären, dass dieser nicht den Schutz des Privatrechts benötigt: Im negativen Goodwill spiegelt sich das Vorhandensein überwiegend negativer Goodwill-Werte wider, die sich in einem Unternehmenswert unterhalb des Zeitwertes des Reinvermögens oder einem Kaufpreis unterhalb des Substanzwertes eines Unternehmens niederschlagen. Das Unternehmen birgt somit Risiken in Form von negativen Goodwill-Werten, die für das Unternehmen eine schwierige Zukunft erahnen lassen. Der negative Goodwill ist für den Erwerber eines Unternehmens vor allem in bilanzieller und steuerlicher Hinsicht von Bedeutung. Davon abgesehen stellt der negative Goodwill für das jeweilige Unternehmen selbst keinen schützenswerten Aspekt oder Wert dar und bedarf daher insoweit auch keines Schutzes durch die Rechtsordnung.

§ 10 Weitere Aspekte des Goodwill im Privatrecht

Der Abgleich der Merkmale des Goodwill im Bilanz- und Steuerrecht mit den Merkmalen des Goodwill im Privatrecht hat deutlich gemacht, dass es in den verschiedenen Rechtsgebieten erhebliche Unterscheide gibt.

In dem folgenden Abschnitt wird nun der Frage nachgegangen, wie der Goodwill im Privatrecht definiert und im Hinblick auf seine Rechtsnatur eingeordnet wird. Dabei wird sich zeigen, dass die Rechtsnatur des Goodwill im Schrifttum zum Privatrecht nicht klar bestimmt wird. Umgekehrt wird jedoch der Goodwill teilweise herangezogen, um ein Unternehmen als solches und dessen Umfang bestimmen und charakterisieren zu können. Daneben wird in ausgewählten Bereichen des Privatrechts und in einem Exkurs zum Verfassungsrecht betrachtet, ob und wie der Goodwill geschützt wird.

Dieser Abschnitt schließt mit einer zusammenfassenden Würdigung zum Goodwill im Privatrecht.

1118 Siehe zuvor unter § 9 I. 1. b) bis d).

1119 Broglie/Hartmann, in: Terbille/Clausen/Schroeder-Printzen, MAH MedR, 2. Aufl. 2013, § 9, Rdnr. 273.

1120 Der negative Goodwill im Unternehmenskauf ist jedoch im Kern eine Problematik des Bilanz- und Steuerrechts. Siehe auch *Pupeter*, in: *Holzapfel/Pöllath*, Unternehmenskauf, 15. Aufl. 2017, Rdnr. 198.

I. Definition des Goodwill im Privatrecht?

Im Privatrecht hat sich bisher keine eigenständige Definition des Goodwill etabliert. Zwar wurden in der älteren Literatur verschiedene Definitionen vorgeschlagen, jedoch hat sich von diesen bislang keine Definition durchgesetzt[1121]. Soweit der Begriff des Goodwill Verwendung findet, wird dieser nicht eigenständig definiert. Ganz überwiegend wird an die im Bilanz- und Steuerrecht eingeführten Definitionen des Goodwill angeknüpft und der Goodwill definiert als *„Mehrwert, der einem gewerblichen Unternehmen über den Substanzwert der materiellen und immateriellen Einzelwirtschaftsgüter hinaus innewohnt“*[1122]. Häufig wird diese Definition des Goodwill über dessen „rechnerische Ermittlung“ ergänzt um die beispielhafte Nennung einzelner charakteristischer Goodwill-Werte[1123]. Maßgebend ist jedoch stets die Anknüpfung an die Definition des Goodwill im Bilanz- und Steuerrecht.

Dass im Privatrecht bisher keine eigenständige (oder sogar abstrakte) Definition des Goodwill gebildet wurde, legt den Schluss nahe, dass der Goodwill keine eigenständige Bedeutung im Privatrecht erlangt hat.

II. Rechtsnatur des Goodwill im Privatrecht?

Im Gegensatz zu dem weitreichenden Meinungsspektrum im Bilanz- und Steuerrecht finden sich im Privatrecht kaum Meinungen und Stellungnahmen zur Rechtsnatur des Goodwill. Einzelne Abhandlungen, die sich im Schwerpunkt mit dem Goodwill beschäftigen, sind vor mehr als 60 Jahren entstanden und können nicht ohne Weiteres auf das geltende Recht übertragen werden. Daher

---

1121 Mit verschiedenen Definitionen der „Chancen“ eines Handelsgewerbes und entsprechenden Nachweisen: *Kreutzahler*, Rechtsnatur der Chancen eines Handelsgewerbes, 1926, S. 10 ff.

1122 Exemplarisch *Maier*, in: BeckLex, 42. Ed. 2018 (Stand: 01.01.2017), Geschäfts- oder Firmenwert, Rdnr. 2; ganz ähnlich auch *Quinke*, der den Goodwill definiert als *„Unterschiedsbetrag, um den der Gesamtwert des Unternehmens seinen Substanzwert übersteigt“* (*Quinke*, in: *Gummert/Weipert*, MünchHdb GesellR, 4. Aufl. 2014, Bd. 2, § 3, Rdnr. 20); einen stärkerem Bezug zum Unternehmenskauf und damit tendenziell auf den derivativen Goodwill ausgerichtet ist eine im Insolvenzrecht gebräuchliche Definition: *Bußhardt*, in *Braun*, InsO, 7. Aufl. 2017, § 19 InsO, Rdnr. 26; ebenso *Bork*, ZInsO 2001, S. 145.

1123 Statt vieler bspw. *Müller*, in: *Jaeger*, Großkommentar InsO, 2004, § 19 InsO, Rdnr. 51; *Arbeitskreis "Immaterielle Werte im Rechnungswesen"*, DB 2001, S. 991.

werden im Folgenden das ältere und das neuere Schrifttum zum Goodwill nacheinander betrachtet.

1. Rechtsnatur des Goodwill im älteren Schrifttum

Im älteren Schrifttum liegen mit den Monographien von *Kreutzahler* und *Fabis* aus den Jahren 1926 und 1953 zwei Werke vor, die sich tiefergehend mit dem Goodwill im Privatrecht beschäftigen. Daneben hat *Becher* im Jahr 1951 die Rechtsnatur des Goodwill in einem Aufsatz thematisiert. Ähnlich überschaubar sind Nachweise zur Rechtsnatur des Goodwill in der älteren Rechtsprechung. Soweit der Goodwill und seine Rechtsnatur darin überhaupt thematisiert werden, knüpft die Rechtsprechung unmittelbar an dessen Behandlung im Bilanzrecht an[1124].

a) Goodwill als „Chance" und geschützte Rechtsposition

In seiner Monographie aus dem Jahr 1926[1125] setzt sich *Kreutzahler* mit der Rechtsnatur der „Chancen" eines bestehenden Handelsgewerbes auseinander. Er verortet diese im System des Privatrechts. Betrachtet man *Kreutzahlers* Begrifflichkeit der „Chance" etwas genauer, wird rasch deutlich, dass sich dahinter nichts anderes als der Goodwill und einzelne Goodwill-Werte verbergen[1126].

Kreutzahler schließt in einem ersten Schritt aus, dass es sich bei den Chancen um Sachen, subjektive Rechte oder auch Immaterialgüterrechte handelt. Er richtet seine Untersuchung auf die Frage aus, ob es sich bei den Chancen um ein Rechtsobjekt beziehungsweise Rechtsgut handelt[1127].

Dazu betrachtet *Kreutzahler* die Berücksichtigung und den Schutz der Chancen im Bürgerlichen Recht (hier insbesondere § 824 BGB a.F.) und in verschiedenen Bestimmungen aus dem damals gültigen Gesetz gegen unlauteren Wettbewerb. *Kreutzahler* kommt dabei zu dem Ergebnis, dass die Chancen keine Rechtsobjekte sind[1128]. Vor dem Hintergrund, dass die Chancen zusammen mit

---

1124 Siehe hierzu bspw. *BGH*, Urteil v. 30.09.1981 - IVa ZR 127/80, NJW 1982, S. 575.

1125 *Kreutzahler*, Rechtsnatur der Chancen eines Handelsgewerbes, 1926.

1126 Beispielsweise bezeichnet *Kreutzahler* als Chancen: „Ruf", „Renomee des Geschäfts", „Vertrauen in das „Absatzmöglichkeiten", „Kundschaft", „innere Organisation" u. a. (*Kreutzahler*, Rechtsnatur der Chancen eines Handelsgewerbes, 1926, S. 2 ff.). Wie in der Aufstellung der Goodwill-Werte und den Nachweisen im Anhang (vgl. Anhang/ II. Goodwill-Werte (Referenzen)) gezeigt wird, handelt es sich dabei um Goodwill-Werte.

1127 *Kreutzahler*, Rechtsnatur der Chancen eines Handelsgewerbes, 1926, S. 20, 21.

1128 *Kreutzahler*, Rechtsnatur der Chancen eines Handelsgewerbes, 1926, S. 31, 37.

dem jeweiligen Handelsgeschäft übertragen und somit von der Person des Inhabers getrennt werden können, schließt *Kreutzahler* zudem aus, dass es sich bei den Chancen um ein Persönlichkeitsrecht handelt[1129].

Da die Chancen dennoch einen gewissen Schutz der Rechtsordnung genießen, ist *Kreutzahler* der Ansicht, dass es sich bei den einzelnen Chancen um rechtlich geschützte Tatsachen, bzw. rechtlich geschützte Beziehungen handelt[1130]. In den Chancen als Gesamtheit sieht *Kreutzahler* eine rechtlich geschützte Position[1131]. Praktische Folgerungen will *Kreutzahler* daraus nicht ableiten. Er lehnt allerdings ausdrücklich ab, dass die Chancen *de lege ferenda* als subjektives Recht geschützt werden sollten[1132]. Dennoch schlägt *Kreutzahler* vor, *de lege ferenda* die Zwangsvollstreckung in die Gesamtheit der Chancen eines Unternehmens zu ermöglichen[1133].

Die Bearbeitung von *Kreutzahler* kann, auch wenn diese vor mehr als 90 Jahren veröffentlicht wurde, nach wie vor Anhaltspunkte für die Rechtsnatur des Goodwill liefern. Allerdings stellt *Kreutzahler* ein Handelsgeschäft, mithin ein inhabergeführtes Unternehmen, in den Mittelpunkt seiner Betrachtung. An diesem Beispiel legt *Kreutzahler* dar, dass es sich bei den Chancen um kein Persönlichkeitsrecht handeln kann. Damit greift diese Argumentation allerdings zu kurz bei Unternehmen, die von Dritten geführt werden und bei denen Inhaberschaft und Unternehmensführung getrennt sind. Die Einordnung der Gesamtheit der Chancen als Persönlichkeitsrecht wird man zumindest nicht mit *Kreutzahlers* Argumentation ablehnen können.

b) Goodwill als absolut wirkendes, immaterielles Recht

In einem kurzen Aufsatz aus dem Jahr 1951 äußert sich *Becher* zur Rechtsnatur des Goodwill[1134]. Nach Ansicht von *Becher* handelt es sich bei dem Goodwill um ein immaterielles Recht[1135]. Hierfür zieht Becher eine Parallele zu der Behandlung des Goodwill im angelsächsischen und französischen Rechtskreis. Bezogen auf das deutsche Recht will *Becher* den Goodwill als absolutes Recht verstanden

---

1129 *Kreutzahler*, Rechtsnatur der Chancen eines Handelsgewerbes, 1926, S. 34, 36, 37.
1130 *Kreutzahler*, Rechtsnatur der Chancen eines Handelsgewerbes, 1926, S. 38.
1131 *Kreutzahler*, Rechtsnatur der Chancen eines Handelsgewerbes, 1926, S. 38.
1132 *Kreutzahler*, Rechtsnatur der Chancen eines Handelsgewerbes, 1926, S. 39.
1133 *Kreutzahler*, Rechtsnatur der Chancen eines Handelsgewerbes, 1926, S. 40 ff.
1134 Siehe hierzu *Becher*, NJW 1951, S. 540 ff.
1135 *Becher*, NJW 1951, S. 541.

wissen, das beispielsweise als „sonstiges Recht" im Sinne des § 823 Abs. 1 BGB zu schützen ist[1136].

Nach *Becher* ist der Goodwill die Resonanz in Form von Vertrauen des Kunden, welches allerdings nur durch die schöpferische Gestaltungskraft einer Persönlichkeit ermöglicht wird. Der Goodwill wirkt damit als geistige Schöpfung einer bestimmten Persönlichkeit, die ein absolut wirkendes Urheberrecht am Goodwill erwirbt[1137].

Bechers Gedankenführung und Argumentation sind dabei stark auf das Immaterialgüterrecht, insbesondere auf das Marken- und Urheberrecht ausgerichtet. Wie sich noch zeigen wird[1138], wird im Immaterialgüterrecht zwar ein Goodwill thematisiert, der allerdings nicht deckungsgleich mit dem Goodwill eines Unternehmens ist. Vor diesem Hintergrund sind *Bechers* Argumente nicht ohne Weiteres auf den Goodwill des Unternehmens zu übertragen.

c) Goodwill als Bestandteil des Handelsgeschäftes und Vermögenswert

Fabis betrachtet in seiner Monographie aus dem Jahr 1953 den Goodwill ebenfalls als einen Oberbegriff bzw. Gesamtbegriff, der sich aus einzelnen Goodwill-Werten zusammensetzt[1139]. Bei den einzelnen Goodwill-Werten soll es sich nach *Fabis* weder um Sachen noch um Rechte handeln. Weil die Goodwill-Werte dennoch maßgeblichen Einfluss auf die Ertragshöhe eines Handelsgeschäftes haben und im Gesamten feststellbar sind, handele es sich bei diesen um Tatsachen, die ihre Wirkung im Handelsgeschäft entfalten. Im Ergebnis will *Fabis* die Goodwill-Werte als tatsächliche Beziehungen eines Handelsgeschäftes ansehen[1140].

Fabis differenziert im Hinblick auf die Übertragbarkeit grundlegend zwischen personenbezogenen und sachbezogenen Goodwill-Werten. Nach *Fabis* sind (nur) die sachbezogenen Goodwill-Werte mit dem Handelsgeschäft übertragbar, so dass diese unmittelbar dessen rechtliches Schicksal teilen. Daher sieht *Fabis* den Goodwill (mit Ausnahme der personenbezogenen Goodwill-Werte) als einen Bestandteil des Handelsgeschäftes an[1141]. Der Goodwill kann als Bestandteil des Handelsgeschäftes einen Mehrertrag generieren und sich im Verkaufsfall

1136 *Becher*, NJW 1951, S. 541.

1137 *Becher*, NJW 1951, S. 542.

1138 Zum Goodwill im Immaterialgüterrecht siehe nachfolgend unter § 10 V.

1139 *Fabis*, Firma und good will, 1953, S. 31.

1140 So *Fabis*, Firma und good will, 1953, S. 32 mit Verweis auf *Kreutzahler*, Rechtsnatur der Chancen eines Handelsgewerbes, 1926, S. 38.

1141 *Fabis*, Firma und good will, 1953, S. 40, 41.

werterhöhend auswirken. Mit dieser Überlegung kommt *Fabis* zu dem Ergebnis, dass es sich bei dem Goodwill um einen Vermögenswert handelt[1142]. Dieser Vermögenswert ist jedoch rechtlich unselbstständig und stellt auch kein Vermögensrecht dar[1143]. *Fabis* spricht sich zudem ausdrücklich gegen *Bechers* Einordnung des Goodwill als immaterielles Persönlichkeitsrecht und dessen Schutz als Urheberrecht aus[1144].

Weil *Fabis* personenbezogenen Goodwill-Werten jegliche Übertragbarkeit abspricht und er seine Analyse stark auf das Handelsgeschäft eines Einzelkaufmanns ausrichtet, wird er dem unternehmerischen Goodwill von Personen- und Kapitalgesellschaften nur bedingt gerecht. Diese Gesellschaftsformen zeichnen sich gerade auch dadurch aus, dass die Führung der Geschäfte von Dritten und nicht zwingend vom Inhaber des Handelsgeschäftes ausgeübt werden kann. Vor diesem Hintergrund sind personenbezogene Elemente nicht in gleicher Weise flüchtig und sind im Einzelfall in gewissem Umfang auch übertragbar.

d) Fazit zum älteren Schrifttum

Die skizzierten Ansätze überschneiden sich im Kern, indem sie den Goodwill als vermögenswerte Position anerkennen. Allerdings kommen die Autoren zu unterschiedlichen Ergebnissen, gerade auch was die Einordnung und Behandlung des Goodwill angeht. Das Spektrum reicht dabei von einer „irgendwie" *„rechtlich geschützten Position"* bis hin zu einem *„absoluten wirkenden, immateriellen Recht"* an der Grenze zu einem Persönlichkeitsrecht. Ob einer oder mehrere dieser Ansätze im Schrifttum zum geltenden Recht aufgegriffen wurde, wird nun im Folgenden betrachtet.

2. Rechtsnatur des Goodwill im neueren Schrifttum

Die Rechtsnatur des Goodwill wird im neueren Schrifttum nur vereinzelt thematisiert. Ganz überwiegend wird die Existenz des Goodwill zwar anerkannt, jedoch wird dieser zumeist nur als Bestandteil eines Unternehmens behandelt, ohne diesen rechtlich zu qualifizieren. Ausnahmen finden sich dann, wenn der Goodwill für eine bestimmte Rechtsfolge zwingend rechtlich eingeordnet werden muss, wie beispielsweise im Sachenrecht des BGB oder auch im Zwangsvollstreckungsrecht der ZPO.

1142 *Fabis*, Firma und good will, 1953, S. 41, 42.
1143 *Fabis*, Firma und good will, 1953, S. 52.
1144 *Fabis*, Firma und good will, 1953, S. 42, 43.

a) Hinweise zur Rechtsnatur des Goodwill im Bürgerlichen Recht

Im Bürgerlichen Recht wird der Goodwill nach einer weit verbreiteten Ansicht als immaterieller Gegenstand des BGB eingeordnet[1145]. Innerhalb dieser Ansicht wird der Goodwill teilweise als Immaterialgüterrecht[1146] eingeordnet, wobei der Goodwill allerdings keinen Sonderrechtsschutz genießen soll[1147]. Auch wenn ein Sonderrechtsschutz verwehrt wird, wird der Goodwill nach dieser Ansicht in die Nähe von Rechten des gewerblichen Rechtsschutzes, wie dem Markenrecht, Urheberrecht und Verlagsrecht gerückt. Bei dieser Ansicht und ihren verschiedenen Ausprägungen werden verschiedene Aspekte in der Argumentation von *Kreutzahler* und *Becher* aufgegriffen.

Im Kontrast dazu wird der Goodwill nach einer anderen Ansicht schlicht als „vermögenswerte Beziehung" angesehen und soll in der Rechtsgesamtheit „Unternehmen" aufgehen[1148]. Mit dieser Ansicht wird der Goodwill rechtlich im Rang unterhalb eines Gegenstandes angesiedelt. Im Ergebnis wird dem Goodwill damit jegliche rechtliche Selbständigkeit abgesprochen. Diese Ansicht greift damit den von *Fabis* vorgeschlagenen Lösungsansatz auf.

b) Hinweise zur Rechtsnatur des Goodwill im Zwangsvollstreckungsrecht

Ein ähnlich undifferenziertes Bild wie im BGB zeichnet sich auch im Zwangsvollstreckungsrecht der ZPO ab. Sofern die Zwangsvollstreckung in den Goodwill thematisiert wird, wird sie thematisch beim Auffangtatbestand des § 857 ZPO[1149], der Zwangsvollstreckung „in andere

---

1145 Siehe hierzu zuvor unter § 9 I. 4. a).

1146 *Stresemann*, in: MünchKomm-BGB, 7. Aufl. 2015, § 90 BGB, Rdnr. 6; *Armbrüster*, in: MünchKomm-BGB, 7. Aufl. 2015, § 135 BGB, Rdnr. 3; *Fritzsche*, in: *Bamberger/Roth/Hau/Poseck*, BeckOK-BGB, 45. Ed. 2018 (Stand: 01.11.2017), § 90 BGB, Rdnr. 28, ebenso zu § 97 BGB, Rdnr. 3.

1147 *Fritzsche*, in: *Bamberger/Roth/Hau/Poseck*, BeckOK-BGB, 45. Ed. 2018 (Stand: 01.11.2017), § 90 BGB, Rdnr. 28.

1148 *Stresemann*, in: MünchKomm-BGB, 7. Aufl. 2015, § 90 BGB, Rdnr. 45; ähnlich auch *Köhler*, nach dem sich der Goodwill aus den Bestandteilen und insbesondere Rechtsverhältnisses eines Unternehmens ableitet (*Köhler*, BGB AT, 41. Aufl. 2017, § 22, Rdnr. 16).

1149 Die §§ 857 ff. ZPO kommen dann zur Anwendung, wenn die Vollstreckungsart nicht anderweitig geregelt ist. Der Anwendungsbereich der §§ 857 ff. ZPO ist damit erst dann eröffnet, wenn weder eine Vollstreckung in bewegliche Sachen oder das unbewegliche Vermögen, noch eine Pfändung von Geldforderungen, Herausgabe- oder Lieferansprüchen vorliegt (statt vieler hierzu: *Lackmann*, Zwangsvollstreckungsrecht, 11. Aufl. 2018, Rdnr. 293; *Sosnitza*, JZ 2004, S. 997).

Vermögensrechte"[1150], verortet. Dabei sind sich Literatur und Rechtsprechung einig, dass die Vollstreckung in den Goodwill nicht nach § 857 ZPO betrieben werden kann. Uneinigkeit besteht in der Begründung und dem Anknüpfungspunkt, aus dem die Unpfändbarkeit resultieren soll und damit in der rechtlichen Einordnung des Goodwill.

Nach der wohl überwiegenden Meinung in Literatur[1151] und Rechtsprechung[1152] ist der Goodwill nicht selbständig pfändbar, da dieser als undifferenzierter Vermögensinbegriff anzusehen ist. In der Einordnung als undifferenzierter Vermögensinbegriff[1153] liegt die Aussage, dass der Goodwill sich aus verschiedenen immateriellen Vermögenswerten (den Goodwill-Werten) zusammensetzt. Dem Goodwill fehlt damit die rechtliche Selbständigkeit und die rechtliche Stellung eines Vermögenswertes. Im Ergebnis folgt diese Ansicht der bereits von *Fabis* vertretenen Argumentation[1154].

Demgegenüber scheidet nach einer anderen Ansicht in der Literatur die Pfändung des Goodwill wegen dessen Nähe zu personenrechtlichen Ansprüchen, Namensrechten und dem Recht an der Firma eines Unternehmens aus[1155]. Demnach wird der Goodwill in einer Reihe absoluten Rechten gesehen, die in unmittelbarer Nähe zu Persönlichkeitsrechten angesiedelt sind. Diese Einordnung

1150 Materielle Voraussetzung der Pfändung nach § 857 ZPO ist, dass es sich bei dem zu pfändenden Recht um ein selbständiges Vermögensrecht handelt, sich auf den Haftungsverband des Schuldners bezieht (*Smid*, in: MünchKomm-ZPO, 5. Aufl. 2016, § 857 ZPO, Rdnr. 7), das übertragbar ist oder dessen Ausübung zumindest einem Dritten überlassen werden kann, §§ 857 Abs. 1, 851 Abs. 1, 857 Abs. 3 ZPO (statt vieler: *Lackmann*, Zwangsvollstreckungsrecht, 11. Aufl. 2018, Rdnr. 296; *Sosnitza*, JZ 2004, S. 992 f.).

1151 *Becker*, in: *Musielak/Voit*, ZPO, 15. Aufl. 2018, § 857 ZPO, Rdnr. 2a; *Kemper*, in: *Saenger*, ZPO, 7. Aufl. 2017, § 857 ZPO, Rdnr. 4; so wohl auch *Peukert*, Güterzuordnung als Rechtsprinzip, 2008, S. 599; *Koch*, in: *Kindl/Meller-Hannich/Wolf*, Zwangsvollstreckungsrecht, 3. Aufl. 2015, § 857 ZPO, Rdnr. 4.

1152 Wohl auch *OLG Celle*, Urteil v. 03.12.2003 - 9 U 119/03, GmbHR 2004, S. 309 = NZG 2004, S. 424.

1153 Unter einem Vermögensinbegriff wird eine Mehrheit von Vermögenswerten verstanden, die von einem einheitlichen Rechtsverhältnis zusammengefasst werden und bei der der Berechtigte nicht in der Lage ist, die einzelnen Vermögenswerte zu bezeichnen; zur Definition des „Inbegriffs" vgl. *Lorenz*, in: *Bamberger/Roth/Hau/Poseck*, BeckOK-BGB, 45. Ed. 2018 (Stand: 01.02.2017), § 260 BGB, Rdnr. 5, ebenso *Krüger*, in: MünchKomm-BGB, 7. Aufl. 2016, § 260 BGB, Rdnr. 5.

1154 Siehe hierzu *Fabis*, Firma und good will, 1953, S. 52.

1155 So wohl *Smid*, in: MünchKomm-ZPO, 5. Aufl. 2016, § 857 ZPO, Rdnr. 7.

erinnert an *Becher*, der den Goodwill als immaterielles Recht eingeordnet und den Bezug zu absoluten Rechten bzw. Persönlichkeitsrechten[1156] hergestellt hat[1157].

Auch wenn in der Literatur eine starke Tendenz zur Einordnung der Goodwill als Vermögensinbegriff besteht, ist die Rechtsnatur des Goodwill auch im Zwangsvollstreckungsrecht nicht endgültig geklärt. Im Ergebnis kann diese jedoch auch offen bleiben, da der Goodwill nach allen Ansichten nicht gepfändet werden kann.

c) Fazit zum neueren Schrifttum

Auch das neuere Schrifttum ist sich hinsichtlich der Einordnung des Goodwill uneinig. Die Einordnungen reichen vom Goodwill als „vermögenswerter Beziehung" bis hin zu einem „persönlichkeitsrechtsähnlichen immateriellem Recht". Eine eindeutige Linie und ein kohärenter Ansatz lassen sich nicht erkennen. Es hängt von dem jeweiligen Rechtsgebiet ab, ob, wie und in welchem Umfang der Goodwill behandelt wird. Bei der Einordnung des Goodwill stehen tendenziell Zweckmäßigkeitserwägungen im Vordergrund, eine systematische und kohärente Lösung tritt in den Hintergrund.

III. Goodwill als Charakteristikum eines Unternehmens

Auch wenn sich in den vorangegangenen Abschnitten gezeigt hat, dass der Goodwill im Privatrecht rechtlich nicht vollends eingeordnet ist, so wird der Goodwill umgekehrt herangezogen, um ein Unternehmen als solches und auch die Stellung als Gesellschafter[1158] bestimmen und charakterisieren zu können.

1156 Die Einordnung des Goodwill (bzw. der Chancen) als Persönlichkeitsrecht wird bereits im älteren Schrifttum vorgenommen. So sehen *Gareis* und *v. Gierke* in den Chancen ein Persönlichkeitsrecht (für Referenzen siehe *Kreutzahler*, Rechtsnatur der Chancen eines Handelsgewerbes, 1926, S. 31).

1157 *Becher*, NJW 1951, S. 541 f.

1158 Die Beteiligung am Goodwill wird im Gesellschaftsrecht beispielsweise für die Unterscheidung zwischen der Stellung des typisch stillen Gesellschafters und des atypisch stillen Gesellschafters herangezogen (§§ 230 ff. HGB). Die Stellung des atypisch stillen Gesellschafters ist stark an die eines „normalen" Gesellschafters bzw. Mitunternehmers angenähert. Charakteristisch für die Stellung des atypisch stillen Gesellschafters (in Abgrenzung zum typisch stillen Gesellschafter) ist, dass dieser am Goodwill eines Unternehmens partizipieren soll (siehe hierzu auch: *Roth*, in: *Baumbach/Hopt*, HGB, 38. Aufl. 2018, § 235 HGB, Rdnr. 1; *K. Schmidt*, in: MünchKomm-HGB, 3. Aufl. 2012, § 235 HGB, Rdnr. 26; *Gehrlein*, in: *Ebenroth/Boujong/Joost/Strohn*, HGB, 3. Aufl. 2014, § 235 HGB, Rdnr. 27).

Deutlich wird dies insbesondere im Arbeitsrecht. Der Zusammenhang von Goodwill und Arbeitsrecht mag auf den ersten Blick überraschend und fernliegend erscheinen. Jedoch liegt im Arbeitsrecht eine Vielzahl von Entscheidungen vor, die den Goodwill thematisieren, insbesondere im Zusammenhang mit einem Betriebsübergang. Ein Betriebsübergang im Sinne des § 613a BGB liegt vor, wenn ein Betrieb oder Betriebsteil durch Rechtsgeschäft auf einen anderen Inhaber übergeht[1159]. Der Goodwill wird dabei für die Frage relevant, wann ein Betrieb oder Betriebsteil übergeht.

Ein Betrieb[1160] oder Betriebsteil[1161] geht nach der Rechtsprechung über, wenn eine beim Veräußerer bestehende, auf Dauer angelegte wirtschaftliche und organisatorische Einheit aufgrund eines Rechtsgeschäfts unter Wahrung ihrer Identität auf einen Erwerber übergeht und der Erwerber die übernommene Einheit im Wesentlichen unverändert fortführt[1162]. Die Frage nach dem Übergang eines Betriebs oder Betriebsteils kann bei einem produzierenden Unternehmen anhand objektiver Kriterien beurteilt werden: Ein Übergang liegt in der Regel vor, wenn die wesentlichen sächlichen Betriebsmittel auf einen neuen Eigentümer übergehen[1163]. Anders verhält es sich hingegen bei dem Übergang eines

---

1159 Die Rechtsfolgen eines Betriebsübergangs sind für die Beteiligten erheblich: Der Rechtsnachfolger tritt in die Rechte und Pflichten aus den im Zeitpunkt des Übergangs bestehenden Arbeitsverhältnissen ein (§ 613a Abs. 1 S. 1 BGB). Zugleich ist die Kündigung des Arbeitsverhältnisses durch den bisherigen Arbeitgeber oder durch den neuen Inhaber wegen des Übergangs eines Betriebs oder Betriebsteils unwirksam (§ 613a Abs. 4 S. 1 BGB).

1160 Nach der Rechtsprechung ist unter einem Betrieb eine auf Dauer angelegte wirtschaftliche Einheit zu verstehen, eine organisatorische Gesamtheit von Personen und Sachen zur Ausübung einer wirtschaftlichen Tätigkeit mit eigener Zielsetzung, die nicht auf die Ausführung eines bestimmten Vorhabens beschränkt ist (*EuGH*, Urteil v. 25.01.2001 – Rs. C-172/99, NZA 2001, S. 249, 251 = EuZW 2001, S. 150; *BAG*, Urteil v. 31.01.2008 – 8 AZR 2/07, ZIP 2008, S. 2376; BAG, Urteil v. 22.01.1998 – 8 AZR 243/95, NJW 1998, S. 2994; *Weidenkaff*, in: *Palandt*, BGB, 77. Aufl. 2018, § 613a BGB, Rdnr. 9).

1161 Demgegenüber ist unter einem Betriebsteil ein Anteil von Betriebsmitteln eines Betriebs zu verstehen. Erforderlich ist, dass es sich um eine wirtschaftlich und organisatorische Untergliederung handelt, mit der innerhalb des betrieblichen Gesamtzwecks ein Teilzweck verfolgt wird (*Weidenkaff*, in: *Palandt*, BGB, 77. Aufl. 2018, § 613a BGB, Rdnr. 10).

1162 Hierzu und mit Nachweisen zur Rechtsprechung: *Weidenkaff*, in: *Palandt*, BGB, 77. Aufl. 2018, § 613a BGB, Rdnr. 11.

1163 *Gussen*, in: *Rolfs/Giesen/Kreikebohm/Udsching*, BeckOK-ArbR, 47. Ed. 2018 (Stand: 01.03.2018), § 613a BGB, Rdnr. 7, 19.

Handels- oder Dienstleistungsunternehmens: Materielle Betriebsmittel sind bei diesen tendenziell von untergeordneter Bedeutung, daher kommt es hier entscheidend darauf an, ob die immateriellen Betriebsmittel und insbesondere der Goodwill auf den Erwerber übergehen oder nicht. In diesem Zusammenhang wird der Goodwill in der Literatur als „identitätsprägendes immaterielles Betriebsmittel" qualifiziert[1164].

Darin liegt zum einen die Aussage, dass der Goodwill nur zusammen mit einem Betrieb oder Betriebsteil übertragen werden kann. Zum anderen liegt darin auch die Aussage, dass der Goodwill geradezu charakteristisch und ein wesentliches Element für einen Betrieb oder Betriebsteil sein kann und als Auslegungskriterium herangezogen werden kann, ob ein Übergang stattgefunden hat oder nicht.

IV. Goodwill als Schutzobjekt im Privatrecht?

Der Schutz des Goodwill ist im Bilanz- und Steuerrecht nicht thematisiert worden. In diesen Rechtsgebieten spielt der Schutz des Goodwill keine Rolle. Dagegen stehen im Privatrecht die Rechtsbeziehungen zwischen Privatpersonen[1165] und die Zuordnung und der Schutz von vermögenswerten Rechtsobjekten und Rechtspositionen im Vordergrund. Dennoch wird der Schutz des Goodwill auch in Literatur und Rechtsprechung zum Privatrecht nur fragmentarisch thematisiert. Angesprochen wurde bereits die Diskussion zum Schutz des Goodwill im UN-Kaufrecht[1166]. Weitere Anhaltspunkte für den Schutz des Goodwill finden sich im Zusammenhang mit dem Vertragsrecht und dem Deliktsrecht des BGB. Der Schutz des Goodwill wird darüber hinaus auch im Verfassungsrecht diskutiert. Dieser Aspekt wird in einem kurzen Exkurs thematisiert.

1164 *Cohnen*, in: *Moll*, MAH ArbR, 4. Aufl. 2017, § 53, Rdnr. 27 mit Hinweis auf die Rechtsprechung des BAG: *BAG*, Urteil v. 20.06.2002 – 8 AZR 459/01, NZA 2003, S. 318 und *BAG*, Urteil v. 29.09.1988 – 2 AZR 107/88, NZA 1989, S. 799; *Müller-Glöge*, in: MünchKomm-BGB, 7. Aufl. 2016, § 613a BGB, Rdnr. 36; *Steffan*, in: *Ascheid/Preis/Schmidt*, Kündigungsrecht, 5. Aufl. 2017, § 613a BGB, Rdnr. 44; *Gussen*, in: *Rolfs/Giesen/Kreikebohm/Udsching*, BeckOK-ArbR, 47. Ed. 2018 (Stand: 01.03.2018), § 613a BGB, Rdnr. 7, 19; *Meyerhoff*, NWB 1991, S. 2310; *Meyerhoff*, NWB 1997, S. 988; ähnlich auch *Kliemt/Teusch*, in: *Herberger/Martinek/Rüßmann/Weth/Würdinger*, jurisPK-BGB, 8. Aufl. 2017, § 613a BGB, Rdnr. 29, 36.

1165 Statt vieler: *Köhler*, BGB AT, 41. Aufl. 2017, § 2, Rdnr. 2.

1166 Siehe hierzu zuvor unter § 9 I. 4. b).

1. *Schutz des Goodwill im Vertragsrecht*

Der Schutz des Goodwill wird im Vertragsrecht beispielsweise in Zusammenhang mit den schuldrechtlichen Nebenpflichten in § 241 Abs. 2 BGB thematisiert. Nach § 241 Abs. 2 BGB kann ein Schuldverhältnis nach seinem Inhalt jeden Teil zur Rücksicht auf die Rechte, Rechtsgüter und Interessen des anderen Teils verpflichten. Sofern der Schutz des übertragenen Goodwill nicht bereits individualvertraglich geregelt ist, wird nach einer in der Literatur vertretenen Ansicht[1167] der Goodwill durch ein nachvertragliches Wettbewerbsverbot geschützt. Dieses nachvertragliche Wettbewerbsverbot wird aus dem Gebot von Treu und Glauben (§ 242 BGB) im Wege der ergänzenden Vertragsauslegung abgeleitet. Dieses Wettbewerbsverbot dient als vertragliche Nebenpflicht im Sinne des § 241 Abs. 2 BGB der Sicherung des Leistungserfolges. Es soll dann eingreifen, wenn der Kaufpreis zu einem nicht unwesentlichen Teil für den Goodwill geleistet wurde. Umfang und Dauer dieses Wettbewerbsverbotes richten sich nach dem (objektiven) Erfordernis des Erwerbers, die überlassenen Marktchancen zu ergreifen und seine Position zu konsolidieren[1168].

2. *Schutz des Goodwill im Deliktsrecht*

Im Deliktsrecht des BGB wird der Schutz des Goodwill hauptsächlich im Rahmen der §§ 823 und 824 BGB thematisiert[1169].

Nach dem Tatbestand des § 823 Abs. 1 BGB ist zum Schadensersatz verpflichtet, wer vorsätzlich oder fahrlässig das Leben, den Körper, die Gesundheit, die Freiheit, das Eigentum oder ein sonstiges Recht eines anderen widerrechtlich verletzt. Ob der Goodwill von dem Schutzbereich des § 823 BGB erfasst wird, ist in der Literatur und Rechtsprechung jedoch umstritten. Inhaltlich angesiedelt

1167 *H.P. Westermann*, in: MünchKomm-BGB, 7. Aufl. 2016, § 433 BGB, Rdnr. 63; ebenso auch *Bachmann*, in: MünchKomm-BGB, 7. Aufl. 2016, § 241 BGB, Rdnr. 100; *Sutschet*, in: *Bamberger/Roth/Hau/Poseck*, BeckOK-BGB, 45. Ed. 2018 (Stand: 01.11.2017), § 241 BGB, Rdnr. 74, mit Nachweisen zur Rechtsprechung.

1168 Zum Vorstehenden: *Sutschet*, in: *Bamberger/Roth/Hau/Poseck*, BeckOK-BGB, 45. Ed. 2018 (Stand: 01.11.2017), § 241 BGB, Rdnr. 74.

1169 Dem Schutz des Goodwill und Goodwill-Werte „Betriebs- und Geschäftsgeheimnisse“ dient auch § 17 UWG. Bei § 17 UWG handelt es sich jedoch im Kern um eine strafrechtliche Vorschrift und wird aufgrund der Eingrenzung der Bearbeitung auf das Privatrecht im Folgenden nicht behandelt (zum Ganzen: *Mayer*, GRUR 2011, S. 884).

ist die Diskussion bei dem Auffangtatbestand „sonstiges Recht". In der Literatur[1170] und Rechtsprechung[1171] wird dazu überwiegend[1172] die Meinung vertreten, dass der Goodwill selbst kein „sonstiges Recht" im Sinne des § 823 Abs. 1 BGB darstellt. Nach dieser Ansicht wird der Goodwill zwar durch § 823 Abs. 1 BGB geschützt, jedoch lediglich mittelbar als Bestandteil des Unternehmens im Rahmen des eingerichteten und ausgeübten Gewerbebetriebes[1173]. Ein eigenständiger Schutz wird für den Goodwill abgelehnt.

Ein weiterer Anknüpfungspunkt für den deliktsrechtlichen Schutz des Goodwill ist der Tatbestand der Kreditgefährdung in § 824 Abs. 1 BGB. Der Tatbestand des § 824 Abs. 1 BGB dient dem Schutz des wirtschaftlichen Rufes vor unmittelbaren Beeinträchtigungen durch das Behaupten oder Verbreiten unwahrer Tatsachen[1174]. Diese unwahre Tatsache muss geeignet sein, entweder den Kredit eines anderen zu gefährden oder sonstige Nachteile für dessen Erwerb und Fortkommen herbeizuführen[1175]. In der Literatur[1176] und Rechtsprechung[1177] ist anerkannt, dass vom Schadensersatzanspruch des § 824 Abs. 1 BGB auch die Verringerung des Goodwill umfasst ist, soweit diese durch die Rufschädigung adäquat kausal verursacht wurde.

Dennoch wird der Goodwill durch § 824 BGB nicht als Persönlichkeitsrecht oder Immaterialgüterrecht geschützt, sondern vielmehr als vermögenswerter Bestandteil eines Unternehmens. Denn auch wenn neben dem Schutz des Goodwill insbesondere der „Ruf" eines Unternehmens durch § 824 BGB geschützt

---

1170 *Wagner*, in: MünchKomm-BGB, 7. Aufl. 2017, § 823 BGB, Rdnr. 285; *Hager*, in: *Staudinger*, BGB, Neubearb. 2017, § 823 BGB, Rdnr. B139; *Sprau*, in: *Palandt*, BGB, 77. Aufl. 2018, § 823 BGB, Rdnr. 134.

1171 Statt vieler: *BGH*, Beschluss v. 14.04.2005 – V ZB 16/05, BGHZ 163, S. 9 ff. = ZIP 2005, S. 1195 = NJW-RR 2005, S. 1175.

1172 Anderer Ansicht ist beispielsweise *Becher*, NJW 1951, S. 541.

1173 So beispielsweise *Sprau*, in: *Palandt*, BGB, 77. Aufl. 2018, § 823 BGB, Rdnr. 134.

1174 *Sprau*, in: *Palandt*, BGB, 77. Aufl. 2018, § 824 BGB, Rdnr. 1; *Staudinger*, in: *Schulze*, BGB, 9. Aufl. 2017, § 824, Rdnr. 1; *Förster*, in: *Bamberger/Roth/Hau/Poseck*, BeckOK-BGB, 45. Ed. 2018 (Stand: 01.11.2017), § 824 BGB, Rdnr. 1.

1175 *Staudinger*, in: Schulze, BGB, 9. Aufl. 2017, § 824, Rdnr. 7.

1176 *Born*, AfP 2005, S. 112 f.; *Förster*, in: *Bamberger/Roth/Hau/Poseck*, BeckOK-BGB, 45. Ed. 2018 (Stand: 01.11.2017), § 824 BGB, Rdnr. 36; durch die Verweisung auf die Rechtsprechung des *RG* wohl auch dieser Ansicht: *Wagner*, in: MünchKomm-BGB, 7. Aufl. 2017, § 824 BGB, Rdnr. 62.

1177 *BGH*, Urteil v. 07.02.1984 – VI ZR 193/82, NJW 1984, S. 1607 = GRUR 1984, S. 474; so auch schon zum „Fassonwert": *RG*, Urteil v. 20.06.1935 – VI 591/34, RGZ 148, S. 154, insbesondere S. 163.

wird, dient § 824 BGB nicht dem Schutz der Ehre oder sonstiger Immaterialgüter, sondern lediglich dem Schutz von Vermögensinteressen[1178].

3. *Fazit zum Schutz des Goodwill*

Der Schutz des Goodwill wird in Literatur und Rechtsprechung zum Privatrecht nur sehr fragmentarisch behandelt. Dem Goodwill wird im Privatrecht zudem ganz überwiegend keine eigenständige Bedeutung beigemessen: Entweder ist der Schutz des Goodwill nur ein „Reflex" bzw. eine „Folgeerscheinung" einer Unternehmensübertragung oder der Goodwill wird nur zusammen mit dem Unternehmen geschützt, ohne, dass ihm eine eigene Stellung im Recht beigemessen wird. Sofern der Goodwill selbst geschützt wird, wie im Rahmen von § 824 BGB, wird er allerdings auf das Merkmal eines Vermögenswertes „reduziert".

Eine Ausnahme hiervon bildet das UN-Kaufrecht, das einen weitreichenden Schutz für den Goodwill vorsieht. Das lässt sich allerdings damit erklären, dass das UN-Kaufrecht ein Sonderrecht für internationale (Kauf-)Verträge darstellt[1179] und der Schutz des Goodwill im internationalen Bereich wesentlich stärker ausgeprägt ist.

4. *Exkurs: Goodwill als Schutzobjekt im Verfassungsrecht?*

In der Literatur und Rechtsprechung zum Verfassungsrecht hat der Goodwill kaum Berücksichtigung gefunden. Bislang liegen nur vereinzelte Entscheidungen des *BVerfG*[1180] vor, die den Goodwill oder einzelne Goodwill-Werte thematisieren. Sofern der Goodwill oder einzelne Goodwill-Werte[1181] angesprochen

1178 *Wagner*, in: MünchKomm-BGB, 7. Aufl. 2017, § 824 BGB, Rdnr. 3, 5.

1179 Statt vieler: *Huber*, in: MünchKomm-BGB, 7. Aufl. 2016, Art. 1 CISG, Rdnr. 24.

1180 Beispielsweise *BVerfG*, Beschluss v. 20.09.1999 - 1 BvR 168/93, Rz. 25, NJW 2000, S. 129; *BVerfG*, Beschluss v. 18.02.2004 - 1 BvR 2121/98, Rz. 12, NZG 2004, S. 616; *BVerfG*, Beschluss v. 26.06.2002 - 1 BvR 558/91 („Glykolwein"), BVerfGE 105, 252, 278 = NJW 2002, S. 2621, 2625; *BVerfG*, Urteil v. 28.07.2004 - 1 BvR 2566/95, WM 2004, S. 1820.

1181 Das *BVerfG* nimmt bspw. die Goodwill-Werte „Geschäftsbeziehungen" und „Kundenstamm" ausdrücklich vom Schutzbereich des Art. 14 GG aus; mit Nachweisen zur Rechtsprechung: *Jarass*, in: *Jarass/Pieroth*, GG, 14. Aufl. 2016, Art. 14 GG, Rdnr. 21; so auch *Axer*, in: *Epping/Hillgruber*, BeckOK-GG, 36. Ed. 2018 (Stand: 15.11.2017), Art. 14 GG, Rdnr. 68.

werden, dann im Schwerpunkt[1182] im Zusammenhang mit dem Schutz des Eigentums aus Art. 14 Abs. 1 GG.

Nach der Rechtsprechung des *BVerfG* ist der Goodwill[1183] nicht vom Schutzbereich des Art. 14 Abs. 1 GG erfasst[1184]: Denn nach dem *BVerfG* die Eigentumsgarantie *„erfasst nur Rechtspositionen, die einem Rechtssubjekt bereits zustehen, nicht aber in der Zukunft liegende Chancen und Verdienstmöglichkeiten"*. Noch deutlicher wird das *BVerfG* in dem zuvor zitierten Urteil, indem es auch den Unternehmensruf[1185] vom Schutzbereich des Art. 14 Abs. 1 GG ausnimmt, soweit damit Chancen und günstige Gelegenheiten zu verstehen sind[1186]. Vom Schutzbereich des Art. 14 Abs. 1 GG werden nur normativ zugeordnete Rechtspositionen erfasst. Nach dem *BVerfG* ist der Unternehmensruf jedoch nicht dem Unternehmen im Sinne einer von Art. 14 Abs. 1 GG geschützten Eigentumsposition zugewiesen, denn der Unternehmensruf *„stellt sich am Markt durch die Leistungen und Selbstdarstellungen des Unternehmens einerseits und durch die Bewertung der Marktteilnehmer andererseits immer wieder neu her und ist damit ständiger Veränderung unterworfen"*.

Ähnliches gilt auch für den Schutzbereich des Art. 12 Abs. 1 GG. Denn nach der Rechtsprechung des *BVerfG* gewährt auch Art. 12 Abs. 1 GG keinen

---

1182 Am Rande angesprochen werden einzelne Goodwill-Werte auch in Zusammenhang mit Art. 12 Abs. 1 GG. Siehe hierzu nachfolgend die Fundstellen in Fn. 1187.

1183 Siehe hierzu auch die Anmerkung in der nachfolgenden Fn. 1185.

1184 *BVerfG*, Beschluss v. 26.06.2002 - 1 BvR 558/91 („Glykolwein"), BVerfGE 105, 252, 278 = NJW 2002, S. 2621, 2625; ebenso auch *BVerfG*, Urteil v. 28.07.2004 - 1 BvR 2566/95, WM 2004, S. 1820; *Jarass*, in: *Jarass/Pieroth*, GG, 14. Aufl. 2016, Art. 14 GG, Rdnr. 21. Ob die Eigentumsgarantie auch den Goodwill umfasst, wird in einer weiteren Entscheidung des *BVerfG* im Ergebnis ausdrücklich offen gelassen (*BVerfG*, Beschluss v. 18.02.2004 - 1 BvR 2121/98 (Rz. 12), NZG 2004, S. 616).

1185 Nach Ansicht der Literatur wird der Begriff „Unternehmensruf" an dieser Stelle synonym mit dem Goodwill gebraucht (vgl. *Pielow*, in: *Pielow*, BeckOK-GewO, 40. Ed. 2017 (Stand: 01.12.2017), § 1 GewO, Rdnr. 128). Anders beispielsweise das BVerfG in einem Beschluss aus dem Jahr 2004: Hier nennt das BVerfG den Goodwill ausdrücklich neben dem Unternehmensruf und verwendet die Begriffe gerade nicht synonym (vgl. *BVerfG*, Beschluss v. 18.02.2004 - 1 BvR 2121/98, Rz. 12, NZG 2004, S. 616).

1186 Siehe hierzu *BVerfG*, Beschluss v. 26.06.2002 - 1 BvR 558/91 („Glykolwein"), BVerfGE 105, 252, 278 = NJW 2002, S. 2621, 2625; ebenso auch in *BVerfG*, Urteil v. 28.07.2004 - 1 BvR 2566/95, WM 2004, S. 1820; ebenso auch *Jarass*, in: *Jarass/Pieroth*, GG, 14. Aufl. 2016, Art. 14 GG, Rdnr. 21.

Anspruch auf Erfolg im Wettbewerb und in der Marktteilhabe oder auf Sicherung künftiger Erwerbsmöglichkeiten[1187].

Die vorgenannten Auszüge legen nahe, dass der Goodwill und die Schutzbereiche der Artt. 12 und 14 GG dem Wesen nach nicht miteinander vereinbar sind[1188]. Denn für den Goodwill ist ein wesentliches und charakteristisches Merkmal, dass dieser gerade Ausdruck einer positiven Zukunftserwartung an das Unternehmen ist und damit gerade in die Zukunft gerichtet ist. Zudem ist der Goodwill aufgrund seiner Zusammensetzung aus einzelnen Goodwill-Werten einer ständigen Veränderung unterworfen.

V. Sonderstellung des Goodwill im Immaterialgüterrecht

Eine Sonderstellung in der Behandlung des Goodwill nimmt das Immaterialgüterrecht des gewerblichen Rechtsschutzes ein. Zwar wird insbesondere im Markenrecht und in anderen Bereichen des Immaterialgüterrechts[1189] der Goodwill thematisiert, so dass man den Eindruck gewinnt, der unternehmerische Goodwill habe auch in diesem Bereich eine weitreichende Bedeutung erlangt. Dieser Schein trügt jedoch: Wird hier vom Goodwill gesprochen, liegt diesem überwiegend ein anderes Bezugsobjekt zugrunde: Hier ist es im Kern nicht der Goodwill eines Unternehmens, sondern vielmehr ein Goodwill, der einer Marke, einem Unternehmenskennzeichen oder einem urheberrechtlich geschützten Werk anhaftet, der Gegenstand der Diskussion in Literatur[1190] und

1187 *BVerfG*, Beschluss v. 26.06.2002 - 1 BvR 558/91 („Glykolwein"), BVerfGE 105, 252, 278 = NJW 2002, S. 2621, 2625; *BVerfG*, Urteil v. 28.07.2004 - 1 BvR 2566/95, WM 2004, S. 1820.

1188 Anders wohl *Hopt*, nach dem Art. 14 GG eine Entschädigung für Schäden am Goodwill gewährt (*Hopt*, in: *Baumbach/Hopt*, HGB, 38. Aufl. 2018, Einl. v. § 1 HGB, Rdnr. 60).

1189 Neben dem MarkenG wird der Goodwill bspw. auch im UrhG thematisiert (siehe bspw. *Dreier*, in: *Dreier/Schulze*, UrhG, 5. Aufl. 2015, § 4 UrhG, Rdnr. 22; *Hans*, GWR 2016, S. 438).

1190 So beispielsweise noch zum Warenzeichengesetz: *Storch*, GRUR 1963, S. 13 f.; *Sack*, GRUR 1972, S. 447, 449; *Sack*, WRP 1985, S. 461 ff; *Lehmann*, GRUR Int. 1986, S. 9, 15; zum MarkenG: *Miehle*, NWB 1995, S. 2964; *Born*, AfP 2005, S. 112; *Kurtz*, GRUR 2007, S. 293, 295; *Fezer*, in: *Fezer*, Markenrecht, 4. Aufl. 2009, § 14 MarkenG, Rdnr. 354; *Ingerl/Rohnke*, in: *Ingerl/Rohnke*, Markengesetz, 3. Aufl. 2010, § 14 MarkenG, Rdnr. 1292; *Kaiser*, in: *Erbs/Kohlhaas*, StrafR Nebengesetze, 210. EL September 2016, § 8 MarkenG, Rdnr. 86; *Götting*, Gewerblicher Rechtsschutz, 10. Aufl. 2014, § 56, Rdnr. 30.

Rechtsprechung[1191] ist. Demnach ist das MarkenG tendenziell auf den Schutz des Goodwill einer Marke und nicht eines Unternehmens ausgerichtet. Dies entspricht auch dem Willen des Gesetzgebers des MarkenG, der den mit dem MarkenG den *„in der Marke verkörperte[n] Goodwill"*[1192] schützen wollte.

Die Aussagen zum Goodwill im Immaterialgüterrecht sind daher für Zwecke der vorliegenden Bearbeitung nicht relevant. Zwar kann auch eine Marke einen Goodwill-Wert darstellen[1193] und der mit der Marke verbundene Goodwill einen Teilaspekt des Goodwill eines Unternehmens bilden. Dennoch hat der Goodwill im Immaterialgüterrecht mit einer Marke, einem Unternehmenskennzeichnen oder einem urheberrechtlich geschützten Werk ein anderes Bezugsobjekt und ist mit dem Goodwill eines Unternehmens nicht deckungsgleich[1194]. Zur Charakterisierung der Merkmale des unternehmerischen Goodwill im Privatrecht ist das Immaterialgüterrecht daher nicht geeignet.

VI. Würdigung: Goodwill im Privatrecht

Zusammenfassend lässt sich als Gesamtbetrachtung für das Privatrecht Folgendes festhalten: Der Goodwill ist im Privatrecht als vermögenswerter Bestandteil eines Unternehmens anerkannt und hat in verschiedenen Bereichen Berücksichtigung gefunden. Der Goodwill ist damit kein ausschließliches Spezifikum des Bilanz- und Steuerrechts. Gleichwohl ist der Begriff des Goodwill im Bilanz- und Steuerrecht wesentlich bedeutsamer und differenzierter. Im Privatrecht wird der Goodwill eher „anlassbezogen" aufgegriffen und eingeordnet, ohne dass eine konsistente und systematische Einordnung und Behandlung des Goodwill erfolgt. Vielfach wird auf Merkmale und Aspekte des Goodwill im Bilanz- und Steuerrecht angeknüpft, ohne dass eine eigene Einordnung vorgenommen wird.

1191 Zum MarkenG: EUGH, Urteil v. 11.11.1997 - C-251/95, GRUR 1998, S. 387; *BPatG*, Beschluss v. 01.07.2004 - 25 W (pat) 85/02, GRUR 2005, S. 343; *BPatG*, Beschluss v. 17.05.1995 - 26 W (pat) 285/93, GRUR 1995, S. 739; anders, und mit Bezug zu dem Goodwill eines Unternehmens (und nicht der Marke): *BPatG*, Beschluss v. 12.11.2008 - 28 W (pat) 263/07, veröffentlicht bei juris und BeckRS 2009, 03700; *BGH*, Urteil v. 07.04.2016 - I ZR 237/14, GRUR 2016, S. 1066; *BGH*, Urteil v. 18.01.2001 - I ZR 175/98, NZI 2001, S. 467.

1192 Siehe hierzu die Begründung im RegE MarkenRRefG, S. 61 und insbesondere S. 72.

1193 Siehe hierzu die Nachweise nachfolgend unter Anhang/ II. Goodwill-Werte (Referenzen).

1194 Dies wird beispielsweise auch in der Definition des Goodwill im Immaterialgüterrecht deutlich: So wird unter dem Begriff des Goodwill vereinzelt *„all das verstanden "was eine Ware verkauft"“* (*Sack*, GRUR 1972, S. 449, Fn. 150).

Da das Privatrecht keine eigene, kohärente Lösung zur Einordnung des Goodwill bereithält, kann das Privatrecht auch nicht zur rechtlichen Einordnung des Goodwill im Bilanz- und Steuerrecht beitragen. Eine rechtliche Einordnung des Goodwill und Lösungsansätze für etwaige Problemstellungen müssen damit unmittelbar aus dem Bilanz- und Steuerrecht heraus abgeleitet werden.

5. Teil - Zusammenfassende Würdigung und Lösungsvorschläge

Nach dem Exkurs zum Privatrecht werden in einem abschließenden, fünften Teil der Arbeit die in den vorangegangenen Teilen gewonnenen Erkenntnisse zum originären und derivativen Goodwill im Bilanzrecht und Steuerrecht zusammengeführt. Dabei werden zunächst Gemeinsamkeiten, Unterschiede und auch Inkonsistenzen in der Behandlung des Goodwill identifiziert (§ 11).

Die Inkonsistenzen in der Behandlung des Goodwill bilden zugleich den Gegenstand des letzten Abschnitts der Arbeit (§ 12). Unter dem Begriff der „Inkonsistenzen" werden vorliegend Brüche und Wertungswidersprüche innerhalb eines Regelungswerkes verstanden, die nicht aus dessen Gesamtkonzept heraus zu begründen sind. Daher wird in diesem Abschnitt untersucht, ob die Inkonsistenzen beseitigt werden sollten und ob hierfür gegebenenfalls Lösungsansätze bereitgestellt werden können.

§ 11 Gemeinsamkeiten, Unterschiede und Inkonsistenzen

Obwohl der Goodwill in der Literatur und Rechtsprechung zum Bilanzrecht und Steuerrecht sehr intensiv behandelt wird und in diesen Gebieten auf eine lange Tradition zurückblicken kann, fällt das Ergebnis ernüchternd aus: Im Bilanzrecht und Steuerrecht hat sich bisher keine einheitliche Behandlung und bilanzielle Abbildung des Goodwill etabliert. Zwar können in den beiden Rechtsgebieten verschiedene Gemeinsamkeiten festgestellt werden, allerdings sind auch wesentliche Unterschiede erkennbar. Darüber hinaus können auch innerhalb der einzelnen Regelwerke Inkonsistenzen in der Behandlung des Goodwill identifiziert werden.

I. Gemeinsamkeiten in der Behandlung des Goodwill

Die Gemeinsamkeiten in der Behandlung des Goodwill sind überschaubar: Sie bestehen darin, dass der Goodwill als vermögenswerte Sammelposition von Goodwill-Werten mit einem Unternehmen als Bezugsobjekt angesehen wird. Darüber hinaus bestehen weitere Gemeinsamkeiten in der (Nicht-)Berücksichtigung des originären Goodwill und der Wertbemessung des derivativen Goodwill.

1. *Goodwill als immaterieller Vermögenswert*

Eine erste Gemeinsamkeit der betrachteten Bilanzierungsregeln betrifft die unterste Zuordnungsebene des Goodwill: Sämtliche Regelwerke erkennen an, dass der Goodwill ein immaterieller Vermögenswert ist. Auch auf der nächsten Zuordnungsebene besteht, zumindest im Hinblick auf den derivativen Goodwill, dahingehend Einigkeit, dass dieser ein Vermögensgegenstand, *asset* bzw. Wirtschaftsgut ist.

Jedoch zeichnen sich bereits auf dieser Zuordnungsebene erste Unterschiede ab: Während das Steuerbilanzrecht aufgrund des weiten Wirtschaftsgutsbegriffs unproblematisch zur Einordnung des derivativen Goodwill als Wirtschaftsgut kommt, die IFRS den derivativen Goodwill nunmehr[1195] ohne weitere Erläuterung als *asset* qualifiziert, so gibt das Handelsbilanzrecht schon im Gesetzeswortlaut zu erkennen, dass es im derivativen Geschäfts- oder Firmenwert im Grunde keinen vollwertigen Vermögensgegenstand sieht. Nur durch eine Fiktion stellt das Handelsbilanzrecht den Gleichlauf mit den anderen Regelwerken her.

2. *Goodwill als Sammelposten von Goodwill-Werten*

Ebenso ist sämtlichen betrachteten Bilanzierungsregeln gemein, dass sie im Goodwill eine Sammelposition von immateriellen vermögenswerten Vorteilen sehen, die nicht in anderen Vermögensgegenständen, *assets* oder Wirtschaftsgütern verkörpert sind. Damit sehen die Regelwerke im Goodwill vielmehr eine bilanzielle Residualgröße, in der alle Positionen aufgefangen werden, denen irgendein Vermögenswert beigemessen werden kann und die in keiner anderen Bilanzposition verortet werden konnten.

Die betrachteten Regelwerke haben zudem gemein, dass sie das in die Zukunft gerichtete Potential des Goodwill anerkennen. Während im Handelsbilanzrecht und insbesondere Steuerbilanzrecht dieser Aspekt von der Literatur und Rechtsprechung hervorgehoben wird, haben die IFRS die „*future economic benefits*“ bereits in der Definition des derivativen Goodwill verankert und messen diesem Aspekt höhere Bedeutung bei.

1195 Auch die IFRS haben in früheren *Standards* nicht ohne Weiteres den derivativen Goodwill als *asset* qualifiziert: So wurde in den IAS 22.41 (revised 1998) und IFRS 3.51 (2004) noch die Behandlung des derivativen Goodwill „*as an asset*“ ausdrücklich angeordnet.

3. *Unternehmen als Bezugsobjekt des Goodwill*

Es besteht Einigkeit, dass das Bezugsobjekt für den Goodwill ein Unternehmen ist. Nach einhelliger Ansicht ist der Goodwill untrennbar mit dem Unternehmen verbunden, so dass er nur mir diesem übertragen werden kann. Der Goodwill ist damit vom Bestand des Unternehmens abhängig und geht mit diesem unter.

Unterschiede bestehen im Hinblick auf die Frage, ob der derivative Goodwill sich auch auf Teile eines Unternehmens oder Betriebes beziehen kann. Das ist eine Frage der nachfolgend behandelten „Teilbarkeit" des Goodwill[1196].

4. *Nebeneinanderbestehen mehrerer „Goodwills"*

Die Unterscheidung zwischen originärem und derivativem Goodwill ist in sämtlichen Regelwerken verankert. Sämtliche Regelwerke erkennen an, dass ein Unternehmen neben einem originären Goodwill auch einen oder mehrere derivative Goodwills haben kann und diese unabhängig voneinander und nebeneinander bestehen können[1197]. Unterschiede bestehen im Hinblick auf die Ausfüllung des Begriffs des derivativen Goodwill[1198].

5. *Keine bilanzielle Berücksichtigung des originären Goodwill*

Von den betrachteten Regelwerken sieht keines ausdrücklich die Bilanzierung des originären Goodwill vor. Vielmehr enthalten diese entweder ein ausdrückliches oder ein implizites Bilanzierungsverbot. Der Bilanz lässt sich damit nicht das volle Potential des Unternehmens mitsamt seinem Goodwill entnehmen.

Sämtliche Bilanzierungsregeln sehen damit auch eine Ungleichbehandlung von originärem und derivativem Goodwill vor. Weil der originäre Goodwill nicht bilanziert werden darf, ist der bilanzielle Goodwill des Unternehmens auch tendenziell eher statischer und weniger organischer Natur.

Die bilanzielle Nichterfassung des originären Goodwill führt in steuerlicher Hinsicht dazu, dass sämtliche Investitionen in den originären Goodwill sofort abzugsfähig sind und sich der Aufbau des originären Goodwill steuermindernd auswirkt. Umgekehrt wird der derivative Goodwill nur im Wege planmäßiger

---

1196 Zur „Teilbarkeit" siehe nachfolgend unter § 11 II. 1.

1197 Geradezu diametral zu dieser Grundwertung steht die Einheitstheorie des Steuerrechts, nach der ein Unternehmen nur einen Goodwill haben kann und sich die Bestandteile von originärem und derivativem Goodwill untrennbar zu einem einheitlichen Goodwill verbinden.

1198 Zum Begriff des Goodwill siehe nachfolgend unter

und außerplanmäßiger Ausgaben berücksichtigt, nicht jedoch dessen „Aufbau". Durch die Nicht-Berücksichtigung des originären Goodwill werden internes und externes Unternehmenswachstum steuerlich unterschiedlich gewürdigt.

Auch wenn sämtliche Regelwerke dem Grunde nach von einer Nichtaktivierbarkeit des originären Goodwill ausgehen, bestehen Unterschiede im Hinblick auf die konsequente Umsetzung dieser Grundentscheidung[1199].

6. *Derivativer Goodwill als bilanzielle Residualgröße*

Den betrachteten Regelwerken ist ebenso gemein, dass sie den derivativen Goodwill im Rahmen des erstmaligen Bilanzansatzes auch im Hinblick auf dessen Wert als Residualgröße ansehen, mithin als Überschuss der Anschaffungskosten über den Substanzwert des Unternehmens. Weitreichende Unterschiede ergeben sich jedoch im Hinblick auf die Höhe des anzusetzenden Betrages. Darauf ist im Rahmen der Unterschiede in der Behandlung sogleich noch einzugehen[1200].

II. Unterschiede in der Behandlung des Goodwill

Gegenüber den eben dargestellten Gemeinsamkeiten wirken sich die Unterschiede in der Behandlung des Goodwill in qualitativer Hinsicht wesentlich stärker aus. Die Ungleichbehandlungen betreffen mit den Fragen nach der Teilbarkeit des Goodwill, dem Begriff des derivativen Goodwill und dessen „Lebensdauer" einerseits das „Wesen" des Goodwill. Andererseits sind mit Fragen des Erwerbsvorganges, der steuerrechtlichen Behandlung und der wertmäßigen Abbildung des derivativen Goodwill auch die äußeren Rahmenbedingungen des Goodwill berührt.

1. *„Teilbarkeit" des Goodwill*

Ob und in welchem Umfang die „Teilbarkeit" des Goodwill möglich und zulässig ist, wird in den Regelwerken unterschiedlich beurteilt. Während das Handelsbilanzrecht und Steuerbilanzrecht[1201] anerkennen, dass auch eigenständige Unternehmensteile und Betriebsteile einen eigenen derivativen Goodwill haben können, gehen die IFRS (und auch die US-GAAP) einen Schritt weiter und

---

1199 Siehe hierzu die Ausführungen im Rahmen der Inkonsistenzen unter § 11 III. 1.

1200 Zum Wertansatz des derivativen Goodwill siehe nachfolgend unter § 11 II. 6.

1201 Noch einen Schritt weiter geht die Einheitstheorie des Steuerrechts, nach der ein Unternehmen nur einen einheitlichen Goodwill (das schließt begrifflich originäre und derivative Bestandteile ein) der nicht aufgeteilt werden kann.

setzen konzeptionell die Verteilung des derivativen Goodwill auf verschiedene abgrenzbare Teile des Unternehmens zum Zweck der Überprüfung der Werthaltigkeit gerade voraus.

2. Neutralität gegenüber der Erwerbsform

Erhebliche Unterschiede bestehen im Hinblick auf die Bilanzierung des derivativen Goodwill je nach dem zugrunde liegenden Erwerbsvorgang.

Die IFRS stehen dem zugrunde liegenden Erwerbsvorgang neutral gegenüber und differenzieren nicht zwischen *asset deal* und *share deal*. Anders ist die Situation im Handelsbilanzrecht und Steuerbilanzrecht, die in dieser Hinsicht klar differenzieren: Der derivative Goodwill kann nur bei einem *asset deal* als eigene Bilanzposition angesetzt werden. Demgegenüber kann bei einem *share deal* der derivative Goodwill nicht in der Bilanz erfasst werden. In beiden Fällen wird jedoch der gleiche Goodwill übertragen. Die unterschiedliche rechtliche Ausgestaltung des Erwerbsvorgangs führt zu unterschiedlichen Maßstäben bei der Folgebehandlung des Goodwill. Denn der derivative Goodwill aus einem *share deal* darf als Bestandteil der Bilanzposition „Beteiligung" nicht planmäßig abgeschrieben werden. Die Ungleichbehandlung ein und desselben Goodwill auf Grundlage des Erwerbsvorgangs kann zumindest aus der Natur des Goodwill heraus nicht gerechtfertigt werden.

In einer Gesamtbetrachtung des Handelsbilanzrechts verliert diese Ungleichbehandlung wieder an Bedeutung: Auch wenn der derivative Goodwill aus einem *share deal* im Einzelabschluss nicht erkennbar ist, so ist dieser auf Ebene des zu erstellenden Konzernabschlusses wieder aus der Bilanz ersichtlich.

Im Steuerbilanzrecht ist die Erstellung einer Konzernbilanz nicht vorgesehen, so dass der Goodwill aus einem *share deal* in der Bilanz unsichtbar bleibt. Diese Ungleichbehandlung stellt im Ergebnis dennoch keine Inkonsistenz dar. Die Steuerbilanz dient in der Hauptsache der Zahlungsbemessung und nicht der Informationsvermittlung, so dass der Nichtausweis gerade mit dem Zusammenwirken von Steuerbilanzrecht und materiellem Steuerrecht schlüssig ist: Mit der Einordnung des derivativen Goodwill aus einem *share deal* als eigenständiges Wirtschaftsgut wäre dieser über die Nutzungsdauer abzuschreiben. Die Abschreibung stünde aber mit dem Regelungsgehalt des § 8b Abs. 2 S. 1 KStG in Widerspruch, der den Veräußerungsgewinn aus dem Verkauf der Beteiligung steuerfrei stellt. Durch die vorangegangene Abschreibung würde der Verkäufer durch ein und denselben Sachverhalt doppelt profitieren. Ohne eine entsprechende Änderung des § 8b Abs. 2 S. 1 KStG würde damit der *share deal* gegenüber dem *asset deal* ohne Grund ökonomisch und fiskalisch besser gestellt werden.

Insofern wäre eine Gleichbehandlung im Steuerbilanzrecht nur mit erheblichen Eingriffen in das Steuerbilanzrecht und/oder materielle Steuerrecht erreichbar, jedoch ohne erkennbaren Gewinn für die Steuerbilanz und deren Zahlungsbemessungsfunktion.

Mit diesen Überlegungen stellt die Ungleichbehandlung des derivativen Goodwill im Handels- und Steuerbilanzrecht je nach der Erwerbsform keine Inkonsistenz dar, sondern ist im Gesamtgefüge erklärbar und hinnehmbar[1202].

3. *Begriff des derivativen Goodwill*

Unterschiede bestehen auch im Hinblick auf den Begriff des derivativen Goodwill. Für den Bilanzansatz des derivativen Goodwill im Handelsbilanzrecht ist erforderlich, dass dieser aus der Übernahme eines Unternehmens entstanden ist. Demgegenüber lässt das Steuerbilanzrecht es für die Annahme eines derivativen Goodwill bereits genügen, wenn lediglich eine Beteiligung an einer Personengesellschaft übertragen wird. Ein ähnlich weites Verständnis legen auch die IFRS zugrunde, indem nach der *full goodwill*-Methode auch solche Anteile in der Bilanz ausgewiesen werden dürfen, die rechtlich einem Minderheitengesellschafter zustehen.

4. *„Lebensdauer" des derivativen Goodwill*

Die betrachteten Regelwerke beantworten die Frage, welche „Lebensdauer" für den derivativen Goodwill anzunehmen ist, auf sehr unterschiedliche Weise. Im Kern erkennen zwar alle Regelwerke an, dass die einzelnen Goodwill-Werte und der Goodwill einer Verflüchtigung oder einem Werteverzehr unterliegen können. Das gilt auch für den *impairment only approach* in den IFRS und US-GAAP als restriktivstem Ansatz in den betrachteten Regelwerken[1203]: Auch dieser erkennt an, dass der Goodwill einem Werteverzehr unterliegen kann und in der Folge

1202 A.A. *Hennrichs*, der die unterschiedliche Behandlung für rechtspolitisch nicht überzeigend hält (*Hennrichs*, in: MünchKomm-BilanzR/HGB, 2013, § 246 HGB, Rdnr. 149); ebenso *Oser*, der darin den *impairment only approach* im handelsrechtlichen Einzelabschluss sieht (*Oser*, DB 2008, S. 362, Fn. 13).

1203 Einen ähnlichen restriktiven Ansatz verfolgt auch die Einheitstheorie im Steuerrecht, die im Goodwill grundsätzlich einen Vermögensgegenstand von unbegrenzter Nutzungsdauer sieht.

abgeschrieben werden muss. Jedoch geht dieser in einem ersten Schritt davon aus, dass der Goodwill zunächst einmal eine unbestimmte „Lebensdauer" hat.

Den Gegenpol hierzu bilden das Handelsbilanzrecht, das Steuerbilanzrecht und die IFRS for SMEs, die mit der planmäßigen Abschreibung einen vergleichsweise starren Mechanismus zur zeitlichen Beschränkung der Bilanzierung des derivativen Goodwill vorsehen.

Eine Besonderheit in Zusammenhang mit der „Lebensdauer" des derivativen Goodwill hält das Steuerbilanzrecht bereit, indem es grundsätzlich ein Wertaufholungsgebot nach erfolgter Teilwertabschreibung vorsieht. Jedoch spricht bei einer „Erholung" des Goodwill vieles dafür, dass derivative Goodwill-Werte durch originäre Goodwill-Werte substituiert wurden und eigentlich nicht aktiviert werden dürften. Gerade diese Problematik wird nachfolgend noch gesondert gewürdigt[1204].

5. *Behandlung im materiellen Steuerrecht*

Innerhalb des materiellen Steuerrechts bestehen erhebliche Unterschiede, wie die Veräußerung des Unternehmens mitsamt seinem originären Goodwill besteuert wird. Korrespondierend zur steuerlichen Berücksichtigung der Aufwendungen zur Herausbildung des originären Goodwill müsste dieser bei dessen Übertragung voll besteuert werden. Ob und wie der Steuerzugriff erfolgt, hängt jedoch in hohem Maße davon ab, ob natürliche oder juristische Personen auf Verkäufer und Erwerberseite beteiligt sind und wie der Erwerb des Unternehmenskaufs rechtlich ausgestaltet ist.

6. *Wertansatz des derivativen Goodwill*

Der Wert des Goodwill kann nur als Residualgröße aus dem Unterschied von Unternehmenswert und Substanzwert ermittelt werden. Daher hängt der Wert des Goodwill unmittelbar von der jeweiligen Methode der Unternehmensbewertung und der darin getroffenen Annahmen (bspw. Kapitalisierungszinssatz) ab. Den „einen" oder „richtigen" Wert des Goodwill kann es daher nicht geben.

Aber auch in der bilanziellen Abbildung dieses Wertes ergeben sich noch weitere Unterschiede in den betrachteten Regelwerken. So wird im Handelsbilanzrecht der Unterschiedsbetrag zwischen dem Unternehmenskaufpreis und dem Substanzwert in der Bilanz angesetzt. Dieser Unterschiedsbetrag kann jedoch auch Komponenten wie das „Verhandlungsgeschick" des Verkäufers oder

---

1204 Siehe nachfolgend unter § 11 III. 1. und insbesondere § 12 I. 1.

sonstige „betriebliche oder private Motive“ des Käufers mitabgelten und so als Bestandteil des derivativen Goodwill Eingang in die Bilanz finden[1205]. Die restriktivste Position nimmt hier das Steuerbilanzrecht ein, das im Wertansatz des Goodwill solche Kaufpreisanteile unberücksichtigt lässt, die aufgrund der vorgenannten Umstände oder Motive geleistet wurden (bspw.: „Lästigenaufschlag“). Damit ist der im Steuerbilanzrecht bilanzierte derivative Goodwill im Kern auf immaterielle Vermögenswerte reduziert und dürfte dadurch den Wert des Goodwill als immateriellen Gesamtvermögenswert zutreffender abbilden als in den anderen Regelwerken.

III. Inkonsistenzen

Neben Gemeinsamkeiten und Unterschieden sind auch vereinzelte Inkonsistenzen in den Regelwerken identifizierbar. Diese betreffen die Behandlung des originären Goodwill und, als Parallelproblematik, die Abschreibung des derivativen Goodwill. In der Behandlung des derivativen negativen Goodwill kann eine weitere Inkonsistenz gesehen werden.

1. Bilanzielle Erfassung des originären Goodwill

Eine Inkonsistenz ist in der Behandlung des originären Goodwill zu sehen. Dessen Aktivierung ist zwar nach allen betrachteten Bilanzierungsregeln verboten. Jedoch birgt der *impairment only approach* der IFRS und der US-GAAP die Gefahr, dass der originäre Goodwill durch unterbliebene außerplanmäßige Abschreibungen dennoch „durch die Hintertür“ Eingang in die Bilanz findet. Die gleiche Gefahr geht auch von dem Wertaufholungsgebot nach erfolgter Teilwertabschreibung im Steuerbilanzrecht aus[1206].

Es stellt sich die Frage: Wenn die bilanzielle Erfassung des originären Goodwill trotz eines Verbotes zugelassen wird, sprechen dann vielleicht sogar gute Gründe dafür, originären und derivativen Goodwill gleich zu behandeln und den Bilanzansatz des originären Goodwill generell zuzulassen? Dieser Frage ist nachzugehen[1207].

1205 Siehe hierzu auch Arbeitskreis "Immaterielle Werte im Rechnungswesen", DB 2001, S. 991.

1206 Gleichwohl ist die Gefahr im Steuerbilanzrecht erheblich gemildert, denn nach überwiegender Ansicht geht das handelsbilanzielle Wertaufholungsverbot im Wege des Maßgeblichkeitsprinzips vor.

1207 Zur Frage der Bilanzierung des originären Goodwill siehe nachfolgend unter § 12 I. 1.

2. *Abnutzungsverlauf und Werteverzehr des derivativen Goodwill*

Unmittelbar verknüpft mit der soeben geschilderten Nachaktivierungsproblematik ist die generelle Frage nach der bilanziellen Abbildung des Abnutzungsverlaufs und Werteverzehrs des derivativen Goodwill. Während die IFRS und die US-GAAP diese Frage mit ausschließlich außerplanmäßigen Abschreibungen im Rahmen des *impairment only approach* beantworten und sich so dem Vorwurf einer immanenten Inkonsistenz ausgesetzt sehen, beantworten die anderen betrachteten Regelwerke diese Frage mit planmäßigen Abschreibungen unterschiedlicher Dauer.

Nachfolgend[1208] wird daher zunächst der generellen Frage nachgegangen, ob der derivative Goodwill einem Werteverzehr unterliegt und wie dieser gegebenenfalls zutreffend in der Bilanz abgebildet werden kann. Darauf aufbauend wird nach einer Möglichkeit zur Vermeidung der Nachaktivierung des originären Goodwill und zur Beseitigung dieser Inkonsistenz gesucht.

3. *Behandlung des derivativen negativen Goodwill*

Eine weitere Inkonsistenz liegt in der bilanziellen Abbildung des derivativen negativen Goodwill. Zwar wird die Existenz des negativen Goodwill in den betrachteten Regelwerken im Grundsatz anerkannt: So ist der Ausweis des derivativen negativen Goodwill im Konzernabschluss des Handelsbilanzrechts ausdrücklich vorgesehen – allerdings gilt dies nicht für den Einzelabschluss.

Unabhängig davon werden für den derivativen negativen Goodwill verschiedene Behandlungsmöglichkeiten vorgeschlagen, denen unterschiedliche Vorstellungen über dessen „Wesen“ zugrunde liegen: So ist im Schrifttum zum Handelsbilanzrecht anerkannt, dass der Goodwill aus verschiedenen Goodwill-Werten besteht, die im Falle des negativen Goodwill schlicht ein negatives Vorzeichen haben. Anders sehen dies die IFRS, die den derivativen negativen Goodwill schlicht auf besonderes Verhandlungsgeschick des Käufers zurückführen. Ausgehend von diesen höchst unterschiedlichen Einordnungen kann im ersten Fall ein Bilanzansatz erfolgen, im zweiten Fall bleibt nur die sofortige gewinnwirksame Vereinnahmung.

Es wird daher nachfolgend[1209] der Frage nachgegangen, ob und wie der derivative negative Goodwill in der Bilanz erfasst und so ein Gleichlauf mit dem derivativen positiven Goodwill erzielt werden könnte.

1208 Zur Frage des Abschreibungsverlaufs und Werteverzehrs des Goodwill siehe nachfolgend § 12 I. 2.

1209 Zum derivativen negativen Goodwill siehe nachfolgend unter § 12 I. 3.

§ 12 Lösungsansätze und abschließende Würdigung

In dem folgenden Abschnitt wird der Frage nachgegangen, ob und wie die soeben identifizierten Inkonsistenzen in der Behandlung des Goodwill beseitigt werden können. Daneben steht die Frage, ob eine alternative Herangehensweise mit geltendem Recht vereinbar und wünschenswert wäre.

Dieser Abschnitt und auch die gesamte Bearbeitung schließt mit einer kurzen Würdigung zum Goodwill im Bilanzrecht.

I. Lösungsansätze zur Beseitigung der Inkonsistenzen

Als eine Inkonsistenz in den betrachteten Regelwerken konnte die Behandlung des originären Goodwill identifiziert werden. Hier steht in Frage, ob der originäre Goodwill aktiviert werden darf oder sollte.

Eine weiterer Problempunkt liegt in der Abschreibung des derivativen Goodwill. Für die Frage nach der „richtigen" Abschreibung des derivativen Goodwill ist entscheidend, welche „Lebensdauer" dem derivativen Goodwill beigemessen ist. Dies stellt eine zentrale Weichenstellung in der Behandlung des Goodwill dar, dementsprechend soll dieser Aspekt eingehend gewürdigt werden.

Zuletzt soll der Frage nachgegangen werden, ob die Inkonsistenz in der Behandlung des negativen derivativen Goodwill behebbar ist und wie dieser zutreffend in der Bilanz abgebildet werden kann.

1. Gleichbehandlung von originärem und derivativem Goodwill?

Zu beginnen ist mit der Frage, ob der originäre Goodwill nicht ebenso wie der derivative Goodwill zu bilanzieren und damit bilanziell gleich zu behandeln ist. Zwar sprechen sich sämtliche der dargestellten Regelwerke gegen die Bilanzierung des originären Goodwill aus, dennoch wird teilweise[1210] die Nachaktivierung von originären Goodwill-Bestandteilen zumindest sehenden Auges hingenommen. Vor diesem Hintergrund ist der Ansatz des originären Goodwill für die Regelwerke nicht gänzlich fremd und es ist eine Überlegung wert, ob nicht doch gute Gründe für die Aktivierung des originären Goodwill in der Bilanz sprechen. Gleichwohl ist zugleich auch die Frage zu stellen, ob die Bilanzierung des originären Goodwill überhaupt wünschenswert wäre.

Als Grundvoraussetzung für die Aktivierung des originären Goodwill müsste dieser die Merkmale eines Vermögensgegenstandes erfüllen.

1210 Als Ausgangspunkt für die Problematik siehe hierzu zuvor unter § 7 II. 5. b).

a) Originärer Goodwill als Vermögensgegenstand?

Der originäre Goodwill erfüllt, ebenso wie der derivative Goodwill[1211], schon nicht das Merkmal der abstrakten Aktivierungsfähigkeit als Voraussetzung für einen Vermögensgegenstand[1212]. Jedoch wäre denkbar, dieses Defizit zu beheben und analog zur Regelung in § 246 Abs. 1 S. 3 HGB auch den originären Goodwill *de lege ferenda* im Wege einer gesetzliche Fiktion zum Vermögenswert zu erklären.

Originärer und derivativer Goodwill sind im Hinblick auf die (Nicht-)Erfüllung der Merkmale eines Vermögensgegenstandes allerdings nicht vergleichbar. Fehlt es bei dem derivativen Goodwill „nur" an dem Merkmal der Einzelverwertbarkeit[1213], so ist es bei dem originären Goodwill schon die Frage seines ökonomischen Gehaltes der Anlass zu Zweifeln bietet. Die Einordnung eines wie immer zu verstehenden „Gegenstandes" als Vermögensgegenstand kann immer dann – aber auch nur dann – erfolgen, wenn durch diesen „Gegenstand" künftiger ökonomischer Nutzen entstehen kann; etwa in der Form von Einzahlungsüberschüssen oder der Minderung von Auszahlungen[1214]. Ohne einen solchen ökonomischen Nutzen kann auch kein Vermögensgegenstand vorliegen. Ob beispielsweise Ausgaben für Forschung und Entwicklung nachhaltig sind und in entsprechenden Goodwill-Werten münden, ist fraglich. In der Regel dürfte weder der Betrag, der zum Aufbau des originären Goodwill getätigten Aufwendungen, noch der Zeitwert mit einer für die Bilanzbewertung hinreichenden Sicherheit und Genauigkeit beziffert werden können[1215]. Anders als bei dem

1211 Zur Rechtsnatur des Goodwill und der Einordnung als Vermögenswert siehe § 3 II. 1. b).

1212 Für den originären Goodwill dürfte weder das Merkmal der selbständigen Verwertbarkeit noch das Merkmal der Einzelveräußerlichkeit erfüllt sein (siehe hierzu auch *Arbeitskreis "Immaterielle Werte im Rechnungswesen"*, DB 2001, S. 991, 992).

1213 Daneben wird nach weit verbreiteter Ansicht auch die Erfüllung der Merkmale Einzelvollstreckbarkeit und Einzelveräußerbarkeit angezweifelt; siehe hierzu zuvor unter § 3 II. 1.

1214 *Hoffmann/Lüdenbach*, in: *Hoffmann/Lüdenbach*, Bilanzierung, 9. Aufl. 2018, § 246 HGB, Rdnr. 13.

1215 Siehe *Adler/Düring/Schmaltz*, Rechnungslegung und Prüfung, 6. Aufl. 1995, § 255 HGB, Rdnr. 257; *Schmidt*, Rechnungslegung zur Zahlungsbemessung und Informationsvermittlung, 2007, S. 72.

derivativen Goodwill ist der Wert des originären Goodwill schlicht noch nicht objektiviert und am Markt bestätigt worden[1216].

Vor dem Hintergrund dieser Überlegungen wird deutlich, dass der originäre Goodwill die Anforderungen an einen Vermögensgegenstand bei Weitem verfehlt. Für dessen Ansatz müsste der Begriff des Vermögensgegenstandes erheblich erweitert werden. Es bleibt zu untersuchen, ob andere Gründe für den Bilanzansatz des originären Goodwill sprechen.

b) Verhinderung der Bildung stiller Reserven?

Für die Bilanzierung des originären Goodwill könnte sprechen, dass durch den offenen Bilanzausweis die Bildung von stillen Reserven[1217] in Höhe des Bilanzwertes vermieden wird. An diesem Punkt sind die soeben angestellten Überlegungen zum Vermögensgegenstandsbegriff erneut relevant: Die Bildung von stillen Reserven kann nur dann vermieden werden, wenn tatsächlich auch ein Bilanzansatz möglich ist. Das setzt allerdings voraus, dass der Vermögensgegenstandsbegriff zugunsten des originären Goodwill erweitert wird. Insofern bleibt es zunächst bei der Frage, ob andere Gründe für den Bilanzansatz des originären Goodwill sprechen.

c) Gleichmäßigkeit der Besteuerung?

Für die Aktivierung des originären Goodwill wird mit dem Grundsatz der Gleichmäßigkeit der Besteuerung teilweise [1218] auch ein fiskalisches Element angeführt. Dadurch, dass die Ausgaben für den Aufbau des originären Goodwill steuerlich als Aufwendungen berücksichtigt werden können, würde das interne Wachstum gegenüber dem externen Unternehmenswachstum steuerlich begünstigt werden.

Dem ist entgegenzuhalten, dass originärer und derivativer Goodwill in fiskalischer Hinsicht wirtschaftlich nicht vergleichbar sind: Sofern Ausgaben für die Bildung eines originären Goodwill zu aktivieren sind, stehen diese nicht mehr als Aufwendungen steuermindernd zur Verfügung; der Gewinnausweis des

1216 Die Bestätigung am Markt ist jedoch schon vom *RFH* ausdrücklich verlangt worden; siehe hierzu als Grundsatzurteile: *RFH*, Urteil v. 28.02.1930 - III A 84/28, RStBl. 1930, S. 287; *RFH*, Urteil v. 15.07.1931 - VI A 567/31, StuW 1931, Sp. 1680.

1217 Zum Verhältnis von originärem Goodwill und stillen Reserven siehe § 2 I. 6. b) und § 5 I. 2. c).

1218 Dies wurde von *Becker* bereits im Jahr 1931 gefordert (*Becker*, StuW 1931, Sp. 1418) und neben fiskalischen auch mit wettbewerbsrechtlichen Argumenten begründet.

Unternehmens erhöht sich. In der Rechnungslegungsperiode der Auszahlung dürften sich aber die Investitionen noch nicht in Mittelzuflüssen oder Gewinnen manifestiert haben, so dass es zu einem frühzeitigen Gewinnausweis kommt[1219]. Die Gleichmäßigkeit der Besteuerung ist in diesem Fall gerade nicht gewahrt. Denn bei einem derivativen Goodwill ist der zukünftige Nutzen in Form von zukünftigen Mittelzuflüssen wesentlich konkreter; andernfalls hätte, rationales kaufmännisches Handeln unterstellt, kein Mehrpreis auf den Substanzwert des Unternehmens gezahlt werden dürfen. Durch die Besteuerung des Unternehmens in einem Zeitpunkt, in dem der künftige Nutzen der Investitionen noch nicht klar ist, wird dem Unternehmen zugleich auch die Möglichkeit des internen Wachstums erschwert.

Vor diesem Hintergrund kann die Bilanzierung des originären Goodwill zumindest nicht mit fiskalischen Überlegungen gerechtfertigt werden. Es ist zu fragen, ob die Bilanzierung dem Informationsgehalt der Rechnungslegung dient.

d) Erhöhter Informationsgehalt durch Bilanzausweis?

Für den Bilanzausweis des originären Goodwill könnte sprechen, dass dieser einen erhöhten Informationsgehalt der Rechnungslegung ermöglicht.

Die unterschiedslose Bilanzierung von originärem und derivativem Goodwill würde dem Primat des *true and fair view* genügen und eine umfassende Informationsfunktion im Jahresabschluss ermöglichen. Durch den Gleichlauf würde auch die ökonomisch gleiche Behandlung von internem und externem Unternehmenswachstum in der Rechnungslegung ermöglicht werden[1220]. Durch den Bilanzausweis des originären Goodwill würde das volle Potential des (Gesamt-)

1219 Auf ein buchungstechnisches Problem weist in diesem Zusammenhang *Schmidt* hin: Sofern am Geschäftsjahresende eine tatsächliche Wertsteigerung des Goodwill feststellbar ist, wäre eine nachträglich Aktivierung von Aufwendungen in gleicher Höhe denkbar. Allerdings wäre es dennoch nicht möglich, die bestehenden Aufwandskonten aufgrund von Zuordnungsschwierigkeiten verursachungsgerecht und willkürfrei zu entlasten; möglich wäre nur der Ausweis eines entsprechenden Ertrags. Dies wäre jedoch ein unrealisierter Ertrag und würde damit gegen das Realisationsprinzip verstoßen (zum Ganzen: *Schmidt*, Rechnungslegung zur Zahlungsbemessung und Informationsvermittlung, 2007, S. 257, 258).

1220 Hierzu auch *Schmidt*, Rechnungslegung zur Zahlungsbemessung und Informationsvermittlung, 2007, S. 255, 256. Ebenso hat bereits *Take* im Jahr 1939 den Ausweis des originären Goodwill aus Gründen der Genauigkeit der Erfolgsrechnung und der richtigen periodischen Abgrenzung von Aufwand und Leistung gefordert (*Take*, Geschäfts- oder Firmenwert, 1939, S. 93).

Goodwill eines Unternehmens unmittelbar aus der Bilanz erkennbar werden. Der Bilanzausweis würde auch dem in § 246 Abs. 1 S. 1 HGB verankerten Vollständigkeitsgebot genügen[1221], indem die im Goodwill verkörperten immateriellen Werte Eingang in die Bilanz finden würden[1222]. Mit dem Verzicht auf einen Bilanzansatz des originären Goodwill nehmen die Regelwerke somit bewusst eine unvollständige Vermögens- und Erfolgsermittlung in Kauf[1223].

Ungleich schwerer wiegt jedoch das Argument gegen den Bilanzansatz: Dagegen spricht das erhebliche Missbrauchspotential, das die Folge von Ermessensspielräumen bei der Abgrenzung von Investitionen in den originären Goodwill und laufendem Aufwand ist[1224]. Es dürfte nur schwer und allenfalls im Einzelfall nachvollziehbar sein, welche Aufwendungen tatsächlich zu einem Zuwachs an originärem Goodwill geführt haben[1225]. Der Gewinn an Information würde mit der erheblichen Gefahr der Bilanzmanipulation erkauft werden.

Gegen den Bilanzausweis für Zwecke eines erhöhten Informationsgehaltes spricht auch, dass die Regelungswerke zu einem wesentlichen Teil über die Bemessung von Ausschüttungen und Steuerzahlungen bestimmen. Gerade im Hinblick auf die damit einhergehende Steuerbelastung wurde der Bilanzansatz des originären Goodwill soeben abgelehnt. Solange und soweit die Regelungswerke multifunktional ausgestaltet sind, kann der erhöhte Informationsgehalt alleine nicht für den Bilanzansatz des originären Goodwill überzeugen[1226].

1221 Das Vollständigkeitsgebot verpflichtet jeden Kaufmann, sämtliche Vermögensgegenstände, Schulden, RAPs, Aufwendungen und Erträge im Jahresabschluss auszuweisen (*Adler/Düring/Schmaltz*, Rechnungslegung und Prüfung, 6. Aufl. 1998, § 246 HGB, Rdnr. 1).

1222 Siehe hierzu auch Arbeitskreis "Immaterielle Werte im Rechnungswesen", DB 2001, S. 992.

1223 Ähnlich auch *Schmidt*, Rechnungslegung zur Zahlungsbemessung und Informationsvermittlung, 2007, S. 122.

1224 Dieses Problem spricht bereits *Take* im Jahr 1939 an (*Take*, Geschäfts- oder Firmenwert, 1939, S. 94).

1225 Zwar sieht *Take* dieses Abgrenzungsproblem, spricht sich im Ergebnis jedoch für die Bilanzierung des originären Goodwill aus (*Take*, Geschäfts- oder Firmenwert, 1939, S. 94). Anders *Schmidt*, der keine verlässliche Beziehung zwischen Aufwand und Zuwachs an Goodwill erkennen kann und hier ein Abgrenzungsproblem zwischen wirksamen und nicht wirksamen Auszahlungen sieht (*Schmidt*, Rechnungslegung zur Zahlungsbemessung und Informationsvermittlung, 2007, S. 257).

1226 Siehe hierzu auch die Anmerkungen in der nachfolgenden Fn. 1228.

e) *Strukturentscheidung gegen Bilanzierung des originären Goodwill*

Neben den vorgenannten Aspekten spricht gerade auch die strukturelle Ausrichtung der verschiedenen Regelwerke gegen die Bilanzierung des originären Goodwill. Das offensichtliche Merkmal für eine Entscheidung gegen den originären Goodwill ist das ausdrückliche Verbot für dessen Bilanzansatz. Jedoch ist auch strukturell mit dem Zuschreibungsverbot nach einer Wertaufholung ein Gesamtkonzept erkennbar, das gegen den Bilanzansatz des originären Goodwill spricht: Selbst die IFRS und die US-GAAP als Rechnungslegungskonzepte, die mit dem *impairment only approach* eine Nachaktivierung von Bestandteilen des originären Goodwill „durch die Hintertür" begünstigen, geben mit dem ausdrücklichen Zuschreibungsverbot[1227] nach einer Wertaufholung klar zu erkennen, dass dem System eine klare Entscheidung gegen die Aktivierung originärer Goodwill-Bestandteile immanent ist. Vor diesem Hintergrund ist die Nachaktivierung originärer Goodwill-Bestandteile eher die praktische Folge einer unzutreffenden außerplanmäßigen Abschreibung denn eine strukturelle Entscheidung.

Sämtliche Regelwerke enthalten somit ein klares und strukturelles Bekenntnis gegen die Aktivierung des originären Goodwill.

f) *Würdigung*

Nach den vorstehenden Überlegungen bestehen erhebliche Bedenken gegen die Bilanzierung des originären Goodwill. Dessen Bilanzansatz würde tiefe Eingriffe in das Gefüge und die Grundprinzipien der Rechnungslegungssysteme erfordern – und dies mit zweifelhaftem Erfolg. Der Bilanzausweis des originären Goodwill ist mit den Grundfesten der Rechnungslegung nicht vereinbar und daher abzulehnen. Im Hinblick auf die inkonsistente bilanzielle Abbildung des originären Goodwill ist kein mit geltendem Recht vereinbarer Lösungsansatz erkennbar. Diese Inkonsistenz ist nicht nur hinnehmbar sondern sogar wünschenswert.

Die Aktivierung des originären Goodwill wäre allenfalls dann möglich und sinnvoll, wenn ein Rechnungslegungssystem lediglich die Bereitstellung von Informationen verfolgt und daran weder eine Ausschüttungsbemessung noch Steuerbemessungsfunktion geknüpft wird[1228]. Dies ist jedoch bei den betrachteten multifunktionalen Bilanzen gerade nicht der Fall.

1227 Zum Zuschreibungsverbot in den IFRS siehe zuvor unter § 7 II. 4.

1228 So schlägt beispielsweise *Schmidt* vor, die Rechnungslegung im deutschen Recht *de lege ferenda* durch den Übergang von multifunktionalen auf monofunktionale Bilanzen fortzuentwickeln (*Schmidt*, Rechnungslegung zur Zahlungsbemessung und Informationsvermittlung, 2007, S. 190 ff.). Das von *Schmidt* vorgeschlagene Modell

Eine andere Frage ist, ob dem Problem der Nachaktivierung originärer Goodwill-Bestandteile nicht durch einen Lösungsansatz beizukommen ist. Dieser Frage wird nun im Folgenden nachgegangen.

2. *Werteverzehr und Abschreibung des derivativen Goodwill*

Ein ganz erheblicher Kritikpunkt der Literatur an der Behandlung des derivativen Goodwill betrifft dessen Abschreibung. Soweit ein Regelwerk nur eine außergewöhnliche Abschreibung für den derivativen Goodwill vorsieht, wie beispielsweise die IFRS und die US-GAAP mit dem *impairment only approach*, sieht sich dieses dem Vorwurf ausgesetzt, durch unterlassene Abschreibungen die Nachaktivierung von originären Goodwill-Bestandteilen zu ermöglichen. Sieht ein Regelwerk demgegenüber in erster Linie eine planmäßige Abschreibung vor, wie beispielweise das Handelsbilanzrecht und Steuerbilanzrecht, so wird diesem entgegengehalten, dass die statische Abschreibungsmethode dem ökonomischen Wesen[1229] und tatsächlichen Werteverzehr des Goodwill nicht gerecht werden kann. Beide Varianten sehen sich aufgrund ihrer Defizite erheblicher aber unterschiedlicher Kritik ausgesetzt.

Es ist daher zu untersuchen, ob mit einem modifizierten Ansatz dem tatsächlichen Abnutzungsverlauf und Werteverzehr des derivativen Goodwill Rechnung getragen werden kann. Dazu ist zunächst zu hinterfragen, ob eine bestimmte „Lebensdauer" des derivativen Goodwill ermittelt werden kann und über welchen Zeitraum dieser von dem übernehmenden Unternehmen genutzt werden kann.

a) „Lebensdauer" des derivativen Goodwill

Die Frage, welche „Lebensdauer" der derivative Goodwill hat, wird von den betrachteten Bilanzierungsregeln unterschiedlich beantwortet. Bislang herrscht keine Einigkeit darüber, ob der derivative Goodwill einer bestimmten oder einer

---

sieht eine funktionale Zweiteilung der Rechnungslegung durch einen Zahlungsbemessungsabschluss auf der einen Seite und einen Informationsvermittlungsabschluss auf der anderen Seite vor. Dieses Rechnungslegungsmodell erlaubt den vollen Ausweis des originären Goodwill in einem Informationsvermittlungsabschluss, da sich dieser nur an aktuelle und potentielle Kapitalgeber zur umfassenden Informationsvermittlung wendet und damit keine Ausschüttungen oder Steuerzahlungen verknüpft sind (*Schmidt*, Rechnungslegung zur Zahlungsbemessung und Informationsvermittlung, 2007, S. 190 ff. und im Hinblick auf den Goodwill S. 249 ff.).

1229 *Velte*, StuW 2008, S. 286, 287.

unbegrenzten Nutzungsdauer unterliegt und daher planmäßig und/oder nur außerplanmäßig abzuschreiben ist[1230].

Die längste Nutzungsdauer für den derivativen Goodwill sehen die internationalen Bilanzierungsregeln der IFRS (und auch US-GAAP) vor, die in dem derivativen Goodwill einen Vermögenswert ohne abzuschätzende „Lebensdauer“ sehen[1231]. Noch einen Schritt weiter geht, wenngleich diese nicht geltendes Recht darstellt[1232], die Einheitstheorie des Steuerbilanzrechts, die für den Goodwill zunächst eine unbegrenzte „Lebensdauer“ annimmt[1233]. Allerdings erkennt auch die Einheitstheorie an, dass der Goodwill einer Abnutzung unterliegen kann, indem eine außerplanmäßige Abschreibung auf den Goodwill zugelassen wird, sofern dieser in seiner Gesamtheit (unter Berücksichtigung originärer Goodwill-Bestandteile) im Wert gemindert ist.

Die kürzeste Nutzungsdauer sehen das Handelsbilanzrecht und die IFRS for SMEs mit einer Regelabschreibung des derivativen Goodwill über einen Zeitraum von 10 Jahren vor. Auch die ganz überwiegende Ansicht in der Literatur von einer begrenzten Nutzungsdauer des derivativen Goodwill aus.

Zwischen diesen Positionen ist die in der Praxis am häufigsten zu beobachtende Nutzungsdauer des derivativen Goodwill angesiedelt. So kommt *Küting* vor dem Hintergrund langfristig angelegter empirischer Untersuchungen[1234] zu dem Ergebnis, dass der derivative Goodwill in den untersuchten Unternehmen eine begrenzte Nutzungsdauer hat und daher von sämtlichen Unternehmen über eine Nutzungsdauer von 10 bis 20 Jahren abgeschrieben werden sollte[1235].

Bei der Entscheidung zwischen den verschiedenen Ansätzen ist einem Aspekt des Goodwill besondere Beachtung zu schenken: dem des Goodwill als Konglomerat verschiedener immaterieller Vermögenswerte. In den betrachteten Bilanzierungsregeln wird die Nutzungsdauer des derivativen Goodwill als einheitliche Bilanzposition betrachtet. Um die Nutzungsdauer des derivativen Goodwill zutreffend erfassen zu können, ist jedoch der Blick auf die ihn charakterisierenden Goodwill-Werte zu

1230 *Pottgießer/Velte/Weber*, DStR 2005, S. 1749.
1231 *Wiechers*, BBK 2011, S. 740; siehe hierzu auch die Nachweis zuvor unter § 7 II. 3. a).
1232 Nach einer Meinung in der Literatur hat sich auch das Steuerbilanzrecht noch nicht vollends von der Einheitstheorie getrennt; das wird an der vergleichsweise langen Abschreibungsdauer und das steuerrechtliche Zuschreibungsgebot deutlich (siehe *Velte*, StuW 2008, S. 286).
1233 *Velte*, StuW 2008, S. 286.
1234 Siehe hierzu die Nachweise zu den Untersuchungen von *Küting* in Fn. 321.
1235 *Küting*, DStR 2013, S. 1803.

lenken. Die Aufstellung einzelner Goodwill-Werte in dieser Arbeit[1236] legt nahe, dass bestimmte Goodwill-Werte flüchtiger sind und so tendenziell einem schnelleren Werteverzehr unterworfen sind als andere, die eine längere Nutzungsdauer haben. So wird einem Unternehmen der Goodwill-Wert „*verkehrsgünstige Lage*" in der Regel planbarer und längerfristig zur Verfügung stehen als das „*Ansehen der Unternehmensleitung*". Fraglich ist, ob die bestehenden Abschreibungsmethoden dieser Beobachtung und damit dem Wesen des Goodwill gerecht werden können. Daher sind zunächst die geltenden Abschreibungsmethoden kritisch zu hinterfragen.

b) Bestehende Abschreibungsmethoden und die Kritik daran

Die betrachteten Bilanzierungsregeln sehen für den derivativen Goodwill entweder eine planmäßige (im Rahmen eines Kombinationsmodells) oder eine außerplanmäßige Abschreibung vor. Im Folgenden wird die Kritik an beiden Methoden betrachtet und der Frage nachgegangen, welche Abschreibungsmethode dem Werteverlauf des derivativen Goodwill am ehesten gerecht wird.

aa) Planmäßige Abschreibung (Kombinationsmodell)

Das Handelsbilanzrecht, das Steuerbilanzrecht und auch die *IFRS for SMEs* sehen für den derivativen Goodwill eine planmäßige Abschreibung mit der Möglichkeit zur außerplanmäßigen Abschreibung vor. Bei diesem Kombinationsmodell steht jedoch die planmäßige Abschreibung im Vordergrund. Die außerplanmäßige Abschreibung greift erst dann, wenn ein außerplanmäßiger Werteverzehr stattgefunden hat.

Gegen die planmäßige Abschreibung des derivativen Goodwill wird häufig eingewandt, dass diese durch einen statischen Abschreibungsverlauf (in der Regel über einen Zeitraum von 10 oder 15 Jahren) dem tatsächlichen Werteverzehr nur zufällig Rechnung tragen kann[1237]. Auch wird die Bemessung der Nutzungsdauer als willkürlich angesehen[1238]. Sofern sich der Wert des derivativen Goodwill in einer oder mehrerer Rechnungsperioden nicht verringert hat, weil beispielsweise Erhaltungsaufwendungen geleistet wurden, führt die dennoch vorzunehmende planmäßige Abschreibung dazu, dass auf den derivativen Goodwill stille Reserven gebildet werden[1239]. Dieser Effekt kommt umso stärker zum Tragen, je kürzer die Abschreibungsdauer angesetzt wird. Die Bildung stiller Reserven führt zudem zu

1236 Siehe hierzu die Aufstellung der Goodwill-Werte zuvor unter § 2 IV.

1237 Siehe hierzu auch *Velte*, StuW 2008, S. 281.

1238 *Pottgießer/Velte/Weber*, DStR 2005, S. 1749.

1239 Zur Bildung stiller Reserven auf den derivativen Goodwill siehe auch *Küting*, DStR 2007, S. 2030.

einer Verzerrung der Wertansätze in der Bilanz. Die planmäßige Abschreibung bildet den derivativen Goodwill statisch ab und führt dazu, dass dessen tatsächliches Potential in der Bilanz nur unzureichend Eingang findet.

Ebenso wird der planmäßigen Abschreibung entgegengehalten, dass diese zu einer doppelten Erfassung von Aufwand führen kann[1240]: Sofern Reinvestitionen in den derivativen Goodwill erfolgen (beispielsweise in Form von Mitarbeiterfortbildungen oder in Form von Ausgaben für Forschung und Entwicklung) wirken sich diese als Aufwand sofort erfolgswirksam aus. Gleiches gilt aber auch für die planmäßige Abschreibung auf den derivativen Goodwill, so dass es zu einer doppelten Erfassung desselben Vorgangs kommen kann.

Demgegenüber bietet die planmäßige Abschreibung den Vorteil, dass der Werteverzehr des derivativen Goodwill in jedem Fall seinen Niederschlag in der Bilanz findet[1241] und der derivative Goodwill, als „flüchtiges Gut“[1242] und relativ unsichere Bilanzposition, kontrolliert und über einen klaren Zeitraum in der Bilanz abgebaut wird. Damit wird die Gefahr der „Bildung von Bilanzblasen“ und der indirekten Aktivierung originärer Goodwill-Bestandteile entgegengewirkt[1243].

bb) (Ausschließlich) Außerplanmäßige Abschreibung

Mit dem *impairment only approach* sehen die IFRS und die US-GAAP für den derivativen Goodwill ausschließlich eine außerplanmäßige Abschreibung vor. Der Bilanzwert des derivativen Goodwill ist somit grundsätzlich beizubehalten. Die *ISAB* verspricht sich mit diesem Ansatz eine Erhöhung der Entscheidungsnützlichkeit der Rechnungslegung, da dies dem ökonomischen Wesen des derivativen Goodwill eher entsprechen würde[1244].

Gegen die außerplanmäßige Abschreibung wird häufig eingewandt[1245], dass diese eine Vielzahl von subjektiven Elementen beinhaltet, beispielsweise im Hinblick auf die Einschätzung der Dauerhaftigkeit möglicher Wertminderungen, und

---

1240 So beispielsweise mit weiteren Nachweisen: *Kuhner*, in: *Ballwieser/Beyer/Zelger*, Unternehmenskauf nach IFRS und HGB, 3. Aufl. 2014, S. 21.

1241 *Kuhner*, in: *Ballwieser/Beyer/Zelger*, Unternehmenskauf nach IFRS und HGB, 3. Aufl. 2014, S. 22.

1242 *Schmidt*, Rechnungslegung zur Zahlungsbemessung und Informationsvermittlung, 2007, S. 75 mit entsprechenden Nachweisen.

1243 So auch *Pottgießer/Velte/Weber*, DStR 2005, S. 1751.

1244 Siehe hierzu *Velte*, StuW 2008, S. 286, 287; mit einer ähnlichen Argumentation auch: *Kuhner*, in: *Ballwieser/Beyer/Zelger*, Unternehmenskauf nach IFRS und HGB, 3. Aufl. 2014, S. 20.

1245 Zum Folgenden siehe, statt vieler: *Wiechers*, BBK 2011, S. 740.

so bei der Bewertung des Goodwill ein erhebliches bilanzpolitisches Gestaltungs- aber auch Missbrauchspotenzial bietet[1246]. Die Vielzahl der Schätzungen und Ermessensentscheidungen im Rahmen des *impairment only approach*, schränken zudem die intersubjektive Nachprüfbarkeit dieser Bilanzposition ein[1247], so dass der Informationsgehalt der Bilanzwerte korrumpiert werden kann[1248]. Durch die Ausnutzung von Ermessensspielräumen kann es auch zu der bereits angesprochenen Gefahr der Nachaktivierung originärer Goodwill-Bestandteile kommen[1249], sofern der bilanzielle Wert des Goodwill beibehalten wird (Goodwill als bilanzieller „Dauerwert"), der Wert des derivativen Goodwill jedoch bereits aufgezehrt ist und durch die Hintertür durch Bestandteile des originären Goodwill substituiert wird („*backdoor capitalization*")[1250]. Ebenso können außerplanmäßige Abschreibungen zu sprunghaften Veränderungen des Erfolgsausweises führen und so die Kontinuität der Rechnungslegung einschränken.

Zudem legen die empirischen Untersuchungen von *Küting* nahe, dass der derivative Goodwill einem Werteverzehr unterliegt und eine zeitlich begrenzte Nutzungsdauer hat. Eine ausschließlich außerplanmäßige Abschreibung kann den Abnutzungsverlauf bzw. Werteverzehr des derivativen Goodwill nicht zutreffend abbilden[1251].

cc) *Differenzierter Ansatz zur Abschreibung des Goodwill*

Sowohl die planmäßige als auch die außerplanmäßige Abschreibung des derivativen Goodwill sehen sich erheblicher Kritik ausgesetzt. Über die geäußerten Kritikpunkte hinaus erscheint ein Merkmal des Goodwill von keiner der Methoden hinreichend gewürdigt worden zu sein: Die Methoden berücksichtigen gerade nicht, dass sich der Goodwill aus einer Vielzahl heterogener und unterschiedlich stark ausgeprägter Goodwill-Werte zusammensetzt, die zudem von unterschiedlicher Flüchtigkeit und Werteverzehr sind. Aufgrund dieser Unterschiede wird der Rückschluss von der Nutzungsdauer einzelner Goodwill-Werte

---

1246 *Küting*, DStR 2013, S. 1802.

1247 *Küting*, DStR 2013, S. 1802.

1248 *Kuhner*, in: *Ballwieser/Beyer/Zelger*, Unternehmenskauf nach IFRS und HGB, 3. Aufl. 2014, S. 22.

1249 Siehe hierzu auch *Velte*, StuW 2008, S. 286; *Kuhner*, in: *Ballwieser/Beyer/Zelger*, Unternehmenskauf nach IFRS und HGB, 3. Aufl. 2014, S. 21.

1250 *Küting*, DStR 2007, S. 2029; *Pottgießer/Velte/Weber*, DStR 2005, S. 1749, insbesondere auch S. 1751.

1251 *Küting*, DStR 2013, S. 1802.

auf die Nutzungsdauer des gesamten Goodwill nur in seltenen Fällen zu zutreffenden Ergebnissen führen[1252].

Vor dem Hintergrund dieser Kritik wird im Folgenden ein vermittelnder Weg zur Abschreibung des derivativen Goodwill vorgeschlagen: Die Abschreibung unter Berücksichtigung des Abnutzungsverlaufs der Goodwill-Werte. Dieser Ansatz beinhaltet eine detaillierte Betrachtung des derivativen Goodwill und der ihn charakterisierenden Goodwill-Werte mit dem Ziel, diese Goodwill-Werte unterschiedlichen Kategorien zuzuordnen. Je nach Kategorisierung sollen die einzelnen Goodwill-Werte dann unterschiedlich abgeschrieben werden. Dem soll die im Folgenden beschriebene Kategorisierung zugrunde liegen.

c) Kategorisierung der Goodwill-Werte für Zwecke der Abschreibung

Um den Abnutzungsverlauf und Werteverzehr des derivativen Goodwill individuell und dennoch objektiv abbilden zu können, sollte der derivative Goodwill als „Mehrbetrag“ gegenüber der Sachsubstanzwert aus einem Unternehmenskauf zunächst um solche Wertbestandteile bereinigt werden, mit denen andere Motive verfolgt werden, als vermögenswerte immaterielle Bestandteile des Goodwill abzugelten[1253]. Zu denken ist dabei an solche Wertbestandteile, mit denen das Verhandlungsgeschick des Verkäufers oder Ansprüche lästiger Altgesellschafter abgegolten werden sollen. Diese Bestandteile stellen keine immateriellen Werte dar, sind dem Goodwill fremd und daher nicht in Zusammenhang mit dem Goodwill zu aktivieren. Im Ergebnis sind diese sofort aufwandswirksam zu erfassen.

Der so „bereinigte“ Goodwill ist nun im Hinblick auf die Goodwill-Werte zu kategorisieren und in weiterer Folge abzuschreiben. Dazu sollte zunächst zwischen „langfristigen“ und „kurzfristigen“ Goodwill-Werten unterschieden werden.

aa) „Langfristige“ Goodwill-Werte

Unter den *langfristigen* Goodwill-Werten sollen dabei solche verstanden werden, die eher objektbezogen und eher statischer Natur sind und dem Unternehmen voraussichtlich über einen längeren Nutzungszeitraum wertstabil

1252 Diese Problematik sieht auch *Moser* in Zusammenhang mit den Goodwill-Komponenten; *Moser*, Bewertung immaterieller Vermögenswerte, 2. Aufl. 2017, S. 564.

1253 Diese „Bereinigung“ wird auch im Steuerbilanzrecht vorgenommen, siehe zuvor unter § 8 I. 2. b).

erhalten bleiben. Kennzeichnend für diese Kategorie ist, dass die darin enthaltenen Goodwill-Werte nur durch tendenziell langfristige Veränderungen der Außenwelt vermindert werden können: beispielsweise durch Veränderungen der regulatorischen Rahmenbedingungen[1254] oder faktische Veränderungen in der Umwelt[1255]. In dieser Kategorie dürften daher in der Regel beispielsweise die Goodwill-Gruppen[1256] *„Staat & Öffentlichkeit“* und *„Standort“* erfasst werden. Diese enthalten beispielsweise Goodwill-Werte wie *„vorteilhafte Steuerbedingungen“* und *„verkehrsgünstige Lage des Unternehmens“*. Je nach Einzelfall können hier auch die Gruppen *„Organisation“* und *„Qualität der Produkte“* erfasst werden.

Die vorgenannten Beispiele machen deutlich, dass diese Kategorie von Goodwill-Werten dem Einflussbereich des Unternehmens weitgehend entzogen ist. Deshalb ist die Gefahr der Nachaktivierung originärer Goodwill-Werte durch den Substitutionseffekt bei diesen im Regelfall nicht gegeben.

bb) „Kurzfristige“ Goodwill-Werte

Demgegenüber sollen unter den *kurzfristigen* Goodwill-Werten solche verstanden werden, die nach einer Unternehmensübernahme einer hohen oder zumindest erheblichen Flüchtigkeit oder Unsicherheit unterliegen. In diese Kategorie dürften in aller Regel die in den Gruppen *„Unternehmensführung“* und *„Personal“* enthaltenen Goodwill-Werte fallen. Am Beispiel der Goodwill-Werte *„Qualität des Managements“* oder *„gutes Betriebsklima“* wird deutlich, dass diese für das Unternehmen nur schwer kontrollierbar und von individuellen Entscheidungen bzw. Verhalten einzelner Mitarbeiter des Unternehmens abhängig sind. Diese können daher auch kurzfristigen nachteiligen Veränderungen unterliegen. Im Unterschied zu den langfristigen Goodwill-Werten ist hier jedoch bereits absehbar, dass es zu einem Werteverzehr aufgrund von Veränderungen kommen wird: So ist beispielsweise die Unternehmenszugehörigkeit von Mitarbeitern notwendigerweise zeitlich begrenzt.

Mit dieser Überlegung sollte innerhalb der Kategorie kurzfristiger Goodwill-Werte weiter unterschieden werden zwischen Gruppen von Goodwill-Werten,

---

1254 Beispielweise könnte sich eine Änderung in der Steuergesetzgebung besonders nachteilig für das Unternehmen auswirken.

1255 Beispielsweise könnte sich durch eine Änderung der überregionalen Verkehrswege der ehemals vorteilhafte Standort des Unternehmens nachteilig entwickeln.

1256 Siehe hierzu die Gruppierung von Goodwill-Werten zuvor unter § 2 IV.

die einem bestimmbaren und solchen, die einem unbestimmbaren Abnutzungsverlauf bzw. Werteverzehr unterliegen.

(1) Bestimmbarer Abnutzungsverlauf

Bei den Goodwill-Werten mit einem *bestimmbaren* Abnutzungsverlauf lässt sich der Abnutzungsverlauf anhand objektiver Kriterien bestimmen. Beispielsweise ist hier in der Gruppe „*Personal*" an den Goodwill-Wert „*Stamm zuverlässiger Arbeitnehmer/Mitarbeiter*" zu denken. Für die zeitliche Nutzungsdauer des Goodwill-Wertes kann hier auf die bisherige Mitarbeiterfluktuation, gemessen an der durchschnittlichen Dauer der Unternehmenszugehörigkeit, abgestellt werden[1257]. Ebenso kann für die zeitliche Nutzbarkeit des in der Gruppe „*Beschaffungsmarkt*" enthaltenen Goodwill-Wertes „*Beziehungen zu Lieferanten*" beispielsweise auf die Laufzeit bestehender (Rahmen-)Verträge mit wesentlichen Lieferanten abgestellt werden.

Bei diesen Goodwill-Werten ist die Gefahr eines kurzfristigen Abnutzung und Wertverzehrs besonders hoch; korrespondierend dazu ist auch die Gefahr der Substitution derivativer durch originäre Goodwill-Bestandteile besonders hoch, wenn sich der Wertansatz in der Bilanz nicht ändert. Dieser Problematik kann durch planmäßige Abschreibungen entlang des tatsächlichen Werteverzehrs begegnet werden[1258].

(2) Unbestimmbarer Abnutzungsverlauf

In Abgrenzung dazu sind unter Goodwill-Werten mit einem *unbestimmbaren* Abnutzungsverlauf solche zu verstehen, die zwar einem kurzfristigen Werteverzehr unterliegen, der allerdings nicht anhand objektiver Kriterien zeitlich bemessbar ist. Dieser Kategorie kann beispielsweise die Gruppe „*Kapitalmarkt und Investoren*" mit Goodwill-Werten wie „*Ausgezeichnetes Kapitalmarktstanding*" oder auch die Gruppe „*Unternehmensruf*" zugeordnet werden. Im Ergebnis werden in dieser Kategorie sämtliche Goodwill-Werte aufgefangen, die weder eine bestimmbare (kurze), noch eine unbestimmbare (lange) Nutzungsdauer haben. Dieser Kategorie wird in der Regel auch die Mehrzahl an Goodwill-Werten zuzuordnen sein.

1257 Nach *Moser* weist die Goodwill-Komponente „Mitarbeiterstamm" typischerweise eine bestimmte Nutzungsdauer auf; siehe *Moser*, Bewertung immaterieller Vermögenswerte, 2. Aufl. 2017, S. 563 mit Verweis auf *Smith/Parr*, Intellectual Property: Valuation, Exploitation, and Infringement Damages, 2005, S. 219.

1258 Siehe hierzu auch *Haaker*, StuB 2015, S. 12.

cc) Zuordnung der Goodwill-Werte

Die Zuordnung der Goodwill-Werte zu den vorgestellten Kategorien kann naturgemäß nicht nach einer starren Vorgabe erfolgen[1259]. Denn nicht alle der genannten Werte werden in jedem Unternehmen identifizierbar vorhanden sein. Umgekehrt werden unter Umständen nicht alle vorhandenen Goodwill-Werte auch vom Käufer abgegolten werden. Die Zuordnung zu den (Unter-)Kategorien der kurzfristigen Goodwill-Werte erfordert eine Einzelfallbetrachtung, da es vom individuellen Unternehmen abhängt, ob die Nutzungsdauer bestimmt ist oder nicht. Die vorgestellte Kategorisierung ist daher als Referenzrahmen zu verstehen. Die Zuordnung muss für jedes Unternehmen individuell getroffen werden.

In zeitlicher Hinsicht ist die Kategorisierung, bezogen auf den Stichtag der Unternehmensübernahme, zusammen mit dem erstmaligen Bilanzansatz vorzunehmen.

dd) Abgrenzung zur Einteilung in personen-/sachbezogene Goodwill-Werte

Die vorgeschlagene Kategorisierung ist zwar inhaltlich nahe an der Unterscheidung zwischen personen- und sachbezogenen Goodwill-Werten angesiedelt[1260]. Gleichwohl sind diese nicht identisch und unterscheiden sich vor allem in einem Aspekt: Die *langfristigen/kurzfristigen* Goodwill-Werte beinhalten nur solche Goodwill-Werte, die im Falle einer Unternehmensübernahme auch tatsächlich übergegangen sind. Daher schließen diese beispielsweise solche personenbezogenen Goodwill-Werte aus, die ihrer Natur nach nicht übergehen können oder aber aufgrund der Umstände des Einzelfalles nicht übergegangen sind. Das könnten beispielsweise Goodwill-Werte aus der Gruppe „*Unternehmensführung*" sein, sofern die Unternehmensleitung im Zuge der Unternehmensübernahme das Unternehmen verlässt.

d) Modifiziertes Kombinationsmodell als Lösungsansatz

Die soeben eingeführten Kategorien von Goodwill-Werten bilden nun die Grundlage für die Abschreibung des derivativen Goodwill. Zur Behebung der Nachteile

---

1259 Weitere Anhaltspunkte für die Abschätzung der Nutzungsdauer einzelner Goodwill-Werte können dem Referentenentwurf zum BilMoG entnommen werden (siehe RefE BilMoG, S. 94). Der Referentenentwurf bezieht sich dabei zwar auf die Nutzungsdauer des gesamten Goodwill, bietet jedoch weitere Parameter zur Abschätzung der Nutzungsdauer einzelner Goodwill-Werte.

1260 Zur Differenzierung zwischen personen- und sachbezogenen Goodwill-Werten siehe § 2 V. 2.

der bestehenden Abschreibungsmodelle und für eine sachgerechtere Abbildung des Werteverzehrs des derivativen Goodwill wird vorliegend ein modifiziertes Kombinationsmodell vorgeschlagen. Das modifizierte Kombinationsmodell sieht eine planmäßige und eine außerplanmäßige Abschreibung auf den derivativen Goodwill vor.

aa) Abschreibung nach Kategorien von Goodwill-Werten

Im Unterschied zu den zuvor beschriebenen Kombinationsmodellen des geltenden Rechts[1261], richtet sich bei dem modifizierten Kombinationsmodell die Abschreibungsmethode systematisch nach der individuellen Nutzungsdauer der einzelnen Goodwill-Werten.

Die langfristigen Goodwill-Werte sind nur außerplanmäßig abzuschreiben. Bei den langfristigen Werten ist die Gefahr der Nachaktivierung originärer Goodwill-Werte als gering einzuschätzen, so dass eine planmäßige Abschreibung nicht erforderlich ist und im Gegenteil sogar die Bildung stiller Reserven begünstigen könnte.

Die kurzfristigen Goodwill-Werte mit *nicht bestimmbarem* Abnutzungsverlauf sollen über eine standardisierte Nutzungsdauer von 15 Jahren[1262] abgeschrieben werden. Durch diese vergleichsweise lange Nutzungsdauer dürften stille Reserven nur in geringem Umfang gebildet werden, da die entsprechenden Goodwill-Werte im Zeitverlauf häufig bereits aufgezehrt sein dürften. Dagegen ist bei dieser Gruppe die Gefahr der Substitution derivativer Goodwill-Werte stärker erkennbar: Sofern die derivativen Bestandteile im Zeitverlauf aufgezehrt wurden, können diese aufgrund von Reinvestitionen durch originäre Bestandteile ersetzt worden sein. Dieser Gefahr kann dadurch begegnet werden, dass die Zuordnung zu dieser Kategorie nur subsidiär erfolgen darf, wenn Gründe gegen andere Kategorien sprechen.

Die kurzfristigen Goodwill-Werte mit *bestimmbarem* Abnutzungsverlauf schließlich sollen über ihre voraussichtliche Nutzungsdauer abgeschrieben werden,

---

1261 Siehe zuvor unter § 7 I. 1. d) (HGB, Einzelabschluss), § 7 I. 2. d) (HGB, Konzernabschluss), § 7 II. 3. (IFRS), § 8 I. d) (Steuerbilanzrecht).

1262 Die vorgeschlagene standardisierte Abschreibungsdauer von 15 Jahren stellt den Mittelwert des von *Küting* beobachteten durchschnittlichen Abschreibungshorizontes dar (siehe zuvor unter § 12 I. 2. a)). In der Literatur wird beispielsweise von *Schmidt* ein gestaffelter Abschreibungshorizont von 5, 10 und 15 Jahren für Unternehmen unterschiedlicher Größe vorgeschlagen (*Schmidt*, Rechnungslegung zur Zahlungsbemessung und Informationsvermittlung, 2007, S. 271). Für das vorliegend vorgeschlagene modifizierte Kombinationsmodell ist eine größenabhängige Staffelung nicht erforderlich. Das Modell eröffnet die Möglichkeit, Goodwill-Werte mit einem kurzfristigen Werteverzehr über eine kürzere Nutzungsdauer abzuschreiben.

wobei diese nicht die standardisierte Nutzungsdauer von 15 Jahren überschreiten darf. Durch die Ermittlung des individuellen Abnutzungsverlaufs ist die Gefahr der Nachaktivierung originärer Goodwill-Bestandteile und der Bildung stiller Reserven weitgehend ausgeschlossen.

Für beide Kategorien kurzfristiger Goodwill-Werte kommt zudem die außerplanmäßige Abschreibung bei einem voraussichtlich dauerhaften Werteverzehr in Betracht.

Die nachfolgende Übersicht veranschaulicht die Abschreibung der Kategorien von Goodwill-Werten:

Abbildung 4: Abschreibung der Kategorien von Goodwill-Werten

bb) Vorgehensweise im Rahmen des modifizierten Kombinationsmodells

Das modifizierte Kombinationsmodell geht dabei in den folgenden Schritten vor:

(1) Konkretisierung des derivativen Goodwill

Im ersten Schritt ist der auf den derivativen Goodwill geleistete Betrag um solche Werbestandteile zu bereinigen, die nicht auf Goodwill-Werte geleistet wurden, sondern die vielmehr Zwecke verfolgen, die erkennbar nicht mit dem Goodwill als immateriellen Gesamtvermögenswert in Verbindung stehen. Damit sollen beispielsweise Wertbestandteile erfasst werden, die dem Verhandlungsgeschick des Verkäufers geschuldet sind oder mit denen lästige

Alt-Gesellschafter abgefunden werden sollen. Diese Bestandteile sind dem Goodwill fremd und sollten daher im Interesse der Bilanzklarheit[1263] nicht in Zusammenhang mit dem Goodwill aktiviert werden. Im Ergebnis sind diese sofort aufwandswirksam zu erfassen. Der so „bereinigte" Goodwill ist im nächsten Schritt auf seine jeweiligen Goodwill-Werte hin zu untersuchen.

(2) Identifizierung und Kategorisierung der Goodwill-Werte

Im zweiten Schritt sind die Goodwill-Werte des übernommenen Unternehmens zu identifizieren. Dabei sind solche Goodwill-Werte auszusondern, die im Zuge der Unternehmensübernahme nicht übergegangen sind (beispielsweise personenbezogene Goodwill-Werte). Die identifizierten Werte sind sodann den Kategorien „langfristige Goodwill-Werte" und „kurzfristige Goodwill-Werte" zuzuordnen. Sofern sich bei den Goodwill-Werten kein bestimmter Abnutzungsverlauf ermitteln lässt, sind diese im Zweifel den kurzfristigen Goodwill-Werten mit unbestimmbarer Nutzungsdauer zuzuweisen.

(3) Bewertung der Kategorien von Goodwill-Werten

Im dritten Schritt ist der auf den Goodwill entfallende Kaufpreisanteil auf die Kategorien von Goodwill-Werten zu verteilen. Anhaltspunkte für die Wertbemessung können sich dabei aus dem zugrundeliegenden Kaufvertrag ergeben, etwa wenn bestimmten Goodwill-Werten besondere Bedeutung beigemessen wurde (beispielsweise im Wege von Vertragsbestimmungen zur Übertragung von Kundenbeziehungen oder auch die Vereinbarung von Wettbewerbsverboten zugunsten des erwerbenden Unternehmens).

(4) Dokumentierung der verbindlichen Festlegung

Im vierten Schritt sind die Ergebnisse und Zuordnungsentscheidungen der Schritte (1) bis (3) als Pflichtangaben im Anhang zur Bilanz verbindlich niederzulegen. In diesem Schritt ist darzulegen, welche Goodwill-Werte identifiziert wurden, welcher Kaufpreisanteil diesen beigemessen und welcher Abnutzungsverlauf und Werteverzehr diesen unterstellt wird.

Für die Begründung der Zuordnungsentscheidung ist zu verlangen, dass in dieser mit objektiv nachvollziehbaren Gründen verbindlich dargelegt wird,

---

1263 Siehe hierzu *Adler/Düring/Schmaltz*, Rechnungslegung und Prüfung, 6. Aufl. 1997, § 265, Rdnr. 91 f.

warum eine Zuordnung zu einer bestimmten Kategorie erfolgt ist, zugleich aber auch, warum keine andere Kategorie zutreffend war. Mit diesen erhöhten Anforderungen an die Begründung soll verhindert werden, dass entweder die Kategorie langfristiger Goodwill-Werte oder auch die Kategorie kurzfristiger Goodwill-Werte mit nicht bestimmbaren Abnutzungsverlauf als „Sammelpositionen" zur Abschreibung „umgewidmet" werden. Um die Abschreibungskontinuität zu gewährleisten, sollte von den getroffenen Festlegungen nur in engen Ausnahmefällen und nur zugunsten einer sofortigen außerplanmäßigen Abschreibung abgewichen werden dürfen. Eine Verlängerung des Abschreibungshorizontes ist wegen der Gefahr der Nachaktivierung originärer Goodwill-Bestandteile generell abzulehnen.

(5) Abschreibung der Goodwill-Werte

Den letzten Schritt bildet schließlich die Abschreibung der Goodwill-Werte: Die langfristigen Goodwill-Werte sind nur außerplanmäßig bei einem voraussichtlich dauerhaften Werteverzehr abzuschreiben. Die Goodwill-Werte mit einer kurzfristigen aber nicht bestimmbaren Nutzungsdauer sind über eine standardisierte Abschreibungsdauer von 15 Jahren abzuschreiben. Die kurzfristigen Goodwill-Werte mit bestimmbarer Nutzungsdauer sind über den festgeschriebenen Zeitraum ihrer Nutzungsdauer abzuschreiben. Sollten einzelne kurzfristige Goodwill-Werte einem voraussichtlich dauerhaften Werteverzehr unterliegen, sind diese im Wege der außerplanmäßigen Abschreibung im Wert zu berichtigen.

e) Vorteile und Anwendbarkeit des modifizierten Kombinationsmodells

Das modifizierte Kombinationsmodell trägt dem Wesen des Goodwill Rechnung, indem es anerkennt, dass sich der Goodwill aus zahlreichen heterogenen, unternehmensindividuellen und verschieden stark ausgeprägten Werten von unterschiedlicher Flüchtigkeit und Nutzbarkeit zusammensetzt. Mit der Kategorisierung soll ein allgemeingültiges Raster zur Einteilung des Abschreibungshorizontes bereitgestellt werden, das den verschiedenen Goodwill-Werten in objektiver Weise gerecht werden soll. Durch die Aufteilung des Goodwill in verschiedene Kategorien wird auch das Problem der Abschätzung der individuellen Nutzungsdauer des gesamten derivativen Goodwill vermieden[1264].

1264 Zum Problem der Schätzung der individuellen Nutzungsdauer schon bei Einführung des BilMoG: *Arbeitskreis Bilanzrecht der Hochschullehrer Rechtswissenschaft*, BB 2008, S. 156.

Durch die Kombination von planmäßiger und außerplanmäßiger Abschreibung kann der Gefahr der Nachaktivierung originärer Goodwill-Bestandteile als „bilanzrechtliches Defizit"[1265] entgegengewirkt werden. Indem bei den kurzfristigen Goodwill-Werten der Abschreibungsverlauf dem tatsächlichen Abnutzungsverlauf angenähert wird, kann auch die Bildung stiller Reserven vermindert werden. Der Gefahr des Missbrauchs durch willkürliche und intransparente Ausübung des eingeräumten Ermessens kann mit hohen Anforderungen an die Begründung der Ermessensentscheidungen begegnet werden.

Gleichwohl ist das modifizierte Kombinationsmodell mit geltendem Recht nur teilweise in Einklang zu bringen: So ist dem Handelsbilanzrecht, dem Steuerbilanzrecht und den IFRS for SMEs die Anwendung unterschiedlicher Abschreibungsmethoden auf eine einheitliche Bilanzposition (in einer Rechnungslegungsperiode) fremd. Dafür enthalten die genannten Regelwerke bereits ein Kombinationsmodell. Anders gelagert sind hier die IFRS, die sich mit dem Übergang von IAS 22 zu IFRS 3 gerade von dem Kombinationsmodell gelöst haben. Demgegenüber sind die IFRS, indem der Goodwill auf verschiedene *CGUs* verteilt und gesondert abgeschrieben werden kann, mit unterschiedlichen Abschreibungsverläufen des Goodwill als einheitlichem *asset* vertraut.

Gleich wohl kann das modifizierte Kombinationsmodell dazu dienen, den Goodwill und dessen Abschreibung transparenter und nachvollziehbarer zu gestalten.

3. *Gleichbehandlung von positivem und negativem Goodwill?*

Eine weitere Inkonsistenz zeigt sich in der Bilanzierung des derivativen negativen Goodwill. So erkennt beispielweise das Handelsbilanzrecht im Konzernabschluss den negativen Goodwill in Form des „negativen Unterschiedsbetrages" ausdrücklich an. Im Einzelabschluss hat der derivative negative Goodwill demgegenüber keine gesetzliche Regelung erfahren. Gleichwohl wäre der Bilanzausweis des derivativen negativen Goodwill unter Informationsgesichtspunkten wünschenswert[1266]. Dennoch ist die Einordnung und Behandlung des derivativen negativen Goodwill in der Literatur und Rechtsprechung umstritten. Das Spektrum der vertretenen Ansichten ist breit gefächert[1267]: Von der sofortigen ertragswirksamen Behandlung bis hin zur Passivierung als „negativer Goodwill" werden hier verschiedene und teils diametrale Lösungswege angeboten.

1265 *Velte*, StuW 2008, S. 287.

1266 *Velte*, StB 2011, S. 397, 401.

1267 Siehe auch das Meinungsspektrum zuvor unter § 7 I. 1. g), § 7 II. 6 und § 8 II.

In dieser Arbeit wurde gezeigt[1268], dass sich positiver und negativer Goodwill nur dadurch unterscheiden, dass bei ersterem die positiven Goodwill-Werte und bei letzterem die negativen Goodwill-Werte überwiegen. Beide setzen sich aus positiven und negativen Goodwill-Werten zusammen[1269]; eine Mehrheit von positiven oder negativen Goodwill-Werten gibt den Ausschlag in die eine oder andere Richtung.

Anders als bei dem positiven Goodwill, der zukünftige Gewinne bzw. Ertragschancen erwarten lässt, werden bei dem negativen Goodwill zukünftige Mehrauszahlungen bzw. Wenigereinzahlungen[1270] erwartet. Diese können durch das Vorhandensein negativer Goodwill-Werte hervorgerufen werden. Als Beispiele für negative Goodwill-Werte werden in der Literatur häufig genannt[1271]: mangelnde Organisation, fehlende Erfahrung der Unternehmensleitung, unterqualifiziertes Personal, nachteilige Arbeitsverträge mit Lohnniveau über Branchenvergleich, schlechter Ruf des Unternehmens, schlechte Ertragslage und ein negatives Image am Kapitalmarkt. Überwiegen diese negativen Goodwill-Werte die positiven Goodwill-Werte eines Unternehmens, trägt der Goodwill ein negatives Vorzeichen[1272]. In dieser Situation wechselt der Goodwill gedanklich die Seite in der Bilanz von den Aktiva hin zu den Passiva.

Aufgrund dieser Spiegelbildlichkeit[1273] von positivem und negativem Goodwill wird vorliegend vorgeschlagen, den positiven und negativen derivativen Goodwill auch bilanziell gleich zu behandeln. Als Lösungsansatz können Konzept und Vorgehensweise des modifizierten Kombinationsmodelles in analoger Anwendung („mit umgekehrten Vorzeichen") herangezogen werden.

a) Analoge Diskussionspunkte und Problemstellungen

Bei der Anwendung des modifizierten Kombinationsmodells auf den derivativen negativen Goodwill treten im Kern die gleichen Fragestellungen und

---

1268 Zum negativen Goodwill § 2 III. 3., 4. (Begriff) und § 3 I. 2. (Entstehung).

1269 *Haaker*, Potential der Goodwill-Bilanzierung, 2008, S. 68.

1270 *Geiger*, DB 1996, S. 1533; *Schmidt*, Rechnungslegung zur Zahlungsbemessung und Informationsvermittlung, 2007, S. 274.

1271 Mit einigen Beispielen: *Bachem*, BB 1993, S. 967; *Geiger*, DB 1996, S. 1533; *Schmidt*, Rechnungslegung zur Zahlungsbemessung und Informationsvermittlung, 2007, S. 274.

1272 *Bachem*, BB 1993, S. 967; *Velte*, StB 2011, S. 396.

1273 *Haaker*, Potential der Goodwill-Bilanzierung, 2008, S. 61; *Schmidt*, Rechnungslegung zur Zahlungsbemessung und Informationsvermittlung, 2007, S. 274.

Probleme auf wie bei dem derivativen positiven Goodwill. Im Folgenden werden die wesentlichen Prüfungsschritte und Besonderheiten skizziert.

aa) „Lebensdauer" des derivativen negativen Goodwill

Bei dem derivativen negativen Goodwill ist, ebenso wie bei seinem positiven *Pendant*, die Frage nach der „Lebensdauer" von grundlegender Bedeutung. Anders als bei dem positiven Goodwill und dessen Nutzen für ein Unternehmen ist es hier jedoch die Frage, wie *lange* das drohende negative Potential (die „Verlustdauer") in der Bilanz abgebildet werden sollte. Diese Frage kann erneut mit Blick auf die einzelnen negativen Goodwill-Werte beantwortet werden: Am Beispiel des *„nachteiligen langfristigen Pachtvertrages"* wird deutlich, dass sich der Verlust aus diesem in einem bestimmbaren Zeitraum realisiert. Anders verhält es sich beispielsweise mit dem negativen Goodwill-Wert *„verkehrsungünstiger Unternehmensstandort"*: Bei diesem dürfte in der Regel die Zeitdauer, in der die antizipierten Verluste eintreten, tendenziell lang und unbestimmbar sein. Verluste wären allenfalls dann nicht mehr zu erwarten, wenn das Unternehmen den Standort verlagert oder sich die Verkehrswege zugunsten des Unternehmensstandortes ändern. Zwischen diesen Beispielen dürfte beispielsweise die *„fehlende Attraktionsfähigkeit für neue Mitarbeiter"* angesiedelt sein. Die Verluste aus diesem negativen Goodwill-Wert dürften sich zwar innerhalb eines tendenziell kurzfristig angelegten Zeitraumes bemerkbar machen, allerdings ist dessen Dauer mit objektiven Kriterien kaum bestimmbar.

Die Verlustdauer der einzelnen negativen Goodwill-Werte wird im Regelfall höchst unterschiedlich sein. Daher wird auch bei dem derivativen negativen Goodwill der Rückschluss von der Verlustdauer einzelner Goodwill-Werte auf die Verlustdauer des gesamten Goodwill nur in Ausnahmefällen gelingen. Mit diesen Überlegungen wird die Kategorisierung der negativen Goodwill-Werte nach verschieden langen Auflösungshorizonten vorgeschlagen.

bb) Konkretisierung und Kategorisierung

Analog zu der Kategorisierung nach der Nutzungsdauer bei dem derivativen positiven Goodwill wird vorliegend eine Kategorisierung nach der voraussichtlichen Verlustdauer mit einem klar definierten Auflösungshorizont vorgeschlagen. Dazu werden die negativen Goodwill-Werte erneut in drei Kategorien unterteilt. Vorab ist jedoch auch der derivative negative Goodwill um solche Elemente zu bereinigen, die dem Goodwill fremd sind.

(1) Konkretisierung des derivativen negativen Goodwill

Der Unternehmens*minder*wert als Differenz zwischen dem Substanzwert des Unternehmens und dem geleisteten Kaufpreis muss nicht in voller Höhe dem derivativen negativen Goodwill entsprechen. Der Differenzbetrag ist kritisch zu hinterfragen: Sofern und soweit dieser durch besonderes Verhandlungsgeschick des Käufers oder durch einen etwaigen Verkaufsdruck des Verkäufers erklärbar ist (Fälle des *lucky buy* oder *bargain purchase*) liegt kein negativer Goodwill vor. In diesen Konstellationen haften dem Unternehmen keine negativen Goodwill-Werte an, vielmehr ist der darauf entfallende Unterschiedsbetrag als Gewinn sofort ertragswirksam zu verbuchen. Dies erfolgt mit der Überlegung, dass in dieser Situation der Unterschiedsbetrag ökonomisch betrachtet einen „Rabatt" darstellt. Hier ist der tatsächliche Unternehmenswert mindestens so hoch wie der betriebswirtschaftliche Substanzwert, so dass für die Annahme eines negativen Goodwill kein Raum bleibt[1274].

Ebenso sind in diesem Zusammenhang selbständig bilanzierungsfähige Sachverhalte zu identifizieren und isoliert vom Goodwill in Ansatz zu bringen. Das können beispielsweise Drohverlustrückstellungen sein, sofern und soweit die erwarteten Verluste einzelnen Austauschverträgen zugerechnet werden können[1275]. Gleiches gilt für konkrete, geplante Ereignisse oder Handlungen, die im Rahmen von Restrukturierungsrückstellungen oder Eventualverbindlichkeiten selbständig in der Bilanz erfasst werden können[1276].

(2) Kategorisierung nach Auflösungshorizonten

Der so „bereinigte" negative Goodwill ist nun im Hinblick auf die Goodwill-Werte zu kategorisieren und in weiterer Folge abzuschreiben. Dazu wird erneut zwischen „langfristigen" und „kurzfristigen" Goodwill-Werten unterschieden.

Unter den *langfristigen negativen* Goodwill-Werten werden solche verstanden, die eher objektbezogen und statischer Natur sind. Kennzeichnend für diese ist, dass sich ohne eine Veränderung in der Außenwelt das verlustbringende Potential nicht vermindert. Beispielsweise wird sich an den negativen Auswirkungen eines *„verkehrsungünstigen Unternehmensstandortes"* solange nichts ändern, bis der Standort verlagert oder die Verkehrsführung zugunsten

---

1274 Eingehend zum Vorstehenden und mit weiterführenden Nachweisen: *Schmidt*, Rechnungslegung zur Zahlungsbemessung und Informationsvermittlung, 2007, S. 272 f.

1275 *Bachem*, BB 1993, S. 969.

1276 *Schmidt*, Rechnungslegung zur Zahlungsbemessung und Informationsvermittlung, 2007, S. 272; mit einer ähnlichen Argumentation auch *Geiger*, DB 1996, S. 1533.

des Unternehmens geändert wird. Entsprechend kommt für diese Kategorie von negativen Goodwill-Werten nur eine außerplanmäßige Auflösung der Bilanzposition in Betracht.

Anders ist die Situation bei den *negativen* Goodwill-Werten mit *kurzfristiger* und *bestimmbarer* Verlustdauer. Bei diesen ist aufgrund objektiver Kriterien erkennbar, dass sich die Verluste innerhalb eines bestimmbaren Zeitraumes realisieren werden. Beispielsweise wird sich der Verlust bei dem Goodwill-Wert „*mangelhafte Qualität der Produkte*" innerhalb des voraussichtlichen Produktzyklus realisiert haben. Verluste, die nach diesem Produktzyklus zu befürchten sind, dürften dann neue und damit originäre negative Goodwill-Werte sein, die im Rahmen der Bilanz nicht zu berücksichtigen sind. Noch deutlicher zeigt sich die zeitliche Befristung der Verluste am Beispiel von „*nachteiligen Verträgen*" im Rahmen von Dauerschuldverhältnissen. Mit Ende der Vertragslaufzeit oder Kündigung des Vertrages ist die Verlustphase abgeschlossen. Die auf diese Goodwill-Werte entfallenden Bestandteile des negativen Goodwill sind daher über einen bestimmbaren Zeitraum planmäßig ertragswirksam aufzulösen.

Zwischen den beiden vorgenannten Kategorien sind die *negativen* Goodwill-Werte mit *kurzfristiger*, aber *unbestimmbarer Verlustdauer* angesiedelt. Am Beispiel der Goodwill-Werte „*negatives Image*" oder „*schlechter Ruf des Unternehmens*" lässt sich erkennen, dass die Verlustdauer bei diesen objektiv kaum bestimmbar ist. Allerdings ist diese dennoch zeitlich begrenzt. Denn sofern das Unternehmen weiterhin Kunden hat, haben sich diese nicht von einem negativen Image oder schlechten Ruf beirren lassen. Der negative Goodwill ist dann in den Hintergrund getreten und ist zumindest nicht mehr in voller Höhe vorhanden. Das spricht dafür, den negativen Goodwill in dieser Kategorie nach einem standardisierten Auflösungshorizont von 15 Jahren planmäßig aufzulösen.

Bei der Zuordnung der Kategorien sind strenge Maßstäbe anzulegen und den kurzfristigen negativen Goodwill-Werten der Vorrang einzuräumen. Die wenigsten negativen Werte dürften einem Unternehmen langfristig anhaften, ansonsten wäre die Insolvenz des Unternehmens die logische Folge. Durch eine konsequente planmäßige Auflösung wird zudem sichergestellt, dass die Erträge der Unternehmensübernahme nicht auf unbestimmte Zeit in der Bilanz gespeichert werden. Sie verhindert auch, dass nur die derivativen Risiken in der Bilanz stehen und nicht durch neue, originäre Risiken ersetzt wurden.

b) Vorgehensweise zur Bilanzierung des derivativen negativen Goodwill

In Analogie zum modifizierten Kombinationsmodell kann der derivative negative Goodwill mit folgender Vorgehensweise bilanziert werden:

(1) Konkretisierung des derivativen negativen Goodwill

Im ersten Schritt ist der derivative negative Goodwill zu konkretisieren und kritisch zu hinterfragen. Der Unterschiedsbetrag zwischen dem Bilanzansatz der neu erworbenen Vermögenswerte und dem Kaufpreis verbleibt, ist zu überprüfen. Soweit der Unterschiedsbetrag Fälle des *lucky buy* oder *bargain purchase* darstellt, ist der darauf entfallende Unterschiedsbetrag als Gewinn sofort ertragswirksam zu verbuchen. In diesem Fall haften dem Unternehmen keine negativen Goodwill-Werte an.

Ähnliches gilt für selbständig bilanzierungsfähige Sachverhalte wie bspw. Drohverlustrückstellungen, Restrukturierungsrückstellungen oder Eventualverbindlichkeiten, die selbständig bilanziert und isoliert vom Goodwill in der Bilanz passiviert werden können.

Der so bereinigte und konkretisierte Differenzbetrag entfällt nun auf negative Goodwill-Werte.

(2) Identifizierung und Kategorisierung der Goodwill-Werte

Im zweiten Schritt sind die negativen Goodwill-Werte zu identifizieren und den Kategorien *„langfristige negative Goodwill-Werte“* und *„kurzfristige negative Goodwill-Werte“* zuzuordnen. Sofern sich bei den Goodwill-Werten keine Zeitdauer ermitteln lässt, in der die antizipierten künftigen Verluste voraussichtlich eintreten werden, sind diese im Zweifel den kurzfristigen negativen Goodwill-Werten mit unbestimmbarem Auflösungshorizont zuzuweisen.

(3) Bewertung der Kategorien von Goodwill-Werten

Im dritten Schritt ist der auf den negativen Goodwill entfallende Differenzbetrag auf die Kategorien von negativen Goodwill-Werten zu verteilen. Anhaltspunkte für diese Verteilung können sich im Fall des negativen Goodwill aus den vorangegangenen Vertragsverhandlungen ergeben, etwa wenn bestimmte negative Aspekte des Unternehmens zum Gegenstand der Kaufpreisverhandlung gemacht wurden.

(4) Dokumentierung der verbindlichen Festlegung

Im vierten Schritt sind auch im Fall des negativen Goodwill die Ergebnisse und Zuordnungsentscheidungen der Schritte (1) bis (3) als Pflichtangaben im Anhang zur Bilanz verbindlich niederzulegen. In diesem Schritt ist darzulegen, welche negativen Goodwill-Werte identifiziert wurden, welcher Wert diesen beigemessen und welcher Auflösungshorizont für diese angenommen wird. An die Begründung sind dabei analog die gleichen Anforderungen zu stellen wie bei dem positiven derivativen Goodwill[1277].

(5) Auflösung der Kategorien negativer Goodwill-Werte

Den letzten Schritt bildet schließlich die ertragswirksame Auflösung der bilanzierten Goodwill-Werte: Die *langfristigen negativen* Goodwill-Werte sind nur außerplanmäßig und in dem Umfang aufzulösen, wie der antizipierte Verlust eintritt. Die *kurzfristigen negativen* Goodwill-Werte mit einer *nicht bestimmbaren* Verlustdauer sind über einen standardisierten Auflösungshorizont von 15 Jahren aufzulösen. Die *kurzfristigen negativen* Goodwill-Werte mit *bestimmbarer* Verlustdauer sind planmäßig über den vorher festgelegten Auflösungshorizont aufzulösen. Sollten sich die antizipierten Verluste einzelner *kurzfristiger negativer* Goodwill-Werte über die planmäßige Auflösung hinaus realisieren, sind diese durch eine außerplanmäßige Auflösung im Wert zu berichtigen.

II. Abschließende Würdigung

Zu Beginn dieser Arbeit wurden auf ein Zitat von Lord Macnaghten hin zwei Fragen aufgeworfen: „Was haben wir in den vergangenen 117 Jahren über den Goodwill gelernt?“ und „Wissen wir heute mehr?“.

Fest steht, dass ein Erkenntnisgewinn stattgefunden hat. Gleichwohl zeichnet sich ein gemischtes Bild ab: So ist der Goodwill seitdem im Bilanzrecht zum Gegenstand vieler wissenschaftlicher Untersuchungen und Abhandlungen gemacht worden. Zahlreiche Aspekte des Goodwill wurden hinterfragt, um das „Wesen“ des Goodwill erklärbar zu machen. Dennoch wird der Goodwill im Bilanzrecht, je nach Regelwerk, sehr unterschiedlich behandelt. Anders sieht das Bild im Privatrecht aus: Hier hat der Goodwill bisher keine umfassende Einordnung erfahren und wird bislang nur unvollständig abgebildet.

Insgesamt scheint ein Merkmal des Goodwill aber bisher nicht konsequent gewürdigt worden zu sein: dass sich der Goodwill aus zahlreichen, heterogenen und flüchtigen Goodwill-Werten zusammensetzt. Diese einzelnen Goodwill-Werte führen dazu, dass der Goodwill in seiner Gesamtheit nur schwer und allenfalls näherungsweise erfasst werden kann.

Vorliegend wird daher vorgeschlagen, die Bilanzierung des Goodwill konsequent an dessen Goodwill-Werten auszurichten. Sofern man akzeptiert, dass

1277 Siehe hierzu zuvor unter § 12 I. 2. d) bb) (4).

sich der Goodwill aus positiven und negativen Goodwill-Werten unterschiedlicher Flüchtigkeit und Werthaltigkeit zusammensetzt, sollte die Bilanzierung des Goodwill an folgenden Rahmenbedingungen ausgerichtet werden:

1) Der originäre Goodwill darf nicht bilanziert werden, solange und soweit durch die Bilanz nicht ausschließlich Informationen vermittelt werden sollen.
2) Positiver und negativer Goodwill sind bilanziell gleich zu behandeln.
3) Die Abschreibung des derivativen positiven Goodwill und die Auflösung des derivativen negativen Goodwill sind konsequent an den einzelnen Goodwill-Werten auszurichten.

Anhang

I. Synonyme für den Goodwill (Referenzen)

Die nachfolgende Übersicht bietet einen Überblick über Begriffe, die synonym zum Goodwill verwendet werden. Die Textnachweise belegen die Verwendung des jeweiligen Begriffs durch den Autor selbst oder dessen Bezugnahme auf synonyme Begriffe, die weitere Autoren dem Goodwill gegeben haben[1278].

Synonym für den Goodwill	**Textnachweis**
Akquisitorisches Potential	*Velte*, RIW 2014, S. 112, Fn. 1; *Velte*, Intangible Assets und Goodwill, 2008, S. 191, Fn. 1577.
Ansehen der Firma, des Unternehmens	*BGH*, Urteil v. 30.09.1981 - IVa ZR 127/80, NJW 1982, S. 575; *Schwenzer*, in: *Schlechtriem/Schwenzer*, CISG, 6. Aufl. 2013, Art. 74, Rdnr. 18;
Betriebsmehrwert	*Matschke/Brösel*, Unternehmensbewertung, 4. Aufl. 2013, S. 501; siehe auch *Velte*, RIW 2014, S. 112, Fn. 1; *Velte*, Intangible Assets und Goodwill, 2008, S. 191, Fn. 1577.
Beziehungen	*Fabis*, Firma und good will, 1953, S. 29.
Capital notoriété	*Velte*, RIW 2014, S. 112, Fn. 1; *Velte*, Intangible Assets und Goodwill, 2008, S. 191, Fn. 1577.
Chance(n)	*Kreutzahler*, Rechtsnatur der Chancen eines Handelsgewerbes, 1926, S. 2; *Fabis*, Firma und good will, 1953, S. 30.
Consumer Franchise	*Velte*, RIW 2014, S. 112, Fn. 1; *Velte*, Intangible Assets und Goodwill, 2008, S. 191, Fn. 1577.
(zusätzlicher) Ertragswert	*Take*, Geschäfts- oder Firmenwert, 1939, S. 13
Facon, Façonwert oder Fassonwert	*Matschke/Brösel*, Unternehmensbewertung, 4. Aufl. 2013, S. 501; *o. N.*, Springer Kompakt-Lexikon, 2013, S. 175; *Deubner*, Aktivierung und Abschreibung des Geschäftswertes, 1971, S. 5; siehe auch *Velte*, RIW 2014, S. 112, Fn. 1; *Take*, Geschäfts- oder Firmenwert, 1939, S. 13; *Fabis*, Firma und good will, 1953, S. 30; *Velte*, Intangible Assets und Goodwill, 2008, S. 191, Fn. 1577.
Fiktiver Wert	*Take*, Geschäfts- oder Firmenwert, 1939, S. 13

1278 So benennt beispielsweise *Velte* zahlreiche Nachweise für Synonyme: *Velte*, Intangible Assets und Goodwill, 2008, S. 191, Fn. 1577; ebenso mit zahlreichen Nachweisen: *Schmidt*, Rechnungslegung zur Zahlungsbemessung und Informationsvermittlung, 2007, S. 52, Fn. 220 bis 226; ebenso mit zahlreichen Nachweisen *Lopatta*, Goodwillbilanzierung und Informationsvermittlung, 2006, S. 1, Fn. 2.

Synonym für den Goodwill	**Textnachweis**
Firmenwert	*Narr*, Das Problem des Firmenwertes, 1937, S. 6; *Krumm*, in: *Blümich*, EStG/KStG/GewStG, 129. EL August 2015, § 5 EStG, Rdnr. 613; *Großfeld*, Unternehmens- und Anteilsbewertung, 4. Aufl. 2002, S. 4; *Schmidt*, Rechnungslegung zur Zahlungsbemessung und Informationsvermittlung, 2007, S. 52; *Schmerbach*, in: Frankfurter-Komm-InsO, 5. Aufl. 2009, § 19 InsO, Rdnr. 11; *Wöhe/Döring/Brösel*, Allgemeine Betriebswirtschaftslehre, 26. Aufl. 2016, S. 521; *Hauß/Schulz*, in: *Schulz/Hauß*, Vermögensauseinandersetzung, 6. Aufl. 2015, Kap. 1 Rdnr. 146; *Weber-Grellet*, Bilanzsteuerrecht, 16. Aufl. 2018, Rdnr. 155; *Matschke/Brösel*, Unternehmensbewertung, 4. Aufl. 2013, S. 501; *o.V.*, Springer Kompakt-Lexikon, 2013, S. 175, 209; *Becker/Lutz/Back*, Kompaktlexikon Rechnungswesen, 3. Aufl. 2011, S. 98; *Nieskens*, in: *Rau/Dürrwächter*, UStG, 155. EL Juli 2013, § 3 UStG, Anm. 630 (Stichwort „Firmenwert/Praxiswert") und 159. EL Juli 2014, § 3 UStG, Anm. 3821 (Stichwort „Firmenwert"); *Busse von Colbe/Orgelheide/Gebhardt/Pellens*, Konzernabschlüsse, 9. Aufl. 2010, S. 235; *Hoffmann*, in: *Littmann/Bitz/Pust*, EStG, 54. EL November 2002, § 6 EStG, Rdnr. 538; *Deubner*, Aktivierung und Abschreibung des Geschäftswertes, 1971, S. 4; *Wedemann*, in: *Oetker*, HGB, 5. Aufl. 2017, § 235 HGB, Rdnr. 29; *Velte*, RIW 2014, S. 112, Fn. 1; *Take*, Geschäfts- oder Firmenwert, 1939, S. 13; *Velte*, Intangible Assets und Goodwill, 2008, S. 191, Fn. 1577; *Lopatta*, Goodwillbilanzierung und Informationsvermittlung, 2006, S. 1, Fn. 2.
Firmenimage	*Velte*, RIW 2014, S. 112, Fn. 1; *Velte*, Intangible Assets und Goodwill, 2008, S. 191, Fn. 1577.
Fonds de Commerce	*Velte*, RIW 2014, S. 112, Fn. 1; *Velte*, Intangible Assets und Goodwill, 2008, S. 191, Fn. 1577.
Geschäftsansehen (teilw. auch „geschäftliches Ansehen"	*Mankowski*, in: MünchKomm-HGB, 4. Aufl. 2018, Art. 74 CISG, Rdnr. 42; *Schmidt*, Rechnungslegung zur Zahlungsbemessung und Informationsvermittlung, 2007, S. 50.
Geschäftschancen, Chancen (eines Handelsgewerbes)	*Kreutzahler*, Rechtsnatur der Chancen eines Handelsgewerbes, 1926, S. 2; *Krumm*, in: *Blümich*, EStG/KStG/GewStG, 129. EL August 2015, § 5 EStG, Rdnr. 614; *Kreutzahler*, Rechtsnatur der Chancen eines Handelsgewerbes, 1926, S. 1, 7, 8; anders wohl jedoch *Schwenzer*, die „Geschäftschancen" eigenständig neben dem Goodwill sieht (vgl. *Schwenzer*, in: *Schlechtriem/Schwenzer*, CISG, 6. Aufl. 2013, Art. 74, Rdnr. 37.
Geschäftsmehrwert	*Becker/Lutz/Back*, Kompaktlexikon Rechnungswesen, 3. Aufl. 2011, S. 82; siehe auch *Velte*, RIW 2014, S. 112, Fn. 1; *Velte*, Intangible Assets und Goodwill, 2008, S. 191, Fn. 1577.
Geschäfts- oder Firmenwert	*Sigloch/Keller/Meffert*, in: *Michalski/Heidinger/Leible/J. Schmidt*, GmbHG, 3. Aufl. 2017, Anh. §§ 41-42a GmbHG, Rdnr. 647; *Maier*, in: BeckLex, 42. Ed. 2018 (Stand: 01.01.2017), Geschäfts- oder Firmenwert, Rdnr. 1; *Schmidt*, Rechnungslegung zur Zahlungsbemessung und Informationsvermittlung, 2007, S. 2, 34, 52; *Velte*, Intangible Assets und Goodwill, 2008, S. 1; *Hayn/Waldersee*, IFRS/HGB im Vergleich, 8. Aufl. 2014, S. 106; *Risse/Kästle*, M&A und Corporate Finance, 3. Aufl. 2018, S. 88; *Großfeld*, Unternehmens- und Anteilsbewertung, 4. Aufl. 2002, S. 17; *Ballwieser/Hachmeister*,

Synonym für den Goodwill	Textnachweis
	Unternehmensbewertung, 5. Aufl. 2016, S. 206, 215; *Velte*, StuW 2008, S. 280, 286; *o. N.*, BBK 2004, S. 229; *Küting*, DB 2005, S. 2575; *Küting*, DStR 2008, S. 1795; *Wolf/Kurz*, StuB 2005, S. 484; *Hoffmann/Lüdenbach*, Kommentar Bilanzierung, 9. Aufl. 2018, § 246 HGB, Rdnr. 380; *Velte*, RIW 2014, S. 112, Fn. 1; *Schmidt*, Bilanzierung des Goodwills im internationalen Vergleich, 2002, S. 1; *Maier*, in: BeckLex, 42. Ed. 2018 (Stand: 01.01.2018), Immaterielle Wirtschaftsgüter, Rdnr. 1; *Hauß/Schulz*, in: *Schulz/Hauß*, Vermögensauseinandersetzung, 6. Aufl. 2015, Kap. 1 Rdnr. 154; *Thommen/Achleitner/Gilbert/Hachmeister/Kaiser*, Allgemeine Betriebswirtschaftslehre, 8. Aufl. 2017, S. 251; *Pottgießer/Velte/Weber*, DStR 2005, S. 1748; *Busse von Colbe/Orgelheide/Gebhardt/Pellens*, Konzernabschlüsse, 9. Aufl. 2010, S. 196, 201; *Hennrichs*, in: MünchKomm-BilanzR/HGB, 2013, § 246 HGB, Rdnr. 143; *Haaker*, StuB 2015, S. 11; *Gröger*, in: *Hölters*, Unternehmenskauf, 8. Aufl. 2015, Teil 4, Rdnr. 4.112; *Sigloch*, Rechnungslegung, 8. Aufl. 2011, S. 278; a.A. *Becher*, NJW 1951, S. 541; *Flume*, Vermögenstransfer und Haftung, 2008, S. 39; *Küting*, DStR 2011, S. 1676; *Schindler*, in: BeckOK-GmbHG, 22. Ed. 2014, § 34 GmbHG, Rdnr. 105; *Born*, AfP 2005, S. 111; *Take*, Geschäfts- oder Firmenwert, 1939, S. 13; *Velte*, StuW 2008, S. 280; *Velte*, Intangible Assets und Goodwill, 2008, S. 191, Fn. 1577; *Lopatta*, Goodwillbilanzierung und Informationsvermittlung, 2006, S. 1, Fn. 2; a.A. *Fabis*, Firma und good will, 1953, S. 20; *Windbichler*, Gesellschaftsrecht, 24. Aufl. 2017, § 31 Rdnr. 9; *Großfeld/Egger/Tönnes*, Unternehmensbewertung, 8. Aufl. 2016, Rdnr. 74.
Geschäftswert (teilweise auch als „besonderer“, „ideeller“ oder „innerer“ Geschäftswert bezeichnet)	*Becker*, StuW 1931, Sp. 1406; *Großfeld*, Unternehmens- und Anteilsbewertung, 4. Aufl. 2002, S. 4; *Krumm*, in: *Blümich*, EStG/KStG/GewStG, 129. EL August 2015, § 5 EStG, Rdnr. 613; *Kreutzahler*, Rechtsnatur der Chancen eines Handelsgewerbes, 1926, S. 9; *Schmidt*, Rechnungslegung zur Zahlungsbemessung und Informationsvermittlung, 2007, S. 52; *Wöhe/Döring/Brösel*, Allgemeine Betriebswirtschaftslehre, 26. Aufl. 2016, S. 521; *Hauß/Schulz*, in: *Schulz/Hauß*, Vermögensauseinandersetzung, 6. Aufl. 2015, Kap. 1 Rdnr. 147; *Matschke/Brösel*, Unternehmensbewertung, 4. Aufl. 2013, S. 497, 501; *Weber-Grellet*, Bilanzsteuerrecht, 16. Aufl. 2018, Rdnr. 155; *o.V.*, Springer Kompakt-Lexikon, 2013, S. 175; *Busse von Colbe/Orgelheide/Gebhardt/Pellens*, Konzernabschlüsse, 9. Aufl. 2010, S. 213; *Mutter*, BB 1994, S. 472; *Nieskens*, in: *Rau/Dürrwächter*, UStG, 155. EL Juli 2013, § 3 UStG, Anm. 630 (Stichwort „Firmenwert/Praxiswert“) und 159. EL Juli 2014, § 3 UStG, Anm. 3821 (Stichwort „Firmenwert“); *Hoffmann*, in: *Littmann/Bitz/Pust*, EStG, 54. EL November 2002, § 6 EStG, Rdnr. 538; *Deubner*, Aktivierung und Abschreibung des Geschäftswertes, 1971, S. 4; *Bachmann*, in: MünchKomm-BGB, 7. Aufl. 2016, § 241 BGB, Rdnr. 100; *Lange*, in: MünchKomm-BGB, 7. Aufl. 2017, § 2311 BGB, Rdnr. 42; *BGH*, Urteil v. 30.03.1967 – II ZR 141/64, BB 1967, S. 559 = DB 1967, S. 854; *BVerfG*, Urteil v. 11.06.1958, - 1 BvR 596/56 = BVerfGE 7, 377 = NJW 1958, S. 1035 („Apotheken-Urteil“); *Sutschet*, in: BeckOK-BGB, 42. Ed. 2017, § 241 BGB, Rdnr. 74; *BGH*, Urteil v. 18.04.2002 - IX ZR 72/99, BB 2002, S. 1384; *Schöne*, in: *Bamberger/Roth/Hau/Poseck*, BeckOK-BGB, 43. Ed. 2017, § 718 BGB, Rdnr. 8; *Velte*, RIW 2014, S. 112, Fn. 1; *Fabis*, Firma und good will, 1953, S. 30; *Take*, Geschäfts- oder Firmenwert, 1939,

Synonym für den Goodwill	Textnachweis
	S. 13; *Velte*, Intangible Assets und Goodwill, 2008, S. 191, Fn. 1577; *Lopatta*, Goodwillbilanzierung und Informationsvermittlung, 2006, S. 1, Fn. 2.
Geschäftsverbindungen	*BGH*, Urteil v. 30.09.1981 - IVa ZR 127/80, NJW 1982, S. 575.
Good-will	*Weber-Grellet*, Bilanzsteuerrecht, 16. Aufl. 2018, Rdnr. 155.
Good will	*Kallmeyer*, GmbHR 1999, S. 16; *Deubner*, Aktivierung und Abschreibung des Geschäftswertes, 1971, S. 4, 5; *Mankowski*, in: MünchKomm-HGB, 4. Aufl. 2018, Art. 74 CISG, Rdnr. 17.
Guter Name	*Mankowski*, in: MünchKomm-HGB, 4. Aufl. 2018, Art. 74 CISG, Rdnr. 41.
Guter Ruf	*Peukert*, Güterzuordnung als Rechtsprinzip, 2008, S. 115; *Schwenzer*, in: *Schlechtriem/Schwenzer*, CISG, 6. Aufl. 2013, Art. 74, Rdnr. 18; *Maier*, in: BeckLex, 42. Ed. 2018 (Stand: 01.01.2017), Geschäfts- oder Firmenwert, Rdnr. 1; *Beisel*, in: *Beisel/Klumpp*, Unternehmenskauf, 7. Aufl. 2016, § 4, Rdnr. 4; *Schmidt*, Rechnungslegung zur Zahlungsbemessung und Informationsvermittlung, 2007, S. 50; *Becher*, NJW 1951, S. 541; *Hösch*, WRP 1994, S. 796.
Handelsgeschäft	*Kreutzahler*, Rechtsnatur der Chancen eines Handelsgewerbes, 1926, S. 9 (mit Verweis auf *Pisko* und *Müller-Erzbach*).
Ideeller Wert	*Fabis*, Firma und good will, 1953, S. 30; *Take*, Geschäfts- oder Firmenwert, 1939, S. 13.
Image	*OLG München*, Schlussurteil v. 12.03.2014 - 7 U 476/13, veröffentlicht bei juris und BeckRS 2014, 05811.
Imaginärer Wert	*Take*, Geschäfts- oder Firmenwert, 1939, S. 13
Immaterieller Wert	*Deubner*, Aktivierung und Abschreibung des Geschäftswertes, 1971, S. 4; *Velte*, RIW 2014, S. 112, Fn. 1; *Take*, Geschäfts- oder Firmenwert, 1939, S. 13; *Velte*, Intangible Assets und Goodwill, 2008, S. 191, Fn. 1577; *Schmidt*, Rechnungslegung zur Zahlungsbemessung und Informationsvermittlung, 2007, S. 52.
Innerer Wert	*Fabis*, Firma und good will, 1953, S. 30; *Weidlich*, in: *Palandt*, BGB, 77. Aufl. 2018, § 2311 BGB, Rdnr. 9; wohl auch *BGH*, Urteil v. 30.09.1981 - IVa ZR 127/80, NJW 1982, S. 575.
Kapitalisierungs(mehr)wert	*Matschke/Brösel*, Unternehmensbewertung, 4. Aufl. 2013, S. 501; *Deubner*, Aktivierung und Abschreibung des Geschäftswertes, 1971, S. 5, 6; *Velte*, RIW 2014, S. 112, Fn. 1; *Take*, Geschäfts- oder Firmenwert, 1939, S. 13; *Velte*, Intangible Assets und Goodwill, 2008, S. 191, Fn. 1577; *Schmidt*, Rechnungslegung zur Zahlungsbemessung und Informationsvermittlung, 2007, S. 52; *Lopatta*, Goodwillbilanzierung und Informationsvermittlung, 2006, S. 1, Fn. 2.
Kundenkreis, Kundenstamm	*Schmidt*, Rechnungslegung zur Zahlungsbemessung und Informationsvermittlung, 2007, S. 50; *BGH*, Urteil v. 30.09.1981 - IVa ZR 127/80, NJW 1982, S. 575; *Fabis*, Firma und good will, 1953, S. 30;

Synonym für den Goodwill	**Textnachweis**
	Deubner, Aktivierung und Abschreibung des Geschäftswertes, 1971, S. 4.
Organisations(mehr)wert	*Schlüter*, in: *Erman*, BGB, 12. Aufl. 2008, § 2311 BGB, Rdnr. 4; *Matschke/Brösel*, Unternehmensbewertung, 4. Aufl. 2013, S. 501; siehe auch *Velte*, RIW 2014, S. 112, Fn. 1; *Velte*, Intangible Assets und Goodwill, 2008, S. 191, Fn. 1577.
Praxiswert	*Wiechers*, BBK 2011, S. 739; *o.V.*, Springer Kompakt-Lexikon, 2013, S. 175; *Maier*, in: BeckLex, 42. Ed. 2018 (Stand: 01.01.2017), Geschäfts- oder Firmenwert, Rdnr. 1; *Seer*, UR 1990, S. 297; *Raczinski/Rademacher*, BB 1989, S. 2231; *Nieskens*, in: *Rau/Dürrwächter*, UStG, 155. EL Juli 2013, § 3 UStG, Anm. 630 (Stichwort „Firmenwert/Praxiswert") und 159. EL Juli 2014, § 3 UStG, Anm. 3821 (Stichwort „Firmenwert"); *Schmidt*, Rechnungslegung zur Zahlungsbemessung und Informationsvermittlung, 2007, S. 52.
Reputation	*Schwenzer*, in: *Schlechtriem/Schwenzer*, CISG, 6. Aufl. 2013, Art. 74, Rdnr. 18; *Mankowski*, in: MünchKomm-HGB, 4. Aufl. 2018, Art. 74 CISG, Rdnr. 41.
Tätigkeitsbereich	*Fabis*, Firma und good will, 1953, S. 30.
Unternehmensmehr- oder minderwert	*Deubner*, Aktivierung und Abschreibung des Geschäftswertes, 1971, S. 6; *Velte*, RIW 2014, S. 112, Fn. 1; *Take*, Geschäfts- oder Firmenwert, 1939, S. 13; *Velte*, Intangible Assets und Goodwill, 2008, S. 191, Fn. 1577
(gute) Unternehmensruf	*Klumpp*, in: *Beisel/Klumpp*, Unternehmenskauf, 7. Aufl. 2016, Kap. 4, Rdnr. 4; *Pielow*, in: *Pielow*, BeckOK-GewO, 38. Ed. 2017, § 1 GewO, Rdnr. 128.
Unterschiedsbetrag (positiv oder negativ und im Zusammenhang mit Konzern-abschlüssen)	*Busse von Colbe/Orgelheide/Gebhardt/Pellens*, Konzernabschlüsse, 9. Aufl. 2010, S. 201, 242; *Haaker*, StuB 2015, S. 15.
Vertrauenskapital	*Velte*, RIW 2014, S. 112, Fn. 1; *Velte*, Intangible Assets und Goodwill, 2008, S. 191, Fn. 1577.
Wirkungskreis	*Fabis*, Firma und good will, 1953, S. 30.

II. Goodwill-Werte (Referenzen)

Die nachfolgende Übersicht bietet einen Überblick über einzelner Goodwill-Werte, die dem Goodwill in Literatur und Rechtsprechung zugeschrieben werden.

Gruppe	Goodwill-Wert	Textnachweis
Unternehmensführung	Qualität des Managements	*Winkeljohann/K. Hoffmann,* in: Beck Bil-Komm, 11. Aufl. 2018, § 309 HGB, Rdnr. 5; *Tettenborn/Rohleder/Rogler,* CFB 2013, S. 34; *Theile,* BBK 2014, S. 249; *Deubner,* Aktivierung und Abschreibung des Geschäftswertes, 1971, S. 15; *Arnold,* Bilanzierung des Geschäfts- oder Firmenwerts, 1997, S. 39.
	Wert des Managements	*Moxter,* BB 1995, S. 1518, 1520; vom *„tüchtige[n] Direktor, Prokurist[en] oder Betriebsleiter"* spricht *Kreutzahler,* Rechtsnatur der Chancen eines Handelsgewerbes, 1926, S. 3; *Winkeljohann/K. Hoffmann,* in: Beck Bil-Komm, 11. Aufl. 2018, § 309 HGB, Rdnr. 5; *Kuckenburg,* NZFam 2015, S. 392.
	Know-how des Managements	*Maier,* in: BeckLex, 42. Ed. 2018 (Stand: 01.01.2017), Geschäfts- oder Firmenwert, Rdnr. 2; *Arnold,* Bilanzierung des Geschäfts- oder Firmenwerts, 1997, S. 39.
	Fähigkeiten des Unternehmers und/oder des Managements	*Adler/Düring/Schmaltz,* Rechnungslegung und Prüfung, 6. Aufl. 1995, § 255 HGB, Rdnr. 257; *Küting,* DStR 2006, S. 1665; *Krumm,* in: *Blümich,* EStG/KStG/GewStG, 129. EL August 2015, § 5 EStG, Rdnr. 615; *Schmidt,* Rechnungslegung zur Zahlungsbemessung und Informationsvermittlung, 2007, S. 49, 59; *Deubner,* Aktivierung und Abschreibung des Geschäftswertes, 1971, S. 15.
	Persönlichkeiten im Aufsichtsrat einer AG	*Kreutzahler,* Rechtsnatur der Chancen eines Handelsgewerbes, 1926, S. 4.
	Überlegene Strategie	*Schmidt,* Rechnungslegung zur Zahlungsbemessung und Informationsvermittlung, 2007, S. 59.

Gruppe	Goodwill-Wert	Textnachweis
Personal	Stamm zuverlässiger Arbeitnehmer/Mitarbeiter, Personalstamm	*Kreutzahler*, Rechtsnatur der Chancen eines Handelsgewerbes, 1926, S. 3; *Wöhe*, StuW 1980, S. 89; *Ehmcke*, in: *Blümich*, EStG/KStG/GewStG, 133. EL Juli 2016, § 6 EStG, Rdnr. 782; *Böcking/Gros/Tonne*, in: *Ebenroth/Boujong/-Joost/Strohn*, HGB, 3. Aufl. 2014, § 309 HGB, Rdnr. 5; *Waldhoff*, in: *Kirchhof/Söhn/Mellinghoff*, EStG, 202. EL Oktober 2009, § 7 EStG, Rdnr. B 166; *BGH*, Urteil v. 02.02.2011 - XII ZR 185/08, BGHZ 188, S. 249 = NJW 2011, S. 2572; *BGH*, Urteil v. 25.11.1998 - XII ZR 84/97, NJW 1999, S. 784; *Deubner*, Aktivierung und Abschreibung des Geschäftswertes, 1971, S. 15; *Pupeter*, in: *Holzapfel/Pöllath*, Unternehmenskauf, 15. Aufl. 2017, Rdnr. 202.
	Qualifikation (Fähigkeiten und Fertigkeiten) des Personals und der Mitarbeiter	*Fabis*, Firma und good will, 1953, S. 31; *Moxter*, BB 1995, S. 1518, 1520; *Krumm*, in: *Blümich*, EStG/KStG/GewStG, 129. EL August 2015, § 5 EStG, Rdnr. 615; *Sellhorn*, DB 2000, S. 888; *Pellens/Sellhorn*, DB 2001, S. 718; *Küting*, DStR 2006, S. 1665; *Flume*, Vermögenstransfer und Haftung, 2008, S. 57; *Kallmeyer*, GmbHR 1999, S. 17. *Wolf/Kurz*, StuB 2005, S. 484; *Kleindiek*, in: *Staub*, HGB-Großkomm, 5. Aufl. 2014, § 246 HGB, Rdnr. 77; *Thommen/Achleitner/Gilbert/Hachmeister/Kaiser*, Allgemeine Betriebswirtschaftslehre, 8. Aufl. 2017, S. 251, 356, 358; *Adler/Düring/Schmaltz*, Rechnungslegung und Prüfung, 6. Aufl. 1995, § 255 HGB, Rdnr. 257; *Walz*, in: *Heymann/Horn*, HGB, 2. Aufl. 1999, § 255 HGB, Rdnr. 68; *Hennrichs*, in: MünchKomm-BilanzR/HGB, 2013, § 246 HGB, Rdnr. 143; *Theile*, BBK 2014, S. 249; *Werndl*, in: *Kirchhof/Söhn/Mellinghoff*, EStG, 213. EL Oktober 2010, § 6 EStG, Rdnr. B 480; *Thume*, BB 2009, S. 1026; *Ringling/Antonakopoulos*, in: *Sinewe*, Unternehmenskauf, 2. Aufl. 2018, S. 53; *Deubner*, Aktivierung und Abschreibung des Geschäftswertes, 1971, S. 15; *Arnold*, Bilanzierung des Geschäfts- oder Firmenwerts, 1997, S. 39.
	Arbeitsverträge	*Arnold*, Bilanzierung des Geschäfts- oder Firmenwerts, 1997, S. 39 („schwebende Arbeitsverträge"); *Pupeter*, in: *Holzapfel/Pöllath*, Unternehmenskauf, 15. Aufl. 2017, Rdnr. 232.
	Maßnahmen zur Aus- und Weiterbildung von Mitarbeitern	*Schmidt*, Rechnungslegung zur Zahlungsbemessung und Informationsvermittlung, 2007, S. 49.
	Attraktionsfähigkeit für neue Mitarbeiter	*Schmidt*, Rechnungslegung zur Zahlungsbemessung und Informationsvermittlung, 2007, S. 59; ähnlich auch *Lettl*, Handelsrecht, 4. Aufl. 2018, § 5, Rdnr. 2.
	Know-how und Motivation der Mitarbeiter und des Personals	*Wöhe/Döring/Brösel*, Allgemeine Betriebswirtschaftslehre, 26. Aufl. 2016, S. 521; *Tettenborn/Rohleder/Rogler*, CFB 2013, S. 34; *Sigloch*, Rechnungslegung, 8. Aufl. 2011, S. 278; *Maier*, in: BeckLex, 42. Ed. 2018 (Stand: 01.01.2017), Geschäfts- oder Firmenwert, Rdnr. 2; *Schmidt*, Rechnungslegung zur Zahlungsbemessung und

Gruppe	Goodwill-Wert	Textnachweis
		Informationsvermittlung, 2007, S. 49, 59; *Arnold,* Bilanzierung des Geschäfts- oder Firmenwerts, 1997, S. 39.
	gutes Betriebsklima	*Deubner,* Aktivierung und Abschreibung des Geschäftswertes, 1971, S. 15; *Thume,* BB 2009, S. 1026; *Schmidt,* Rechnungslegung zur Zahlungsbemessung und Informationsvermittlung, 2007, S. 59; *Deubner,* Aktivierung und Abschreibung des Geschäftswertes, 1971, S. 15; *Arnold,* Bilanzierung des Geschäfts- oder Firmenwerts, 1997, S. 39.
	Unternehmenskultur	*Schmidt,* Rechnungslegung zur Zahlungsbemessung und Informationsvermittlung, 2007, S. 49.
Produktion und Verfahren	Geschäfts- und Betriebsgeheimnisse	*Fabis,* Firma und good will, 1953, S. 30; *Kreutzahler,* Rechtsnatur der Chancen eines Handelsgewerbes, 1926, S. 3; *Wöhe/Döring/Brösel,* Allgemeine Betriebswirtschaftslehre, 26. Aufl. 2016, S. 521; *Mayer,* GRUR 2011, S. 884; *BGH,* Urteil vom 27.04.2006 - I ZR 126/03, NJW 2006, S. 3424 = GRUR 2006, S. 1044; *Deubner,* Aktivierung und Abschreibung des Geschäftswertes, 1971, S. 15; *Arnold,* Bilanzierung des Geschäfts- oder Firmenwerts, 1997, S. 40
	rationelle Verfahrens- und Fertigungsverfahren, Produktionsverfahren	*Adler/Düring/Schmaltz,* Rechnungslegung und Prüfung, 6. Aufl. 1995, § 255 HGB, Rdnr. 257; *Wöhe,* StuW 1980, S. 89 f.; *Winnefeld,* in: *Winnefeld,* Bilanz-Handbuch, 5. Aufl. 2015, Kap. N, Rdnr. 496; *Walz,* in: *Heymann/Horn,* HGB, 2. Aufl. 1999, § 255 HGB, Rdnr. 68; *Krumm,* in: *Blümich,* EStG/KStG/GewStG, 129. EL August 2015, § 5 EStG, Rdnr. 615; *Schmidt,* Rechnungslegung zur Zahlungsbemessung und Informationsvermittlung, 2007, S. 59; *Deubner,* Aktivierung und Abschreibung des Geschäftswertes, 1971, S. 15; *Arnold,* Bilanzierung des Geschäfts- oder Firmenwerts, 1997, S. 40.
	Forschungsprojekte, Innovationen, Innovationsstärke	*Tettenborn/Rohleder/Rogler,* CFB 2013, S. 34; *Böcking/Gros/-Tonne,* in: *Ebenroth/Boujong/Joost/Strohn,* HGB, 3. Aufl. 2014, § 309 HGB, Rdnr. 5.
	Know How (des Unternehmens)	*Fabis,* Firma und good will, 1953, S. 31; *Wolf/Kurz,* StuB 2005, S. 484; *Sigloch/Keller/Meffert,* in: *Michalski/Heidinger/-Leible/J. Schmidt,* GmbHG, 3. Aufl. 2017, Anh. §§ 41-42a GmbHG, Rdnr. 648; *Wöhe/Döring/Brösel,* Allgemeine Betriebswirtschaftslehre, 26. Aufl. 2016, S. 521; *Winkeljohann/K. Hoffmann,* in: Beck Bil-Komm, 11. Aufl. 2018, § 309 HGB, Rdnr. 5; *Sellhorn,* DB 2000, S. 888; *Küting,* DStR 2006, S. 1665; *OLG Frankfurt,* Beschl. v. 07.09.1977 – 20 W 660/77, MDR 1978, 231 = DB 1978, 628; *Thume,* BB 2009, S. 1026; *Flume,* Vermögenstransfer und Haftung, 2008, S. 57; *Kallmeyer,* GmbHR 1999, S. 17; *Arnold,* Bilanzierung des Geschäfts- oder Firmenwerts, 1997, S. 40.
	Archiv	*Pupeter,* in: *Holzapfel/Pöllath,* Unternehmenskauf, 15. Aufl.

Gruppe	Goodwill-Wert	Textnachweis
		2017, Rdnr. 232.
	günstige Kostenlage	*Fabis*, Firma und good will, 1953, S. 30; *Deubner*, Aktivierung und Abschreibung des Geschäftswertes, 1971, S. 15.
Organisation	innere, betriebliche Organisation	*Becker*, StuW 1931, Sp. 1409 f.; *Narr*, Das Problem des Firmenwertes, 1937, S. 4; *Wöhe*, StuW 1980, S. 89; *Moxter*, BB 1995, S. 1520; *Thommen/Achleitner/Gilbert/Hachmeister/-Kaiser*, Allgemeine Betriebswirtschaftslehre, 8. Aufl. 2017, S. 356; *Fabis*, Firma und good will, 1953, S. 30, 31; *Kreutzahler*, Rechtsnatur der Chancen eines Handelsgewerbes, 1926, S. 3, 8; *Sigloch/Keller/Meffert*, in: *Michalski/-Heidinger/Leible/J. Schmidt*, GmbHG, 3. Aufl. 2017, Anh. §§ 41-42a GmbHG, Rdnr. 648; *Wöhe/Döring/Brösel*, Allgemeine Betriebswirtschaftslehre, 26. Aufl. 2016, S. 521; *Krumm*, in: *Blümich*, EStG/KStG/GewStG, 129. EL August 2015, § 5 EStG, Rdnr. 615; *Lüdenbach/Hoffmann/Freiberg*, IFRS-Kommentar, 16. Aufl. 2018, § 31, Rdnr. 77; *Weber-Grellet*, Bilanzsteuerrecht, 16. Aufl. 2018, Rdnr. 155; *Adler/Düring/Schmaltz*, Rechnungslegung und Prüfung, 6. Aufl. 1995, § 255 HGB, Rdnr. 257; *Schubert/F. Huber*, in: Beck Bil-Komm, 11. Aufl. 2018, § 247 HGB, Rdnr. 406; *Hennrichs*, in: MünchKomm-BilanzR/HGB, 2013, § 246 HGB, Rdnr. 143; *Waldhoff*, in: *Kirchhof/Söhn/Mellinghoff*, EStG, 202. EL Oktober 2009, § 7 EStG, Rdnr. B 166; *Winnefeld*, in: *Winnefeld*, Bilanz-Handbuch, 5. Aufl. 2015, Kap. N, Rdnr. 496; *Kallmeyer*, GmbHR 1999, S. 17; *Thume*, BB 2009, S. 1026; *Deubner*, Aktivierung und Abschreibung des Geschäftswertes, 1971, S. 15; *Arnold*, Bilanzierung des Geschäfts- oder Firmenwerts, 1997, S. 39; *Kuckenburg*, NZFam 2015, S. 392; *Pupeter*, in: *Holzapfel/Pöllath*, Unternehmenskauf, 15. Aufl. 2017, Rdnr. 202, 232; *Windbichler*, Gesellschaftsrecht, 24. Aufl. 2017, § 31 Rdnr. 9.
	räumliche Unternehmensorganisation (Aufstellung von Maschinen, Lagerung der Warenvorräte)	*Fabis*, Firma und good will, 1953, S. 31; *Kreutzahler*, Rechtsnatur der Chancen eines Handelsgewerbes, 1926, S. 2, 3; *Thume*, BB 2009, S. 1026; *Winnefeld*, in: *Winnefeld*, Bilanz-Handbuch, 5. Aufl. 2015, Kap. N, Rdnr. 496; *Waldhoff*, in: *Kirchhof/Söhn/Mellinghoff*, EStG, 202. EL Oktober 2009, § 7 EStG, Rdnr. B 166; *Thume*, BB 2009, S. 1026; *Arnold*, Bilanzierung des Geschäfts- oder Firmenwerts, 1997, S. 39; *Kuckenburg*, NZFam 2015, S. 392.
	Organisationsstruktur	*Tettenborn/Rohleder/Rogler*, CFB 2013, S. 34; *Walz*, in: *Heymann/Horn*, HGB, 2. Aufl. 1999, § 255 HGB, Rdnr. 68; *Theile*, BBK 2014, S. 249; *Sigloch*, Rechnungslegung, 8. Aufl. 2011, S. 278; *Schubert/F. Huber*, in: Beck Bil-Komm, 11. Aufl. 2018, § 247 HGB, Rdnr. 406; *Flume*, Vermögenstransfer und Haftung, 2008, S. 57; *Schmidt*, Rechnungslegung zur Zahlungsbemessung und Informationsvermittlung, 2007, S. 59; *Deubner*, Aktivierung und

Gruppe	Goodwill-Wert	Textnachweis
		Abschreibung des Geschäftswertes, 1971, S. 15; *Pupeter*, in: *Holzapfel/Pöllath*, Unternehmenskauf, 15. Aufl. 2017, Rdnr. 202, 232.
	Organisation von Einkauf und Absatz	*Wöhe*, StuW 1980, S. 89 f.; *Maier*, in: BeckLex, 42. Ed. 2018 (Stand: 01.01.2017), Geschäfts- oder Firmenwert, Rdnr. 2; *Arnold*, Bilanzierung des Geschäfts- oder Firmenwerts, 1997, S. 39.
	günstige Kostenlage	*Fabis*, Firma und good will, 1953, S. 30; *Deubner*, Aktivierung und Abschreibung des Geschäftswertes, 1971, S. 15; *Deubner*, Aktivierung und Abschreibung des Geschäftswertes, 1971, S. 15.
	Synergieeffekte	*Walz*, in: *Heymann/Horn*, HGB, 2. Aufl. 1999, § 255 HGB, Rdnr. 68; *Theile*, BBK 2014, S. 249; *Thommen/Achleitner/-Gilbert/Hachmeister/Kaiser*, Allgemeine Betriebswirtschaftslehre, 8. Aufl. 2017, S. 251.
Staat und Öffentlichkeit	vorteilhafte Steuerbedingungen	*Schmidt*, Rechnungslegung zur Zahlungsbemessung und Informationsvermittlung, 2007, S. 59.
	unternehmensfreundliche Gesetzgebung und Rechtsprechung	*Schmidt*, Rechnungslegung zur Zahlungsbemessung und Informationsvermittlung, 2007, S. 59.
Standort	(verkehrsgünstige) Lage des Unternehmens	*Fabis*, Firma und good will, 1953, S. 30; *Kreutzahler*, Rechtsnatur der Chancen eines Handelsgewerbes, 1926, S. 2, 3; *Lüdenbach/Hoffmann/Freiberg*, IFRS-Kommentar, 16. Aufl. 2018, § 31, Rdnr. 77; *Maier*, in: BeckLex, 42. Ed. 2018 (Stand: 01.01.2017), Geschäfts- oder Firmenwert, Rdnr. 2; *Schmidt*, Rechnungslegung zur Zahlungsbemessung und Informationsvermittlung, 2007, S. 59; *Deubner*, Aktivierung und Abschreibung des Geschäftswertes, 1971, S. 15; *Arnold*, Bilanzierung des Geschäfts- oder Firmenwerts, 1997, S. 40.
	Standortvorteil, Standort des Unternehmens	*Thommen/Achleitner/Gilbert/Hachmeister/Kaiser*, Allgemeine Betriebswirtschaftslehre, 8. Aufl. 2017, S. 251, 358; *Pellens/Sellhorn*, DB 2001, S. 718; *Adler/Düring/Schmaltz*, Rechnungslegung und Prüfung, 6. Aufl. 1995, § 255 HGB, Rdnr. 257; *Winkeljohann/K. Hoffmann*, in: Beck Bil-Komm, 11. Aufl. 2018, § 309 HGB, Rdnr. 5; *Werndl*, in: *Kirchhof/Söhn/Mellinghoff*, EStG, 213. EL Oktober 2010, § 6 EStG, Rdnr. B 480; *Wolf/Kurz*, StuB 2005, S. 484; *Krumm*, in: *Blümich*, EStG/KStG/GewStG, 129. EL August 2015, § 5 EStG, Rdnr. 615; *Hennrichs*, in: MünchKomm-BilanzR/HGB, 2013, § 246 HGB, Rdnr. 143; *Böcking/Gros/-Tonne*, in: *Ebenroth/Boujong/Joost/Strohn*, HGB, 3. Aufl. 2014, § 309 HGB, Rdnr. 5; *Waldhoff*, in: *Kirchhof/Söhn/Mellinghoff*, EStG, 202. EL Oktober 2009, § 7

Gruppe	Goodwill-Wert	Textnachweis
		EStG, Rdnr. B 166; *Winnefeld,* in: *Winnefeld,* Bilanz-Handbuch, 5. Aufl. 2015, Kap. N, Rdnr. 496; *BGH,* Urteil v. 02.02.2011 - XII ZR 185/08, BGHZ 188, S. 249 = NJW 2011, S. 2572; *BGH,* Urteil v. 25.11.1998 - XII ZR 84/97, NJW 1999, S. 784; *Kuckenburg,* NZFam 2015, S. 392; *Pupeter,* in: *Holzapfel/Pöllath,* Unternehmenskauf, 15. Aufl. 2017, Rdnr. 202, 232; *Ringling/Antonakopoulos,* in: *Sinewe,* Unternehmenskauf, 2. Aufl. 2018, S. 53.
	günstiger Zugang zu Beschaffungsmarkt und Absatzmarkt	*Deubner,* Aktivierung und Abschreibung des Geschäftswertes, 1971, S. 15; *Arnold,* Bilanzierung des Geschäfts- oder Firmenwerts, 1997, S. 40
	Möglichkeit der territorialen Expansion am Unternehmenssitz	*Arnold,* Bilanzierung des Geschäfts- oder Firmenwerts, 1997, S. 40
	Zugang zum Arbeitsmarkt	*Arnold,* Bilanzierung des Geschäfts- oder Firmenwerts, 1997, S. 40
	langfristige Miet- und/oder Pachtverträge	*Becker,* StuW 1931, Sp. 1409; *Deubner,* Aktivierung und Abschreibung des Geschäftswertes, 1971, S. 15; *Arnold,* Bilanzierung des Geschäfts- oder Firmenwerts, 1997, S. 40
Beschaffungsmarkt	Lieferantenbeziehungen	*Moxter,* BB 1995, S. 1520; *Schmidt,* Rechnungslegung zur Zahlungsbemessung und Informationsvermittlung, 2007, S. 59; *Kuckenburg,* NZFam 2015, S. 392; *Pupeter,* in: *Holzapfel/Pöllath,* Unternehmenskauf, 15. Aufl. 2017, Rdnr. 232; *Ringling/Antonakopoulos,* in: *Sinewe,* Unternehmenskauf, 2. Aufl. 2018, S. 53.
	Zugang zu guten, zuverlässigen und günstigen Bezugsquellen	*Fabis,* Firma und good will, 1953, S. 30; *Kreutzahler,* Rechtsnatur der Chancen eines Handelsgewerbes, 1926, S. 2; *Wöhe/Döring/Brösel,* Allgemeine Betriebswirtschaftslehre, 26. Aufl. 2016, S. 521; *Krumm,* in: *Blümich,* EStG/KStG/GewStG, 129. EL August 2015, § 5 EStG, Rdnr. 615; *Hennrichs,* in: MünchKomm-BilanzR/HGB, 2013, § 246 HGB, Rdnr. 143; *Winnefeld,* in: *Winnefeld,* Bilanz-Handbuch, 5. Aufl. 2015, Kap. N, Rdnr. 496; *Maier,* in: BeckLex, 42. Ed. 2018 (Stand: 01.01.2017), Geschäfts- oder Firmenwert, Rdnr. 2; *Schmidt,* Rechnungslegung zur Zahlungsbemessung und Informationsvermittlung, 2007, S. 59; *Deubner,* Aktivierung und Abschreibung des Geschäftswertes, 1971, S. 15; *Arnold,* Bilanzierung des Geschäfts- oder Firmenwerts, 1997, S. 40.
	Attraktionsfähigkeit für neue Mitarbeiter	*Schmidt,* Rechnungslegung zur Zahlungsbemessung und Informationsvermittlung, 2007, S. 59; ähnlich auch *Lettl,* Handelsrecht, 4. Aufl. 2018, § 5, Rdnr. 2.
	Verbandszugehörigkeit (für vorteilhafte Belieferung)	*Kreutzahler,* Rechtsnatur der Chancen eines Handelsgewerbes, 1926, S. 4; *Arnold,* Bilanzierung des Geschäfts- oder Firmenwerts, 1997, S. 41.

Gruppe	Goodwill-Wert	Textnachweis
Kapitalmarkt und Investoren	Vertrauen der Gläubiger und/oder Kapitalgeber	*Schmidt*, Rechnungslegung zur Zahlungsbemessung und Informationsvermittlung, 2007, S. 59; ähnlich auch *Lettl*, Handelsrecht, 4. Aufl. 2018, § 5, Rdnr. 2.
	Ausgezeichnetes Kapitalmarktstanding	*Schmidt*, Rechnungslegung zur Zahlungsbemessung und Informationsvermittlung, 2007, S. 59.
	Kreditrating, Kreditwürdigkeit bei Kreditinstituten und Lieferanten	*Kreutzahler*, Rechtsnatur der Chancen eines Handelsgewerbes, 1926, S. 2. *Fabis*, Firma und good will, 1953, S. 30; *Wöhe*, StuW 1980, S. 89; *Sellhorn*, DB 2000, S. 888; *Schmidt*, Rechnungslegung zur Zahlungsbemessung und Informationsvermittlung, 2007, S. 59; *Roth*, in: *Herberger/Martinek/Rüßmann/Weth/Würdinger*, jurisPK-BGB, 8. Aufl. 2017, § 1376 BGB, Rdnr. 13; *Deubner*, Aktivierung und Abschreibung des Geschäftswertes, 1971, S. 15; *Arnold*, Bilanzierung des Geschäfts- oder Firmenwerts, 1997, S. 40; *Kuckenburg*, NZFam 2015, S. 392
	kreditbegünstigende Gesellschaftsform	*Deubner*, Aktivierung und Abschreibung des Geschäftswertes, 1971, S. 15; *Arnold*, Bilanzierung des Geschäfts- oder Firmenwerts, 1997, S. 40.
	Investoren- und sonstige Stakeholderbeziehungen	*Schmidt*, Rechnungslegung zur Zahlungsbemessung und Informationsvermittlung, 2007, S. 49.
Qualität der Produkte	Qualität der Produkte und/oder Leistungen	*Fabis*, Firma und good will, 1953, S. 30; *Winkeljohann/K. Hoffmann*, in: Beck Bil-Komm, 11. Aufl. 2018, § 309 HGB, Rdnr. 5; *Böcking/Gros/Tonne*, in: *Ebenroth/Boujong/Joost/Strohn*, HGB, 3. Aufl. 2014, § 309 HGB, Rdnr. 5; *Kallmeyer*, GmbHR 1999, S. 17; *Deubner*, Aktivierung und Abschreibung des Geschäftswertes, 1971, S. 15.
	Bekanntheitsgrad der Produkte des Unternehmens	*Kleindiek*, in: *Staub*, HGB-Großkomm, 5. Aufl. 2014, § 246 HGB, Rdnr. 77; *Waldhoff*, in: *Kirchhof/Söhn/Mellinghoff*, EStG, 202. EL Oktober 2009, § 7 EStG, Rdnr. B 166; *Kuckenburg*, NZFam 2015, S. 392.
	Ruf der Produkte und Erzeugnisse	*Deubner*, Aktivierung und Abschreibung des Geschäftswertes, 1971, S. 15; *Arnold*, Bilanzierung des Geschäfts- oder Firmenwerts, 1997, S. 40
	Produktqualität	*Winkeljohann/K. Hoffmann*, in: Beck Bil-Komm, 11. Aufl. 2018, § 309 HGB, Rdnr. 5; *Arnold*, Bilanzierung des Geschäfts- oder Firmenwerts, 1997, S. 40.
Absatzmar	führende Marktstellung	*Roth*, in: *Herberger/Martinek/Rüßmann/Weth/Würdinger*, jurisPK-BGB, 8. Aufl. 2017, § 1376 BGB, Rdnr. 13; *Krumm*,

Gruppe	Goodwill-Wert	Textnachweis
		in: *Blümich*, EStG/KStG/GewStG, 129. EL August 2015, § 5 EStG, Rdnr. 615; *Walz*, in: *Heymann/Horn*, HGB, 2. Aufl. 1999, § 255 HGB, Rdnr. 68; *Winnefeld*, in: *Winnefeld*, Bilanz-Handbuch, 5. Aufl. 2015, Kap. N, Rdnr. 496; *Arnold*, Bilanzierung des Geschäfts- oder Firmenwerts, 1997, S. 40; *Kuckenburg*, NZFam 2015, S. 392
	Monopolartige Stellung	*Deubner*, Aktivierung und Abschreibung des Geschäftswertes, 1971, S. 15; *Arnold*, Bilanzierung des Geschäfts- oder Firmenwerts, 1997, S. 40
	Monopolstellung	*Fabis*, Firma und good will, 1953, S. 30; Kreutzahler, Rechtsnatur der Chancen eines Handelsgewerbes, 1926, S. 4.
	Ausgezeichnetes Preis-/ Leistungsverhältnis	*Schmidt*, Rechnungslegung zur Zahlungsbemessung und Informationsvermittlung, 2007, S. 59.
	Wettbewerbsvorteil	*Tettenborn/Rohleder/Rogler*, CFB 2013, S. 34; so wohl auch *BGH*, Urteil v. 02.02.2011 - XII ZR 185/08, BGHZ 188, S. 249 = NJW 2011, S. 2572; *BGH*, Urteil v. 25.11.1998 - XII ZR 84/97, NJW 1999, S. 784; *Kuckenburg*, NZFam 2015, S. 392.
	Wettbewerbsverbot (als Teil der Unternehmensver-äußerung)	*Arnold*, Bilanzierung des Geschäfts- oder Firmenwerts, 1997, S. 41; *Pupeter*, in: *Holzapfel/Pöllath*, Unternehmenskauf, 15. Aufl. 2017, Rdnr. 232.
	Vertrauen der Kunden	*Kreutzahler*, Rechtsnatur der Chancen eines Handelsgewerbes, 1926, S. 2; *Becher*, NJW 1951, S. 540; ähnlich: *Lettl*, Handelsrecht, 4. Aufl. 2018, § 5, Rdnr. 2.
	Kundenbeziehungen	*Adler/Düring/Schmaltz*, Rechnungslegung und Prüfung, 6. Aufl. 1995, § 255 HGB, Rdnr. 257; *Moxter*, BB 1995, S. 1520; *Maier*, in: BeckLex, 42. Ed. 2018 (Stand: 01.01.2017), Geschäfts- oder Firmenwert, Rdnr. 2; *Schmidt*, Rechnungslegung zur Zahlungsbemessung und Informationsvermittlung, 2007, S. 49; *Roth*, in: *Herberger/Martinek/Rüßmann/Weth/Würdinger*, jurisPK-BGB, 8. Aufl. 2017, § 1376 BGB, Rdnr. 13; *BGH*, Urteil vom 27.04.2006 - I ZR 126/03, NJW 2006, S. 3424 = GRUR 2006, S. 1044; *Kuckenburg*, NZFam 2015, S. 392; *Pupeter*, in: *Holzapfel/Pöllath*, Unternehmenskauf, 15. Aufl. 2017, Rdnr. 232; *Windbichler*, Gesellschaftsrecht, 24. Aufl. 2017, § 31 Rdnr. 9; *Ringling/Antonakopoulos*, in: *Sinewe*, Unternehmenskauf, 2. Aufl. 2018, S. 53.
	Kundenstamm	*Ehmcke*, in: *Blümich*, EStG/KStG/GewStG, 133. EL Juli 2016, § 6 EStG, Rdnr. 782; *Wöhe*, StuW 1980, S. 89; *Krumm*, in: *Blümich*, EStG/KStG/GewStG, 129. EL August 2015, § 5 EStG, Rdnr. 615; *Matschke/Brösel*, Unternehmensbewertung, 4. Aufl. 2013, S. 503; *Tettenborn/Rohleder/-Rogler*, CFB 2013, S. 34; *Walz*, in: *Heymann/Horn*, HGB, 2. Aufl. 1999, § 255 HGB, Rdnr. 68; *Kleindiek*, in: *Staub*, HGB-Großkomm, 5. Aufl. 2014, § 246 HGB, Rdnr. 77;

Gruppe	Goodwill-Wert	Textnachweis
		Nieskens, in: *Rau/Dürrwächter*, UStG, 155. EL Juli 2013, § 3 UStG, Anm. 630 (Stichwort „Firmenwert/Praxiswert") und 159. EL Juli 2014, § 3 UStG, Anm. 3821 (Stichwort „Firmenwert"); *Waldhoff*, in: *Kirchhof/Söhn/Mellinghoff*, EStG, 202. EL Oktober 2009, § 7 EStG, Rdnr. B 166; *Sellhorn*, DB 2000, S. 888; *Küting*, DStR 2006, S. 1665; *Winnefeld*, in: *Winnefeld*, Bilanz-Handbuch, 5. Aufl. 2015, Kap. N, Rdnr. 496; *Winkeljohann/K. Hoffmann*, in: Beck Bil-Komm, 11. Aufl. 2018, § 309 HGB, Rdnr. 5; *Thume*, BB 2009, S. 1026; *Flume*, Vermögenstransfer und Haftung, 2008, S. 57; *Kallmeyer*, GmbHR 1999, S. 17; *Arnold*, Bilanzierung des Geschäfts- oder Firmenwerts, 1997, S. 41; *Pupeter*, in: *Holzapfel/Pöllath*, Unternehmenskauf, 15. Aufl. 2017, Rdnr. 232.
	Mandantenstamm, Patientenstamm	*Ehmcke*, in: *Blümich*, EStG/KStG/GewStG, 133. EL Juli 2016, § 6 EStG, Rdnr. 782; steuerrechtlich wird der Mandantenstamm teilweise auch als selbständig veräußerbares Wirtschaftsgut betrachtet, vgl. hierzu mit Rechtsprechungsnachweisen *Maier*, in: BeckLex, 42. Ed. 2018 (Stand: 01.12.2016), Praxiswert, Rdnr. 6; ebenso *Weber-Grellet*, Bilanzsteuerrecht, 16. Aufl. 2018, Rdnr. 157; *Seer*, UR 1990, S. 297; *Schubert/F. Huber*, in: Beck Bil-Komm, 11. Aufl. 2018, § 247 HGB, Rdnr. 410; *Flume*, Vermögenstransfer und Haftung, 2008, S. 57; *BGH*, Urteil v. 02.02.2011 - XII ZR 185/08, BGHZ 188, S. 249 = NJW 2011, S. 2572; *BGH*, Urteil v. 30.09.1981 - IVa ZR 127/80, NJW 1982, S. 575; *BGH*, Urteil v. 25.11.1998 - XII ZR 84/97, NJW 1999, S. 784.
	Kundenlisten, Kundenkarteien	*BGH*, Urteil vom 27.04.2006 - I ZR 126/03, NJW 2006, S. 3424 = GRUR 2006, S. 1044; *Nieskens*, in: *Rau/Dürrwächter*, UStG, 155. EL Juli 2013, § 3 UStG, Anm. 630 (Stichwort „Firmenwert/Praxiswert") und 159. EL Juli 2014, § 3 UStG, Anm. 3821 (Stichwort „Firmenwert"); *Arnold*, Bilanzierung des Geschäfts- oder Firmenwerts, 1997, S. 41; *Pupeter*, in: *Holzapfel/Pöllath*, Unternehmenskauf, 15. Aufl. 2017, Rdnr. 232.
	Kundschaft, Kundenkreis, Kundentreue, Kundenloyalität	*Becker*, StuW 1926, Sp. 216; *Becker*, StuW 1931, Sp. 1410; *Fabis*, Firma und good will, 1953, S. 29 f.; *Kreutzahler*, Rechtsnatur der Chancen eines Handelsgewerbes, 1926, S. 2, 8; *Sigloch/Keller/Meffert*, in: *Michalski/Heidinger/-Leible/J. Schmidt*, GmbHG, 3. Aufl. 2017, Anh. §§ 41-42a GmbHG, Rdnr. 648; *Ehmcke*, in: *Blümich*, EStG/KStG/-GewStG, 133. EL Juli 2016, § 6 EStG, Rdnr. 750; *Krumm*, in: *Blümich*, EStG/KStG/GewStG, 129. EL August 2015, § 5 EStG, Rdnr. 615; *Weber-Grellet*, Bilanzsteuerrecht, 16. Aufl. 2018, Rdnr. 155; *Schubert/F. Huber*, in: Beck Bil-Komm, 11. Aufl. 2018, § 247 HGB, Rdnr. 406; *Sigloch*, Rechnungslegung, 8. Aufl. 2011, S. 278; *Pellens/Sellhorn*, DB 2001, S. 718; *Hennrichs*, in: MünchKomm-BilanzR/HGB, 2013, § 246 HGB, Rdnr. 143; *BGH*, Urteil v. 18.04.2002 - IX ZR 72/99, BB 2002, S. 1384; *Deubner*, Aktivierung und Abschreibung des Geschäftswertes,

Gruppe	Goodwill-Wert	Textnachweis
		1971, S. 15; *Pupeter*, in: *Holzapfel/Pöllath*, Unternehmenskauf, 15. Aufl. 2017, Rdnr. 202.
	Zugang zu Absatzmärkten und Absatzorganisation	*Kreutzahler*, Rechtsnatur der Chancen eines Handelsgewerbes, 1926, S. 2; *Wöhe*, StuW 1980, S. 90; *Krumm*, in: *Blümich*, EStG/KStG/GewStG, 129. EL August 2015, § 5 EStG, Rdnr. 615; *Hennrichs*, in: MünchKomm-BilanzR/HGB, 2013, § 246 HGB, Rdnr. 143; *Winnefeld*, in: *Winnefeld*, Bilanz-Handbuch, 5. Aufl. 2015, Kap. N, Rdnr. 496; *Flume*, Vermögenstransfer und Haftung, 2008, S. 57; *Ehmcke*, in: *Blümich*, EStG/KStG/GewStG, 133. EL Juli 2016, § 6 EStG, Rdnr. 750; *Werndl*, in: *Kirchhof/Söhn/Mellinghoff*, EStG, 213. EL Oktober 2010, § 6 EStG, Rdnr. B 480; *Theile*, BBK 2014, S. 249; *Deubner*, Aktivierung und Abschreibung des Geschäftswertes, 1971, S. 15; *Arnold*, Bilanzierung des Geschäfts- oder Firmenwerts, 1997, S. 40; *Pupeter*, in: *Holzapfel/Pöllath*, Unternehmenskauf, 15. Aufl. 2017, Rdnr. 231.
	Vertriebsnetz, Vertriebswege, erweiterte Vertriebskanäle	*Adler/Düring/Schmaltz*, Rechnungslegung und Prüfung, 6. Aufl. 1995, § 255 HGB, Rdnr. 257; *Krumm*, in: *Blümich*, EStG/KStG/GewStG, 129. EL August 2015, § 5 EStG, Rdnr. 615; *Kleindiek*, in: *Staub*, HGB-Großkomm, 5. Aufl. 2014, § 246 HGB, Rdnr. 77; *Theile*, BBK 2014, S. 249; *Kuckenburg*, NZFam 2015, S. 392; *Thommen/Achleitner/-Gilbert/Hachmeister/Kaiser*, Allgemeine Betriebswirtschaftslehre, 8. Aufl. 2017, S. 251.
	Geschäftsbeziehungen	*Fabis*, Firma und good will, 1953, S. 29, 30; *Waldhoff*, in: *Kirchhof/Söhn/Mellinghoff*, EStG, 202. EL Oktober 2009, § 7 EStG, Rdnr. B 166; *Nieskens*, in: *Rau/Dürrwächter*, UStG, 155. EL Juli 2013, § 3 UStG, Anm. 630 (Stichwort „Firmenwert/Praxiswert") und 159. EL Juli 2014, § 3 UStG, Anm. 3821 (Stichwort „Firmenwert"); *Werndl*, in: *Kirchhof/Söhn/Mellinghoff*, EStG, 213. EL Oktober 2010, § 6 EStG, Rdnr. B 480; *Winnefeld*, in: *Winnefeld*, Bilanz-Handbuch, 5. Aufl. 2015, Kap. N, Rdnr. 496; *BGH*, Urteil v. 30.09.1981 - IVa ZR 127/80, NJW 1982, S. 575; *Arnold*, Bilanzierung des Geschäfts- oder Firmenwerts, 1997, S. 40; *Pupeter*, in: *Holzapfel/Pöllath*, Unternehmenskauf, 15. Aufl. 2017, Rdnr. 232.
	internationale Geschäftsbeziehungen	*Kreutzahler*, Rechtsnatur der Chancen eines Handelsgewerbes, 1926, S. 4; *Walz*, in: *Heymann/Horn*, HGB, 2. Aufl. 1999, § 255 HGB, Rdnr. 68; *Arnold*, Bilanzierung des Geschäfts- oder Firmenwerts, 1997, S. 40.
	Auftragsbestand	*Ehmcke*, in: *Blümich*, EStG/KStG/GewStG, 133. EL Juli 2016, § 6 EStG, Rdnr. 782; *Deubner*, Aktivierung und Abschreibung des Geschäftswertes, 1971, S. 15; *Arnold*, Bilanzierung des Geschäfts- oder Firmenwerts, 1997, S. 40; *Pupeter*, in: *Holzapfel/Pöllath*, Unternehmenskauf, 15. Aufl. 2017, Rdnr. 232.
	Verbandszugehörigkeit (für	*Kreutzahler*, Rechtsnatur der Chancen eines

Gruppe	Goodwill-Wert	Textnachweis
	vorteilhaften Absatz)	Handelsgewerbes, 1926, S. 4; *Arnold*, Bilanzierung des Geschäfts- oder Firmenwerts, 1997, S. 41.
	Gewinnchancen	*Schubert/F. Huber*, in: Beck Bil-Komm, 11. Aufl. 2018, § 247 HGB, Rdnr. 406; *Waldhoff*, in: *Kirchhof/Söhn/Mellinghoff*, EStG, 202. EL Oktober 2009, § 7 EStG, Rdnr. B 166; *Pupeter*, in: *Holzapfel/Pöllath*, Unternehmenskauf, 15. Aufl. 2017, Rdnr. 232.
	Gewinnaussichten	*BGH*, Urteil v. 18.04.2002 - IX ZR 72/99, BB 2002, S. 1384.
	Gewinnerwartungen, die sich nicht in einzelnen rechtlichen oder faktischen Verhältnissen konkretisieren	*Lüdenbach/Hoffmann/Freiberg*, IFRS-Kommentar, 16. Aufl. 2018, § 31, Rdnr. 77; *Pupeter*, in: *Holzapfel/Pöllath*, Unternehmenskauf, 15. Aufl. 2017, Rdnr. 232.
	Chancen, Geschäftschancen, Marktchancen	*Kreutzahler*, Rechtsnatur der Chancen eines Handelsgewerbes, 1926, S. 2 (*Kreutzahler* verwendet den Begriff der „Chance" synonym zum Goodwill); *Weber-Grellet*, Bilanzsteuerrecht, 16. Aufl. 2018, Rdnr. 155; *Borstell/Wehnert*, Verrechnungspreise, 3. Aufl. 2011, Kap. Q, Rdnr. 287; *BFH*, Urteil v. 07.11.1985 - IV R 7/83, BStBl. II 1986, S. 176; *Seer*, UR 1990, S. 297; *Deubner*, Aktivierung und Abschreibung des Geschäftswertes, 1971, S. 15.
	Marktpotential für die Zukunft, erwartete gute Geschäftsentwicklung, Zukunftsaussichten	*Kleindiek*, in: *Staub*, HGB-Großkomm, 5. Aufl. 2014, § 246 HGB, Rdnr. 77; *Theile*, BBK 2014, S. 249; *Adler/Düring/-Schmaltz*, Rechnungslegung und Prüfung, 6. Aufl. 1995, § 255 HGB, Rdnr. 257; *Deubner*, Aktivierung und Abschreibung des Geschäftswertes, 1971, S. 15.
	Schlagkräftige Werbung, Werbekraft	*Schmidt*, Rechnungslegung zur Zahlungsbemessung und Informationsvermittlung, 2007, S. 59; *Arnold*, Bilanzierung des Geschäfts- oder Firmenwerts, 1997, S. 40.
Unternehmensruf	Image	*Schmidt*, Rechnungslegung zur Zahlungsbemessung und Informationsvermittlung, 2007, S. 49; *Wöhe/Döring/Brösel*, Allgemeine Betriebswirtschaftslehre, 26. Aufl. 2016, S. 521; *Theile*, BBK 2014, S. 249; *Sellhorn*, DB 2000, S. 888; *Arnold*, Bilanzierung des Geschäfts- oder Firmenwerts, 1997, S. 40; *Ringling/Antonakopoulos*, in: *Sinewe*, Unternehmenskauf, 2. Aufl. 2018, S. 53.
	gute Ruf der Firma	*Becker*, StuW 1926, Sp. 216; *Fabis*, Firma und good will, 1953, S. 29, 30; *Becher*, NJW 1951, S. 541; *Flume*, Vermögenstransfer und Haftung, 2008, S. 57; *Krumm*, in: *Blümich*, EStG/KStG/GewStG, 129. EL August 2015, § 5 EStG, Rdnr. 615; *Pupeter*, in: *Holzapfel/Pöllath*, Unternehmenskauf, 15. Aufl. 2017, Rdnr. 232.
	gute Ruf des Unternehmens, des Geschäfts	*Becker*, StuW 1931, Sp. 1410; *Wöhe*, StuW 1980, S. 89; *Sigloch/Keller/Meffert*, in: *Michalski/Heidinger/Leible/Schmidt*,

Gruppe	Goodwill-Wert	Textnachweis
		GmbHG, 3. Aufl. 2017, Anh. §§ 41-42a GmbHG, Rdnr. 648; *Schwenzer*, in: *Schlechtriem/Schwenzer*, CISG, 6. Aufl. 2013, Art. 74, Rdnr. 18; *Lüdenbach/Hoffmann/-Freiberg*, IFRS-Kommentar, 16. Aufl. 2018, § 31, Rdnr. 77; *Ehmcke*, in: *Blümich*, EStG/KStG/GewStG, 133. EL Juli 2016, § 6 EStG, Rdnr. 750; *Weber-Grellet*, Bilanzsteuerrecht, 16. Aufl. 2018, Rdnr. 155; *Matschke/Brösel*, Unternehmensbewertung, 4. Aufl. 2013, S. 503; *Schubert/F. Huber*, in: Beck Bil-Komm, 11. Aufl. 2018, § 247 HGB, Rdnr. 406; *Walz*, in: *Heymann/Horn*, HGB, 2. Aufl. 1999, § 255 HGB, Rdnr. 68; *Kleindiek*, in: *Staub*, HGB-Großkomm, 5. Aufl. 2014, § 246 HGB, Rdnr. 77; *Hennrichs*, in: MünchKomm-BilanzR/HGB, 2013, § 246 HGB, Rdnr. 143; *Werndl*, in: *Kirchhof/Söhn/Mellinghoff*, EStG, 213. EL Oktober 2010, § 6 EStG, Rdnr. B 480; *Beisel*, in: *Beisel/Klumpp*, Unternehmenskauf, 7. Aufl. 2016, § 4, Rdnr. 4; *Waldhoff*, in: *Kirchhof/Söhn/Mellinghoff*, EStG, 202. EL Oktober 2009, § 7 EStG, Rdnr. B 166; *Sigloch*, Rechnungslegung, 8. Aufl. 2011, S. 278; *Küting*, DStR 2006, S. 1665; *Peukert*, Güterzuordnung als Rechtsprinzip, 2008, S. 115; *Thume*, BB 2009, S. 1026; *Kallmeyer*, GmbHR 1999, S. 17; *Schubert/F. Huber*, in: Beck Bil-Komm, 11. Aufl. 2018, § 247 HGB, Rdnr. 406; *Roth*, in: *Herberger/Martinek/-Rüßmann/Weth/Würdinger*, jurisPK-BGB, 8. Aufl. 2017, § 1376 BGB, Rdnr. 13; *Kreutzahler*, Rechtsnatur der Chancen eines Handelsgewerbes, 1926, S. 2, 8; *BGH*, Urteil v. 02.02.2011 - XII ZR 185/08, BGHZ 188, S. 249 = NJW 2011, S. 2572; *BGH*, Urteil v. 25.11.1998 - XII ZR 84/97, NJW 1999, S. 784; *Deubner*, Aktivierung und Abschreibung des Geschäftswertes, 1971, S. 15; *Arnold*, Bilanzierung des Geschäfts- oder Firmenwerts, 1997, S. 40; *Pupeter*, in: *Holzapfel/Pöllath*, Unternehmenskauf, 15. Aufl. 2017, Rdnr. 202, 232; *Lettl*, Handelsrecht, 4. Aufl. 2018, § 5, Rdnr. 2.
	Renommee des Geschäfts, Reputation, Reklame-stellung	*Becker*, StuW 1926, Sp. 216; *Kreutzahler*, Rechtsnatur der Chancen eines Handelsgewerbes, 1926, S. 2; *Tettenborn/Rohleder/Rogler*, CFB 2013, S. 34.
	Ansehen des Unternehmens	*Waldhoff*, in: *Kirchhof/Söhn/Mellinghoff*, EStG, 202. EL Oktober 2009, § 7 EStG, Rdnr. B 166; *BGH*, Urteil v. 02.02.2011 - XII ZR 185/08, BGHZ 188, S. 249 = NJW 2011, S. 2572; *BGH*, Urteil v. 30.09.1981 - IVa ZR 127/80, NJW 1982, S. 575; *BGH*, Urteil v. 25.11.1998 - XII ZR 84/97, NJW 1999, S. 784.
	gesellschaftliches Ansehen durch nachhaltige und ethische Unternehmens-politik	*Schmidt*, Rechnungslegung zur Zahlungsbemessung und Informationsvermittlung, 2007, S. 59.
	Firmenname	*Becker*, StuW 1926, Sp. 216; *Ehmcke*, in: *Blümich*, EStG/KStG/GewStG, 133. EL Juli 2016, § 6 EStG, Rdnr. 782; *Maier*, in: BeckLex, 42. Ed. 2018 (Stand: 01.01.2017), Geschäfts- oder Firmenwert, Rdnr. 2;

Gruppe	Goodwill-Wert	Textnachweis
		„Firmenwert" *Kuckenburg*, NZFam 2015, S. 392; *Pupeter*, in: *Holzapfel/Pöllath*, Unternehmenskauf, 15. Aufl. 2017, Rdnr. 232; *Windbichler*, Gesellschaftsrecht, 24. Aufl. 2017, § 31 Rdnr. 9.
	Markenname	*Wöhe*, StuW 1980, S. 89; *Böcking/Gros/Tonne*, in: *Ebenroth/Boujong/Joost/Strohn*, HGB, 3. Aufl. 2014, § 309 HGB, Rdnr. 5; *Thommen/Achleitner/Gilbert/Hachmeister/-Kaiser*, Allgemeine Betriebswirtschaftslehre, 8. Aufl. 2017, S. 358; *Waldhoff*, in: *Kirchhof/Söhn/Mellinghoff*, EStG, 202. EL Oktober 2009, § 7 EStG, Rdnr. B 166.
	Bekanntheitsgrad des Unternehmens	*Wöhe/Döring/Brösel*, Allgemeine Betriebswirtschaftslehre, 26. Aufl. 2016, S. 521.

Literaturverzeichnis

Adler, Hans / Düring, Walther / Schmaltz, Kurt, Rechnungslegung und Prüfung der Unternehmen, Kommentar zum HGB, AktG, GmbHG, PublG nach den Vorschriften des Bilanzrichtlinien-Gesetzes, bearb. v. *Forster, Karl-Heinz / Goerdeler, Reinhard / Lanfermann, Josef / Müller, Hans-Peter / Siepe, Günter / Stolberg, Klaus*, Teilband 1, 6. Aufl., Stuttgart 1995 (zitiert: *Adler/Düring/ Schmaltz*, Rechnungslegung und Prüfung, 6. Aufl. 1995).

Adler, Hans / Düring, Walther / Schmaltz, Kurt, Rechnungslegung und Prüfung der Unternehmen, Kommentar zum HGB, AktG, GmbHG, PublG nach den Vorschriften des Bilanzrichtlinien-Gesetzes, bearb. v. *Forster, Karl-Heinz / Goerdeler, Reinhard / Lanfermann, Josef / Müller, Hans-Peter / Siepe, Günter / Stolberg, Klaus*, Teilband 5, 6. Aufl., Stuttgart 1997 (zitiert: *Adler/Düring/ Schmaltz*, Rechnungslegung und Prüfung, 6. Aufl. 1997).

Adler, Hans / Düring, Walther / Schmaltz, Kurt, Rechnungslegung und Prüfung der Unternehmen, Kommentar zum HGB, AktG, GmbHG, PublG nach den Vorschriften des Bilanzrichtlinien-Gesetzes, bearb. v. *Forster, Karl-Heinz / Goerdeler, Reinhard / Lanfermann, Josef / Müller, Hans-Peter / Siepe, Günter / Stolberg, Klaus*, Teilband 6, 6. Aufl., Stuttgart 1998 (zitiert: *Adler/Düring/ Schmaltz*, Rechnungslegung und Prüfung, 6. Aufl. 1998).

Arbeitskreis "Immaterielle Werte im Rechnungswesen" der Schmalenbach-Gesellschaft für Betriebswirtschaft e. V. unter Leitung von: *Ganske, Torsten / Pellens, Bernhard*, Kategorisierung und bilanzielle Erfassung immaterieller Werte, DB 2001, S. 989–995.

Arbeitskreis Bilanzrecht der Hochschullehrer Rechtswissenschaft, Stellungnahme zu dem Entwurf eines BilMoG: Grundkonzept und Aktivierungsfragen, BB 2008, S. 152–158.

Arnold, Hans-Joachim, Die Bilanzierung des Geschäfts- oder Firmenwerts in der Handels-, Steuer- und Ergänzungsbilanz, 1997 (zugl. Diss. Kiel 1997) (zitiert: *Arnold*, Bilanzierung des Geschäfts- oder Firmenwerts).

Ascheid, Reiner / Preis, Ulrich / Schmidt, Iris, Kündigungsrecht - Großkommentar zum gesamten Recht der Beendigung von Arbeitsverhältnissen, 5. Aufl., München 2017 (zitiert: *Bearbeiter*, in: *Ascheid/Preis/Schmidt*, Kündigungsrecht, 5. Aufl. 2017).

Bachem, Georg, Berücksichtigung negativer Geschäftswerte in Handels-, Steuer- und Ergänzungsbilanz, BB 1993, S. 967-972.

Bachem, Georg, Der "negative Geschäftswert" - eine Schimäre als Steuersparmodell? Replik auf Siegel/Bareis, BB 1993 S. 1477 bis 1485, BB 1993, S. 1976-1977.

Bachem, Georg, Zur Diskussion um den negativen Geschäftswert - Überlegungen zum Beitrag von Ossadnik, BB 1994 S. 747, BB 1995, S. 350-353.

Baetge, Jörg / Dittmar, Peter / Klönne, Henner, Der impairment only approach vor den Grundsätzen der internationalen Rechnungslegung, in: Rechnungslegung, Prüfung und Unternehmensbewertung: Festschrift zum 65. Geburtstag von Professor Dr. Dr. h.c. Wolfgang Ballwieser, Stuttgart 2014, S. 1-22 (zitiert: *Baetge/Dittmar/Klönne*, in: Festschrift für Wolfgang Ballwieser, 2014).

Ballwieser, Wolfgang / Hachmeister, Dirk, Unternehmensbewertung - Prozess, Methoden und Probleme, 4. Aufl., Stuttgart 2013 (zitiert: *Ballwieser/Hachmeister*, Unternehmensbewertung, 4. Aufl. 2013 (Vorauflage)).

Ballwieser, Wolfgang / Hachmeister, Dirk, Unternehmensbewertung - Prozess, Methoden und Probleme, 5. Aufl., Stuttgart 2016 (zitiert: *Ballwieser/Hachmeister*, Unternehmensbewertung, 5. Aufl. 2016).

Bamberger, Heinz Georg / Roth, Herbert / Hau, Wolfgang / Poseck, Roman (Hrsg.), Beck'scher Online-Kommentar BGB, 45. Edition, München 2018 (Stand Gesamtwerk: 01.03.2018) (zitiert: *Bearbeiter*, in: *Bamberger/Roth/Hau/Poseck*, BeckOK-BGB, 45. Ed. 2018 (Stand)).

Baumbach, Adolf / Hopt, Klaus J., Handelsgesetzbuch mit GmbH & Co., Handelsklauseln, Bank- und Börsenrecht, Transportrecht (ohne Seerecht), bearb. v. *Hopt, Klaus J. / Kumpan, Christoph / Merkt, Hanno / Roth, Markus*, 38. Aufl., München 2018 (zitiert: *Bearbeiter*, in: *Baumbach/Hopt*, HGB, 38. Aufl. 2018).

Baumbach, Adolf / Hueck, Alfred, GmbHG, Gesetz betreffend die Gesellschaften mit beschränkter Haftung, bearb. v. *Fastrich, Lorenz / Hueck, Götz / Noack, Ulrich / Servatius, Wolfgang / Schulze-Osterloh, Joachim / Zöllner, Wolfgang*, 18. Aufl., München 2006 (zitiert: *Bearbeiter*, in: *Baumbach/Hueck*, GmbHG, 18. Aufl. 2006 (Vorauflage)).

Baumbach, Adolf / Hueck, Alfred, GmbHG, Gesetz betreffend die Gesellschaften mit beschränkter Haftung, bearb. v. *Beurskens, Michael / Fastrich, Lorenz / Haas, Ulrich / Noack, Ulrich*, 21. Aufl., München 2017 (zitiert: *Bearbeiter*, in: *Baumbach/Hueck*, GmbHG, 21. Aufl. 2017).

Becher, o. V., Das Recht am Good will, NJW 1951, S. 540–542.

Beck, Siegfried / Depré, Peter, Praxis der Insolvenz - Ein Handbuch für die Beteiligten und ihre Berater, 3. Aufl. München 2017 (zitiert: *Bearbeiter*, in: *Beck/Depré*, Praxis der Insolvenz, 3. Aufl. 2017).

Beck'sche Online-Formulare Vertrag, hrsg. v. *Weise, Stefan / Krauß, Hans-Frieder*, 43. Edition, München 2018 (zitiert: *Bearbeiter*, in: *Weise/Krauß*, BeckOF-Vertrag, 43. Ed. 2018, [Bezeichnung]).

Beck'scher Bilanz-Kommentar, Handels- und Steuerbilanz §§ 238 bis 339, 342 bis 342e HGB mit EGHGB und IAS/IFRS-Abweichungen, hrsg. v. *Ellrott, Helmut*

/ *Förschle, Gerhart / Hoyos, Martin / Winkeljohann, Norbert*, 6. Aufl., München 2006 (zitiert: *Bearbeiter*, in: Beck Bil-Komm, 6. Aufl. 2006 (Vorauflage)).

Beck'scher Bilanzkommentar, Handels- und Steuerbilanz, §§ 238 bis 339, 342 bis 342e HGB mit IFRS-Abweichungen, hrsg. v. *Förschle, Gerhart / Grottel, Bernd / Schmidt, Stefan / Schubert, Wolfgang J. / Winkeljohann, Norbert*, 9. Aufl., München 2014 (zitiert: *Bearbeiter*, in: Beck Bil-Komm, 9. Aufl. 2014 (Vorauflage)).

Beck'scher Bilanzkommentar, Handels- und Steuerbilanz, §§ 238 bis 339, 342 bis 342e HGB, hrsg. v. *Grottel, Bernd / Schmidt, Stefan / Schubert, Wolfgang J. / Winkeljohann, Norbert*, 11. Aufl., München 2018 (zitiert: *Bearbeiter*, in: Beck Bil-Komm, 11. Aufl. 2018).

Beck'sches Formularbuch Bürgerliches, Handels- und Wirtschaftsrecht, hrsg. v. *Hoffmann-Becking, Michael / Gebele, Alexander*, 12. Aufl., München 2016 (zitiert: *Bearbeiter*, in: Beck'sches FB BHW, 12. Aufl. 2016, [Bezeichnung]).

Beck'sches Steuer- und Bilanzrechtslexikon, bearb. v. *Birle, Jürgen Paul / Fey, Achim / Golombek, André / Haas, Rudolf / Heil, Michael* u.a., 42. Edition, München 2018 (zitiert: *Bearbeiter*, in BeckLex, 42. Ed. 2018 (Stand), [Begriff]).

Beck'sches IFRS-Handbuch, Kommentierung der IAS/IFRS, hrsg. v. *Bohl, Werner / Riese, Joachim / Schlüter, Jörg*, 4. Aufl., München 2013 (zitiert: *Bearbeiter*, in: Beck'sches IFRS-Handbuch, 4. Aufl. 2013).

Beck'sches IFRS-Handbuch, Kommentierung der IAS/IFRS, hrsg. v. *Driesch, Dirk / Riese, Joachim / Schlüter, Jörg / Senger, Thomas*, 5. Aufl., München 2016 (zitiert: *Bearbeiter*, in: Beck'sches IFRS-Handbuch, 5. Aufl. 2016).

Becker, Enno, Zur Rechtsprechung. Einkommensteuerrecht. Reichsabgabenordnung, StuW 1931, Sp. 1405-1426.

Becker, Enno, Zum Begriff der wirtschaftlichen Einheit. Von der Reichsabgabenordnung zum Reichsbewertungsgesetz, StuW 1926, Sp. 193-219.

Becker, Wolfgang / Lutz, Stefan / Back, Christian, Gabler Kompaktlexikon Modernes Rechnungswesen, 3. Aufl., Wiesbaden 2011 (zitiert: *Becker/Lutz/Back*, Kompaktlexikon Rechnungswesen, 3. Aufl. 2011).

Beisel, Daniel / Klumpp, Hans-Hermann, Der Unternehmenskauf - Gesamtdarstellung der zivil- und steuerrechtlichen Vorgänge, 7. Aufl., München 2016 (zitiert: *Bearbeiter*, in: *Beisel/Klumpp*, Unternehmenskauf, 7. Aufl. 2016).

Bergermann, Melanie / Schürmann, Christof, House of Wirecard, WiWo vom 10. Juni 2016.

Beyer, Bettina, Erkenntnisse aus den Tätigkeitsberichten der DPR anhand des Beispiels Impairment Only Approach, IRZ 2014, S. 279-283.

Bieker, Marcus / Esser, Maik, Der Impairment-Only-Ansatz des IASB: Goodwillbilanzierung nach IFRS 3 „Business Combinations", StuB 2004, S. 449-458.

Birkenfeld, Wolfram / Wäger, Christoph, Das große Umsatzsteuer-Handbuch, 78. Ergänzungslieferung, Köln Februar 2018 (zitiert: *Bearbeiter*, in: *Birkenfeld/Wäger*, USt-Handbuch, EL).

Bitter, Georg / Hommerich, Christoph, Die Zukunft des Überschuldungsbegriffs – Expertenbefragung im Auftrag des Bundesministeriums der Justiz (Kurzversion des Abschlussberichts vom 15. Mai 2012) (zitiert: *Bitter/Hommerich*, Zukunft des Überschuldungsbegriffs, Mai 2012).

Blümich, Walter, EStG, KStG, GewStG, hrsg. v. *Heuermann, Bernd / Brandis, Peter*, 140. Ergänzungslieferung, München Januar 2018 (zitiert: *Bearbeiter*, in: *Blümich*, EStG/KStG/GewStG, EL).

Bork, Reinhard, Der Firmenwert in der Überschuldungsbilanz, ZInsO 2001, S. 145-148.

Born, Christian, Gen-Milch und Goodwill - Äußerungsrechtlicher Schutz durch das Unternehmenspersönlichkeitsrecht, AfP 2005, S. 110-117.

Bourgon, Gabriele, Die Woche im Bilanzrecht und Betriebswirtschaft (Editorial), BB 2011, S. 1001-1002.

Braun, Eberhardt, Insolvenzordnung, 7. Aufl., München 2017 (zitiert: *Bearbeiter*, in: *Braun*, InsO, 7. Aufl. 2017).

Brockhaus, Enzyklopädie in 20 Bänden, Band 7, 17. Aufl., Leipzig 1969 (zitiert: *Brockhaus*, Enzyklopädie, 17. Aufl. 1969, Band 7, Stichwort).

Brockhaus, Enzyklopädie in 20 Bänden Band 13, 17. Aufl., Leipzig 1971 (zitiert: *Brockhaus*, Enzyklopädie, 17. Aufl. 1971, Band 13, Stichwort).

Brockhaus, Enzyklopädie in 30 Bänden, Band 11, 21. Aufl., Leipzig 2006 (zitiert: *Brockhaus*, Enzyklopädie, 21. Aufl. 2006, Band 11, Stichwort).

Broemel, Karl / Endert, Volker, Bilanzierung eines Geschäfts- oder Firmenwerts im Jahresabschluss, BBK 2013, S. 1107-1112.

Bunjes, Johann, Umsatzsteuergesetz, 16. Aufl., München 2017 (zitiert: *Bearbeiter*, in: *Bunjes*, UStG, 16. Aufl. 2017).

Bunjes, Johann / Geist, Reinhold, Umsatzsteuergesetz, 9. Aufl., München 2009 (zitiert: *Bearbeiter*, in: *Bunjes/Geist*, UStG, 9. Aufl. 2009 (Vorauflage)).

Burandt, Wolfgang / Rojahn, Dieter, Erbrecht, 2. Aufl., München 2014 (zitiert: *Bearbeiter*, in: *Burandt/Rojahn*, Erbrecht, 2. Aufl. 2014).

Busse von Colbe, Walther, Ist die Bilanzierung des Firmenwerts nach dem Nonamortization-Impairment-Ansatz des SFAS-Entwurfs von 2001 mit § 292a HGB vereinbar?, DB 2001, S. 877-880.

Busse von Colbe, Walther / Ordelheide, Dieter / Gebhardt, Günther / Pellens, Bernhard, Konzernabschlüsse - Rechnungslegung nach betriebswirtschaftlichen Grundsätzen sowie nach Vorschriften des HGB und der IAS/IFRS,

9. Aufl., Wiesbaden 2010 (zitiert: *Busse von Colbe/Orgelheide/Gebhardt/Pellens*, Konzernabschlüsse, 9. Aufl. 2010).

Callmann, Rudolf, Der Situs des Goodwill, GRUR 1968, S. 520–522.

Canaris, Claus-Wilhelm, Handelsrecht, 24. Aufl., München 2006 (zitiert: *Canaris*, Handelsrecht, 24. Aufl. 2006).

Coenenberg, Adolf G. / Frank, Simon / Dinh Thi, Tami / Schabert, Bettina / Schultze, Wolfgang, Auswirkungen der Rechnungslegungsumstellung von HGB auf IFRS auf zentrale Kennzahlen der Jahresabschlussanalyse - Ergebnisse einer empirischen Untersuchung, KoR 2011, S. 133-142.

Der Neue Brockhaus, Lexikon und Wörterbuch in fünf Bänden, Band 2, 7. Aufl., Wiesbaden 1984 (zitiert: *Brockhaus*, Der Neue Brockhaus, 7. Aufl. 1984, Band 2, Stichwort).

Deubner, Peter, Die Aktivierung und Abschreibung des Geschäftswertes in der Steuerbilanz, Köln 1971 (zugl. Diss. Köln 1971) (zitiert: *Deubner*, Aktivierung und Abschreibung des Geschäftswertes, 1971).

Dicksee, Lawrence / Tillyard, Frank, Goodwill and Its Treatment in Accounts, 3. Aufl., London 1906 (zitiert: *Dicksee/Tillyard*, Goodwill and Its Treatment in Accounts, 3. Aufl. 1906).

Diem, Andreas, Akquisitionsfinanzierungen. Kredite für Unternehmenskäufe, 3. Aufl., München 2013 (zitiert: *Diem*, Akquisitionsfinanzierungen, 3. Aufl. 2013).

Dreier, Thomas / Schulze, Gernot, Urheberrechtsgesetz, Urheberrechtswahrnehmungsgesetz, Kunsturheberrecht, 5. Aufl., München 2015 (zitiert: *Bearbeiter*, in: *Dreier/Schulze*, UrhG, 5. Aufl. 2015).

Duden, Deutsches Universalwörterbuch, 6. Aufl., Mannheim 2007 (zitiert: *Duden*, Deutsches Universalwörterbuch, 6. Aufl. 2007, Stichwort).

Duden, Das große Wörterbuch der deutschen Sprache in zehn Bänden, Band 2, 3. Aufl., Mannheim 1999 (zitiert: *Duden*, Wörterbuch der deutschen Sprache, 3. Aufl. 1999, Band 2, Stichwort).

Duden, Das große Wörterbuch der deutschen Sprache in zehn Bänden, Band 4, 3. Aufl., Mannheim 1999 (zitiert: *Duden*, Wörterbuch der deutschen Sprache, 3. Aufl. 1999, Band 4, Stichwort).

Duden, Das große Wörterbuch der deutschen Sprache in zehn Bänden, Band 6, 3. Aufl., Mannheim 1999 (zitiert: *Duden*, Wörterbuch der deutschen Sprache, 3. Aufl. 1999, Band 6, Stichwort).

Ebenroth, Carsten Thomas / Boujong, Karlheinz / Joost, Detlev / Strohn, Lutz, Handelsgesetzbuch Band 1 - §§ 1-342e HGB, 2. Aufl., München 2008 (zitiert: *Bearbeiter*, in: *Ebenroth/Boujong/Joost/Strohn*, HGB, 2. Aufl. 2008 (Vorauflage)).

Ebenroth, Carsten Thomas / Boujong, Karlheinz / Joost, Detlev / Strohn, Lutz, Handelsgesetzbuch, Band 1 - §§ 1-342e HGB, 3. Aufl., München 2014 (zitiert: *Bearbeiter*, in: *Ebenroth/Boujong/Joost/Strohn*, HGB, 3. Aufl. 2014).

Engel-Ciric, Dejan, Bilanzrechtsmodernisierungsgesetz – Die kopernikanische Wende in der deutschen Rechnungslegung, BC 2008, S. 25-30.

Engel-Ciric, Dejan, Konzernrechnungslegung für mittelständische Unternehmen nach BilMoG: Anwendungsfälle, BC 2009, S. 549-554.

Ensthaler, Jürgen, Gewerblicher Rechtsschutz und Urheberrecht, 3. Aufl., Berlin u.a. 2009 (zitiert: *Ensthaler*, Gewerblicher Rechtsschutz, 3. Aufl. 2009).

Epping, Volker / Hillgruber, Christian (Hrsg.), Beck'scher Online-Kommentar GG, 36. Edition, München 2018 (Stand Gesamtwerk: 15.02.2018) (zitiert: *Bearbeiter*, in: *Epping/Hillgruber*, BeckOK-GG, 36. Ed. 2018 (Stand)).

Erbs, Georg / Kohlhaas, Max, Strafrechtliche Nebengesetze, 218. Ergänzungslieferung, München Januar 2018 (zitiert: *Bearbeiter*, in: *Erbs/Kohlhaas*, StrafR Nebengesetze, EL).

Ernsting, Ingo, Bilanzierung eines negativen Kaufpreises im Rahmen eines Unternehmenserwerbs, GmbHR 2007, S. 135-139.

Fabis, Günther, Firma und good will in Zwangsvollstreckung und Konkurs, Köln 1953 (zugl. Diss. Köln 1953) (zitiert: *Fabis*, Firma und good will).

Fezer, Karl-Heinz, Markenrecht - Kommentar zum Markengesetz, zur Pariser Verbandsübereinkunft und zum Madrider Markenabkommen. Dokumentation des nationalen, europäischen und internationalen Kennzeichenrechts, 4. Aufl., München 2009 (zitiert: *Bearbeiter*, in: *Fezer*, Markenrecht, 4. Aufl. 2009).

Fezer, Karl-Heinz / Büscher, Wolfgang / Obergfell, Eva Inés, Lauterkeitsrecht – Kommentar zum Gesetz gegen den unlauteren Wettbewerb (UWG), 3. Aufl., München 2016 (zitiert: *Bearbeiter*, in: *Fezer/Büscher/Obergfell*, Lauterkeitsrecht: UWG, 3. Aufl. 2016).

Fleischer, Holger / Hüttemann, Rainer, Rechtshandbuch Unternehmensbewertung, Köln 2015 (zitiert: *Bearbeiter*, in: *Fleischer/Hüttemann*, Unternehmensbewertung, 2015).

Flume, Johannes W., Vermögenstransfer und Haftung, Berlin 2008 (zugl. Diss. Köln 2008) (zitiert: *Flume*, Vermögenstransfer und Haftung, 2008).

Geiger, Andreas, Interpretation des negativen Geschäftswerts im Rahmen einer ökonomischen Analyse, DB 1996, S. 1533-1535.

Gerold, André-Fabian, Die Verschmelzung nach dem neuen Umwandlungsrecht, MittRhNotK 1997, S. 205-232.

Gießler, Oliver S., Der negative Geschäftswert - Bilanzielle Anerkennung und Behandlung - Erwiderung auf Pusecker/Schruff, BB 1996, S. 735, BB 1996, S. 1759-1765.

Gotanda, John Y., CISG Advisory Council Opinion No. 6 - Calculation of Damages under CISG Article 74, 2006, abrufbar unter http://www.cisg-online.ch/__temp/AC-Opinion_6.pdf (Datum des letzten Abrufs 1. Juni 2018) (zitiert: *Gotanda*, Calculation of Damages under CISG Article 74, 2006)

Götting, Horst-Peter, Gewerblicher Rechtsschutz - Patent-, Gebrauchsmuster-, Design- und Markenrecht, 10. Aufl., München 2014 (zitiert: *Götting*, Gewerblicher Rechtsschutz, 10. Aufl. 2014).

Gottwald, Peter, Insolvenzrechts-Handbuch, 5. Aufl., München 2015 (zitiert: *Bearbeiter*, in: *Gottwald*, Insolvenzrechts-Handbuch, 5. Aufl. 2015).

Großfeld, Bernhard, Unternehmens- und Anteilsbewertung im Gesellschaftsrecht, 4. Aufl., Köln 2002 (zitiert: *Großfeld*, Unternehmens- und Anteilsbewertung, 4. Aufl. 2002).

Großfeld, Bernhard / Egger, Ulrich / Tönnes, Wolf Achim, Recht der Unternehmensbewertung, 8. Aufl., Köln 2016 (zitiert: *Großfeld/Egger/Tönnes*, Unternehmensbewertung, 8. Aufl. 2016).

Großfeld, Bernhard / Tönnes, Wolf-Achim, Bilanzen als Elemente der Unternehmensbewertung, NZG 2010, S. 921-927.

Grunewald, Barbara, Gesellschaftsrecht, 10. Aufl., Tübingen 2017 (zitiert: *Grunewald*, Gesellschaftsrecht, 10. Aufl. 2017).

Haaker, Andreas, Potential der Goodwill-Bilanzierung nach IFRS für eine Konvergenz im wertorientierten Rechnungswesen - Eine messtheoretische Analyse, Wiesbaden 2008 (zugl. Diss. Göttingen 2007) (zitiert: *Haaker*, Potential der Goodwill-Bilanzierung, 2008).

Haaker, Andreas, Problembereiche im BilRUG-RefE - Kritische Analyse ausgewählter Aspekte des Referentenentwurfs eines Bilanzrichtlinie-Umsetzungsgesetzes (BilRUG-RefE), StuB 2015, S. 11-16.

Hachenburg, Max, Gesetz betreffend die Gesellschaften mit beschränkter Haftung (GmbHG); Großkommentar, hrsg. v. *Ulmer, Peter*, Band 3 - §§ 53-85 InsO; Register, 8. Aufl., Berlin 1997 (zitiert: *Bearbeiter*, in: *Hachenburg*, Großkommentar GmbHG, 8. Aufl. 1997).

Hachmeister, Dirk, Neuregelung der Bilanzierung von Unternehmenszusammenschlüssen nach IFRS 3 (2008), IRZ 2008, S. 115-122.

Hans, Armin, Markenlizenzverträge: Beendigungs- und Störungsfragen, GWR 2016, S. 437-440.

Harte-Bavendamm, Henning / Henning-Bodewig, Frauke, Gesetz gegen den unlauteren Wettbewerb (UWG), 4. Aufl., München 2016 (zitiert: *Bearbeiter*, in: *Harte-Bavendamm/Henning-Bodewig*, UWG, 4. Aufl. 2016).

Hayn, Sven / Waldersee, Georg Graf, IFRS und HGB im Vergleich - Synoptische Darstellung für den Einzel- und Konzernabschluss, 8. Aufl., Stuttgart 2014 (zitiert: *Hayn/Waldersee*, IFRS/HGB im Vergleich, 8. Aufl. 2014).

Hayn, Sven / Waldersee, Georg Graf / Benzel, Ute, IFRS / HGB / HGB-BilMoG im Vergleich. Synoptische Darstellung mit Bilanzrechtsmodernisierungsgesetz, 7. Aufl., Stuttgart 2008 (zitiert: *Hayn/Waldersee/Benzel*, IFRS / HGB / HGB-BilMoG im Vergleich, 7. Aufl. 2008).

Heise, Stephanie / Böhmer, Reinhold / Hennersdorf, Angela / Kiani-Kress, Rüdiger / Müller, Volker / Ruess, Annette / Schweins, Roland / Wildhagen, Andreas, bilanzen. Die Stunde der Wahrheit, WiWo vom 06. November 2003.

Herberger, Maximilian / Martinek, Michael / Rüßmann, Helmut / Weth, Stephan / Würdinger, Markus, juris Praxiskommentar BGB, 8. Aufl., Saarbrücken 2017 (zitiert: *Bearbeiter*, in: *Herberger/Martinek/Rüßmann/Weth/Würdinger*, jurisPK-BGB, 8. Aufl. 2017).

Herzig, Norbert / Briesemeister, Simone, Steuerliche Konsequenzen des BilMoG – Deregulierung und Maßgeblichkeit, DB 2009, S. 926-931.

Heurung, Rainer, Der negative Geschäftswert im Bilanzrecht, DB 1995, S. 385-392.

Heussen, Benno / Hamm, Christoph, Beck'sches Rechtsanwalts-Handbuch, 11. Aufl., München 2016 (zitiert: *Bearbeiter*, in: *Heussen/Hamm*, BeckAnwaltshandbuch, 11. Aufl. 2016).

Horn, Norbert (Hrsg.), Heymann-Handelsgesetzbuch (ohne Seerecht), Band 3: Drittes Buch. §§ 238-342a (Sammlung Guttentag), 2. Aufl., Berlin 1999 (zitiert: *Bearbeiter*, in: *Heymann/Horn*, HGB, 2. Aufl. 1999).

Hoffmann, Wolf-Dieter, Firmenwert oder Beteiligung?, BC 2010, S. 256-257.

Hoffmann, Wolf-Dieter, Beteiligungserwerb gegen Zuzahlung des Veräußerers - Anmerkung zu BFH, Urteil vom 26.04.2006 - I R 49, 50/04, DStR 2006, S. 1313-1316.

Hoffmann, Wolf-Dieter / Lüdenbach, Norbert, NWB Kommentar Bilanzierung, 9. Aufl., Herne 2018 (zitiert: *Bearbeiter*, in: *Hoffmann/Lüdenbach*, Bilanzierung, 9. Aufl. 2018).

Hölters, Wolfgang, Handbuch Unternehmenskauf, 8. Aufl., Köln 2015 (zitiert: *Bearbeiter*, in: *Hölters*, Unternehmenskauf, 8. Aufl. 2015).

Holzapfel, Hans-Joachim / Pöllath, Reinhard, Unternehmenskauf in Recht und Praxis - Rechtliche und steuerliche Aspekte, 15. Aufl., Köln 2017 (zitiert: *Bearbeiter*, in: *Holzapfel/Pöllath*, Unternehmenskauf, 15. Aufl. 2017).

Hommel, Michael, Bilanzierung von Goodwill und Badwill im internationalen Vergleich, RIW 2001, S. 801-809.

Hommel, Michael, Neue Goodwillbilanzierung - das FASB auf dem Weg zur entobjektivierten Bilanz?, BB 2001, S. 1943-1949.

Honsell, Heinrich, hrsg. v. *Heinrich Honsell*, unter Mitarbeit von *Karollus, Martin / Magnus, Ulrich / Melis, Werner*, Kommentar zum UN-Kaufrecht - Übereinkommen der Vereinten Nationen über Verträge über den Internationalen Warenkauf (CISG), 2. Aufl., Wien 2010 (zitiert: *Bearbeiter*, in: *Honsell*, CISG, 2. Aufl. 2010).

Hösch, Ulrich, Der Schutz von "Image" als unternehmerische Leistung im UWG und seine Grenzen durch Art. 30 EGV und den freien Wettbewerb, WRP 1994, S. 796-802.

Huber, Peter / Mullis, Alastair, The CISG. A new textbook for students and practitioners, München 2007 (zitiert: *Bearbeiter*, in: *Huber/Mullis*, CISG, 2007).

Hübner, Ulrich, Handelsrecht, 5. Aufl., Heidelberg 2004 (zitiert: *Hübner*, Handelsrecht, 5. Aufl. 2004).

Hüffer, Uwe / Koch, Jens, Aktiengesetz, 13. Aufl., München 2018 (zitiert: *Bearbeiter*, in: *Hüffer/Koch*, AktG, 13. Aufl. 2018).

Hüttemann, Rainer, Gemeinnützigkeits- und Spendenrecht, 3. Aufl., Köln 2015 (zitiert: *Hüttemann*, Gemeinnützigkeits- und Spendenrecht, 3. Aufl. 2015).

IDW Positionspapier des IDW "Zusammenwirken von handelsrechtlicher Fortführungsannahme und insolvenzrechtlicher Fortbestehensprognose", Stand: 13. August 2012 (zitiert: *IDW*, Positionspapier zur Fortbestehensprognose, 2012).

IDW Standard: Grundsätze zur Durchführung von Unternehmensbewertungen (*IDW* S 1 in der Fassung von 2008; Stand: 4. Juli 2016) (zitiert: *IDW* S 1 (2008), Stand: Juli 2016).

Ingerl, Reinhard / Rohnke, Christian, Markengesetz - Gesetz über den Schutz von Marken und sonstigen Kennzeichen , 3. Aufl., München 2010 (zitiert: *Bearbeiter*, in: *Ingerl/Rohnke*, Markengesetz, 3. Aufl. 2010).

Jaeger, Ernst, Insolvenzordnung; Großkommentar, hrsg. v. *Henckel, Wolfram / Gerhardt, Walter*, Band 1 - §§ 1-55 InsO, Berlin 2004 (zitiert: *Bearbeiter*, in: *Jaeger*, Großkommentar InsO, 2004).

Jakob, Wolfgang, Einkommensteuer, 4. Aufl., München 2008 (zitiert: *Jakob*, Einkom–mensteuer, 4. Aufl. 2008).

Jakob, Wolfgang, Umsatzsteuer, 4. Aufl., München 2009 (zitiert: *Jakob*, Umsatzsteuer, 4. Aufl. 2009).

Jarass, Hans D. / Pieroth, Bodo, Grundgesetz für die Bundesrepublik Deutschland. Kommentar, 14. Aufl., München 2016 (zitiert: *Bearbeiter*, in: *Jarass/Pieroth*, GG, 14. Aufl. 2016).

Jauernig, Othmar, Bürgerliches Gesetzbuch mit Allgemeinen Gleichbehandlungsgesetz (Auszug), 16. Aufl., München 2015 (zitiert: *Bearbeiter*, in: *Jauernig*, BGB, 16. Aufl. 2015).

Johnson, L. Todd / Petrone, Kimberley R., Is Goodwill an Asset? Accounting Horizons (zitiert: *Johnson/Petrone*, Is Goodwill an Asset, Accounting Horizons, 1998).

Kaiser, Thomas, Die Crux mit dem Going Concern – Einige Gedanken zu § 252 Abs. 1 Nr. 2 HGB, ZIP 2012, S. 2478–2489).

Kallmeyer, Harald, Good will und Überschuldung nach neuem Insolvenzrecht, GmbHR 1999, S. 16-18.

Kaminski, Bert, Änderungen und Verabschiedung des BilMoG - Anmerkungen aus steuerlicher Sicht, Stbg 2009, S. 197-207.

Kerkmann, Christof, Whatsapp - Facebooks teure Wette, HB online vom 29. Oktober 2014.

Kindl, Johann / Meller-Hannich, Caroline / Wolf, Hans-Joachim, Gesamtes Recht der Zwangsvollstreckung, ZPO, ZVG, Nebengesetze, Europäische Regelungen, Kosten, 3. Aufl., Baden-Baden 2015 (zitiert: *Bearbeiter*, in: *Kindl/Meller-Hannich/Wolf*, Zwangsvollstreckungsrecht, 3. Aufl. 2015).

Kirchhof, Paul, Einkommensteuergesetz, hrsg. v. *Kirchhof, Paul*, bearb. v. *Avvento, Christina / Beckerath, Jans-Jochem von / Bode, Walter / Crezelius, Georg / Eisgruber, Thomas* u.a., 17. Aufl., Köln 2018 (zitiert: *Bearbeiter*, in: *Kirchhof*, EStG, 17. Aufl. 2018).

Kirchhof, Paul / Söhn, Hartmut / Mellinghoff, Rudolf, Einkommensteuergesetz, hrsg. v. *Kirchhof, Paul / Söhn, Hartmut / Mellinghoff, Rudolf*, 286. Ergänzungslieferung, Heidelberg März 2018 (zitiert: *Bearbeiter*, in: *Kirchhof/Söhn/Mellinghoff*, EStG, EL).

Kogel, Walter, Der Wert des Unternehmens im Zugewinn - iustitia, quo vadis?*, NJW 2007, S. 556-561).

Köhler, Helmut, BGB Allgemeiner Teil, 41. Aufl., München 2017 (zitiert: *Köhler*, BGB AT, 41. Aufl. 2017).

Kreutzahler, Waldemar, Die Rechtsnatur der Chancen eines bestehenden Handels-gewerbes, Königsberg i. Pr. 1926 (zugl. Diss. Königsberg i. Pr. 1926) (zitiert: *Kreutzahler*, Rechtsnatur der Chancen eines Handelsgewerbes, 1926).

Kröll, Stefan / Mistelis, Loukas / Viscasillas, Pilar Perales, hrsg. v. *Kröll, Stefan / Mistelis, Loukas / Viscasillas, Pilar Perales*, UN Convention on Contracts für the International Sale of Goods (CISG), 2. Aufl., München 2018 (zitiert: *Bearbeiter*, in: *Kröll/Mistelis/Viscasillas*, CISG, 2. Aufl. 2018).

Kröner, Ilse, Kauf und Verkauf von Kapital- und Personengesellschaften – Ein Überblick über die ertragsteuerlichen Folgen, BB 2012, S. 2403-2408.

Kröner, Ilse, Die ertragsteuerlichen Folgen des Kaufs und Verkaufs von Kapital- und Personengesellschaften – Ein Update zu dem Überblick in BB 2012, S. 2403 ff., BB 2013, S. 2711-2712.

Kübler, Bruno M. / Prütting, Hanns / Bork, Reinhard, InsO - Kommentar zur Insolvenzordnung, 75. Ergänzungslieferung, Köln März 2018 (zitiert: *Bearbeiter*, in: *Kübler/Prütting/Bork*, InsO, EL).

Kuckenburg, Bernd, Unternehmenswertgutachten im Zugewinnausgleich, NZFam 2015, S. 390-394.

Kuhner, Christoph, Die Zielsetzungen von IFRS, US-GAAP und HGB und deren Konsequenzen für die Abbildung von Unternehmenskäufen, in: *Ballwieser, Wolfgang / Beyer, Sven / Zelger, Hansjörg*, Unternehmenskauf nach IFRS und HGB: Purchase Price Allocation, Goodwill und Impairment-Test, 3. Aufl., Stuttgart 2014, S. 1-40 (zitiert: *Kuhner*, in: *Ballwieser/Beyer/Zelger*, Unternehmenskauf nach IFRS und HGB, 3. Aufl. 2014).

Kurtz, Constantin P., (Un-)Übertragbarkeit von (ausschließlichen) Markenlizenzen, GRUR 2007, S. 292–295.

Küting, Karlheinz, Der Geschäfts- oder Firmenwert als Schlüsselgröße der Analyse von Bilanzen deutscher Konzerne - Eine empirische Analyse zur HGB-, IFRS- und US-GAAP-Bilanzierung, DB 2005, S. 2757-2765.

Küting, Karlheinz, Der Geschäfts- oder Firmenwert - ein Spielball der Bilanzpolitik in deutschen Konzernen, AG 2000, S. 97-105.

Küting, Karlheinz, Der Geschäfts- oder Firmenwert in der deutschen Konsolidierungspraxis 2005 - Ein DStR Beitrag zur empirischen Rechnungslegungsforschung, DStR 2006, S. 1665–1671.

Küting, Karlheinz, Der Geschäfts- oder Firmenwert in der deutschen Konsolidierungspraxis 2006 - Ein DStR Beitrag zur empirischen Rechnungslegungsforschung, DStR 2007, S. 2025-2031.

Küting, Karlheinz, Der Geschäfts- oder Firmenwert in der deutschen Konsolidierungspraxis 2007 - Ein DStR Beitrag zur empirischen Rechnungslegungsforschung, DStR 2008, S. 1795-1802.

Küting, Karlheinz, Der Geschäfts- oder Firmenwert in der deutschen Konsolidierungspraxis 2008 - Ein DStR Beitrag zur empirischen Rechnungslegungsforschung, DStR 2009, S. 1863-1870.

Küting, Karlheinz, Der Geschäfts- oder Firmenwert in der deutschen Konsolidierungspraxis 2009 - Ein Beitrag zur empirischen Rechnungslegungsforschung, DStR 2010, S. 1855-1862.

Küting, Karlheinz, Der Geschäfts- oder Firmenwert in der deutschen Konsolidierungspraxis 2010 - Ein Beitrag zur empirischen Rechnungslegungsforschung, DStR 2011, S. 1676-1683.

Küting, Karlheinz, Der Geschäfts- oder Firmenwert in der deutschen Konsolidierungspraxis 2011 - Ein Beitrag zur empirischen Rechnungslegungsforschung, DStR 2012, S. 1932-1939.

Küting, Karlheinz, Der Geschäfts- oder Firmenwert in der deutschen Konsolidierungspraxis 2012 - Ein Beitrag zur empirischen Rechnungslegungsforschung, DStR 2013, S. 1794-1803.

Küting, Karlheinz / Dürr, Ulrike, "Intangibles" in der deutschen Bilanzierungspraxis, StuB 2003, S. 1-5.

Küting, Karlheinz / Stampa, Dante, Der Geschäfts- oder Firmenwert in den Konzernab- schlüssen deutscher IFRS-Bilanzierer (zitiert: *Küting/Stampa,* Geschäfts- oder Firmenwert, 2010).

Lackmann, Rolf, Zwangsvollstreckungsrecht mit Grundzügen des Insolvenzrechts, 11. Aufl., München 2018 (zitiert: *Lackmann,* Zwangsvollstreckungsrecht, 11. Aufl. 2018).

Lange, Paul, Marken- und Kennzeichenrecht, 2. Aufl., München 2012 (zitiert: *Bearbeiter,* in: *Lange,* Marken- und Kennzeichenrecht, 2. Aufl. 2012).

Lehmann, Michael, Die wettbewerbswidrige Ausnutzung und Beeinträchtigung des guten Rufs bekannter Marken, Namen und Herkunftsangaben - Die Rechtslage in der Bundesrepublik Deutschland, GRUR Int. 1986, S. 6-17.

Lettl, Tobias, Handelsrecht, 4. Aufl., München 2018 (zitiert: *Lettl,* Handelsrecht, 4. Aufl. 2018).

Littmann, Eberhard / Bitz, Horst / Pust, Hartmut, Das Einkommensteuerrecht – Kommentar zum Einkommensteuerrecht, hrsg. v. *Bitz, Horst / Pust, Hartmut,* 127. Er–gänzungslieferung, Stuttgart April 2018 (zitiert: *Bearbeiter,* in: *Littmann/Bitz/Pist,* EStG, EL).

Lopatta, Kerstin, Goodwillbilanzierung und Informationsvermittlung nach internationalen Rechnungslegungsstandards - Business Combinations (IFRS, US-GAAP), Kaufpreisallokation, Impairment Test, Konvergenzbestrebungen, Wiesbaden 2006 (zugl. Diss. Frankfurt am Main 2005) (zitiert: *Lopatta,* Goodwillbilanzierung und Informationsvermittlung, 2006).

Lüdenbach, Norbert / Freiberg, Jens, BilRUG-RefE: Nur „punktuelle Änderungen"?, BB 2014, S. 2219-2224.

Lüdenbach, Norbert / Hoffmann, Wolf-Dieter / Freiberg, Jens, IFRS-Kommentar, 12. Aufl., Herne 2014 (zitiert: *Lüdenbach/Hoffmann/Freiberg*, IFRS-Kommentar, 12. Aufl. 2014).

Lüdenbach, Norbert / Hoffmann, Wolf-Dieter / Freiberg, Jens, IFRS-Kommentar, 16. Aufl., Freiburg 2018 (zitiert: *Lüdenbach/Hoffmann/Freiberg*, IFRS-Kommentar, 16. Aufl. 2018).

Martinek, Michael / Semler, Franz-Jörg / Flohr, Eckhard, Handbuch des Vertriebsrechts, 4. Aufl., München 2016 (zitiert: *Bearbeiter*, in: *Martinek/Semler/Flohr*, Vertriebsrecht, 4. Aufl. 2016).

Matschke, Manfred Jürgen / Brösel, Gerrit, Unternehmensbewertung - Funktionen – Methoden – Grundsätze, 4. Aufl., Wiesbaden 2013 (zitiert: *Matschke/Brösel*, Unternehmensbewertung, 4. Aufl. 2013).

Mayer, Markus A., Geschäfts- und Betriebsgeheimnis oder Geheimniskrämerei?, GRUR 2011, S. 884-888.

Meier, Herbert / Geberth, Georg, Behandlung des passiven Ausgleichspostens („negativer Geschäftswert") in der Steuerbilanz, DStR 2011, S. 733-737.

Meyerhoff, Heinz J., Rechtsprobleme beim Betriebsübergang nach § 613a BGB, NWB 1991, S. 2809-2818.

Meyerhoff, Heinz J., Rechtsprobleme beim Betriebsübergang nach § 613a BGB, NWB 1997, S. 987–996.

Meyers neues Lexikon, Lexikon in zehn Bänden, Band 4, Mannheim 1994 (zitiert: *Meyers*, Meyers neues Lexikon, 1994, Band 4, Stichwort).

Michalski, Lutz / Heidinger, Andreas / Leible, Stefan / Schmidt, Jessica, Kommentar zum Gesetz betreffend die Gesellschaften mit beschränkter Haftung (GmbH-Gesetz), Band 1 - §§ 1-34 GmbHG, 3. Aufl., München 2017 (zitiert: *Bearbeiter*, in: *Michalski/Heidinger/Leible/J. Schmidt*, GmbHG, 3. Aufl. 2017).

Michalski, Lutz / Heidinger, Andreas / Leible, Stefan / Schmidt, Jessica, Kommentar zum Gesetz betreffend die Gesellschaften mit beschränkter Haftung (GmbH-Gesetz), Band 2 - §§ 35-85 GmbHG, §§ 1-4 EGGmbHG, 3. Aufl., München 2017 (zitiert: *Bearbeiter*, in: *Michalski/Heidinger/Leible/J. Schmidt*, GmbHG, 3. Aufl. 2017).

Miehle, Eckart G., Das neue Markenrecht, NWB 1995, S. 2963-2970.

Möhrle, Martin, Ökonomische Interpretation und bilanzielle Behandlung eines negativen derivativen Geschäftswertes, DStR 1999, S. 1414-1420.

Moser, Ulrich, Bewertung immaterieller Vermögenswerte - Grundlagen, Anwendung, Bilanzierung und Goodwill, Stuttgart 2011 (zitiert: *Moser*, Bewertung immaterieller Vermögenswerte, 2011).

Moser, Ulrich, Bewertung immaterieller Vermögenswerte - Grundlagen, Anwendung anhand eines Fallbeispiels, Bilanzierung, Goodwill, 2. Aufl., Stuttgart 2017 (zitiert: *Moser*, Bewertung immaterieller Vermögenswerte, 2. Aufl. 2017)

Moxter, Adolf, Unternehmens- und Praxisübertragungen, BB 1995, S. 1518-1520.

Mujkanovic, Robin, Der derivative Geschäftswert im handelsrechtlichen Jahresabschluß Charakter und Auswirkungen in der Gewinn- und Verlustrechnung, BB 1994, S. 894–898.

Mujkanovic, Robin, Die Bilanzierung des derivativen Geschäfts- oder Firmenwerts - Änderungen nach BilMoG, StuB 2010, S. 167-173.

Münchener Anwaltshandbuch Arbeitsrecht, hrsg. v. *Moll, Wilhelm*, 4. Aufl., München 2017 (zitiert: *Bearbeiter*, in: *Moll*, MAH ArbR, 4. Aufl. 2017).

Münchener Anwaltshandbuch GmbH-Recht, hrsg. v. *Römermann, Volker*, 3. Aufl., München 2014 (zitiert: *Bearbeiter*, in: *Römermann*, MAH GmbHR, 3. Aufl. 2014).

Münchener Handbuch des Gesellschaftsrechts, hrsg. v. *Gummert, Hans / Weipert, Lutz*, Band 2: Kommanditgesellschaft, GmbH & Co. KG, Publikums-KG, Stille Gesellschaft, 4. Aufl., München 2014 (zitiert: *Bearbeiter*, in: *Gummert/ Weipert*, MünchHdb GesellR, 4. Aufl. 2014, Bd. 2).

Münchener Kommentar zum Aktiengesetz, hrsg. v. *Kropff, Bruno / Semler, Johannes*, Band 5/2 - §§ 152–160 AktG, §§ 265–289 HGB, 2. Aufl., München 2004 (zitiert: *Bearbeiter*, in: MünchKomm-AktG, 2. Aufl. 2004 (Vorauflage)).

Münchener Kommentar zum Bilanzrecht, bearb. v. *Hennrichs, Joachim / Kleindiek, Detlef / Watrin, Christoph*, Band 2 - §§ 238-342e HGB, München 2013 (zitiert: *Bearbeiter*, in: MünchKomm-BilanzR/HGB, 2013).

Münchener Kommentar zum Bürgerlichen Gesetzbuch, hrsg. v. *Säcker, Franz Jürgen*, Band 1 - §§ 1-240 BGB, ProstG, AGG, 7. Aufl., München 2015 (zitiert: *Bearbeiter*, in: MünchKomm-BGB, 7. Aufl. 2015).

Münchener Kommentar zum Bürgerlichen Gesetzbuch, hrsg. v. *Krüger, Wolfgang*, Band 2 - §§ 241-432 BGB, 7. Aufl., München 2016 (zitiert: *Bearbeiter*, in: MünchKomm-BGB, 7. Aufl. 2016).

Münchener Kommentar zum Bürgerlichen Gesetzbuch, hrsg. v. *Westermann, Harm-Peter*, Band 3 - §§ 433-534 BGB, Finanzierungsleasing, CISG, 7. Aufl., München 2016 (zitiert: *Bearbeiter*, in: MünchKomm-BGB, 7. Aufl. 2016).

Münchener Kommentar zum Bürgerlichen Gesetzbuch, hrsg. v. *Henssler, Martin / Krüger, Wolfgang*, Band 4 - §§ 535-630 BGB, HeizkostenV, BetriebskostenV, EFZG, TzBfG, KSchG, 7. Aufl., München 2016 (zitiert: *Bearbeiter*, in: MünchKomm-BGB, 7. Aufl. 2016).

Münchener Kommentar zum Bürgerlichen Gesetzbuch, hrsg. v. *Habersack, Matthias*, Band 6 - §§ 705-853 BGB, PartGG, ProdHaftG, 7. Aufl., München 2017 (zitiert: *Bearbeiter*, in: MünchKomm-BGB, 7. Aufl. 2017).

Münchener Kommentar zum Bürgerlichen Gesetzbuch, hrsg. v. *Gaier, Reinhard*, Band 7 - §§ 854-1296 BGB, WEG, ErbbauRG, 7. Aufl., München 2017 (zitiert: *Bearbeiter*, in: MünchKomm-BGB, 7. Aufl. 2017).

Münchener Kommentar zum Bürgerlichen Gesetzbuch, hrsg. v. *Koch, Elisabeth*, Band 8 – §§ 1297-1588 BGB, VersAusglG, GewSchG, LPartG, 7. Aufl., München 2017 (zitiert: *Bearbeiter*, in: MünchKomm-BGB, 7. Aufl. 2017).

Münchener Kommentar zum Bürgerlichen Gesetzbuch, hrsg. v. *Kessal-Wulf, Sibylle*, Band 10 - §§ 1922-2385 BGB, §§ 27-35 BeurkG, 7. Aufl., München 2017 (zitiert: *Bearbeiter*, in: MünchKomm-BGB, 7. Aufl. 2017).

Münchener Kommentar zum Handelsgesetzbuch, hrsg. v. *Schmidt, Karsten*, Band 1 – §§ 1-104a HGB, 4. Aufl., München 2016 (zitiert: *Bearbeiter*, in: MünchKomm-HGB, 4. Aufl. 2016).

Münchener Kommentar zum Handelsgesetzbuch, hrsg. v. *Schmidt, Karsten*, Band 3 - §§ 161-237 HGB, Konzernrecht der Personengesellschaft, 3. Aufl., München 2012 (zitiert: *Bearbeiter*, in: MünchKomm-HGB, 3. Aufl. 2012).

Münchener Kommentar zum Handelsgesetzbuch, hrsg. v. *Schmidt, Karsten / Ebke, Werner*, Band 4 - §§ 238-342e HGB, 2. Aufl., München 2008 (zitiert: *Bearbeiter*, in: MünchKomm-HGB, 2. Aufl. 2008 (Vorauflage)).

Münchener Kommentar zum Handelsgesetzbuch, hrsg. v. *Schmidt, Karsten / Ebke, Werner*, Band 4 - §§ 238-342e HGB, 3. Aufl., München 2013 (zitiert: *Bearbeiter*, in: MünchKomm-HGB, 3. Aufl. 2013).

Münchener Kommentar zum Handelsgesetzbuch, hrsg. v. *Grunewald, Barbara*, Band 5 - §§ 343-406 HGB, Wiener UN-Übereinkommen über Verträge über den internationalen Warenkauf – CISG, 4. Aufl., München 2018 (zitiert: *Bearbeiter*, in: MünchKomm-HGB, 4. Aufl. 2018).

Münchener Kommentar zur Insolvenzordnung, hrsg. v. *Kirchhof, Hans-Peter / Eidenmüller, Horst / Stürner, Rolf*, Band 1 - §§ 1-79 InsO, Insolvenzrechtliche Vergütungsverordnung (InsVV), 3. Aufl., München 2013 (zitiert: *Bearbeiter*, in: MünchKomm-InsO, 3. Aufl. 2013).

Münchener Kommentar zur Zivilprozessordnung mit Gerichtsverfassungsgesetz und Nebengesetzen, hrsg. v. *Krüger, Wolfgang / Rauscher, Thomas*, Band 2 - §§ 355-945b ZPO, 5. Aufl., München 2016 (zitiert: *Bearbeiter*, in: MünchKomm-ZPO, 5. Aufl. 2016).

Musielak, Hans-Joachim / Voit, Wolfgang, Kommentar zur Zivilprozessordnung mit Gerichtsverfassungsgesetz, 15. Aufl., München 2018 (zitiert: *Bearbeiter*, in: *Musielak/Voit*, ZPO, 15. Aufl. 2018).

Mutter, Stefan, Der Geschäftswert - ein Chamäleon?, BB 1994, S. 472-473.

Narr, Willy, Das Problem des Firmenwertes, Tübingen 1937 (zugl. Diss. Tübingen 1935) (zitiert: *Narr*, Das Problem des Firmenwertes, 1937).

Nerlich, Jörg / Römermann, Volker, Insolvenzordnung, 33. Ergänzungslieferung, München September 2017 (zitiert: *Bearbeiter*, in: *Nerlich/Römermann*, InsO, EL).

Neufang, Bernd / Otto, Thomas, Teilwertabschreibung bei einem Geschäfts- oder Firmenwert, DStR 2012, S. 225–227.

o.V., Kompakt-Lexikon Steuerlehre und Wirtschaftsprüfung, Wiesbaden 2013 (zitiert: *o.V.*, Springer Kompakt-Lexikon, 2013).

Oetker, Hartmut, Kommentar zum Handelsgesetzbuch (HGB), 5. Aufl., München 2017 (zitiert: *Bearbeiter*, in: *Oetker*, HGB, 5. Aufl. 2017).

Olbrich, Michael / Olbrich, Carola, Unternehmensbewertung im Zugewinnausgleich - Einige betriebswirtschaftliche Anmerkungen zum jüngsten BGH-Urteil vom 06.02.2008 - XII ZR 45/06, DB 2008, S. 1483-1485.

Oser, Peter, Absage an den Impairment-Only-Approach im HGB nach BilMoG – Vermeintliche Grenzen der Internationalisierung des deutschen Konzernbilanzrechts, DB 2008, S. 361-363.

Ossadnik, Wolfgang, Zur Diskussion um den "negativen Geschäftswert", BB 1994, S. 747-752.

Palandt, Otto, Kommentar zum Bürgerlichen Gesetzbuch mit Nebengesetzen, bearb. v. *Brudermüller, Gerd / Ellenberger, Jürgen / Götz, Isabell* u.a., 77. Aufl., München 2018 (zitiert: *Bearbeiter*, in: *Palandt*, BGB, 77. Aufl. 2018).

Pellens, Bernhard / Sellhorn, Thorsten, Goodwill-Bilanzierung nach SFAS 141 und 142 für deutsche Unternehmen, DB 2001, S. 1681-1689.

Pellens, Bernhard / Sellhorn, Thorsten, Neue Goodwill-Bilanzierung nach US-GAAP - Der Impairment-Only Approach des FASB, DB 2001, S. 713-720.

Penzlin, Dietmar, Kritische Anmerkungen zu den Insolvenzeröffnungsgründen der drohenden Zahlungsunfähigkeit und der Überschuldung (§§ 18 und 19 InsO), NZG 2000, S. 464-470.

Petersen, Karl / Zwirner, Christian / Boecker, Corinna, Nutzungsdauer eines Geschäfts- oder Firmenwerts - Bestimmung und Berichterstattung, StuB 2011, S. 399–405.

Peukert, Alexander, Güterzuordnung als Rechtsprinzip, Tübingen 2008 (zugl. Habil. München 2008) (zitiert: *Peukert*, Güterzuordnung als Rechtsprinzip, 2008).

Pfauth, Andreas, Goodwillbilanzierung nach US-GAAP, Kapitalmarktreaktionen auf die Abschaffung der planmäßigen Abschreibung, Wiesbaden 2008 (zugl. Diss. Tübingen 2007) (zitiert: *Pfauth*, Goodwillbilanzierung nach US-GAAP, 2008).

Pielow, Johann-Christian (Hrsg.), Beck'scher Online-Kommentar Gewerberecht, 40. Edition, München 2017 (Stand Gesamtwerk: 01.12.2017) (zitiert: *Bearbeiter*, in: *Pielow*, BeckOK-GewO, 40. Ed. 2017 (Stand)).

Pottgießer, Gaby / Velte, Patrick / Weber, Stefan C., Ermessensspielräume im Rahmen des Impairment-Only-Approach - Eine kritische Analyse zur Folgebewertung des derivativen Geschäfts- oder Firmenwerts (Goodwill) nach IFRS 3 und IAS 36 (revised 2004)", DStR 2005, S. 1748-1752.

Preißer, Michael / Bressler, Dominik, Bilanzierungsfragen beim negativen Geschäftswert im Falle des Share Deal, BB 2011, S. 427-432.

Preißer, Michael / Preißer, Maximilian, Negativer Geschäftswert beim Asset Deal – Handelsrechtliche Überlegungen unter Einbeziehung der Steuersituation der Beteiligten, DStR 2011, S. 133–138.

Pusecker, Dagmar / Schruff, Lothar, Anschaffungswertprinzip und "negativer Geschäftswert", BB 1996, S. 735-741.

Raczinski, Bernd / Rademacher, Ulrich, Die umsatzsteuerrechtliche Behandlung des sogenannten Goodwill beim Verkauf einer Arztpraxis, BB 1989, S. 2231–2235.

Rau, Günter / Dürrwächter, Erich, Umsatzsteuergesetz, 176. Ergänzungslieferung, Köln Mai 2018 (zitiert: *Bearbeiter*, in: *Rau/Dürrwächter*, UStG, EL).

Reichert, Jochem, GmbH & Co. KG, 7. Aufl., München 2015 (zitiert: *Bearbeiter*, in: *Reichert*, GmbH & Co. KG, 7. Aufl. 2015).

Reischl, Klaus, Insolvenzrecht, 4. Aufl., Heidelberg 2016 (zitiert: *Reischl*, Insolvenzrecht, 4. Aufl. 2016).

Riege, Martin / Heynen, Pascal, Erbschaftsteuerreform 2016 – das vorläufige Ende einer Hängepartie, BB 2017, S. 23-31.

Risse, Jörg / Kästle, Florian, M&A und Corporate Finance von A-Z, 3. Aufl., München 2018 (zitiert: *Risse/Kästle*, M&A und Corporate Finance, 3. Aufl. 2018).

Rolfs, Christian / Giesen, Richard / Kreikebohm, Ralf / Udsching, Peter (Hrsg.), Beck'scher Online-Kommentar Arbeitsrecht, 47. Edition, München 2018 (Stand Gesamtwerk: 01.03.2018) (zitiert: *Bearbeiter*, in: *Rolfs/Giesen/Kreikebohm/Udsching*, BeckOK-ArbR, Ed. (Stand)).

Roßmeier, Daniela, Schadensersatz und Zinsen nach UN-Kaufrecht - Art. 74 bis 78 CISG, RIW 2000, S. 407-415.

Ruby, Gerhard / Schindler, Andreas, ZEV-Report Zivilrecht, ZEV 2011, S. 524-528.

Sack, Rolf, Die "Verwässerung" bekannter Marken und Unternehmenskennzeichen, WRP 1985, S. 459-467.

Sack, Rolf, Die rechtlichen Funktionen des Warenzeichens - 2. Teil, GRUR 1972, S. 445-453.

Saenger, Ingo, Zivilprozessordnung, 7. Aufl., München 2017 (zitiert: *Bearbeiter,* in: *Saenger,* ZPO, 7. Aufl. 2017).

Schildbach, Thomas, IFRS – Irre Führendes Rechnungslegungs-System Teil 1, IRZ 2007, S. 9–16.

Schlechtriem, Peter / Schwenzer, Ingeborg, hrsg. v. *Schwenzer, Ingeborg,* Kommentar zum Einheitlichen UN-Kaufrecht: Das Übereinkommen der Vereinten Nationen über Verträge über den internationalen Warenkauf (CISG), 6. Aufl., München 2013 (zitiert: *Bearbeiter,* in: *Schlechtriem/Schwenzer,* CISG, 6. Aufl. 2013).

Schmidt, Ingo M., Bilanzierung des Goodwills im internationalen Vergleich: eine kritische Analyse, Wiesbaden 2002 (zitiert: *Schmidt,* Bilanzierung des Goodwills im internationalen Vergleich, 2002).

Schmidt, Ingo M., Ansätze für eine umfassende Rechnungslegung zur Zahlungsbemessung und Informationsvermittlung, Eine Analyse am Beispiel der Goodwill-Bilanzierung, Wiesbaden 2007 (zugl. Diss. Bayreuth 2007) (zitiert: *Schmidt,* Rechnungslegung zur Zahlungsbemessung und Informationsvermittlung, 2007).

Schmidt, Karsten, Überschuldung und Unternehmensfortführung oder: *per aspera ad astra* - Grundsatz- und Praxisfragen um § 19 Abs. 2 InsO, ZIP 2013, S. 485–493.

Schmidt, Karsten, Insolvenzordnung (InsO mit EuInsVO), 19. Aufl., München 2016 (zitiert: *Bearbeiter,* in: *Schmidt,* InsO, 19. Aufl. 2016).

Schmidt, Ludwig, Einkommensteuergesetz, hrsg. v. *Weber-Grellet, Heinrich,* 37. Aufl., München 2018 (zitiert: *Bearbeiter,* in: *Schmidt,* EStG, 37. Aufl. 2018).

Scholz, Harald / Kleffmann, Norbert / Doering-Striening, Gudrun, Praxishandbuch Familienrecht, 33. Ergänzungslieferung, München November 2017 (zitiert: *Bearbeiter,* in: *Scholz/Kleffmann/Doering-Striening,* Familienrecht, EL).

Schülke, Thilo, Zur Aktivierbarkeit selbstgeschaffener immaterieller Vermögensgegenstände, DStR 2010, S. 992–998.

Schulz, Werner / Hauß, Jörn, Vermögensauseinandersetzung bei Trennung und Scheidung, 6. Aufl., München 2015 (zitiert: *Bearbeiter,* in: *Schulz/Hauß,* Vermögensauseinandersetzung, 6. Aufl. 2015).

Schulze, Reiner, bearb. v. *Dörner, Heinrich / Ebert, Ina / Hoeren, Thomas / Kemper, Rainer / Saenger, Ingo / Schreiber, Klaus / Schulte-Nölke, Hans / Schulze, Reiner / Staudinger, Ansgar,* Bürgerliches Gesetzbuch: Handkommentar, 9. Aufl., Baden-Baden 2017 (zitiert: *Bearbeiter,* in: *Schulze,* BGB, 9. Aufl. 2017).

Schulze-Osterloh, Joachim, Passiver Ausgleichsposten beim Erwerb von Anteilen an einer Kapitalgesellschaft gegen Zuzahlung des Verkäufers - Zugleich Besprechung des BFH-Urteils vom 26.04.2006 - I R 49, 50/04, BB 2006, S. 1957, BB 2006, S. 1955-1956.

Schüppen, Matthias / Walz, Susanne, Ablauf und Formen eines Unternehmenskaufs, in: *Ballwieser, Wolfgang / Beyer, Sven / Zelger, Hansjörg*, Unternehmenskauf nach IFRS und HGB: Purchase Price Allocation, Goodwill und Impairment-Test, 3. Aufl., Stuttgart 2014, S. 41–96 (zitiert: *Schüppen/Walz*, in: *Ballwieser/Beyer/Zelger*, Unternehmenskauf nach IFRS und HGB, 3. Aufl. 2014).

Schürmann, Christof, Völlig losgelöst, WiWo vom 08. September 2014.

Seer, Roman, Die umsatzsteuerliche Behandlung der Übertragung eines Praxiswerts anhand des Beispiels einer Zahnarztpraxis, UR 1990, S. 297–302.

Sellhorn, Thorsten, Ansätze zur bilanziellen Behandlung des Goodwill im Rahmen einer kapitalmarktorientierten Rechnungslegung, DB 2000, S. 885-892.

Siegel, Theodor / Bareis, Peter, Der "negative Geschäftswert" - eine Schimäre als Steuersparmodell?, BB 1993, S. 1477–1484.

Siegel, Theodor / Bareis, Peter, Zum "negativen Geschäftswert" in Realität und Bilanz, BB 1994, S. 317-321.

Siegel, Theodor / Bareis, Peter / Rückle, Dieter / Schneider, Dieter / Sigloch, Jochen / Streim, Hannes / Wagner, Franz M., Stille Reserven und aktienrechtliche Informationspflichten, ZIP 1999, S. 2077–2085.

Sigloch, Jochen, Rechnungslegung - Jahresabschluss nach Handels- und Steuerrecht und internationalen Standards, 8. Aufl., Bayreuth 2011 (zitiert: *Sigloch*, Rech–nungslegung, 8. Aufl. 2011).

Sinewe, Patrick, Unternehmenskauf in der Steuerpraxis, hrsg. v. *Sinewe, Patrick*, 2. Aufl., Wiesbaden 2018 (zitiert: *Bearbeiter*, in: *Sinewe*, Unternehmenskauf, 2. Aufl. 2018).

Sölch, Otto / Ringleb, Karl, Umsatzsteuergesetz, Kommentar hrsg. v. *Wagner, Wilfried*, 82. Ergänzungslieferung, München März 2018 (zitiert: *Bearbeiter*, in: *Sölch/Ringleb*, UStG, EL).

Sosnitza, Olaf, Die Zwangsvollstreckung in Persönlichkeitsrechte - Plädoyer für eine Neuordnung, JZ 2004, S. 992–1002.

Stadie, Holger, Umsatzsteuergesetz, 3. Aufl., Köln 2015 (zitiert: *Stadie*, UStG, 3. Aufl. 2015).

Staub, Hermann, Handelsgesetzbuch Großkommentar, hrsg. v. *Canaris, Claus-Wilhelm / Habersack, Mathias / Schäfer, Carsten*, Band 5 - §§ 238-289a HGB, 5. Aufl., Berlin 2014 (zitiert: *Bearbeiter*, in: *Staub*, HGB-Großkomm, 5. Aufl. 2014).

Staudinger, Julius von, Kommentar zum Bürgerlichen Gesetzbuch mit Einführungsgesetz und Nebengesetzen, bearb. v. *Klumpp, Steffen / Singer, Reinhard / Stieper, Malte*, Buch 1 - Allgemeiner Teil §§ 90-124; 130-133 (Sachen und Tiere, Geschäftsfähigkeit, Willenserklärungen), Neubearbeitung 2017, Berlin 2017 (zitiert: *Bearbeiter*, in: *Staudinger*, BGB, Neubearb. 2017).

Staudinger, Julius von, Kommentar zum Bürgerlichen Gesetzbuch mit Einführungsgesetz und Nebengesetzen, bearb. v. *Magnus, Ulrich*, Wiener UN-Kaufrecht (CISG), Neubearbeitung 2018, Berlin 2018 (zitiert: *Bearbeiter*, in: *Staudinger*, CISG, Neubearb. 2018).

Staudinger, Julius von, Kommentar zum Bürgerlichen Gesetzbuch mit Einführungsgesetz und Nebengesetzen, bearb. v. *Hager, Johannes*, Buch 2: Recht der Schuldverhältnisse; § 823 A-D (Unerlaubte Handlungen 1 - Rechtsgüter und Rechte, Persönlichkeitsrecht, Gewerbebetrieb), Neubearbeitung 2017, Berlin 2017 (zitiert: *Bearbeiter*, in: *Staudinger*, BGB, Neubearb. 2017).

Steinrötter, Björn / Meier, Patrick, Berücksichtigung dauerhaft einredebehafteter Verbindlichkeiten im insolvenzrechtlichen Überschuldungsstatus?, NZI 2015, S. 919–922.

Stinn, Herbert, Betriebsverpachtung im Ganzen - Eine Gestaltungsalternative der Unternehmensnachfolge, NWB 2011, S. 440–448.

Storch, Klaus, Schadensersatz bei Warenzeichenverletzungen, GRUR 1963, S. 9–16.

Streck, Michael, Körperschaftsteuergesetz mit Nebengesetzen, hrsg. v. *Bunnewies, Burkhard*, 9. Aufl., München 2018 (zitiert: *Bearbeiter*, in: *Streck*, KStG, 9. Aufl. 2018).

Take, Felix, Der Geschäfts- oder Firmenwert, Köln 1939 (zugl. Diss. Köln 1938) (zitiert: *Take*, Geschäfts- oder Firmenwert, 1939).

Terbille, Michael / Clausen, Tilman / Schroeder-Printzen, Jörn, Münchener Anwaltshandbuch Medizinrecht, 2. Aufl., München 2013 (zitiert: *Bearbeiter*, in: *Terbille/Clausen/Schroeder-Printzen*, MAH MedR, 2. Aufl. 2013).

Tettenborn, Martin / Rohleder, Stephan / Rogler, Silvia, Überdurchschnittliche Goodwillabschreibungen und Managementwechsel - Eine empirische Untersuchung deutscher Indexunternehmen im Zeitraum 2008 bis 2011, CFB 2013, S. 33–40.

Tetzlaff, Christian, Strategien zur Bewältigung wirtschaftlicher Krisen bei kommunalen Unternehmen - Teil 2: Von der Prüfung des Vorliegens von Insolvenzgründen bis zur Durchführung eines Insolvenzplanverfahrens, KommJur 2006, S. 126–133.

Theile, Carsten, Geschäfts- oder Firmenwerte aus Unternehmenserwerben im Jahres- und Konzernabschluss - Asset deal, share deal und Kapitalkonsolidierung, BBK 2014, S. 246–253.

Thommen, Jean-Paul / Achleitner, Ann-Kristin / Gilbert, Dirk Ulrich / Hachmeister, Dirk / Kaiser, Gernot, Allgemeine Betriebswirtschaftslehre. Umfassende Einführung aus managementorientierter Sicht, 8. Aufl., Wiesbaden 2017 (zitiert: *Thommen/Achleitner/Gilbert/Hachmeister/Kaiser*, Allgemeine Betriebswirtschaftslehre, 8. Aufl. 2017).

Thume, Karl-Heinz, Die Bedeutung des Kundenstammes im Vertriebsrecht, BB 2009, S. 1026–1031.

Tipke, Klaus / Lang, Joachim, Steuerrecht, 23. Aufl., Köln 2018 (zitiert: *Bearbeiter*, in: *Tipke/Lang*, Steuerrecht, 23. Aufl. 2018).

Troll, Max / Gebel, Dieter / Jülicher, Marc / Gottschalk, Paul Richard, Erbschafts- und Schenkungsteuergesetz mit Bewertungsrecht und Verfahrensrecht, 54. Ergänzungslieferung, München November 2017 (zitiert: *Bearbeiter*, in: *Troll/Gebel/Jülicher*, ErbStG, EL).

Uhlenbruck, Wilhelm, Insolvenzordnung, 14. Aufl., München 2015 (zitiert: *Bearbeiter*, in: *Uhlenbruck*, InsO, 14. Aufl. 2015).

Velte, Patrick, Divergenz der Ansatz- und Bewertungskonzeptionen für den derivativen Goodwill in der internationalen Rechnungslegung - Eine Analyse vor dem Hintergrund der neunen europäischen Bilanzrichtlinie 2013/34/EU, RIW 2014, S. 112–116.

Velte, Patrick, Negative Geschäfts- oder Firmenwerte im Handels- und Steuerrecht sowie nach IFRS, StB 2011, S. 396–401.

Velte, Patrick, Zur Abnutzbarkeit des derivativen Geschäfts- oder Firmenwerts - "Renaissance" der steuerrechtlichen Einheitstheorie?, StuW 2008, S. 280–287.

Velte, Patrick, Intangible Assets und Goodwill im Spannungsfeld zwischen Entscheidungsrelevanz und Verlässlichkeit - Eine normative, entscheidungsorientierte und empirische Analyse vor dem Hintergrund internationaler und nationaler Rechnungslegungs- und Prüfungsstandards, Wiesbaden 2008 (zugl. Diss. Hamburg 2008) (zitiert: *Velte*, Intangible Assets und Goodwill, 2008).

von Große-Wilde, Franz M., Die Rechtsprechung zum Erbrecht seit der Erbrechtsreform, MDR 2011, S. 769–773.

Vorwerk, Volkert / Wolf, Christian (Hrsg.), Beck'scher Online-Kommentar ZPO, 28. Edition, München 2018 (Stand Gesamtwerk: 01.03.2018) (zitiert: *Bearbeiter*, in: *Vorwerk/Wolf*, BeckOK-ZPO, 28. Ed. 2018 (Stand)).

Wahrig, Gerhard, Deutsches Wörterbuch in sechs Bänden, Band 3, Wiesbaden 1981 (zitiert: *Wahrig*, Deutsches Wörterbuch, 1981, Band 3, Stichwort).

Wahrig, Gerhard, Deutsches Wörterbuch, 9. Aufl., Gütersloh 2011 (zitiert: *Wahrig*, Deutsches Wörterbuch, 9. Aufl. 2011, Stichwort).

Weber-Grellet, Heinrich, Bilanzsteuerrecht, 16. Aufl., Münster 2018 (zitiert: *Weber-Grellet*, Bilanzsteuerrecht, 16. Aufl. 2018).

Wichmann, Gerd, Der Geschäftswert - wirklich ein Chamäleon?, BB 1994, S. 1673.

Wichmann, Gerd, Der Vermögensgegenstand als Bilanzierungsobjekt nach dem HGB – Begriffliche Grundlagen und besondere Probleme bei bebauten Grundstücken, DB 1988, S. 192-194.

Wiechers, Klaus, Geschäfts- oder Firmenwerte im Handels- und Steuerrecht, BBK 2011, S. 735–741.

Wiedmann, Harald, Bilanzrecht Kommentar zu den §§ 238-342a HGB, München 1999 (zitiert: *Wiedmann*, Bilanzrecht, 1999)

Windbichler, Christine, Gesellschaftsrecht, 24. Aufl., München 2017 (zitiert: *Windbichler*, Gesellschaftsrecht, 24. Aufl. 2017).

Winkeljohann, Norbert / Förschle, Gerhart / Deubert, Michael, Sonderbilanzen - Von der Gründungsbilanz bis zur Liquidationsbilanz, 5. Aufl., München 2016 (zitiert: *Bearbeiter*, in: *Winkeljohann/Förschle/Deubert*, Sonderbilanzen, 5. Aufl. 2016).

Winnefeld, Robert, Bilanz-Handbuch - Handels- und Steuerbilanz, Rechtsformspezifisches Bilanzrecht, Bilanzielle Sonderfragen, Sonderbilanzen, IAS/IFRS/US-GAAP, 5. Aufl., München 2015 (zitiert: *Bearbeiter*, in: *Winnefeld*, Bilanz-Handbuch, 5. Aufl. 2015).

Wöhe, Günther, Zur Bilanzierung und Bewertung des Firmenwertes, StuW 1980, S. 89–108.

Wöhe, Günther / Döring, Ulrich / Brösel, Gerrit, Einführung in die Allgemeine Betriebswirtschaftslehre, 26. Aufl., München 2016 (zitiert: *Wöhe/Döring/Brösel*, Allgemeine Betriebswirtschaftslehre, 26. Aufl. 2016)

Wolf, Thomas / Kurz, Peter, Der Geschäfts- oder Firmenwert in der Überschuldungsbilanz, StuB 2005, S. 484–487.

Wuschek, Thomas, Der Überschuldungsbegriff, ZInsO 2011, S. 1734–1738.

Ziemons, Hildegard / Jaeger, Carsten (Hrsg.), Beck'scher Online-Kommentar GmbHG, 34. Edition, München 2018 (Stand Gesamtwerk: 01.02.2018) (zitiert: *Bearbeiter*, in: *Ziemons/Jaeger*, BeckOK-GmbHG, 34. Ed. 2018 (Stand)).

Zwirner, Christian, Reform des HGB durch das BilRUG – mehr als nur eine Rechnungslegungsreform - Ein Überblick über die wesentlichen Unterschiede zwischen Referentenentwurf und Regierungsentwurf, DStR 2015, S. 375 – 382.

www.ingramcontent.com/pod-product-compliance
Ingram Content Group UK Ltd.
Pitfield, Milton Keynes, MK11 3LW, UK
UKHW021921290926
8980IPUK00016B/1396

9 783631 796047